Meinen Eltern

Mein tiefer Dank gilt meiner Familie, insbesondere meinen Eltern, sowie meinem Freund Markus. Ich danke ihnen für ihre ständige Unterstützung und ihre Aufmunterungen.

Vorwort

Die vorliegende Arbeit wurde im Oktober 2004 von der Universität der Bundeswehr München als Dissertation angenommen. Für wertvolle Anregungen und Hinweise möchte ich meinem Doktorvater Prof. Dr. Hanns Ullrich danken. Ebenso möchte ich dem Zweitgutachter Prof. Dr. Helge Rossen-Stadtfeld für die schnelle Zweitkorrektur meiner Arbeit danken.

Die Arbeit berücksichtigt die Gesetzeslage zum Januar 2005. Das 7. Gesetz zur Änderung des Gesetzes gegen Wettbewerbsbeschränkungen, das frühestens zum 1. Mai 2005 in Kraft treten wird, wird das deutsche Recht zu wettbewerbsbeschränkenden Vereinbarungen an das europäische Recht anpassen. Insofern beanspruchen ab diesem Zeitpunkt die Ausführungen zum europäischen Recht auch für das deutsche Recht Geltung.

München, im Januar 2005

Kartellrecht der Softwareverträge

WETTBEWERBSRECHTLICHE STUDIEN
Technologierecht – Kartellrecht – Vergaberecht

Herausgegeben von Hanns Ullrich

Band 6

PETER LANG
Frankfurt am Main · Berlin · Bern · Bruxelles · New York · Oxford · Wien

Daniela Timm

Kartellrecht
der Softwareverträge

PETER LANG
Europäischer Verlag der Wissenschaften

Bibliografische Information Der Deutschen Bibliothek
Die Deutsche Bibliothek verzeichnet diese Publikation in der
Deutschen Nationalbibliografie; detaillierte bibliografische
Daten sind im Internet über <http://dnb.ddb.de> abrufbar.

Zugl.: München, Univ. der Bundeswehr, Diss., 2004

ISSN 1616-914X
ISBN 3-631-53808-1
© Peter Lang GmbH
Europäischer Verlag der Wissenschaften
Frankfurt am Main 2005
Alle Rechte vorbehalten.

Das Werk einschließlich aller seiner Teile ist urheberrechtlich
geschützt. Jede Verwertung außerhalb der engen Grenzen des
Urheberrechtsgesetzes ist ohne Zustimmung des Verlages
unzulässig und strafbar. Das gilt insbesondere für
Vervielfältigungen, Übersetzungen, Mikroverfilmungen und die
Einspeicherung und Verarbeitung in elektronischen Systemen.

www.peterlang.de

Inhaltsübersicht

Abkürzungsverzeichnis 22
Einleitung 25
Teil 1. 26
Verwertung von Software als Endprodukt 26
§ 1 Umfassende vertragstypologische Einordnung des Softwarevertrages 28
    A) Lizenzen im Rahmen von Softwareverträgen 28
    B) Schuldrechtliches Rechtsgeschäft 38
§ 2 Vertrieb vom Softwarehersteller an den Händler 39
    A) Reine Vertriebsverträge 39
    B) Vertriebslizenzen 51
    C) Vertriebslizenzen in Zusammenhang mit Bearbeitungs- und
        Anpassungsleistungen des Händlers 64
    D) OEM- und DSP-Versionen 64
    E) Handelsvertreterverträge 94
    F) Zusammenfassung zu § 2 95
§ 3 Softwareüberlassungsverträge 97
    A) Begriffserläuterung und Terminologie 97
    B) Verordnungen Nr. 2790/1999 und 772/2004 99
    C) Relevanz unterschiedlicher Vertriebsmöglichkeiten für die
        kartellrechtliche Beurteilung von Softwareanwenderlizenzen 101
    D) Einzelne Beschränkungen 103
    E) Zusammenfassung zu § 3 188
§ 4 Application Service Providing (= ASP) 190
    A) Begriff 190
    B) Urheberrechtliche Gesichtspunkte 191
    C) Kartellrechtliche Gesichtspunkte 196
Teil 2. 198
Softwarepflege 198
§ 1 Wirtschaftliche Hintergründe und Leistungsinhalt 198
§ 2 Abgrenzung zur Gewährleistungspflicht aus dem Überlassungsvertrag ... 199
§ 3 Technische Gesichtspunkte 200
§ 4 Urheberrechtliche Gesichtspunkte 200
    A) Kenntniserlangung des source-code 201
    B) Recht zur Vervielfältigung und Bearbeitung, § 69 c Ziff. 1, 2 UrhG ... 201
§ 5 Kartellrechtliche Probleme 202
    A) Koppelung von Softwareüberlassung und -pflege 203
    B) Verbot der Softwarepflege durch Dritte 205
    C) Missbrauch einer marktbeherrschenden Stellung 206
    D) Kartellrechtlicher Kontrahierungszwang 223

Teil 3. 229
Herausgabe von Schnittstelleninformationen 229
§ 1 Microsoft-Verfahren in den USA 230
§ 2 Microsoft-Verfahren in der Europäischen Union 232
§ 3 Missbrauch einer marktbeherrschenden Stellung 233
   A) Vergleich der beiden Kartellrechtsverfahren 233
   B) Marktbeherrschung 234
   C) Marktmachtmissbrauch 237
   D) Ergebnis 243
§ 4 shared-source-Initiative 244
§ 5 Ergebnis 244
Teil 4. 246
Softwareerstellung 246
§ 1 Urheberrechtliche Gesichtspunkte 246
   A) Rechtsinhaberschaft und Verwertungsbefugnis 246
   B) Konkrete Rechtseinräumung 249
§ 2 Kartellrechtliche Gesichtspunkte 249
   A) Keine besonderen vertraglichen Vereinbarungen 249
   B) Besondere vertragliche Vereinbarungen 250
Teil 5. 257
Lizenzverträge zwischen Softwareentwicklern 257
§ 1 Lizenzvertragliche Regelungen 257
   A) Urheberrecht 257
   B) Know-how 258
§ 2 Kartellrechtliche Gesichtspunkte 258
   A) Europäisches Recht 258
   B) Deutsches Recht, §§ 18 Nr. 3, 1 i.V.m. 17 GWB 262
   C) Lizenzvertragliche Regelungen 263
Teil 6. 272
Open-Source-Software 272
§ 1 Begriff 272
§ 2 Bandbreite von Open-Source-Software 274
§ 3 Urheberrechtliche Gesichtspunkte 275
   A) Nutzungsrechtseinräumung 276
   B) Beschränkung der Nutzungsrechtseinräumung 278
   C) Ergebnis 284
§ 4 Kartellrechtliche Gesichtspunkte 284
   A) Open-Source-Definition 285
   B) Einzelne Lizenzregelungen am Beispiel der GNU General Public
      License 285
Schlussbetrachtung 296
Literaturverzeichnis 298

Inhaltsverzeichnis

Abkürzungsverzeichnis 22
Einleitung 25

Teil 1. 26
Verwertung von Software als Endprodukt 26
§ 1 Umfassende vertragstypologische Einordnung des Softwarevertrages 28
   A) Lizenzen im Rahmen von Softwareverträgen 28
      I) Allgemeines 28
      II) Vertriebslizenzen und Vertriebsverträge 29
      III) Urheberrechtliche Nutzungsbefugnisse 30
         1) Allgemeines 30
         2) Urheberrechtliche Besonderheiten von Software 31
      IV) Nutzungsbefugnisse an Know-how i.S.d. der Verordnung Nr.
         772/2004 über die Anwendung von Artikel 81 Absatz 3 EG-
         Vertrag auf Gruppen von Technologietransfer-Vereinbarungen 32
         1) Nicht patentierte praktische Kenntnisse, die durch
         Erfahrungen und Versuche gewonnen werden 32
         2) Geheimnischarakter 33
         3) Wesentlichkeit und Identifizierung 34
         4) Know-how-Überlassung hinsichtlich der jeweiligen
         Softwareverwertung 34
      V) Patentrechtliche Nutzungsbefugnisse 35
      VI) Auswirkungen unterschiedlicher Schutzmöglichkeiten auf den
         Fortgang der Untersuchung 36
   B) Schuldrechtliches Rechtsgeschäft 38
§ 2 Vertrieb vom Softwarehersteller an den Händler 39
   A) Reine Vertriebsverträge 39
      I) Inhalt von Vertriebsvereinbarungen 39
      II) Europäisches Recht 40
         1) Verordnung Nr. 1/2003 zur Durchführung der in den Artikeln
         81 und 82 des Vertrags niedergelegten Wettbewerbsregeln 41
         2) Verordnung Nr. 2790/1999 über die Anwendung von Artikel
         81 Absatz 3 des Vertrages auf Gruppen von vertikalen
         Vereinbarungen und aufeinander abgestimmten
         Verhaltensweisen 42
            a) Begriff „vertikale Vereinbarungen" 42
               aa) Waren 43
               bb) Dienstleistungen 44
               cc) Bezug, Verkauf, Weiterverkauf 45

      dd) Ergebnis 46
    b) Marktanteil.. 46
    c) Kernbeschränkung und Bedingung gem. Art. 4 und 5
    Verordnung Nr. 2790/1999... 47
    d) Ergebnis... 48
    e) Probleme des Gebietsschutzes beim online-Vertrieb.............. 48
    f) Selektive Vertriebssysteme 49
III) Deutsches Recht 49
    1) Vereinbarungen zwischen Unternehmen 50
    2) Waren und gewerbliche Leistungen.. 50
    3) Wesentliche Beeinträchtigung des Wettbewerbs, § 16 GWB........ 51
B) Vertriebslizenzen.. 51
  I) Lizenz an den Händler mit dem Recht, die gebrauchsfertigen
  Exemplare weiterzuvertreiben und Nutzungsrechte
  einzuräumen.. 51
    1) Europäisches Recht 52
      a) Verordnung Nr. 772/2004 über die Anwendung von Artikel
      81 Absatz 3 EG-Vertrag auf Gruppen von
      Technologietransfer-Vereinbarungen.. 52
      b) Verordnung Nr. 2790/1999 über die Anwendung von
      Artikel 81 Absatz 3 des Vertrages auf Gruppen von
      vertikalen Vereinbarungen und aufeinander abgestimmten
      Verhaltensweisen 53
        aa) Eigentlicher Vertragsgegenstand der Vereinbarung.......... 54
        bb) Vertragsparteien der Lizenzbestimmung........................... 55
        cc) Unmittelbarer Zusammenhang.. 56
        dd) Ergebnis 56
          (1) Vertriebsvereinbarungen... 58
          (2) Einflussnahme auf Preise und sonstige
          Geschäftsbedingungen 58
    2) Deutsches Recht 59
      a) §§ 17, 18 GWB 59
      b) §§ 14, 16 GWB 60
        aa) Vertriebsvereinbarungen, § 16 GWB 60
        bb) Einflussnahme auf Preise und sonstige
        Geschäftsbedingungen, § 14 GWB 60
  II) Lizenz an den Händler mit dem Recht, die zu vertreibenden
  Softwareexemplare selbst herzustellen und dann zu vertreiben 60
    1) Europäisches Recht 61
      a) Verordnung Nr. 2790/1999 61
      b) Verordnung Nr. 772/2004 61
      c) Stellungnahme 62

- aa) Vertriebsvereinbarungen 63
- bb) Einflussnahme auf Preise und sonstige Geschäftsbedingungen 63
- 2) Deutsches Recht 63
- C) Vertriebslizenzen in Zusammenhang mit Bearbeitungs- und Anpassungsleistungen des Händlers 64
- D) OEM- und DSP-Versionen 64
  - I) Begriffserklärung 64
  - II) OEM-Verträge im Hardware-Bereich 65
  - III) Kartell- und urheberrechtliche Probleme im Zusammenhang mit dem Vertrieb von OEM-/ DSP-Software 66
    - 1) Wettbewerbsrelevante Bedingungen 66
    - 2) Urheberrechtliche Problematik 67
  - IV) BGH-Entscheidung „OEM-Version" 68
    - 1) Sachverhalt 68
    - 2) Entscheidungsgründe 69
    - 3) Stellungnahme 70
      - a) Erschöpfung des urheberrechtlichen Verbreitungsrechts 70
        - aa) Interpretation des § 69 c Ziff. 3 S. 2 UrhG 71
        - bb) Umfang der Erschöpfung bei beschränkt eingeräumten Nutzungsrechten 73
          - (1) Allgemeines 73
          - (2) Konsequenzen der Unterscheidung in OEM- und DSP-Versionen für die Erschöpfung 77
      - b) OEM- und DSP-Vertrieb als übliche, technisch und wirtschaftlich eigenständige und klar abgrenzbare Nutzungsformen 78
        - aa) Voraussetzungen der dinglichen Aufspaltbarkeit des Verbreitungsrechts 79
        - bb) OEM-Versionen 79
        - cc) DSP-Versionen 81
        - dd) Zusammenfassung 81
      - c) Ergebnis 82
    - 4) Kartellrechtliche Gesichtspunkte 82
      - a) Verordnung Nr. 2790/1999 und Auslegung Leitlinien Tz. 40, 41 83
      - b) Stellungnahme zur Gesetzeslage 84
        - aa) DSP-Versionen 84
          - (1) Allgemeine kartellrechtliche Gesichtspunkte 84
          - (2) Verzahnung von Urheber- und Kartellrecht: Zeitpunkt des Inverkehrbringens 86
          - (3) Zusammenfassung 87

(4) Konsequenzen für sonstige
Weitergabebeschränkungen des Händlers 88
bb) OEM-Versionen 88
(1) Allgemeines zur Koppelung im Software-/
Hardware-Bereich 88
(2) Besonderheiten des OEM-Vertriebs 90
(3) Möglichkeit des Erwerbs getrennter Produkte 91
(4) Exklusivität und Marktmacht 92
(5) Verwendung der OEM-Software auf sonstiger
Hardware 92
(6) Zusammenfassung 93
V) Neue Vertriebspolitik Microsofts 93
E) Handelsvertreterverträge 94
I) Inhalt 94
II) Kartellrechtliche Beurteilung 94
F) Zusammenfassung zu § 2 95
§ 3 Softwareüberlassungsverträge 97
A) Begriffserläuterung und Terminologie 97
B) Verordnungen Nr. 2790/1999 und 772/2004 99
I) Verordnung Nr. 2790/1999 99
II) Verordnung Nr. 772/2004 100
C) Relevanz unterschiedlicher Vertriebsmöglichkeiten für die
kartellrechtliche Beurteilung von Softwareanwenderlizenzen 101
D) Einzelne Beschränkungen 103
I) Nutzung der Software nur auf bestimmter Hardware 103
1) Begriffserklärung 103
2) Urheberrechtliche Aspekte 104
a) Vervielfältigung 104
aa) Begriff 104
bb) Mögliche Beschränkungen des
Vervielfältigungsrechts 106
(1) Dingliche Aufspaltung des Vervielfältigungsrechts . 106
(2) Stimmen in der Literatur 108
(3) BGH-Entscheidung vom 24.10.2002 108
(4) Stellungnahme 109
cc) Nutzung der Software nur auf Hardware des
Lizenzgebers bzw. nur von diesem gelieferter
Hardware 111
dd) Differenzierung nach Überlassung auf Dauer und auf
Zeit 112
ee) Ergebnis 113
b) Verbreitung 114

3) Kartellrechtliche Prüfung ... 114
   a) Art. 81 EGV ... 114
      aa) Tatbestand des Art. 81 Abs. 1 EGV ... 114
         (1) CPU-Klauseln mit und ohne Ausweichmöglichkeit . 114
         (2) Upgrade-Klauseln ... 114
         (3) Verpflichtung zum Bezug der Hardware aus einer bestimmten Quelle ... 115
         (4) Weiterübertragung von Soft- und Hardware ... 116
         (5) Zusammenfassung ... 116
      bb) Legalität nach Art. 81 Abs. 3 EGV ... 117
         (1) Tz. 41 der Leitlinien für vertikale Beschränkungen.. 117
         (2) Verordnung Nr. 772/2004 ... 118
         (3) Allgemeine Legalitätsprüfung ... 119
         (a) CPU-Klauseln mit und ohne Ausweichmöglichkeit.. 119
         (b) Upgrade-Klauseln ... 121
         (c) Koppelung von Software und Hardware desselben Herstellers ... 121
         (d) Ergebnis ... 121
   b) § 16 GWB ... 122
      aa) Bindungen des § 16 GWB ... 122
      bb) Wesentliche Wettbewerbsbeeinträchtigung ... 123
   c) Marktmachtmissbrauch ... 123
      aa) Art. 82 EGV ... 123
         (1) Marktbeherrschung ... 123
         (2) Marktmachtmissbrauch ... 125
         (a) Allgemeines ... 125
         (b) Missbrauch in Bezug auf CPU-Klauseln ... 125
         (aa) upgrade-Klauseln: missbräuchliche Preisfestsetzung gem. Art. 82 Abs. 2 lit. b EGV ... 125
         (bb) Koppelung von Soft- und Hardware desselben Herstellers ... 126
      bb) § 19 GWB ... 126
      cc) § 20 Abs. 2 S. 1 GWB ... 127
      dd) Ergebnis ... 127
II) Dongles und sonstige Schutzmechanismen für Zwecke des Kopierschutzes ... 128
   1) Begriffserklärung ... 128
   2) Urheberrechtliche Problematik ... 129
   a) Allgemeines ... 129
   b) Urheberrechtlich zulässige Reichweite von Kopierschutzmechanismen: Problematik der Anbindung der Software an eine bestimmte Hardware ... 129

3) Kartellrechtliche Problematik 133
    a) Technische Verknüpfung von Software und Hardware 133
    b) Abhängigkeit des Hardwarewechsels von der Mitwirkung
       des Softwareherstellers 134
    c) Verlust des Dongles 135
        aa) Art. 82 EGV 135
        bb) § 19 GWB 136
        cc) § 20 Abs. 2 GWB 136
        dd) Ergebnis 137
III) Weitergabeverbote 138
    1) Urheberrechtliche Gesichtspunkte 138
       a) Verbreitungsrecht 138
           aa) Unterlizenzierungsverbote 138
           bb) Weitergabeverbote 139
       b) Erschöpfung 139
           aa) Reichweite der Erschöpfung – Vermiet- und
               Verleihrecht 139
           bb) Voraussetzungen für den Eintritt der Erschöpfung 140
           cc) online-Überlassung 141
               (1) Formen der online-Überlassung 142
               (2) Gesetzeslage 142
               (a) Einordnung in das System der Verwertungsrechte.... 142
               (b) Erschöpfung 144
               (3) Stellungnahme 144
               (a) Einordnung in das System der Verwertungsrechte.... 144
               (b) Erschöpfung 145
               (aa) Sinn und Zweck des Erschöpfungsgrundsatzes 146
               (α) Verkehrsschutzinteresse 147
               (β) Urheberinteressen 148
               (bb) Wirtschaftliche Zielsetzung von online- und
                   offline-Übertragung 149
               (cc) Missbrauchsgefahr 150
               (dd) Ergebnis 151
               (c) Voraussetzung für die Erschöpfung im online-
                   Bereich 152
               (aa) Charakter des der Überlassung
                    zugrundeliegenden schuldrechtlichen
                    Rechtsgeschäfts 152
               (bb) Inhalt des Überlassungsvertrags –
                    urheberrechtliche Nutzungsrechtseinräumung und
                    Bedeutung des § 69 d Abs. 1 UrhG 153

α) Problematik eines zwingenden Kerns an
Mindestnutzungsrechten 154
β) Rechtsprechung zu § 69 d Abs. 1 UrhG 156
γ) Lösungsmöglichkeiten 157
δ) Bestimmungsgemäße Benutzung 158
(cc) Ergebnis 159
(d) Vorschlag für eine Gesetzesergänzung 160
dd) Software im Gehäuse 160
2) Kartellrechtliche Gesichtspunkte 161
a) Art. 81 EGV 161
aa) Tatbestand des Art. 81 Abs. 1 EGV 161
(1) Unterlizenzierungsverbote 161
(2) Weitergabeverbote 163
bb) Legalität nach Art. 81 Abs. 3 EGV 164
(1) Verordnung Nr. 2790/1999 auf Gruppen von
vertikalen Vereinbarungen und aufeinander
abgestimmten Verhaltensweisen und Tz. 41
Leitlinien 164
(2) Allgemeine Legalitätsprüfung 164
cc) Ergebnis 166
b) §§ 14 und 16 GWB 167
aa) Inhaltsbindung gem. § 14 GWB 167
(1) Preisgestaltung 168
(2) Geschäftsbedingungen 168
(3) Ergebnis 169
bb) Abschlussbindung gem. § 16 GWB 169
IV) Änderungs- und Bearbeitungsverbote 170
1) Urheberrechtliche Gesichtspunkte 171
2) Kartellrechtliche Gesichtspunkte 172
a) Art. 81 EGV 172
aa) Tatbestand des Art. 81 Abs. 1 EGV 172
bb) Legalität gem. Art. 81 Abs. 3 EGV 173
cc) Ergebnis 173
b) § 16 GWB 174
c) Marktmachtmissbrauch 174
V) Verbot der Programmanalyse: reverse engineering und
Dekompilierung, §§ 69 d Abs. 3 und 69 e UrhG 175
1) Begriffserklärung und technische Gesichtspunkte der
Softwareerstellung 175
2) Urheberrechtliche Gesichtspunkte 176
a) Allgemeines 176
b) Regelung des § 69 e UrhG 177

aa) Zweckbindung der Dekompilierung in § 69 e UrhG 177
bb) Dekompilierung zu sonstigen Zwecken 178
(1) Reichweite des § 69 e UrhG 179
(2) Abgrenzung zu § 69 d Abs. 1 UrhG 179
(3) Ergebnis 181
c) Dekompilierungsverbote, § 69 e UrhG 182
d) Verbote der Programmanalyse nach § 69 d Abs. 3 UrhG 182
3) Kartellrechtliche Gesichtspunkte 182
a) Umfassende Programmanalyse- bzw. Dekompilierungsverbote 182
b) Dekompilierungsverbote, die sich in den Grenzen des § 69 e UrhG halten 183
c) Spezielle Probleme 184
aa) Dekompilierung zu sonstigen Zwecken 184
bb) Konkurrierende Programme 185
cc) Interoperabilität zwischen Software und Hardware 186
dd) Durchbrechung sonstigen Rechtsschutzes durch § 69 e UrhG 188
E) Zusammenfassung zu § 3 188
§ 4 Application Service Providing (= ASP) 190
A) Begriff 190
B) Urheberrechtliche Gesichtspunkte 191
I) Lizenzverhältnis zwischen Application Service Provider und Kunden 191
1) Laden der Software in den Arbeitsspeicher 191
2) Programmlauf 192
3) Ergebnis 193
II) Lizenzverhältnis zwischen (Fremd-) Softwarehersteller und Application Service Provider 193
1) Vervielfältigungsrecht 193
2) Urheberrechtliche Einordnung des Application Service Providing 194
a) Vermietrecht 194
b) Recht der öffentlichen Zugänglichmachung, §§ 69 c Ziff. 4, 19 a UrhG 194
3) ASP als eigenständige Nutzungsart 195
4) Ergebnis 196
C) Kartellrechtliche Gesichtspunkte 196
I) Nutzungsbeschränkungen gegenüber dem Endkunden 196
II) Beschränkungen des Application Service Providers 197

Teil 2. 198
Softwarepflege 198
§ 1 Wirtschaftliche Hintergründe und Leistungsinhalt 198
§ 2 Abgrenzung zur Gewährleistungspflicht aus dem Überlassungsvertrag ... 199
§ 3 Technische Gesichtspunkte 200
§ 4 Urheberrechtliche Gesichtspunkte 200
   A) Kenntniserlangung des source-code 201
   B) Recht zur Vervielfältigung und Bearbeitung, § 69 c Ziff. 1, 2 UrhG ... 201
§ 5 Kartellrechtliche Probleme 202
   A) Koppelung von Softwareüberlassung und -pflege 203
      I) Sachliche Zusammengehörigkeit 203
      II) Handelsbrauch 204
      III) Ergebnis 205
   B) Verbot der Softwarepflege durch Dritte 205
   C) Missbrauch einer marktbeherrschenden Stellung 206
      I) Marktabgrenzung 207
      II) Marktbeherrschung 208
         1) Grundsätze 208
         2) Rechtsprechung des EuGH 208
         3) Kritik an der Rechsprechung des EuGH 211
         4) Konsequenzen für den Markt der Softwarepflege 211
      III) Missbrauch 212
         1) Analyse der Rechtsprechung des EuGH 213
         2) Zwangslizenzierung und Nichtausübung gewerblicher
            Schutzrechte 216
         3) essential facilities-Doktrin 217
         4) Problematik der Rechtsfolge Offenlegungs- und
            Lizenzierungszwang für den Softwarehersteller 220
         5) Ergebnis 221
            a) Missbrauch gegenüber unabhängigen
               Wartungsunternehmen 221
            b) Missbrauch gegenüber Softwareanwendern 222
   D) Kartellrechtlicher Kontrahierungszwang 223
      I) Art. 82 EGV 224
         1) Umfang des Kontrahierungszwangs 224
         2) Wahlrecht zwischen Herausgabe von source-code und
            Herstellerdokumentation und Abschluss eines
            Pflegevertrages? 225
      II) § 20 Abs. 1 Alt. 2 GWB 225
         1) Tatbestand 225
         2) Rechtsfolge 226
      III) § 20 Abs. 2 GWB 227

IV) § 19 Abs. 1 GWB 227

Teil 3. 229
Herausgabe von Schnittstelleninformationen 229
§ 1 Microsoft-Verfahren in den USA 230
§ 2 Microsoft-Verfahren in der Europäischen Union 232
§ 3 Missbrauch einer marktbeherrschenden Stellung 233
    A) Vergleich der beiden Kartellrechtsverfahren 233
    B) Marktbeherrschung 234
        I) Allgemeine Grundsätze 234
        II) Marktstrukturelle Besonderheiten in der Softwarebranche 235
            1) Netzwerkeffekte 235
            2) Charakteristika des Wettbewerbs in dynamischen Netzwerkmärkten 236
            3) Gesetzliche Absicherung der marktbeherrschenden Stellung 237
    C) Marktmachtmissbrauch 237
        I) Verhinderung der Entwicklung kompatibler Produkte 237
        II) Verhinderung der Entwicklung alternativer Betriebssysteme 238
        III) Analyse 239
            1) Microsoft Kartellrechtsverfahren 239
            2) Vergleich zu Magill und IMS Health 240
                a) Marktbeherrschende Stellung 240
                b) Missbrauchsfeststellung 241
                c) Zusammenfassung 241
            3) Urheberrechtsschutz für Software 241
            4) Vergleich zur Softwarepflege 242
            5) Vergleich zur Zwangslizenzierung im Patentrecht 243
    D) Ergebnis 243
§ 4 shared-source-Initiative 244
§ 5 Ergebnis 244

Teil 4. 246
Softwareerstellung 246
§ 1 Urheberrechtliche Gesichtspunkte 246
    A) Rechtsinhaberschaft und Verwertungsbefugnis 246
        I) Gesetzeslage 246
        II) Parallele zum Forschungsvertrag 247
        III) Ergebnis 248
    B) Konkrete Rechtseinräumung 249
§ 2 Kartellrechtliche Gesichtspunkte 249
    A) Keine besonderen vertraglichen Vereinbarungen 249
    B) Besondere vertragliche Vereinbarungen 250

I) Verbot der identischen Leistungsübernahme 250
II) Geheimhaltungsgebote hinsichtlich vom Auftraggeber an den -
    nehmer mitgeteilter Kenntnisse 251
III) Verwendung der bei der Softwareerstellung erworbenen
     Kenntnisse durch den Auftragnehmer 252
    1) Parallele zur Bekanntmachung der Europäischen Kommission
       über die Beurteilung von Zulieferverträgen nach Artikel 85
       Abs. 1 a.F. EGV bzw. Art. 81 Abs. 1 n.F. EGV 252
    2) Parallele zum Forschungsvertrag 253
    3) Ergebnis 254
IV) Ausschließlichkeit der Rechtseinräumung an den Auftraggeber .. 255
    1) Ausschließlichkeit hinsichtlich der Softwarenutzung 255
    2) Ausschließlichkeit hinsichtlich der Weitervermarktung der
       Software durch den Auftraggeber 255
       a) Hardwarehersteller als Auftraggeber 256
       b) Softwarehersteller als Auftraggeber 256

Teil 5. 257
Lizenzverträge zwischen Softwareentwicklern 257
§ 1 Lizenzvertragliche Regelungen 257
    A) Urheberrecht 257
    B) Know-how 258
§ 2 Kartellrechtliche Gesichtspunkte 258
    A) Europäisches Recht 258
       I) Verordnung Nr. 2659/2000 über die Anwendung von Artikel 81
          Abs. 3 des Vertrages auf Gruppen von Vereinbarungen über
          Forschung und Entwicklung 258
       II) Verordnung Nr. 772/2004 über die Anwendung von Artikel 81
           Absatz 3 EG-Vertrag auf Gruppen von Technologietransfer-
           Vereinbarungen 259
           1) Allgemeines zur Anwendbarkeit der Verordnung Nr.
              772/2004 259
           2) Neuer wettbewerbspolitischer Ansatz der Europäischen
              Kommission – Unterschiede zur alten Verordnung Nr. 240/96 .. 260
           3) Stellungnahme zu den Neuerungen in der Verordnung Nr.
              772/2004 260
              a) Unterscheidung in Vereinbarungen zwischen
                 Wettbewerbern und Nicht-Wettbewerbern 260
              b) Marktanteil des Lizenznehmers 261
    B) Deutsches Recht, §§ 18 Nr. 3, 1 i.V.m. 17 GWB 262
    C) Lizenzvertragliche Regelungen 263
       I) Ausschließlichkeits- und Alleinlizenz 263

1) Rechtsprechung des EuGH... 264
2) Verordnung Nr. 772/2004 265
   a) Unterscheidung zwischen Wettbewerbern und Nicht-
      Wettbewerbern 266
   b) Marktanteile... 266
   c) Zeitliche Befristung der Freistellung................................... 267
3) Ergebnis... 268
II) Beschränkung auf ein bestimmtes Anwendungsgebiet, sog.
    field-of-use-Beschränkung.. 268
III) Rechtsinhaberschaft und Lizenzierung von Verbesserungen –
    Rücklizenzierung.. 269
IV) Verbot der Weiterübertragung bzw. Unterlizenzierung............. 271
V) Geheimhaltungsverpflichtungen 271

Teil 6. 272
Open-Source-Software... 272
§ 1 Begriff... 272
§ 2 Bandbreite von Open-Source-Software.................................... 274
§ 3 Urheberrechtliche Gesichtspunkte.. 275
   A) Nutzungsrechtseinräumung... 276
      I) Vervielfältigung, Verbreitung und Bearbeitung.................. 276
      II) Online-Übertragung 276
      III) Application Service Providing 277
      IV) Art und Weise der Nutzungsrechtseinräumung................. 278
   B) Beschränkung der Nutzungsrechtseinräumung....................... 278
      I) Dingliche Wirkung der Nutzungsrechtseinräumung gem. § 31
         Abs. 1 S. 2 a.E. UrhG: eigenständige Nutzungsart................... 279
      II) Verknüpfung der Nutzungsrechtseinräumung mit einer
         auflösenden Bedingung gem. § 158 Abs. 2 BGB 280
      III) Erschöpfung... 281
   C) Ergebnis.. 284
§ 4 Kartellrechtliche Gesichtspunkte 284
   A) Open-Source-Definition... 285
   B) Einzelne Lizenzregelungen am Beispiel der GNU General Public
     License..285
      I) „Klassische" Nutzungsbeschränkungen gegenüber den
         Endanwendern im Vergleich zu proprietärer Software................. 285
      II) Konditionenbindungen im Sinne von Art. 81 Abs. 1 lit. a EGV
         und § 14 GWB 285
         1) Unterscheidung in Erst- und Zweitvertrag bei vertikaler
            Bindungswirkung.. 286

  2) Anwendbarkeit der Verordnungen Nr. 2790/1999 und Nr. 772/2004 287
   a) Verordnung Nr. 2790/1999 287
   b) Verordnung Nr. 772/2004 287
   c) Ergebnis 288
  3) Gebot der Unentgeltlichkeit 288
   a) Hinsichtlich der ursprünglichen Software 289
   b) Hinsichtlich Bearbeitungen 290
   c) Ergebnis 290
  4) Gebot der Beifügung des source-code 290
   a) Hinsichtlich der ursprünglichen Software 291
   b) Hinsichtlich Bearbeitungen 291
   c) Ergebnis 292
 III) GNU GPL als Konditionenkartell, Art. 81 Abs. 1 lit. a EGV, § 2 Abs. 2 GWB 293
 IV) Missbrauch einer marktbeherrschenden Stellung 294
  1) Gegenüber Softwarenutzern 294
  2) Gegenüber Softwareentwicklern 294
  3) Ergebnis 295
Schlussbetrachtung 296
Literaturverzeichnis 298

Abkürzungsverzeichnis

a.A.	andere Ansicht
a.a.O.	am angegebenen Ort
ABl.	Amtsblatt
Abs.	Absatz
a.E.	am Ende
a.F.	alte Fassung
AG	Amtsgericht
ASP	Application Service Providing
AT	Allgemeiner Teil
Aufl.	Auflage
Bd.	Band
BGB	Bürgerliches Gesetzbuch
BGBl.	Bundesgesetzblatt
BGH	Bundesgerichtshof
BKartA	Bundeskartellamt
BVerfG	Bundesverfassungsgericht
BVerfGE	Bundesverfassungsgerichtsentscheidung
bzw.	beziehungsweise
CR	Computer und Recht
c't	magazin für computertechnik
ders.	derselbe
dies.	dieselbe
DGRI	Deutsche Gesellschaft für Recht und Informatik
EG	Europäische Gemeinschaft
EGV	Vertrag zur Gründung der Europäischen Gemeinschaft
etc.	et cetera
EPÜ	Europäisches Patentübereinkommen
EU	Europäische Union
EuG	Gericht erster Instanz
EuGH	Gerichtshof der Europäischen Gemeinschaften
EuZW	Europäische Zeitschrift für Wirtschaftsrecht
f.	folgende
FS	Festschrift
FN	Fußnote

gem.	gemäß
GlZiff.	Gliederungsziffer
GRUR	Gewerblicher Rechtsschutz und Urheberrecht
GRUR Int.	Gewerblicher Rechtsschutz und Urheberrecht, Internationaler Teil
GWB	Gesetz gegen Wettbewerbsbeschränkungen
h.M.	herrschende Meinung
Hrsg.	Herausgeber
i.A.d.	im Auftrag der/ des
i.S.d.	im Sinne der/ des
ITRB	Der IT-Rechtsberater
i.ü.	im übrigen
JZ	Juristen-Zeitung
JurPC	Internet-Zeitschrift für Rechtsinformatik
KG	Kammergericht
K&R	Kommunikation und Recht
LG	Landgericht
LS	Leitsatz
MMR	MultiMedia und Recht
NJW	Neue Juristische Wochenschrift
NJW Co-R	NJW-Beilage Computer Report
n.F.	neue Fassung
OEM	Original Equipment Manufacturer
OLG	Oberlandesgericht
PatG	Patentgesetz
PC	Personal Computer
Rs.	Rechtssache
Rspr.	Rechtsprechung
Rz.	Randziffer
S.	Seite
Slg.	Sammlung

sog.	sogenannt
st.	ständig/ -e
Tz.	Teilziffer
u.a.	und andere
UrhG	Urhebergesetz
UWG	Gesetz gegen den unlauteren Wettbewerb
v.	von/ vom
vgl.	vergleiche
VO	Verordnung
WuW	Wirtschaft und Wettbewerb
WuW/E	WuW-Entscheidungssammlung zum Kartellrecht
WWW	World Wide Web
z.B.	zum Beispiel
zit.	zitiert
ZHR	Zeitschrift für das gesamte Handels- und Wirtschaftsrecht
ZUM	Zeitschrift für Urheber- und Medienrecht, früher: Film und Recht

Einleitung

Softwareverträge sind auf unterschiedlichen Wirtschaftsstufen denkbar: zwischen Hersteller und Händler, zwischen Hersteller und Endanwender oder sonstigen Dritten (Hardwarehersteller, konkurrierende Softwarehersteller) oder zwischen Softwareentwicklern. Diese Arbeit soll sich mit Softwareverträgen unter kartellrechtlichen Aspekten auseinandersetzen und beschränkt sich im Wesentlichen auf eine Darstellung zum europäischen und deutschen Recht. Die besondere Schwierigkeit besteht darin, dass Software urheberrechtlich geschützt ist. Es gilt die Frage zu klären, ab wann eine unter Umständen auf Urheberrecht gestützte Vereinbarung eine Wettbewerbsbeschränkung darstellt. Die Funktion der jeweiligen Vereinbarung muss erkannt werden, mithin, ob die Klausel entweder den Leistungsumfang des betreffenden Softwarevertrages selbst definiert oder aber überschießende wettbewerbsbeschränkende Bestandteile enthält.
Rechtsprechung und Literatur geben auf diese Problematik eine nur unzureichende Antwort. Anerkannt ist lediglich, dass auch Beschränkungen in Softwareverträgen Wettbewerbsbeschränkungen darstellen können. Wie diese aber konkret zu beurteilen und zu werten sind, ist nicht geklärt. Bereits die Anwendbarkeit der jeweiligen kartellrechtlichen Tatbestände und eventuelle Freistellungen sind strittig.
Um dieser Aufgabe gerecht zu werden, ist diese Arbeit unter wirtschaftlichen Gesichtspunkten nach den verschiedenen Verwertungsformen gegliedert. In Teil 1 wird die Verwertung von Software als Endprodukt behandelt, unterteilt nach den Vertriebsmöglichkeiten und der reinen Softwareüberlassung an den Endanwender. Teil 2 und 3 befassen sich mit einem Marktmachtmissbrauch durch den Softwarehersteller, der vor allem bei der Softwarepflege und der damit eng verbundenen möglichen Verpflichtung des Herstellers zur Herausgabe von Schnittstelleninformationen relevant wird. Teil 4 betrifft die Erstellung von Software und Teil 5 die Softwareentwicklung. Abschließend wird in Teil 6 das Modell der Open-Source-Software behandelt.

Teil 1.

Verwertung von Software als Endprodukt

Ein Softwarehersteller besitzt verschiedene Möglichkeiten, seine Software, die für den Endnutzer ohne weiteres einsatzfähig ist, also ein fertiges Endprodukt darstellt, zu verwerten: er kann die Software entweder direkt an den Endkunden weitergeben oder einen Zwischenhändler einschalten. In ersterem Fall besteht nur eine Vertragsbeziehung, nämlich zwischen Hersteller und Endanwender (die eigentliche Softwareüberlassung), in letzterem hingegen bestehen zwei, wenn nicht sogar drei Vertragsbeziehungen: zwischen Hersteller und Händler (Vertriebsvertrag in weiterem Sinne), zwischen Händler und Endanwender und schließlich, zumindest nach dem Willen und der Ansicht des Herstellers, zwischen ihm selbst und dem Endanwender (wiederum die eigentliche Softwareüberlassung). Wegen der hohen Verletzlichkeit des Rechtsguts Software ist der Hersteller nämlich an einem direkten Vertag mit dem Softwareanwender interessiert, um diesem bestimmte Nutzungsbeschränkungen auferlegen zu können. Der Vertrieb über einen Zwischenhändler ist wiederum auf verschiedene Weise möglich: entwder erwirbt der Händler vom Hersteller die bereits fertigen, auf Datenträgern verkörperten Programmexemplare und vertreibt diese wie sonstige Massenware weiter, oder aber er erwirbt vom Hersteller eine Lizenz mit dem Recht, Unterlizenzen bezüglich der fertigen Programmexemplare zu erteilen. In diesem Fall ist der Händler in die lizenzvertragliche Kette eingebunden[1]. Die Lizenzerteilung an den Händler kann auch derart erfolgen, dass dieser berechtigt sein soll, die zu vertreibenden Programmexemplare selbst herzustellen, d.h. zu vervielfältigen und anschließend weiter zu vertreiben[2].
Daneben ist eine unkörperliche Programmüberlassung vom Softwarehersteller an den Händler bzw. vom Hersteller bzw. Händler an den Endkunden denkbar[3]. So gibt es auf den online-Vertrieb spezialisierte Händler, die die ihnen überlassene Software ausschließlich online vertreiben.
Von kartellrechtlicher Bedeutung sind die Vertragsbeziehungen zwischen Hersteller und Händler, die Vertriebsverträge, sowie die Beziehungen zwischen Hersteller und Endanwender, die eigentliche Softwareüberlassung. Vertriebsverträge kommen ebenso zwischen Händlern auf verschiedenen Absatzstufen vor, die jedoch im Vergleich zu den Vertriebsverträgen zwischen Hersteller und

---

[1] Moritz/Tybusseck, Rz. 570 ff.
[2] Marly, Rz. 448
[3] so vertreibt beispielsweise der Antivirensoftwarehersteller symantec seine Software an den Endkunden auch online; so lässt der Hersteller QBIK seine WinGate-Software für verschiedene Anwendungen im Internet (http://www.wingate.com) von Händlern online vertreiben: http://www.wingate.com/resellers.php

Händler dieselben Probleme aufwerfen[4], weshalb sich die folgende Darstellung auf letzteres Vertragsverhältnis beschränkt. Wirtschaftlich gesehen stellen der Vertrieb von Software und die eigentliche Softwareüberlassung unterschiedliche Sachverhalte dar, weshalb diese Fallkonstellationen getrennt voneinander untersucht werden.

Weiterhin ist bei der Verwertung nach Art der Software zu unterscheiden. Betriebssystemsoftware wird in der Regel vom Hardwarehersteller auf die Hardware vorinstalliert und als „Gesamtpaket" weitervertrieben. Der Softwarehersteller setzt den Hardwarehersteller hier also als Zwischenhändler ein. Die vorinstallierte Software wird als sog. OEM-Version bezeichnet.

Anwendungssoftware hingegen erwirbt der Endnutzer grundsätzlich losgelöst von der Hardware, wobei zwischen Standard- und Individualsoftware zu differenzieren ist: Standardsoftware kommt für eine Vielzahl gleichförmiger Aufgaben in Frage, während Individualsoftware auf die Bedürfnisse eines bestimmten Anwenders konkret zugeschnitten ist. Hier muss der Anwender selbst einen Beitrag zur Erstellung der Software leisten, so dass von vornherein ein direkter Kontakt zwischen Hersteller und Anwender besteht. Daher wird bei Individualsoftware in der Regel ein Direktvertrieb vom Hersteller stattfinden, während Standardsoftware in der Vielzahl der Fälle über einen Zwischenhändler vertrieben wird. Hierbei ist, wie bereits zuvor erwähnt, ein bloßer Weitervertrieb der bereits fertigen, auf Datenträgern verkörperten Programmexemplare durch den Zwischenhändler oder aber die Aufnahme desselben in die lizenzvertragliche Kette möglich.

---

[4] Marly, Rz. 448

§ 1 Umfassende vertragstypologische Einordnung des Softwarevertrages

Eine übergreifende vertragstypologische Einordnung des Softwarevertrages bereitet von jeher Schwierigkeiten, in der Literatur[5] und Verträgen in der Praxis[6] spricht man häufig pauschal von Lizenzverträgen. Hierbei darf aber nicht übersehen werden, dass die so bezeichneten Vertragstypen oftmals wirtschaftlich verschiedene Sachverhalte betreffen[7] und eine diesbezügliche einheitliche Terminologie noch nicht vorhanden ist[8].

Der Begriff Lizenz in Zusammenhang mit Software rührt daher, dass Software eine geistige Leistung, ein unkörperliches, immaterielles Rechtsgut ist, deren Wert in der Information, die sie zur Lösung eines bestimmten Problems bereitstellt, liegt. Zur Verwertung und insbesondere der Herstellung und der Benutzung eines immateriellen Rechtsguts ist die Einräumung von Nutzungsrechten erforderlich, was allgemein als „Lizenz" bezeichnet wird[9]. Der immaterialgüterrechtliche Rechtsschutz (Urheberrecht, Patentrecht, Gebrauchsmusterrecht etc.) spielt für den Begriff der Lizenz keine Rolle[10].

A) Lizenzen im Rahmen von Softwareverträgen

I) Allgemeines

Sobald die Nutzung der (durch das Urheberrecht geschützten) Software betroffen ist, findet also eine Lizenzerteilung statt. Dies ist bei den Softwareentwicklungsverträgen[11], den Softwareüberlassungsverträgen im Verhältnis zum End-

---

[5] Sucker, CR 1989, 353 ff., 468 ff.; Moritz, CR 1993, 257 ff., 341 ff., 414 ff.; *Schroeder in* Kilian/Heussen, GlZiff. 62 Rz. 18; Hoeren/Schuhmacher, CR 2000, 137

[6] so z.B. Microsoft: „Endbenutzer-Lizenzvertrag für Microsoft-Software" (=EULA) für viele der Microsoftprodukte, z.B. Exchange Server license, Office 2000 update, Windows 2000 Professional

[7] so auch insb. Sucker, CR 1989, 353, 354 f.

[8] so auch Marly, Rz. 33; so verstehen z.B. die BVB-Computersoftware Lizenzverträge als Verträge über die Überlassung von Computerprogrammen, Müller-Hengstenberg, S. 29, die Begriffe Lizenzverträge und Überlassungsverträge werden also gleichgesetzt

[9] *Heussen in* Kilian/Heussen, GlZiff. 30 Rz. 41 ff.; Kreutzmann, S. 39; Kreuzer, S. 124

[10] Marly, Rz. 73 ff.; *Schricker in* Schricker, vor § 28 Rz. 21, der jedoch für urheberrechtliche Nutzungsrechte 1. Stufe die Verwendung des Begriffes Lizenz aus Gründen der Klarheit ablehnt; das Gesetz selbst verwendet den Begriff „Lizenz" im Patent- und Gebrauchsmusterrecht, § 15 Abs. 2 S. 1 PatG, § 22 Abs. 2 S. 1 GebrMG

[11] bei diesen wird dem Lizenznehmer die Lizenz zum Zwecke der (Weiter-) Entwicklung der Software überlassen, dazu unten Teil 5; vgl. auch Sucker, CR 1989, 353, 354 f.

anwender[12] sowie den Vertriebslizenzen der Fall. Im Unterschied zu den Vertriebslizenzen stehen die reinen Vertriebsverträge, bei denen der immaterielle Charakter der Software keine Rolle spielt und dem Händler keine Nutzungsrechte an dem Immaterialgut Software selbst eingeräumt werden. Der Händler vertreibt hier fertige „Produkte" wie eine sonstige Ware oder Dienstleistung weiter.

II) Vertriebslizenzen und Vertriebsverträge

Grund für die Verwendung von Vertriebslizenzen an Stelle reiner Vertriebsverträge ist das Interesse der Hersteller an einer möglichst genauen Kontrolle über Art und Umfang der Nutzung ihrer Software durch den Endanwender: Software ist ein äußerst verletzliches Rechtsgut, das ubiquitär zeitgleich ohne Qualitätseinbußen genutzt und ohne großen Aufwand und hohe finanzielle Kosten leicht kopiert werden kann und selbst bei unzähligen Kopien nie einen Qualitätsverlust erleidet[13]. Den Gefahren einer unberechtigten Nutzung können die Hersteller leichter begegnen, wenn sie dem (Zwischen-) Händler Beschränkungen auferlegen, die auch Dritten gegenüber wirksam sind, nämlich den Kunden des Händlers gegenüber, sprich den Endnutzern. Bei Einschaltung eines Händlers hat der Hersteller selbst nämlich grundsätzlich keinen Kontakt mit dem Enderwerber, so dass er, indem er dem Händler Nutzungsrechte einräumt und ihn in die lizenzvertragliche Kette mit aufnimmt, die dingliche Wirkung von Nutzungsbeschränkungen sicherstellen will[14]. Insbesondere im Falle komplexer Software wird der Hersteller eine Vertriebslizenz wählen, da er wegen des höheren Entwicklungsrisikos ein stärkeres Interesse an der Bindung des Endnutzers hat als beim Vertrieb einfacher Standardsoftware im Massengeschäft. Inwieweit die einzelnen Bindungen des Endanwenders tatsächlich Bestand haben, wird im Rahmen der Softwareüberlassungsverträge untersucht[15].

---

[12] dazu unten § 3; vgl. insoweit auch *Lehmann* in Lehmann, XVI Rz. 2, der den Begriff „Lizenzvertrag" auch bei den Endbenutzerverträgen aufgrund des allgemeinen Sprachgebrauchs anerkennt; *Körner* in Ullrich/Körner, Teil I Rz. 147 ff.
[13] *Geissler/Pagenberg* in Lehmann, XIV Rz. 8; Marly, Rz. 36
[14] *v. Ungern-Sternberg* in Schricker, § 15 Rz. 1 ff.
[15] siehe unten § 3

III) Urheberrechtliche Nutzungsbefugnisse

1) Allgemeines

Da Software gemäß der Richtlinie 91/250/EWG über den Rechtsschutz von Computerprogrammen[16] bzw. die diese umsetzenden §§ 2 Ziff.1, 69 a ff. UrhG in der Regel urheberrechtlich geschützt ist – es sei denn, es handelt sich um ganz triviale Software[17] – steht, soweit das Immaterialgut Software betroffen ist, die Einräumung urheberrechtlicher Nutzungsbefugnisse im Vordergrund[18]. Die Nutzungsrechtseinräumung erfolgt durch Abschluss eines gültigen Verpflichtungsgeschäfts (Kauf, Miete etc.), mit dem zugleich die Übertragung urheberrechtlicher Nutzungsbefugnisse verbunden ist[19]. Insoweit bedarf es auch keiner ausdrücklichen Übertragung von Nutzungsbefugnissen, vielmehr wird durch den wirksamen schuldrechtlichen Vertrag der Erwerber der Software (Käufer, Mieter etc.) zur Verwendung des Programms berechtigt, vgl. § 69 d Abs.1 UrhG „*soweit keine besonderen vertraglichen Bestimmungen vorliegen*", so dass sich die unter Umständen nicht ausdrücklich benannten oder nicht näher bestimmten Nutzungsbefugnisse nach §§ 69 a ff. UrhG, insbesondere § 69 d UrhG, richten. Zu unterscheiden ist also zwischen dem schuldrechtlichen Verpflichtungsgeschäft einerseits und der (ausdrücklichen oder stillschweigenden) Übertragung von Nutzungsrechten (= Verfügung über das Urheberrecht) andererseits, auch wenn diese beiden Rechtsgeschäfte in aller Regel zeitgleich in einem Akt zusammentreffen[20]. Im Rahmen der Untersuchung der jeweiligen wirtschaftlichen Verwertung sollen die bei den einzelnen Softwareverträgen konkret betroffenen Nutzungsrechte erläutert werden[21].
Das soeben formulierte Postulat der Wirksamkeit des schuldrechtlichen Verpflichtungsgeschäfts für die Gültigkeit der Nutzungsrechtseinräumung offenbart die im Urhebervertragsrecht herrschende und richtige Ansicht, dass, anders als im Sachenrecht, das Abstraktionsprinzip im Urhebervertragsrecht nicht gilt[22].

---

[16] ABl. 1991 L 122, 42 ff.
[17] einen Überblick über die Entwicklung des Urheberrechtsschutzes für Software gibt Marly, Rz. 117 ff.
[18] auf die Unzulänglichkeiten des Urheberrechtsschutzes für Software kann im Rahmen dieser Arbeit nicht eingegangen werden, vgl. hierzu *Ullrich/Konrad in* Ullrich/Körner, Teil l Rz. 1 ff.
[19] *Lehmann in* Festgabe für Gerhard Schricker, S. 544 f.; Hoeren/Schuhmacher CR 2000, 137, 138; Kindermann, GRUR 1983, 150, 159
[20] BGH in seiner Entscheidung v. 20. I. 1994, „Holzhandelsprogramm", CR 1994, 275, 277; *Haberstumpf in* Lehmann, II Rz. 152; Haberstumpf, GRUR Int. 1992, 715, 718; Joos, S. 87 f.
[21] so z.B. für die Nutzung als einsatzfähigem Endprodukt, als Zwischenprodukt etc.
[22] näher hierzu *Schricker in* Schricker, vor §§ 28 ff. Rz. 58 ff.

2) Urheberrechtliche Besonderheiten von Software

Im Gegensatz zu herkömmlichen urheberrechtlich geschützten Werken kann Software ohne Offenbarung des programmiertechnischen Wissens im object-code verwertet werden. Damit versperrt das Urheberrecht, entgegen seiner eigentlichen Funktion, den Zugang zum Wissensgehalt des jeweiligen Programms sowie zum Bearbeitungsrecht oder zur freien Nutzung[23]. Einzige Ausnahmeregelung ist die Dekompilierungsvorschrift in Art. 6 Richtlinie 91/250/EWG über den Rechtsschutz von Computerprogrammen[24] bzw. § 69 e UrhG. Hieraus aber ergibt sich die Schwierigkeit wie Frage nach der Grenzziehung zwischen einerseits dem dem Urheber vorzubehaltenden und andererseits dem der Allgemeinheit zustehenden Programmierwissen[25].

Ebenso tritt bei Software das Urheberpersönlichkeitsrecht in den Hintergrund: Software ist weniger ein künstlerisches als ein eher technisches Gut. Die üblicherweise doppelte Schutzfunktion des Urheberrechts in persönlichkeitsrechtlicher und wirtschaftlicher Hinsicht reduziert sich bei Software fast ausschließlich auf die Sicherung der wirtschaftlichen Interessen des Urhebers an den Erträgen seines Werks[26].

Auch allein die Nutzung von Software ist im Unterschied zu traditionellen urheberrechtlichen Werken mit urheberrechtlich relevanten Nutzungshandlungen verbunden[27]: beispielsweise benötigt der „Nutzer" eines Buches (= der Leser) zur „Nutzung" des Buches (= Lesen) keine Lizenz seitens des Autors, sprich des Urhebers[28]. Für die Softwarenutzung jedoch muss dem Anwender stets ein Nutzungsrecht eingeräumt werden, nämlich das Recht zur Vervielfältigung, §§ 31, 69 c Ziff. 1, 16 UrhG: zunächst ist die Installation der Software auf die Festplatte des Computers erforderlich und beim folgenden Arbeiten mit der Software wird nur noch diese auf der Festplatte installierte Primärkopie verwendet. Die ursprünglich auf Diskette oder CD-ROM überlassene Programmkopie verliert ihren Wert. Diese Einspeicherung der Software auf die Festplatte des Computers unterfällt unstreitig dem dem Urheber vorbehaltenen Vervielfältigungsrecht

---

[23] vgl. im einzelnen *Ullrich in* Ullrich/Körner, Teil I Rz. 13
[24] ABl. 1991 L 122, 42 ff.
[25] *Ullrich in* Ullrich/Körner, Teil I Rz. 13
[26] Schneider Jörg, S. 20 f.
[27] a.A. Moritz/Tybusseck, Rz. 246 ff.: dabei übersehen sie freilich, dass das Vorführungsrecht für die bestimmungsgemäße Nutzung eines Kinofilms nicht dem Endnutzer, d.h. dem Zuschauer eingeräumt werden muss, sondern dem Zwischenverwerter, so wie im Buchhandel dem Verleger; Hilty, MMR 2003, 3, 11 ff. bezeichnet die Gebrauchshandlungen traditionell urheberrechtlich geschützter Werke als *statischen Gebrauch* im Unterschied zu den Gebrauchshandlungen an Software als *dynamischen Gebrauch*
[28] eine Lizenz wird vielmehr nur demjenigen erteilt, der das Recht erhält, die Bücher herzustellen und zu vertreiben, sog. Verlagsvertrag

des § 69 c Ziff. 1 UrhG[29]. Bei der darauffolgenden Nutzung der Software wird dann im Arbeitsspeicher eine (Teil-) Kopie der auf der Festplatte installierten Software erzeugt, worin nach Klarstellung in Art. 2 Richtlinie 2001/29/EG zur Harmonisierung bestimmter Aspekte des Urheberrechts und der verwandten Schutzrechte in der Informationsgesellschaft[30] ebenso eine urheberrechtlich relevante Vervielfältigungshandlung zu sehen ist[31]. Somit ist schon die Nutzung der Software mit der Einräumung urheberrechtlicher Nutzungsbefugnisse verbunden[32].

IV) Nutzungsbefugnisse an Know-how i.S.d. der Verordnung Nr. 772/2004 über die Anwendung von Artikel 81 Absatz 3 EG-Vertrag auf Gruppen von Technologietransfer-Vereinbarungen[33]

Neben der Einräumung urheberrechtlicher Nutzungsbefugnisse kann bei Softwareverträgen die Einräumung von Know-how in Betracht kommen.
Art. 1 Abs. 1 lit. i Verordnung Nr. 772/2004 definiert Know-how als eine *„Gesamtheit nicht patentierter praktischer Kenntnisse, die durch Erfahrungen und Versuche gewonnen werden und die geheim, wesentlich und identifiziert sind"*.
Allgemeine Voraussetzung für eine Know-how-Überlassung im Sinne der Verordnung Nr. 772/2004 ist, dass der Lizenznehmer das lizenzierte Know-how zur Produktion von Waren oder Dienstleistungen nutzt[34].

1) Nicht patentierte praktische Kenntnisse, die durch Erfahrungen und Versuche gewonnen werden

Eine Know-how-Überlassung kann von vornherein nur vorliegen, wenn die Softwareverwertung im source-code und nicht lediglich object-code erfolgt. Nur bei der source-code-Verwertung nämlich erhält der Lizenznehmer Einsicht in die programmiertechnischen Zusammenhänge und die Funktionsweise der Software, so dass von einer Übertragung von Kenntnissen gesprochen werden kann. Die Ansicht, die mit der Begründung, für jeden Lauf der Software müsse

---

[29] BGH v. 20.I.1994, „Holzhandelsprogramm", CR 1994, 275, 276, mit Anmerkung Lehmann S. 278
[30] ABl. 2001 L 167, 10 ff.
[31] im einzelnen wird auf die Vervielfältigungsvorgänge bei der Softwarenutzung im Rahmen der Softwareüberlassungsverträge eingegangen, siehe § 3 D) I) 2) a) aa)
[32] so wie hier auch Pres, S. 112
[33] Verordnung (EG) Nr. 772/2004 der Kommission vom 27.IV.2004 über die Anwendung von Artikel 81 Abs. 3 EG-Vertrag auf Gruppen von Technologietransfer-Vereinbarungen, ABl. 2004 L 123, 11 ff.
[34] vgl. Erwägungsgrund 7 VO 772/2004

deren Know-how aktiviert werden, in jeder Softwareüberlassung, also unabhängig von object- oder source-code-Verwertung, zugleich eine Know-how-Überlassung sieht, ist abzulehnen[35]. Erstere Feststellung mag zwar zutreffen, die daraus gezogene Folgerung einer Know-how-Überlassung indes ist nicht haltbar: Charakteristikum und Voraussetzung einer Know-how-Überlassung ist nicht die Aktivierung von Know-how, sondern dessen Zugänglichmachung und insbesondere Kenntnisnahme durch den Lizenznehmer.

Im Unterschied zur alten Verordnung Nr. 240/96 zur Anwendung von Artikel 85 Absatz 3 des Vertrages auf Gruppen von Technologietransfer-Vereinbarungen[36] sind nach der jetzt geltenden Verordnung Nr. 772/2004 für den Begriff des Know-how keine *technischen* Kenntnisse mehr erforderlich. Insoweit hat sich die Frage nach der technischen Qualität der jeweiligen Software erledigt[37]. Eine Know-how-Überlassung findet also auch bei kaufmännisch-organisatorischen Programmen statt, soweit der source-code der Software mitüberlassen wird.

Die Frage nach einer Know-how-Überlassung bei Softwareverträgen dürfte für die Praxis nunmehr ohnehin weniger bedeutsam sein, weil Softwarelizenzen ausdrücklich von der neuen Verordnung Nr. 772/2004 erfasst werden, Art. 1 Abs. 1 lit. b, Leitlinien Tz. 46.

2) Geheimnischarakter

Für die Spezifizierung der überlassenen Kenntnisse als geheim ist erforderlich, dass das Know-how *„nicht allgemein bekannt und nicht leicht zugänglich ist"*, Art. 1 Abs. 1 lit. i (i) Verordnung Nr. 772/2004.

Dies bedeutet, dass tatsächlich nur eine begrenzte und überschaubare Anzahl von Personen, welche allesamt zur Geheimhaltung verpflichtet sind, Einblick in die programmiertechnischen Zusammenhänge und Funktionsweise haben darf[38]. Bei Verträgen zwischen Softwareentwicklern zum Zwecke der Weiterbearbeitung bzw. Neuherstellung von (Zusatz-) Programmen wird dies regelmäßig der Fall sein. Bei der Überlassung von Software an den Endanwender hingegen ist zu unterscheiden: handelt es sich um die Herstellung von Individualsoftware, so wird man auch hier von einem entsprechenden Geheimnischarakter ausgehen können. Bei der Überlassung von Standardsoftware jedoch wird man die Erfor-

---

[35] so insbesondere Moritz/Tybusseck, Rz 601 ff.; Moritz CR 1993, 414, 416 f.
[36] ABl. 1996 L 31, 2 ff.
[37] so wurde beispielsweise mangels Technizität die Überlassung von Know-how bei kaufmännisch-organisatorischen Programmen verneint, vgl. *Lehmann in* Lehmann, XVI Rz. 38 FN 100; *Ullrich/Konrad in* Ullrich/Körner, Teil I Rz. 498
[38] Sucker, CR 1989, 353, 359

dernisse an den Geheimnischarakter nicht mehr als erfüllt ansehen können[39], nachdem hier die Software für eine Vielzahl von Anwendern bestimmt ist. Allerdings wird Standardsoftware nur ausnahmsweise mit source-code und Herstellerdokumentation überlassen, so dass sich in der Praxis die Frage nach der Geheimnisqualität wohl nur selten stellen wird.

Angesichts des Dekompilierungsrechts in § 69 e UrhG, welches unter gewissen Voraussetzungen die Rückübersetzung des object- in den source-code erlaubt, könnte der Geheimnischarakter zweifelhaft sein[40]. Eine derartige Reichweite des Dekompilierungsrechts mit der Folge einer Aufhebung des Geheimnischarakters des source-code ist jedoch aus zweierlei Gründen abzulehnen: zum einen ist der Begriff „geheim" in Art. 1 Abs. 1 lit. i Verordnung Nr. 772/2004 als Zugänglichkeitsproblem definiert, so dass der zeitliche Vorsprung, den der Lizenznehmer durch die Mitteilung des Know-how gewinnt, und nicht weitere, neben der Lizenzerteilung bestehende Möglichkeiten der Kenntnisnahme entscheidend sind. Ausschlaggebend sind die Beschaffungsprobleme eines potentiellen Lizenznehmers, wobei auf einen durchschnittlich fachkundigen Lizenznehmer abzustellen ist[41].

Zum anderen führt eine Dekompilierung nie zum ursprünglichen source-code oder der Herstellerdokumentation und erfordert stets beträchtlichen zeitlichen und finanziellen Aufwand, worin sich wiederum die Bedeutung des zeitlichen Wissensvorsprungs eines Lizenznehmers spiegelt.

3) Wesentlichkeit und Identifizierung

Der Begriff der Identifizierung bereitet bei einer source-code-Überlassung keine Schwierigkeit. Ist die source-code-Überlassung für die Herstellung vertragsgegenständlicher Softwareprodukte unerlässlich, so ist der Begriff der Wesentlichkeit erfüllt. Dies ist allerdings von der jeweiligen Art der Softwareverwertung abhängig, weil die Überlassung des source-code nicht immer mit der Neuherstellung vertragsgegenständlicher Produkte einhergeht.

4) Know-how-Überlassung hinsichtlich der jeweiligen Softwareverwertung

Bei den Verträgen zwischen Softwareentwicklern wird der source-code der Software einschließlich der Herstellerdokumentation zum Zwecke der (Weiter-) Entwicklung der Software lizenziert, so dass hier grundsätzlich von einer

---

[39] Sucker, CR 1989, 353, 359; *Ullrich/Konrad* in Ullrich/Körner, Teil I Rz. 504
[40] zum konkreten Umfang des Dekompilierungsrechts in § 69 e UrhG vgl. unten § 3 D) V) 2) b)
[41] *Ullrich* in Immenga/Mestmäcker, EG-Wettbewerbsrecht Bd. I, GRUR C Rz. 27

Know-how-Überlassung im Sinne der Verordnung Nr. 772/2004 auszugehen ist[42].

Im Bereich der Herstellung von Individualsoftware wird dem Nutzer zwar häufig source-code und Herstellerdokumentation mitüberlassen, allerdings nicht primär zum Zwecke der Herstellung neuer Software, sondern hauptsächlich zur möglichen Selbstvornahme der Fehlerberichtigung, Wartung etc.. Hier ist also einzelfallbezogen nach Sinn und Zweck der source-code-Überlassung zu entscheiden, ob eine Know-how-Überlassung im Sinne der Verordnung Nr. 772/2004 vorliegt.

Bei der Überlassung von Standardsoftware wird eine Lizenzierung von source-code und Herstellerdokumentation nur ausnahmsweise erfolgen. Selbst dann aber liegt mangels Geheimnischarakters eine Know-how-Überlassung nicht vor.

V) Patentrechtliche Nutzungsbefugnisse

Soweit Software patentrechtlich geschützt ist, ist eine Einräumung patentrechtlicher Nutzungsbefugnisse notwendig. Insbesondere in den USA und Japan kommt ein Patentrechtsschutz für Software in Betracht. Im Gegensatz zu Deutschland und der Europäischen Union, wo gem. Art. 52 Abs. 3 EPÜ und § 1 Abs. 3 PatG derzeit Programme für Datenverarbeitungsanlagen „als solche" vom Patentrechtsschutz (noch) ausgenommen sind, nehmen diese beiden Länder bezüglich eines Patentrechtsschutzes für Software eine liberalere Haltung ein[43].

Aber auch in der Europäischen Union wird ein Patentrechtsschutz für Software seit einigen Jahren kontrovers diskutiert. Das Europäische Patentamt und nationale Patentämter haben immer wieder Patente für computerimplementierte Erfindungen erteilt, wenn diese einen technischen Charakter aufweisen. Hierbei haben nationale Gerichte, insbesondere in Deutschland und dem Vereinigten Königreich, in wichtigen Fragen der Patentanforderungen unterschiedlich entschieden, was die Notwendigkeit einer harmonisierten EU-weiten Regelung zur Patentierbarkeit computerimplementierter Erfindungen besonders deutlich machte[44]. Nach zahlreichen Sondierungen hat die Europäische Kommission schließlich am 20. Februar 2002 einen Entwurf für eine Richtlinie über die Pa-

---

[42] vgl. Erwägungsgrund 7 VO 772/2004
[43] Mitteilung der Kommission vom 20.VII.2000 S. 13; *Ullrich* in Ullrich/Körner, Teil I Rz. 48 ff.
[44] siehe Begründung zum Vorschlag für eine Richtlinie des Europäischen Parlaments und des Rates über die Patentierbarkeit computerimplementierter Erfindungen ABl. 2002 C 151, 129 ff.

tentierbarkeit computerimplementierter Erfindungen vorgelegt[45]. Ziel dieses Richtlinienentwurfs ist die Konkretisierung der Patentierungsvoraussetzungen für Software und damit die Harmonisierung des Patenrechts und der Patentpraxis in den EU-Mitgliedsstaaten und der Europäischen Patentorganisation. Eine abrupte Änderung der Rechtslage wird nicht angestrebt, die derzeitige Rechtspraxis soll lediglich festgeschrieben werden. Gem. Art. 4 des Richtlinienentwurfs sollen computerimplementierte Erfindungen, die einen technischen Beitrag leisten, Patentrechtsschutz genießen, Computerprogramme als solche aber weiterhin vom Patentrechtsschutz ausgenommen sein.
In seiner Sitzung am 24. September 2003 hat sich das Europäische Parlament für weitgehende Änderungen des Richtlinienentwurfs ausgesprochen und den Text in geänderter Form mit deutlicher Mehrheit angenommen[46]. Es wurde ein neuer Art. 4 a eingefügt, der den Ausschluss von der Patentierbarkeit regelt und den technischen Beitrag bei computerimplementierten Erfindungen erläutert[47]. Diesen revidierten Richtlinienvorschlag hat der Europäische Wettbewerbsrat am 18. Mai 2004 beschlossen[48]. Um endgültig in geltendes Gemeinschaftsrecht einzugehen, muss das Europäische Parlament diesen Beschluss noch in zweiter Lesung verabschieden[49].

VI) Auswirkungen unterschiedlicher Schutzmöglichkeiten auf den Fortgang der Untersuchung

Die zentrale Schutzmöglichkeit für Software stellt also der Urheberrechtsschutz dar, daneben kommt Patentrechtsschutz in Betracht. Abhängig von der wirtschaftlichen Zielsetzung der Softwareüberlassung ist zudem ein Know-how-Schutz möglich.
Urheberrechts- und Patentrechtsschutz ergänzen sich gegenseitig. Der Patentrechtsschutz gewährt einen Inhaltsschutz als solchen und gibt dem Patentinhaber das Recht, Dritten die Nutzung jeglicher Software zu verbieten, die seine patentierte Erfindung beinhaltet. Er entsteht durch hoheitlichen Akt und es gilt das Prioritätsprinzip.
Der Urheberrechtsschutz hingegen entsteht kraft Gesetzes mit der Schöpfung des Werkes und schützt nur die jeweilige Ausdrucksform und Gestaltung der

---

[45] Vorschlag für eine Richtlinie des Europäischen Parlaments und des Rates über die Patentierbarkeit computerimplementierter Erfindungen, ABl. 2002 C 151, 129 ff.
[46] http://www.bmj.bund.de/images/11661.pdf; vgl. auch heise online vom 24.IX.2003 unter http://www.heise.de/newsticker/meldung/40547
[47] siehe unter http://register.consilium.eu.int/pdf/de/04/st09/st09713.de04.pdf
[48] vgl. heise online v. 18.V.2004 unter http://www.heise.de/newsticker/meldung/47477
[49] da das Europäische Parlament im Juni 2004 neu gewählt wird, wird bis zur endgültigen Gesetzeskraft des Beschlusses allerdings noch etwas Zeit vergehen, vgl. heise online v. 18.V.2004 unter http://www.heise.de/newsticker/meldung/47477

Software und lässt die der Software zugrundeliegenden Ideen und Grundsätze frei. Dies bedeutet, dass im Gegensatz zum Patentrecht unabhängige Entwicklungen, die dieselbe Problemlösung zum Gegenstand haben, möglich sind, solange nur Ausdrucksform und Gestaltung, sprich der source-code, verschieden sind.

Fraglich ist, ob die im Urheber- und Patentrechtsschutz bestehenden Unterschiede Auswirkungen auf die kartellrechtliche Beurteilung der Softwareverträge haben bzw. welchen Regeln die kartellrechtliche Beurteilung der Softwareverträge zu folgen hat, wenn für eine bestimmte Software sowohl Urheber- als auch Patentrechtsschutz in Betracht kommt[50].

In jedem Fall gemeinsam ist dem Urheber- und Patentrechtsschutz ihre ursprüngliche Funktion im Wettbewerbsgeschehen: als Ausschließlichkeitsrechte sind sie beide konstitutive Voraussetzung für die Entstehung von Wettbewerb im Bereich des Immaterialgüterrechts. Durch den Ausschließlichkeitsschutz wird Software überhaupt erst zum handels- und aneignungsfähigen Wirtschaftsgut, das dem Wettbewerb unterworfen ist[51]. Insofern scheint es wenig sinnvoll, die kartellrechtliche Beurteilung der Softwareverträge von dem jeweils einschlägigen Rechtsschutz abhängig zu machen[52]. Eine wirtschaftlich ausgerichtete Betrachtungsweise ist vorzuziehen. Dies bedeutet auch, dass eine Unterscheidung nach der jeweiligen Art der Softwareverwertung zu treffen ist, d.h. danach, ob die Überlassung an einen Zwischenhändler, einen Endkunden oder einen weiteren Softwareentwickler erfolgt. Aus diesem Grund gliedert sich diese Arbeit auch nach den verschiedenen wirtschaftlichen Verwertungszusammenhängen der Softwareüberlassung.

Zudem würde eine an dem jeweiligen Rechtsschutz ausgerichtete kartellrechtliche Beurteilung bei ein- und demselben Rechtsgut die Rechtssicherheit in dem ohnehin schwierigen Bereich der Softwareverträge zusätzlich belasten und Softwareentwickler in höchstem Maße verunsichern, was sich zu einem Hemmnis bezüglich ihrer kreativ-innovativen Fähigkeiten auswirken und somit zu einer Verlangsamung des technischen Fortschritts insgesamt führen könnte. Dies jedoch würde dem Sinn und Zweck des Wettbewerbsrechts genau widersprechen.

---

[50] im deutschen Recht folgen urheberrechtliche Lizenzen nur unter bestimmten Voraussetzungen denselben Regeln wie Patentlizenzen, vgl. §§ 17, 18 GWB; im europäischen Recht folgen gemäß der neuen Verordnung Nr. 772/2004 Softwarelizenzen nunmehr denselben Regeln wie Patent- und Know-how-Lizenzen
[51] Ullrich, GRUR Int. 1996, 555, 565 f.
[52] vgl. *Ullrich in* Schricker/Dreier/Kur, S. 93 mit weiteren Nachweisen; a.A.: Sucker, CR 1989, 353, 357

B) Schuldrechtliches Rechtsgeschäft

Mit der Untersuchung der Problematik der Lizenzerteilung ist keine schuldrechtliche Qualifikation des jeweiligen Vertrages verbunden. Das Verhältnis von Lizenzerteilung und schuldrechtlichem Rechtsgeschäft ist noch nicht geklärt. Die Bestimmung des zugrundeliegenden schuldrechtlichen Rechtsgeschäfts ist für die kartellrechtliche Beurteilung hinsichtlich des Erschöpfungsgrundsatzes gem. §§ 69 c Ziff. 3 S. 2, 17 Abs. 2 UrhG wichtig, für den Endanwender insbesondere hinsichtlich der anwendbaren Gewährleistungsvorschriften.

Die Bestimmung des schuldrechtlichen Rechtsgeschäfts sollte sich an den Besonderheiten der Softwarebranche orientieren. Danach findet zum einen eine Unterscheidung nach dem Anwenderkreis statt, d.h. es wird zwischen Individual- und Standardsoftware unterschieden[53], zum anderen nach der zeitlichen Dauer der Softwareüberlassung, d.h. es wird danach differenziert, ob die Überlassung auf Dauer oder auf Zeit angelegt ist[54]. Bei der Überlassung auf Zeit kommt die Anwendung miet- bzw. pachtvertraglicher Vorschriften in Betracht, bei der Überlassung auf Dauer ist weiter zwischen Standard- und Individualsoftware zu unterscheiden: im Falle der Überlassung von Standardsoftware kommt die Anwendung kaufrechtlicher Vorschriften in Betracht, bei der Überlassung von Individualsoftware die Anwendung werkvertraglicher Vorschriften.

---

[53] Marly, Rz. 42
[54] Marly, Rz. 44

§ 2 Vertrieb vom Softwarehersteller an den Händler

A) Reine Vertriebsverträge

1. Gegenstand dieses Vertrages ist die Überlassung von Exemplaren des Softwareprogramms XY des Herstellers an den Händler. Der Händler ist verpflichtet und berechtigt, die ihm überlassenen Exemplare gemäß den Bestimmungen dieses Vertrages weiterzuveräußern und seinen Kunden Eigentum am konkreten Werkexemplar zu verschaffen.
2. Dem Händler stehen keinerlei urheberrechtlichen Nutzungsrechte an dem Programm zu.

So könnte eine Vertragsregelung lauten, wenn der Händler vom Hersteller fertige, einsatzfähige Programmexemplare erwirbt und diese im eigenen Namen und auf eigene Rechnung weitervertreibt[55]. Der Händler wird hier vom Hersteller als schlichter Verkäufer eingesetzt und erhält keinerlei überschießenden Rechte an dem Rechtsgut Software selbst. Grundsätzlich gehen derartige Vertriebsverträge mit wettbewerbsrelevanten Vertriebsvereinbarungen wie Alleinvertriebs- oder -bezugsvereinbarungen einher. Die Einflussnahme des Herstellers auf die Bedingungen der Verträge des Händlers mit den Endkunden spielt im Vergleich zu den Vertriebslizenzen bei den reinen Vertriebsverträgen eine eher geringe Rolle, weshalb hier auf diese nicht näher eingegangen werden soll. Die herrschende Meinung sieht bei den Vertriebsverträgen keine softwarespezifischen Besonderheiten und hält die allgemeinen kartellrechtlichen Grundsätze über den Vertrieb von Waren für maßgebend[56].

I) Inhalt von Vertriebsvereinbarungen

Häufig anzutreffen sind Vereinbarungen, in denen sich der Hersteller verpflichtet, die Software in einem bestimmten Gebiet ausschließlich an seinen Vertragspartner zu liefern (Ausschließlichkeitsvereinbarung). Unter Umständen verpflichtet sich der Hersteller zusätzlich noch dazu, die Software in diesem Gebiet nicht selber zu vertreiben (Alleinvertriebsvereinbarung)[57]. Der Händler hingegen verpflichtet sich in aller Regel dazu, außerhalb seines Vertragsgebiets keinen aktiven Wettbewerb zu betreiben, d.h. keine Kunden durch direkte Ansprache wie z.B. mittels Zusenden von Briefen oder Emails zu werben, keine

---

[55] näher Marly, S. 630 ff.
[56] Moritz CR 1993, 341, 342; Sucker, CR 1989, 468, 474; Schneider Jochen, C Rz. 372
[57] *Schroeder* in Kilian/Heussen, GlZiff. 61 Rz. 2; Schneider Jochen, C Rz. 349 ff.

Niederlassungen einzurichten etc.[58]. Diese Verpflichtungen beinhalten Wettbewerbsbeschränkungen, da einerseits der Hersteller nicht mehr die Freiheit besitzt, seine Software an andere als den Exklusivhändler zu liefern und andererseits sonstige Händler die vertragsgegenständliche Software vom Hersteller nicht beziehen können. Außerdem wird die wettbewerbliche Freiheit des Händlers eingeschränkt, weil er außerhalb des Vertragsgebietes keinen aktiven Wettbewerb betreiben darf.

Zweck derartiger Alleinvertriebsvereinbarungen ist die Erschließung fremder Märkte durch den Hersteller: der Aufbau eines eigenen Vertriebsnetzes wird entbehrlich, wodurch der Hersteller hohe Eigeninvestitionen vermeiden sowie Marktzutrittsschranken wie z.B. fremde Sprachen oder nationale Gegebenheiten leichter überwinden kann. Dies schlägt sich in einer erhöhten Distribution seiner Software nieder, was sich positiv auf den interbrand-Wettbewerb auswirkt und eine verbesserte Versorgung der Verbraucher zur Folge hat[59]. Umgekehrt verringert sich für den Händler das Investitionsrisiko, indem ihm der Bezug einer bestimmten Menge von Softwareexemplaren sicher ist.

Das Gegenstück zu den Alleinvertriebsvereinbarungen bilden die Alleinbezugsvereinbarungen, in denen sich der Händler verpflichtet, die Software nur vom Hersteller und nicht von Dritten zu beziehen. Der Hersteller kann dadurch die Verwertung seiner Software genau planen und erhält eine gewisse Sicherheit hinsichtlich deren Mindestabsatz, der Händler allerdings ist in der Freiheit der Wahl seiner Vertragspartner beschränkt, womit wiederum eine Wettbewerbsbeschränkung vorliegt[60].

Schließlich kann für den Hersteller insbesondere bei komplizierter Anwendungssoftware die Errichtung eines selektiven Vertriebssystems von Interesse sein, wenn der Vertrieb besondere Fachkunde, eine besondere technische Ausstattung des Händlers oder eine spezielle Kundenbetreuung durch den Händler voraussetzt. Hierbei stehen die nach bestimmten Kriterien ausgewählten Händler untereinander in einem Wettbewerb ohne territoriale Grenzen und verpflichten sich ihrerseits, die Softwareexemplare nicht an Händler zu verkaufen, die nicht zum Vertrieb zugelassen sind.

II) Europäisches Recht

Der ständig wachsende innereuropäische und internationale Wirtschaftsverkehr sowie die grundsätzlich weite Auslegung der Zwischenstaatlichkeitsklausel[61]

---

[58] Leitlinien Tz. 50
[59] vgl. Verordnung Nr. 2790/1999 Erwägungsgrund 6; *von Stoephasius in* Langen/Bunte, Bd. I Art. 81 Fallgruppen Rz. 349
[60] *Schroeder in* Kilian/Heussen, GlZiff. 61 Rz. 10
[61] siehe Emmerich, S. 400

haben insbesondere bei Vertriebsverträgen die Anwendung des europäischen Kartellrechts zur Folge[62].

1) Verordnung Nr. 1/2003 zur Durchführung der in den Artikeln 81 und 82 des Vertrags niedergelegten Wettbewerbsregeln[63]

Die seit 01. Mai 2004 geltende Verordnung Nr. 1/2003 zur Durchführung der in den Artikeln 81 und 82 des Vertrags niedergelegten Wettbewerbsregeln hat einen Übergang vom System des Kartellverbots mit Administrativvorbehalt zu einem System der Legalausnahme herbeigeführt: gem. Art. 1 VO 1/2003 ist für die Zulässigkeit einer wettbewerbsbeschränkenden Vereinbarung keine Freistellungsentscheidung der Kommission mehr erforderlich, sondern lediglich, dass die jeweilige Vereinbarung die Voraussetzungen des Art. 81 Abs. 3 EGV im konkreten Fall erfüllt. Art. 81 Abs. 3 EGV wird also unmittelbar anwendbar. Gruppenfreistellungsverordnungen wirken nicht mehr konstitutiv, sondern erleichtern die Selbsteinschätzung der Unternehmen.
Dieser Verzicht auf das Freistellungsmonopol der Europäischen Kommission bewirkt zudem eine Dezentralisierung der Kartellaufsicht: gem. Art. 5 und 6 VO 1/2003 ist das europäische Recht nicht mehr allein von der Kommission anzuwenden, sondern unmittelbar von den nationalen Wettbewerbsbehörden und Gerichten. Die einheitliche Anwendung des europäischen Wettbewerbsrechts wird durch Art. 16 VO 1/2003 sichergestellt, indem nationale Behören verpflichtet werden, nicht von Entscheidungen der Kommission abzuweichen. In Art. 3 Abs. 1 VO 1/2003 wird ferner die Anwendung des nationalen Wettbewerbsrechts bei grenzüberschreitenden Auswirkungen von Vereinbarungen ausgeschlossen und in Art. 3 Abs. 2 VO 1/2003 wird festgelegt, dass wettbewerbsbeschränkende Vereinbarungen, die entweder den Wettbewerb nicht einschränken oder die Bedingungen des Art. 81 Abs. 3 EGV erfüllen oder durch eine Gruppenfreistellungsverordnung erfasst sind, nicht aufgrund nationalen Wettbewerbsrechts verboten werden dürfen[64].

---

[62] Schneider Jochen, C Rz. 312 ff.
[63] Verordnung (EG) Nr. 1/2003 vom 16. Dezember 2002 zur Durchführung der in den Artikeln 81 und 82 des Vertrags niedergelegten Wettbewerbsregeln, ABl. 2003 L 1, 1 ff.
[64] vgl. auch Erwägungsgrund (8) zur VO 1/2003

2) Verordnung Nr. 2790/1999 über die Anwendung von Artikel 81 Absatz 3 des Vertrages auf Gruppen von vertikalen Vereinbarungen und aufeinander abgestimmten Verhaltensweisen[65]

Die in den Vertriebsvereinbarungen enthaltenen Wettbewerbsbeschränkungen könnten vertikale Vereinbarungen im Sinne der Verordnung Nr. 2790/1999 darstellen. Ergänzt wird die Verordnung durch die von der Europäischen Kommission erlassenen Leitlinien für vertikale Beschränkungen[66], welche betroffenen Unternehmen eine Selbsteinschätzung bezüglich der kartellrechtlichen Zulässigkeit ihrer vertikalen Vereinbarungen erleichtern sollen[67].
Die Gruppenfreistellungsverordnung betrachtet vertikale Beschränkungen in ihrem wirtschaftlichen und rechtlichen Gesamtzusammenhang und bezieht mögliche positive Auswirkungen der Wettbewerbsbeschränkungen auf den jeweiligen Markt in die Überlegungen mit ein[68].
Zugleich geht sie mit einer Vereinfachung und Reduzierung der Vorschriften einher: es gibt keine „weiße" Liste der erlaubten Klauseln mehr, vielmehr sind vom Verbot des Art. 81 Abs. 1 EGV sämtliche vertikalen Vereinbarungen, die die Kauf- bzw. Verkaufsbedingungen von Waren bzw. Dienstleistungen betreffen, freigestellt – soweit der Marktanteil weniger als 30 % beträgt. Eine „schwarze" Liste nicht freigestellter Klauseln ist immer noch vorhanden, Art. 4 Verordnung Nr. 2790/1999.

a) Begriff „vertikale Vereinbarungen"

Vertikale Vereinbarungen werden in Art. 2 Abs. 1 der Verordnung Nr. 2790/1999 legal definiert als *„Vereinbarungen oder aufeinander abgestimmte Verhaltensweisen zwischen zwei oder mehr Unternehmen, von denen jedes zwecks Durchführung der Vereinbarung auf einer unterschiedlichen Produktions- oder Vertriebsstufe tätig ist, und welche die Bedingungen betreffen, zu denen die Parteien bestimmte Waren oder Dienstleistungen beziehen, verkaufen oder weiterverkaufen können".*
Da Softwarehersteller und Händler auf unterschiedlichen Wirtschaftsstufen stehen und eine Tätigkeit im geschäftlichen Verkehr ausüben, bedarf lediglich der

---

[65] Verordnung Nr. 2790/1999 über die Anwendung von Artikel 81 Absatz 3 des Vertrages auf Gruppen von vertikalen Vereinbarungen und aufeinander abgestimmten Verhaltensweisen, ABl. 1999 L 336, 21 ff.
[66] Leitlinien für vertikale Beschränkungen, ABl. 2000 C 291, 1 ff.
[67] so geben die Leitlinien eine Erläuterung zu den einzelnen Voraussetzungen der Verordnung Nr. 2790/1999 ebenso wie allgemeine Beurteilungsgrundsätze zu vertikalen Vereinbarungen; *Bunte* in Langen/Bunte, Bd. I Art. 81 Fallgruppen Rz. 506; vgl. auch Pukall, NJW 2000, 1375, 1376
[68] Leitlinien Tz. 7

Waren- und Dienstleistungsbegriff in Zusammenhang mit dem Softwarevertrieb einer genaueren Klärung. Ohnehin neu ist, dass von der Verordnung neben Waren auch Dienstleistungen erfasst werden[69].

aa) Waren

Fraglich ist, ob Software unter den Begriff der Ware subsumiert werden kann. In ihren Leitlinien kommt die Europäische Kommission zu der Auffassung, dass *„Vereinbarungen über die Lieferung von Kopien einer Software auf einem materiellen Träger („hard copy") zum Zwecke des Weiterverkaufs, mit denen der Wiederverkäufer keine Lizenz für irgendwelche Rechte an der Software selbst erwirbt, sondern lediglich das Recht, die Kopien weiterzuverkaufen, im Hinblick auf die Anwendung der Gruppenfreistellungsverordnung als Vereinbarungen über die Lieferung von Waren zum Weiterverkauf anzusehen"*[70] sind.
Die Kommission sieht demnach die auf einem Datenträger verkörperte Software als Ware an, soweit diese „lediglich" veräußert wird, d.h. dem Erwerber keine Nutzungsrechte an der Software eingeräumt werden.
Dieses Kriterium der fehlenden Nutzungsrechtseinräumung in Zusammenhang mit Software ist allerdings nicht unproblematisch. Im Regelfall wird Software urheberrechtlich geschützt sein, so dass auch in dem in den Leitlinien genannten Beispielsfall, der offensichtlich auf einen direkten Lizenzvertrag zwischen Softwarehersteller und Nutzer abstellt, dem Vertriebshändler zur Vermeidung einer Urheberrechtsverletzung zumindest ein einfaches Nutzungsrecht hinsichtlich der Verbreitung der Software eingeräumt werden muss. Insofern stellt die Abgrenzung nach einer Weitergabe der Software mit oder ohne Lizenz in der Praxis kein geeignetes Kriterium für die Anwendbarkeit der Verordnung Nr. 2790/1999 dar.
Hier soll die Einräumung eines einfachen Nutzungsrechts hinsichtlich der Verbreitung jedoch nicht weiter problematisiert werden, weil dem Händler keinerlei Rechte zur Nutzung des in der Software verkörperten Wissens eingeräumt werden, sondern eben „lediglich" das Recht zur Weiterveräußerung. Was die Kommission unter einer *„Lizenz für irgendwelche Rechte an der Software selbst"* versteht, wird später im Rahmen der Vertriebslizenzen deutlich gemacht[71]. Festzuhalten bleibt, dass in dem hier behandelten Fall des Weitervertriebs verkaufsfertiger Software die Software als Ware im Sinne der Verordnung Nr. 2790/1999 anzusehen ist.

---

[69] die alten Verordnungen Nr. 1983/83 und Nr. 1984/83 betrafen nur Waren und keine Dienstleistungen
[70] Leitlinien, Tz. 40
[71] siehe B)

Dieser Ansatz der Europäischen Kommission im Hinblick auf die Frage der Sachqualität von Software läuft mit deutscher Rechtsprechung gleich: nach nunmehr gefestigter Rechtsprechung des BGH ist auch im deutschen Recht die auf einem Datenträger verkörperte Software als Sache und somit als Ware zu behandeln[72].

bb) Dienstleistungen

Zu klären ist, ob auch die unkörperliche Überlassung von Software, also z.B. online über das Internet, in den Anwendungsbereich der Verordnung Nr. 2790/1999 fällt. Die Verordnung Nr. 2790/1999 selbst und die dazu erlassenen Leitlinien regeln diese Problematik nicht explizit und gerade im Bereich der online-Übertragung existiert noch keine einschlägige Praxis der Europäischen Kommission, so dass hier erhebliche Rechtsunsicherheit besteht.

Von vornherein ist eine Subsumtion der unkörperlichen Softwareüberlassung nur unter den Begriff der Dienstleistung denkbar, weil die Kommission beim Begriff der Ware vorrangig auf eine Verkörperung der Software auf einem Datenträger und dessen einmalige Entäußerung abstellt.

An sich allerdings widerspricht das Abstellen auf eine Verkörperung der Natur der Software: infolge der Automatisierung von Handlungsabläufen übernimmt Software ehemals vom Menschen verrichtete Tätigkeiten – oftmals schneller und noch dazu kostengünstiger[73] – und stellt insofern eine Dienstleistung dar. Aus diesem Grund hätte die Kommission besser daran getan, einer von der Verkörperung der Software losgelösten Betrachtungsweise zu folgen[74].

Ausgehend von Sinn und Zweck der Verordnung, Bezugs- und Vertriebsvereinbarungen im Allgemeinen zu erfassen, sollte auch der Vertrieb von Software über das Internet von der Verordnung erfasst werden[75]. Diese Sichtweise lässt sich mit den Leitlinien der Kommission vereinbaren, in denen sie die Begriffe Waren und Dienstleistungen sehr weit auslegt: sämtliche Waren und Dienstleistungen, einschließlich Zwischen- und Endprodukte, sollen von der Verordnung erfasst werden[76].

Ein Blick auf die Richtlinie 2001/29/EG zur Harmonisierung bestimmter Aspekte des Urheberrechts und der verwandten Schutzrechte in der Informations-

---

[72] BGH CR 2000, 207; BGH NJW 1993, 2436, 2438; BGH CR 1988, 994
[73] *Körner* in Ullrich/Körner, Teil I Rz. 115 ff.
[74] so auch Gleiss/Hirsch, Rz. 1060
[75] vgl. auch Polley/Seeliger, CR 2001, 1, 4
[76] Leitlinien, Tz. 24

gesellschaft[77] der Kommission stützt diese Argumentation ebenfalls: dort wird die unkörperliche Überlassung von Software als Dienstleistung betrachtet. In Art. 3 werden online-Übertragungen erstmalig geregelt und einem ausschließlich dem Urheber, sprich dem Softwarehersteller, zustehenden Recht der öffentlichen Wiedergabe und Zugänglichmachung zugeordnet. Zusätzlich werden in Erwägungsgrund 29 die online-Dienste als besondere Form von Dienstleistungen angesehen. Auch wenn die Richtlinie 2001/29/EG Nutzungsrechte an Urheberrechten und nicht wie hier den reinen Vertrieb regelt, so kann ihre Wertung dennoch für die Verordnung Nr. 2790/1999 herangezogen werden: sowohl der Softwarevertrieb als auch die Softwareüberlassung verfolgen als Endzweck stets die Nutzung der Software. Für den Endanwender als letztem Glied in der Vertriebskette ist es letztendlich nebensächlich, auf welche Art und Weise er die Software erhält, ob durch die Übergabe eines Datenträgers, auf dem die Software gespeichert ist, oder online. Es kommt ihm allein darauf an, das in der Software gespeicherte Wissen nutzen zu können. Im Hinblick auf diese gemeinsame Zielsetzung der körperlichen und unkörperlichen Übertragung sollten zumindest im Falle des Vertriebs keine Unterschiede gelten[78].

cc) Bezug, Verkauf, Weiterverkauf

Die Vereinbarung muss den Bezug, Verkauf oder Weiterverkauf der Waren bzw. Dienstleistungen betreffen. In den hier behandelten Vertriebsverträgen erwirbt der Händler die Software vom Hersteller verkaufsfertig und vertreibt sie wie eine sonstige (Massen-) Ware bzw. Dienstleistung weiter. Vertragsrechtlich ist der Vertrag zwischen Hersteller und Händler als Kaufvertrag[79] zu qualifizieren, bei dem Waren vertrieben werden. Im Unterschied zu den nachfolgend zu untersuchenden Vertriebslizenzen werden dem Händler keinerlei Nutzungsrechte an der Software eingeräumt, die er weitergeben könnte.

Mit dem Erfordernis des Bezugs, Verkaufs oder Weiterverkaufs wird zugleich deutlich, dass der Weitervertrieb der Software im Rahmen eines Miet-, Pacht- oder sonstigen temporären Vertragsverhältnisses nicht in den Anwendungsbereich der Verordnung Nr. 2790/1999 fällt.

---

[77] Richtlinie 2001/29/EG zur Harmonisierung bestimmter Aspekte des Urheberrechts und der verwandten Schutzrechte in der Informationsgesellschaft vom 22.V.2001, ABl. 2001 L 167, 10 ff.

[78] vgl. auch Ulmer, CR 2000, 493, 494; eine unterschiedliche Beurteilung könnte sich allerdings im Hinblick auf die Nutzungsrechtseinräumung und den damit zusammenhängenden Erschöpfungsgrundsatz ergeben, vgl. unten § 3 D) III) 1) b) cc)

[79] Marly, Rz. 448; allgemein zum Sukzessivlieferungsvertrag: Palandt, Einf. vor 305 Rz. 26 ff.

dd) Ergebnis

Vertriebsvereinbarungen zwischen Hersteller und Händler sind vertikale Vereinbarungen im Sinne der Verordnung Nr. 2790/1999. Hierbei sollte keine Unterscheidung danach getroffen werden, ob der Händler die Software vom Hersteller auf einem Datenträger verkörpert oder online über das Internet erhält.

b) Marktanteil

Gem. Art. 3 Verordnung Nr. 2790/1999 gilt die Gruppenfreistellung nur, wenn der Marktanteil des Softwareherstellers bzw. bei Alleinbelieferungsverpflichtungen der Marktanteil des Händlers (Art. 3 Abs. 2) nicht mehr als 30 % betragen. Allgemein ist für die Berechnung des Marktanteils die Festlegung des räumlich sowie des sachlich relevanten Marktes gemäß dem sog. Bedarfsmarktkonzept notwendig[80]. Die für vertikale Verträge geltenden Grundsätze hat die Kommission in ihren Leitlinien spezifiziert[81], worin deutlich wird, dass bei vertikalen Beschränkungen je nach Produktions- und Vertriebsstufe unterschiedliche Marktabgrenzungen hinsichtlich des sachlich relevanten Marktes erforderlich sein können[82]. Im Softwarebereich hängt der jeweilige Markt von Art und Funktion der Software ab: Betriebssystemsoftware und Anwendungssoftware, letztere wiederum unterteilt nach Standard- und Individualsoftware, bilden jeweils eigenständige Märkte.

Angesichts der Schnelllebigkeit und ständigen Entwicklung der Softwarebranche gestaltet sich die Bestimmung der Marktanteile als sehr schwierig. Grundsätzlich dürfte im Bereich von Betriebssystem- und Standardsoftware die Verordnung Nr. 2790/1999 zur Anwendung kommen, allerdings mit einer wichtigen und bedeutenden Ausnahme im PC-Bereich: dort besitzt Microsoft mit seinen Betriebssystemen der Windows-Serie (Windows 2000, Windows Professional, Windows Me, Windows NT etc.) einen Marktanteil von ca. 90 - 95 %[83], mit seinem Textverarbeitungsprogramm Word und der Tabellenkalkulation Excel (beide im MS-Office-Paket enthalten, das noch zusätzliche Programme wie z.B. das Verwaltungsprogramm Access enthält) ebenso einen Marktanteil von ca. 95 %[84]. Auf Alleinvertriebsvereinbarungen zwischen Microsoft und seinen Händ-

---

[80] vgl. Bekanntmachung der Kommission vom 9. XII. 1997, ABl. 1997 C 372, 5 ff.
[81] Leitlinien, Tz. 88 - 95
[82] vgl. Leitlinien Tz. 91; Ackermann, EuZW 1999, 741, 742
[83] Washington Post v. 13. Juni 2003, page E01; c't 8/2000, 18; Heinemann, S. 110
[84] NJW-CoR 4/00, 198

lern ist die Verordnung Nr. 2790/1999 also nicht anzuwenden[85].
Bei Individualsoftware hingegen wird der Softwarehersteller schnell einen Marktanteil von über 30 % erreichen. Dasselbe gilt für neuentwickelte Software, die anfangs einen hohen, wenn nicht sogar alleinigen Marktanteil besitzen wird. Allerdings können sich die Marktbedingungen wegen der Schnelllebigkeit in der Softwarebranche schnell ändern, so dass die Software, die heute noch die einzige ihrer Art war, morgen bereits eine unter vielen ist[86], was wiederum die Anwendung der Verordnung Nr. 2790/1999 nach sich zieht.
Grund für die Abhängigkeit der Gruppenfreistellung vom Marktanteil ist, dass bei ausreichendem Wettbewerb zwischen den Herstellern konkurrierender Softwareprodukte bestimmte vertikale Vereinbarungen die wirtschaftliche Effizienz innerhalb der Produktions- bzw. Vertriebskette erhöhen und eine Verbesserung der Produktion bzw. des Vertriebs zur Folge haben[87]. Sobald die Vertikalvereinbarungen dagegen mit erheblicher Marktmacht auf Seiten des Softwareherstellers oder Händlers oder auf beiden Seiten verbunden sind, ist der interbrand-Wettbewerb gefährdet und die Voraussetzung des Art. 81 Abs. 3 EGV der angemessenen Beteiligung der Verbraucher an dem entstehenden Gewinn zur Verbesserung der Warenerzeugung oder zur Förderung des technischen Fortschritts nicht mehr erfüllt[88].
Beschränkungen bei einem Marktanteil von weniger als 10 % fallen grundsätzlich, von wenigen Ausnahmen abgesehen, nicht unter das Verbot des Art. 81 Abs. 1 EGV[89].

c) Kernbeschränkung und Bedingung gem. Art. 4 und 5 Verordnung Nr. 2790/1999

Unabhängig von den Marktanteilen des Softwareherstellers bzw. Händlers kommt die Gruppenfreistellung bei Vorliegen einer Kernbeschränkung gem. Art. 4 oder einer Bedingung gem. Art. 5 VO 2790/1999 nicht zur Anwendung. Im Falle einer Kernbeschränkung ist die gesamte vertikale Vereinbarung von

---

[85] die Ursache für die hohen Marktanteile Microsofts liegt im sog. Netzwerkeffekt: Entwickler von Anwendungsprogrammen werden für das am meisten verbreitete Betriebssystem Software entwickeln, also für Microsoft. Und der Kunde wiederum wird sich für dasjenige Betriebssystem entscheiden, für das die größte und beste Auswahl an Anwendungsprogrammen existiert; vgl. insoweit auch Heinemann, S. 110 FN 328
[86] so auch Polley/Seeliger, CR 2001, 1, 3; dies wird jedoch vor allem für Individualsoftware zutreffen, dazu unten
[87] Verordnung Nr. 2790/1999 Erwägungsgrund 6 und 7; Bunte in Langen/Bunte, Bd. I Art. 81 Generelle Prinzipien Rz. 51
[88] Leitlinien, Tz. 6, 7; vgl. auch Ackermann, EuZW 1999, 741; Pukall, NJW 2000, 1375, 1376
[89] vgl. Bagatellbekanntmachung der Kommission II.9.b) in ABl. 1997 C 372, 13 ff.

der Gruppenfreistellung ausgeschlossen, da die Kernbeschränkung als zu gravierend und für die Wirtschaft schädlich angesehen wird, als dass eine Freistellung im Übrigen erfolgen könnte[90]. Bei einer Bedingung i.S.d. Art. 5 gilt bei Abtrennbarkeit der Bedingung von der übrigen Vereinbarung nur die Bedingung als nicht freigestellt[91].
In der Regel stellen Ausschließlichkeits- bzw. Alleinvertriebs- und Alleinbezugsvereinbarungen sowie selektive Vertriebssysteme weder eine Kernbeschränkung i.S.d. Art. 4 noch eine Bedingung i.S.d. Art. 5 Verordnung Nr. 2790/1999 dar[92].

d) Ergebnis

Die möglichen Vertriebsvereinbarungen zwischen Softwarehersteller und Händler fallen als vertikale Vereinbarungen unter die Verordnung Nr. 2790/1999 und sind somit bei einem Marktanteil bis zu 30 % vom Verbot des Art. 81 Abs. 1 EGV freigestellt. Hierbei sollte keine Unterscheidung danach getroffen werden, ob der Hersteller dem Händler die Software auf einem Datenträger oder unkörperlich überlässt.

e) Probleme des Gebietsschutzes beim online-Vertrieb

Hat der Hersteller verschiedenen Händlern jeweils ein ausschließliches Vertriebsrecht eingeräumt, sind diese oder der Hersteller selbst aber auch zum online-Vertrieb befugt, so stellt sich die Frage nach der Wirksamkeit bzw. der Gewährleistung des jeweiligen Gebietsschutzes, nachdem im online-Verkehr ein gebietsübergreifender Vertrieb der Software leicht möglich ist und somit Gebietsbeschränkungen an sich nicht existieren.
In jedem Fall ist die Vereinbarung ausschließlicher Vertriebsrechte als vertikale Vereinbarung im Sinne der Verordnung Nr. 2790/1999 zulässig und somit schutzwürdig und auch -bedürftig. Im Allgemeinen folgt daraus, dass ein Händler nicht aktiv in dem einem anderen Vertragshändler zugewiesenen Gebiet auftreten darf: er darf jene Kunden nicht aktiv ansprechen und sie nicht direkt kontaktieren, z.B. durch Briefe oder persönliche Besuche, und er darf keine speziell auf diese Kunden zugeschnittenen Werbemaßnahmen ergreifen[93]. Möglich sein

---

[90] vgl. auch Leitlinien, Tz. 46
[91] Leitlinien, Tz. 57
[92] hinsichtlich der Einzelheiten und eventueller Voraussetzungen für die Anwendung der Gruppenfreistellung vgl. Art. 4 und 5 Verordnung Nr. 2790/1999 sowie Leitlinien Tz. 46 ff., 57 ff.
[93] vgl. Leitlinien Tz. 50

muss ihm aber der sog. passive Verkauf[94]: hierzu zählt die Erfüllung unaufgeforderter Bestellungen individueller Kunden. Auch Verkaufs- und Werbemaßnahmen über das Internet sind den passiven Verkäufe zuzuordnen, weil das Internet ein allgemeines Medium ist, sämtlichen Händlern offen steht und der Händler allein mit seiner Website nicht aktiv Kunden eines weiteren Händlers wirbt. Der Rückgriff auf das Internet ist Folge der technischen Entwicklung und dazu geeignet, sämtliche und nicht nur individuelle Kunden zu erreichen[95]. Etwas anderes gilt jedoch hinsichtlich der Versendung von Emails, die wegen des persönlichen Kontakts mit bestimmten Kunden als Form des aktiven Verkaufs einzustufen und damit unzulässig sind[96].
Festzuhalten ist, dass der online-Vertrieb wegen seiner Gebiets- und Grenzenunabhängigkeit zwar Probleme hinsichtlich eines zulässig vereinbarten Gebietsschutzes aufwerfen kann, diese aber unter das herkömmliche Begriffspaar des aktiven und passiven Verkaufs gut einzuordnen und zu lösen sind. Der online-Vertrieb selbst kann keinen territorialen Grenzen unterworfen werden[97].

f) Selektive Vertriebssysteme

Im Vergleich zu den früheren Gruppenfreistellungsverordnungen werden in der Verordnung Nr. 2790/1999 selektive Vertriebssysteme ausdrücklich geregelt. Art. 1 lit. d definiert selektive Vertriebssysteme als solche, „in denen sich der Lieferant verpflichtet, die Vertragswaren oder -dienstleistungen unmittelbar oder mittelbar nur an Händler zu verkaufen, die aufgrund festgelegter Merkmale ausgewählt werden, und in denen sich diese Händler verpflichten, die betreffenden Waren oder Dienstleistungen nicht an Händler zu verkaufen, die nicht zum Vertrieb zugelassen sind". Eine Konkretisierung der Merkmale, nach denen die Händler ausgewählt werden, gibt die Regelung nicht vor, so dass qualitative wie quantitative Merkmale in Betracht kommen[98]. In Art. 4 lit. b Spiegelstrich 3, lit. c, lit. d und Art. 5 lit. c VO 2790/1999 finden sich weitere Regelungen bezüglich selektiver Vertriebssysteme.

III) Deutsches Recht

Im deutschen Recht sind Vertriebsvereinbarungen kartellrechtlich nach §§ 14 und 16 GWB zu beurteilen. Im Gegensatz zum europäischen Recht unterschei-

---

[94] Leitlinien Tz. 50
[95] Leitlinien Tz. 51
[96] Leitlinien Tz. 51
[97] Polley/Seeliger, CR 2001, 1, 8
[98] Roninger, Art. 1 Rz. 15

det das deutsche Recht zwischen Abschlussbindungen gem. § 16 GWB und Inhaltsbindungen gem. § 14 GWB. Erstere betreffen Vereinbarungen, welche den Vertragspartner in seiner Freiheit der Wahl der Vertragspartner sowie darin beschränken, Zweitvereinbarungen überhaupt abzuschließen. Letztere haben die Freiheit der inhaltlichen Gestaltung der beim Weitervertrieb der gegenständlichen Waren abzuschließenden Verträge zum Gegenstand[99]. Die Alleinvertriebs- und -bezugs- bzw. Ausschließlichkeitsvereinbarungen fallen hierbei unter § 16 Ziff. 2 GWB.
Die vertikalen Vereinbarungen hinsichtlich der Abschlussfreiheit gem. § 16 GWB sind grundsätzlich wirksam, unterliegen aber der Missbrauchskontrolle durch die Kartellbehörde, die die jeweilige Vereinbarung bei einer wesentlichen Beeinträchtigung des Wettbewerbs auf dem jeweiligen Markt ex nunc für unwirksam erklären kann[100]. Der ehemals wesentliche Unterschied von europäischem und deutschem Recht in diesem Punkt – nach europäischem Recht lag in jedem Fall eine Wettbewerbsbeschränkung vor, die für ihre Wirksamkeit der ausdrücklichen Freistellung nach Art. 81 Abs. 3 EGV bedurfte – ist durch das nunmehr geltende Legalausnahmeprinzip in Art. 1 Verordnung Nr. 1/2003 sowie die umfassende Freistellung sämtlicher vertikaler Vereinbarungen bis zu einem Marktanteil von 30 % nach der Verordnung Nr. 2790/1999 nicht mehr so ausgeprägt.
Unzulässige Inhaltsbindungen hingegen sind gem. § 14 GWB verboten und ziehen die sofortige Nichtigkeit nach sich.

1) Vereinbarungen zwischen Unternehmen

Dieser Begriff ist wie im europäischen Recht zu verstehen, so dass nur Vereinbarungen auf vertikaler Ebene unter §§ 14, 16 GWB fallen; auf Vereinbarungen zwischen Wettbewerbern finden die §§ 1 ff. GWB Anwendung.
Vertriebsvereinbarungen zwischen Softwarehersteller und Händler fallen unter § 16 Ziff. 2 GWB.

2) Waren und gewerbliche Leistungen

Das deutsche Recht geht von einem umfassenderen Warenbegriff aus als das europäische Recht. Unter Waren werden alle übertragbaren Wirtschaftsgüter verstanden, die Gegenstand des geschäftlichen Verkehrs sein können. Auf eine Verkörperung kommt es insoweit nicht an, so dass auch Software dem Begriff

---

[99] *Kirchhoff* in Wiedemann, § 9 Rz. 22; *Klosterfelde/Metzlaff* in Langen/Bunte, Bd. I § 14 Rz. 91
[100] Emmerich, S. 147

„Ware" zuzuordnen ist[101]. Ein Rückgriff auf den Begriff „gewerbliche Leistungen" ist nicht erforderlich.

3) Wesentliche Beeinträchtigung des Wettbewerbs, § 16 GWB

§ 16 GWB schützt den Wettbewerb als Institution und Zweck des § 16 GWB ist die Offenhaltung der Märkte durch die Beseitigung künstlicher Marktzutrittsschranken. Eine Offenhaltung der Märkte wiederum ist nur möglich, wenn die Handlungsfreiheit der Unternehmen im Einflussbereich des bindenden Unternehmens geschützt wird[102].
In Parallele zum europäischen Recht wird eine wesentliche Beeinträchtigung des Wettbewerbs insbesondere bei hohem Marktanteil einer der beiden Parteien anzunehmen sein, weil dann die durch die Allein- bzw. Ausschließlichkeitsvereinbarung bewirkte Beschränkung des intrabrand-Wettbewerbs nicht mehr durch einen ausreichend funktionierenden interbrand-Wettbewerb relativiert wird.

B) Vertriebslizenzen

I) Lizenz an den Händler mit dem Recht, die gebrauchsfertigen Exemplare weiterzuvertreiben und Nutzungsrechte einzuräumen

1. Gegenstand dieses Vertrages ist die Übertragung von Nutzungsrechten an dem Softwareprogramm XY seitens des Herstellers an den Händler.
2. Die zu übertragenden Nutzungsrechte umfassen a) die Verbreitung der überlassenen Werkexemplare und b) die Erteilung von Unterlizenzen hinsichtlich der Nutzung des Programms durch die Kunden des Händlers gemäß den in diesem Vertrag aufgestellten Vorgaben.
3. Der Händler selbst erlangt durch diesen Vertrag keinerlei urheberrechtlichen Nutzungsrechte an der Software, soweit sie ihm nicht ausdrücklich allein zum Zwecke des Vertriebs übertragen worden sind.

So oder ähnlich könnte eine „Vertriebslizenz" des Softwareherstellers an seinen Händler lauten[103]. Hier wird dem Händler die Software also nicht wie eine sonstige Ware im Wege der Veräußerung überlassen, vielmehr räumt der Hersteller dem Händler eine Verwertungsbefugnis an dem Immaterialgut Software ein und erteilt ihm Nutzungsrechte gem. § 31 Abs. 1 UrhG.

---

[101] *Klosterfeld/Metzlaff* in Langen/Bunte, Bd. I § 14 Rz. 27 f.
[102] *Emmerich*, S. 143
[103] vgl. insoweit *Marly*, S. 630

Die Verwertungsbefugnis des Händlers bezieht sich auf die Verbreitung der vom Hersteller gelieferten Software, §§ 69 c Ziff. 3, 17 UrhG, sowie das Recht des Händlers, seinerseits Nutzungsrechte, sprich Unterlizenzen, zu erteilen[104]. Ebenso wie die (reinen) Vertriebsverträge werden Vertriebslizenzen mit Ausschließlichkeits-, Alleinvertriebs- oder -bezugsvereinbarungen etc. einhergehen. Insbesondere aber wird der Hersteller versuchen, dem Händler den Inhalt der Unterlizenzen, nämlich Nutzungsbeschränkungen des Endkunden, vorzuschreiben und somit Händler wie Endnutzer dinglich zu binden. Die Einflussnahme auf Preise oder sonstige Geschäftsbedingungen der Zweitverträge des Händlers mit dem Kunden spielt bei der Vertriebslizenz also die entscheidende Rolle.

Von vornherein kann der Hersteller dem Händler nur solche Nutzungsbeschränkungen vorschreiben, die er selbst im Falle einer direkten Lizenzbeziehung mit dem Endkunden vereinbaren könnte. Die Zulässigkeit dieser Nutzungsbeschränkungen wird im Rahmen der Softwareüberlassungsverträge behandelt[105]. An dieser Stelle wird nur der für den Vertrieb relevanten Frage, ob bzw. inwieweit der Hersteller auf die Vertragsgestaltungsfreiheit des Händlers gegenüber seinen Kunden Einfluss nehmen kann, nachgegangen.

1) Europäisches Recht

a) Verordnung Nr. 772/2004 über die Anwendung von Artikel 81 Absatz 3 EG-Vertrag auf Gruppen von Technologietransfer-Vereinbarungen[106]

Fraglich ist die Anwendbarkeit der am 01. Mai 2004 in Kraft getretenen Verordnung Nr. 772/2004 auf Software-Vertriebslizenzen. Im Gegensatz zur alten Verordnung Nr. 240/96 zur Anwendung von Artikel 85 Absatz 3 des Vertrages auf Gruppen von Technologietransfer-Vereinbarungen[107] haben Softwarelizenzen in der neuen Verordnung Nr. 772/2004 eine ausdrückliche Regelung erfahren: gem. Art. 1 Abs. 1 lit. b fallen unter den Begriff der Technologietransfer-Vereinbarung auch Softwarelizenz-Vereinbarungen, wenn sie mit der Produktion von „Vertragsprodukten" verbunden sind, also von Produkten, die mit der lizenzierten Technologie produziert werden, Art. 1 Abs. 1 lit. f.
Diese Voraussetzung ist bei einer reinen Vertriebslizenz wie der Vorliegenden zweifelhaft: die Vertriebslizenz betrifft nicht die Herstellung von Produkten unter Verwendung der lizenzierten Technologie, sondern enthält Bestimmungen über die Art und Weise des Bezugs und Absatzes der bereits handelsfähigen

---

[104] Schneider Jochen, C Rz. 360; Moritz, CR 1993, 341, 342
[105] vgl. unten § 3
[106] ABl. 2004 L 123, 11 ff.
[107] ABl. 1996 L 31, 2 ff.

Softwareexemplare durch den Händler. Solche Bestimmungen fallen aber gem. Art. 1 Abs. 1 lit. b VO 772/2004 und Tz. 49 der Leitlinien zur Anwendung von Artikel 81 EG-Vertrag auf Technologietransfer-Vereinbarungen[108] nur dann unter die Verordnung Nr. 772/2004, wenn sie eine Nebenbestimmung zur Technologietransfer-Vereinbarung darstellen und mit der Anwendung der lizenzierten Technologie unmittelbar verbunden sind. Dies ist bei einer Vertriebslizenz nicht der Fall: dem Händler werden hier „fertige" Softwareexemplare zur reinen Weitergabe bzw. Unterlizenzierung an den Endkunden überlassen, ein Transfer der Technologie, dem programmiertechnischen Know-how, zur Eigenherstellung der Vertragsprodukte durch den Händler unterbleibt. Der Händler erlangt auch keine urheberrechtlichen Nutzungsbefugnisse an der Software mit Ausnahme derjenigen zum Vertrieb (vgl. oben Ziff. 3 der Vertragsklausel).
Ebenso wenig scheint Tz. 63 der Leitlinien zur Anwendung von Artikel 81 EG-Vertrag auf Technologietransfer-Vereinbarungen, der das Verhältnis der Verordnungen Nr. 772/2004 und Nr. 2790/1999 regelt, Vertriebslizenzen dem Anwendungsbereich der Verordnung Nr. 772/2004 zuzuordnen: danach ist es für die Anwendung der Verordnung Nr. 772/2004 zwar unschädlich, wenn die Technologielizenzvereinbarung zusätzlich Vertriebsvereinbarungen umfasst. Allerdings müssen die Vertriebsvereinbarungen ihrerseits mit der Verordnung Nr. 2790/1999 vereinbar sein, was gegen die Anwendung der Verordnung Nr. 772/20004 auf Vertriebslizenzen spricht[109].

b) Verordnung Nr. 2790/1999 über die Anwendung von Artikel 81 Absatz 3 des Vertrages auf Gruppen von vertikalen Vereinbarungen und aufeinander abgestimmten Verhaltensweisen

Im Gegensatz zu den Vorgängerverordnungen Nr. 1983/83 und 1984/83 sind in der Verordnung Nr. 2790/1999 Urheberrechte im Rahmen von vertikalen Vereinbarungen geregelt. Gem. Art. 2 Abs. 3 ist die Verordnung auf die Übertragung oder Nutzung von geistigen Eigentumsrechten, zu welchen gem. Art. 1 lit. e Urheberrechte gehören, anwendbar, sofern „*diese Bestimmungen nicht Hauptgegenstand der Vereinbarung sind und sofern sie sich unmittelbar auf die Nutzung, den Verkauf oder den Weiterverkauf von Waren oder Dienstleistungen durch den Käufer oder seine Kunden beziehen*". Diese Voraussetzung ist im Hinblick auf die hier interessierende Lizenzierung des Händlers nicht unproblematisch und soll mit Hilfe der Leitlinien für vertikale Beschränkungen, insbesondere Tz. 30 ff. und 39 ff., näher untersucht werden.

---

[108] Leitlinien zur Anwendung von Artikel 81 EG-Vertrag auf Technologietransfer-Vereinbarungen ABl. 2004 C 101, 2 ff.
[109] in der alten Verordnung Nr. 240/96 waren Vertrieblizenzen eindeutig aus dem Anwendungsbereich ausgenommen, vgl. Art. 5 Abs. 1 Ziff. 5 sowie Erwägungsgrund 8

aa) Eigentlicher Vertragsgegenstand der Vereinbarung

Eigentlicher Vertragsgegenstand der Softwarevertriebslizenz müsste also der Bezug, Verkauf oder Weiterverkauf von Waren oder Dienstleistungen sein[110]. Wirtschaftlich im Rahmen der Verwertungskette gesehen ist dies der Fall, weil der Softwarehersteller dem Händler fertige Softwareexemplare (im Wege der Lizenzierung) zur Weitergabe an den Endkunden überlässt. Wegen der Lizenzierung des Händlers mit dem Recht zur Verbreitung der urheberrechtlich geschützten Software sowie zur Unterlizenzierung gem. §§ 31, 69 c Ziff. 3, 17 UrhG liegt allerdings gleichzeitig eine Lizenzerteilung vor.

In Tz. 34 der Leitlinien für vertikale Beschränkungen präzisiert die Kommission das Merkmal des eigentlichen Vertragsgegenstandes dahingehend, dass etwaige Rechte an geistigem Eigentum nur der Durchführung der vertikalen Vereinbarung dienen dürfen. Was allerdings genau unter „dienen" zu verstehen ist, führt die Kommission nicht aus. Würde sie dieses Merkmal im Sinne eines Unerlässlichseins verstanden wissen wollen, so würde die hier zur Frage stehende Vertriebskonstellation nicht unter die Verordnung Nr. 2790/1999 fallen, da Software auch ohne die Einräumung von Nutzungsrechten wie eine sonstige Ware vertrieben werden kann.

Tz. 32 hingegen spricht wiederum für eine Einbeziehung der Vertriebslizenz in den Anwendungsbereich der Verordnung Nr. 2790/1999: die Kommission scheint hier davon auszugehen, dass bei gemischten Verträgen nur diejenigen Lizenzen nicht von der Verordnung erfasst sein sollen, die dem Händler das Recht geben, die von ihm zu vertreibenden Exemplare selbst herzustellen[111], was bei der Softwarevertriebslizenz jedoch nicht der Fall ist.

Explizit geregelt ist in den Leitlinien jedoch der Weitervertrieb von Waren, für die ein Urheberrecht besteht: dem Wiederverkäufer darf die Verpflichtung auferlegt werden, beim Weiterverkauf der urheberrechtlich geschützten Waren seine Kunden zu verpflichten, das Urheberrecht nicht zu verletzen[112]. Gerade dieser Gefahr der Verletzung seiner Urheberrechte will der Hersteller mit der gegenständlichen Nutzungsrechtseinräumung begegnen und sieht deshalb von einem Vertrieb der Software wie einer sonstigen Ware ab. Auch kommt eine Urheberrechtsverletzung vor allem dann in Betracht, wenn eine vorherige Beschränkung der Nutzungsbefugnisse (eben durch eine Lizenzerteilung) stattgefunden hat. Danach könnte die Lizenzierung im Rahmen von Vertriebsverträgen als bloße Nebenabrede, der (Weiter-) Vertrieb von Waren bzw. Dienstleistungen hingegen als Hauptgegenstand des Vertrages anzusehen sein. Allerdings birgt eine derartige Interpretation große Risiken in sich, weil die Kommission

---

[110] Leitlinien Tz. 30 Spiegelstrich 1 und 3, Tz. 32
[111] Leitlinien Tz. 32 Spiegelstrich 1 und 2
[112] vgl. Tz. 39 ff.; dies betrifft den oben behandelten Fall der „reinen" Vertriebsverträge

nicht von einer Unterlizenzierung, sondern von dem Weitervertrieb von Waren spricht.
Ein letzter Hinweis zur Bestimmung des Hauptgegenstandes der Vereinbarung findet sich in Tz. 40 der Leitlinien: *„Vereinbarungen über die Lieferung von Kopien einer Software auf einem materiellen Träger („hard copy") zum Zwecke des Weiterverkaufs, mit denen der Wiederverkäufer keine Lizenz für irgendwelche Rechte an der Software selbst erwirbt, sondern lediglich das Recht, die Kopien weiterzuverkaufen, sind im Hinblick auf die Anwendung der Gruppenfreistellungsverordnung als Vereinbarungen über die Lieferung von Waren zum Weiterverkauf anzusehen".* Unklar bleibt, was die Kommission genau unter einer *„Lizenz für irgendwelche Rechte an der Software selbst"* versteht. Sollte sich diese Aussage auf die eigene Nutzung der Software durch den Händler beziehen, so wäre Tz. 40 einschlägig, weil der Händler das ihm überlassene Softwareexemplar selbst nicht nutzen, sondern lediglich, mit Nutzungsbeschränkungen für seine Kunden, weitergeben darf. Sollte jedoch auf urheberrechtliche Nutzungsbefugnisse an der Software insgesamt Bezug genommen werden, so ist die Voraussetzung fraglich, weil dem Händler das Nutzungsrecht zur Verbreitung eingeräumt wird. Dieser letztgenannten Ansicht dürfte die Kommission gefolgt sein, da es in Tz. 40 weiter heißt, dass bei dieser Form des Vertriebs das Lizenzverhältnis nur zwischen dem Inhaber der Urheberrechte und dem Nutzer der Software besteht. Die Kommission stellt insofern wohl auf die sog. „Shrinkwrap-licences" oder „Schutzhüllenverträge" ab[113]. Diese Vertriebsart unterscheidet sich jedoch von der hiesigen Vertriebslizenz, da bei den Schutzhüllenverträgen eine Lizenzierung des Händlers nicht vorgenommen wird.
Die Ausklammerung der Vertriebslizenz aus Tz. 40 ist auch im Hinblick auf die unkörperliche Softwareüberlassung konsequent: würde man nämlich die Vertriebslizenz unter Tz. 40 subsumieren, so würde sich bezüglich der unkörperlichen Programmüberlassung eine Lücke ergeben, weil Voraussetzung für ein Eingreifen von Tz. 40 offensichtlich die körperliche Überlassung ist („Lieferung von Kopien auf einem materiellen Datenträger"). Hält man Tz. 40 aber von vornherein für nicht anwendbar, so ist die Vertriebslizenz weder bei der körperlichen noch unkörperlichen Überlassung erfasst.

bb) Vertragsparteien der Lizenzbestimmung

Mit dem Hauptgegenstand der Vereinbarung eng zusammenhängend ist die weitere Aussage der Kommission, dass die Lizenzbestimmungen *„die Übertragung solcher Rechte (geistiger Eigentumsrechte) auf den Käufer oder deren Nutzung durch den Käufer betreffen"* müssen[114]. Damit soll klargestellt werden, dass die

---

[113] Polley/Seeliger, CR 2001, 1, 6; Roniger, S. 65 Rz. 23
[114] Leitlinien Tz. 30 Spiegelstrich 2

Freistellung nicht gilt, wenn der Käufer dem Lieferanten geistige Eigentumsrechte überlässt[115]. Nachdem hier nicht der Käufer dem Lieferanten geistige Eigentumsrechte überlässt, sondern umgekehrt, bedarf dieser Punkt keiner weiteren Vertiefung.

cc) Unmittelbarer Zusammenhang

Weitere Voraussetzung der Anwendbarkeit der Verordnung Nr. 2790/1999 auf Lizenzbestimmungen ist der unmittelbare Zusammenhang der Lizenzbestimmung „*mit der Nutzung, dem Verkauf oder dem Weiterverkauf von Waren oder Dienstleistungen durch den Käufer oder dessen Kunden*" [116]. Die Leitlinien sprechen insoweit auch von einer Erleichterung der Nutzung, doch geht dieses Erfordernis über den Wortlaut des Art. 2 Abs. 3 VO 2790/1999 hinaus, so dass ein bloßer Zusammenhang der Lizenzbestimmung mit der Nutzung von Waren ausreichend erscheint[117].

Endziel der Lizenzerteilung des Softwareherstellers an den Händler ist, die Software dem Endnutzer zur Verfügung zu stellen. Dies kann entweder durch Verkauf der auf einem Datenträger verkörperten Software wie einer sonstigen Ware oder eben auch durch eine Unterlizenzierung seitens des Händlers an den Endanwender geschehen. So gesehen dient die Lizenzerteilung im weiteren Sinne der Nutzung der Software durch den Händler, womit das Merkmal eines Zusammenhangs gegeben wäre.

Wie sich aus den Leitlinien jedoch ergibt, zielt die Kommission mit dem Merkmal des unmittelbaren Zusammenhangs insbesondere auf Lizenzbestimmungen ab, die die Vermarktung von Waren oder Dienstleistungen betreffen. Die Beispiele, die die Kommission hierzu nennt, so etwa die Lizenz zur Nutzung eines Warenzeichens des Lizenzgebers im Rahmen von Franchisevereinbarungen, machen deutlich, dass die Lizenzerteilung im Rahmen von Softwarevertriebsverträgen nicht unter dieses Merkmal zu subsumieren ist.

dd) Ergebnis

Die Untersuchung zeigt, dass die Kommission das Problem des Vertriebs von Waren oder Dienstleistungen durch Lizenzierung gesehen hat. Dennoch hat sie die verschiedenen Möglichkeiten speziell des Softwarevertriebs in ihrer Verordnung Nr. 2790/1999 und den dazu erlassenen Leitlinien nur unvollständig geregelt. Eine ausdrückliche Regelung erfährt lediglich der Weiterverkauf von

---

[115] Leitlinien Tz. 33
[116] Leitlinien Tz. 30 Spiegelstrich 4 und Tz. 35
[117] so auch Polley/Seeliger, CR 2001, 1, 5

urheberrechtlich geschützter Software, also der reine Vertriebsvertrag, die Softwarevertriebslizenz wird nicht erwähnt. Eine direkte Anwendbarkeit der Verordnung auf Softwarevertriebslizenzen erscheint aus diesem Grund nicht vertretbar.
Fraglich ist also, wie die Softwarevertriebslizenz kartellrechtlich zu beurteilen ist und ob die Wertungen der Verordnung Nr. 2790/1999 möglicherweise entsprechend herangezogen werden können.
Hierbei sollte gemäß dem in der Verordnung Nr. 2790/1999 zum Ausdruck gekommenen Grundsatz einer stärker ökonomisch als juristisch ausgerichteten Wettbewerbspolitik[118] im Vordergrund der kartellrechtlichen Betrachtung der wirtschaftliche Gesamtzusammenhang, also der Zweck der Lizenzierung des Händlers stehen. Mit Hilfe der Vertriebslizenz möchte sich der Softwarehersteller insbesondere die Kontrolle über den Inhalt der Verträge des Händlers mit den Endkunden sichern und somit den Händler wie auch den Softwarenutzer dinglich binden. Zwischen Händler und Hersteller besteht eine dauernde vertragliche Bindung, wodurch der Händler der ständigen Kontrolle des Herstellers unterworfen ist.
Im Vordergrund der Softwarevertrieblizenz stehen also nicht die herkömmlichen Vertriebsvereinbarungen wie Allein- bzw. Ausschließlichkeitsvertriebs- und -bezugsbindungen und die Problematik selektiver Vertriebssysteme – diese kann der Hersteller auch im Rahmen der reinen Vertriebsverträge vereinbaren – sondern die Einflussnahme des Softwareherstellers auf den Inhalt der Verträge des Händlers mit dem Endkunden und die damit verbundene dingliche Bindung von Händler und Endkunden.
Zu diesem weiten Bereich der Festsetzung von Geschäftsbedingungen hinsichtlich Zweitverträgen enthalten jedoch weder die Verordnung Nr. 2790/1999 noch deren Leitlinien spezielle Regelungen – mit Ausnahme des Verbots der Preisbindung der zweiten Hand in Art. 4 lit. a – und schon gar nicht wird die Besonderheit der dinglichen Wirkung der Softwarevertriebslizenz behandelt. Auch die Art und Weise und Intensität der Einflussnahme auf die Verträge des Händlers mit dem Endkunden findet sich in einem solchen Ausmaß wohl nur bei Softwareverträgen. Der Händler wird in seiner Vertragsgestaltungsfreiheit erheblich eingeschränkt, doch ist gerade die wirtschaftliche Handlungsfreiheit des Händlers für einen wirksamen und freien Wettbewerb im Softwaresektor unerlässlich – unabhängig von den Marktanteilen von Softwarehersteller bzw. Händler. Eine Übertragung der Wertungen der Verordnung Nr. 2790/1999, die eine Wettbewerbsverträglichkeit der in Softwarevertriebslizenzen vorkommenden vertikalen Vereinbarungen und somit auch der möglichen Einflussnahme auf die Geschäftsbedingungen des Zweitvertrages pauschal bis zu einem Marktanteil von 30 % nach sich zieht, kann somit nicht stattfinden.

---

[118] Pressemitteilung der Kommission IP/00/520, S. 1 f.

(1) Vertriebsvereinbarungen

Bei den herkömmlichen Vertriebsvereinbarungen wie Ausschließlichkeitsvertriebs- und -bezugsvereinbarungen etc. spielt die Besonderheit der Vertriebslizenz keine Rolle, weshalb insofern auf das zu den reinen Vertriebsverträgen Gesagte verwiesen werden kann. Solange ein ausreichender interbrand-Wettbewerb zwischen verschiedenen Herstellern konkurrierender Softwareprodukte besteht, haben Vertriebsvereinbarungen überwiegend positive Wirkungen auf den Wettbewerb, weil sie die Produktions- und Distributionsbedingungen auf dem jeweiligen Markt verbessern.

(2) Einflussnahme auf Preise und sonstige Geschäftsbedingungen

Etwas anderes aber muss für die Verpflichtungen des Händlers gelten, dem Softwarenutzer bestimmte Beschränkungen weiterzugeben.
In jedem Fall liegt eine Wettbewerbsbeschränkung bei solchen Nutzungsbeschränkungen vor, die auch bei einer direkten Lizenzbeziehung zwischen Händler und Endkunden den Tatbestand der Wettbewerbsbeschränkung erfüllen[119].
Aber auch Nutzungsbeschränkungen, die dem Endkunden gegenüber kartellrechtlich wirksam sind, können unter dem Gesichtspunkt der Einschränkung der wirtschaftlichen Handlungsfreiheit des Händlers kartellrechtlichen Bedenken begegnen: nach dem formal verstandenen Wettbewerbsbeschränkungsbegriff[120] ist der Tatbestand der Wettbewerbsbeschränkung bereits bei einer Einschränkung der Handlungsfreiheit eines der Vertragsbeteiligten bezüglich mindestens eines Wettbewerbsparameters (z.B. Preise, Konditionenpolitik, Absatz- und Vertriebspolitik, Investitionen, Produktpolitik, Bezugsquellen etc.[121]) erfüllt[122].
Hinzu kommt, dass im Softwaresektor ein Großteil der Hersteller den Softwarevertrieb über Vertriebslizenzen zu regeln versucht und somit die Mehrzahl der Händler dinglich gebunden sein wird. Die kumulative Wirkung solcher gleichartiger Verträge[123] kann eine Behinderung des Wettbewerbs zwischen den Händlern nach sich ziehen, was wiederum Nachteile für die Softwarenutzer bedeutet. Bei Prüfung einer möglichen Wettbewerbsverträglichkeit von Nut-

---

[119] zu den einzelnen Nutzungsbeschränkungen siehe unten § 3
[120] vgl. hierzu Heinemann, S. 354 ff.; *Ullrich in* Immenga/Mestmäcker, EG-Wettbewerbsrecht Bd. I, GRUR C Rz. 31
[121] *Bunte in* Langen/Bunte, Bd. I Einführung zum GWB Rz. 69
[122] *Emmerich in* Immenga/Mestmäcker, EG-Wettbewerbsrecht Bd. I, Art. 85 Abs. 1 A Rz. 157; *Ullrich in* Immenga/Mestmäcker, EG-Wettbewerbsrecht Bd. I, GRUR C Rz. 31
[123] sog. Bündeltheorie: bei der kartellrechtlichen Beurteilung einer Vereinbarung ist nicht auf die konkrete Maßnahme bzw. den Vertrag an sich alleine abzustellen, sondern auf das gesamte wirtschaftliche und rechtliche Umfeld: Emmerich, S. 400 f.; Bunte in Langen/Bunte, Bd. I Art. 81 Generelle Prinzipien Rz. 124

zungsbeschränkungen, die bei einer direkten Beziehung zwischen Hersteller und Endkunden letzterem gegenüber wirksam sind, ist gem. Art. 81 Abs. 3 EGV also auf die konkreten Marktbedingungen und die kumulative Wirkung der Vereinbarungen konkurrierender Softwarehersteller abzustellen.

2) Deutsches Recht

a) §§ 17, 18 GWB

Ebenso wie im europäischen Recht stellt sich im deutschen Recht die Frage, welche konkreten Rechtsvorschriften auf Softwarevertriebslizenzen anzuwenden sind. Mit der am 1.1.1999 in Kraft getretenen Neufassung des GWB hat der Gesetzgeber in § 18 Ziff. 3 GWB erstmals ausdrücklich Urheberrechte an Software geregelt und die entsprechende Anwendung des für Lizenzverträge geltenden § 17 GWB festgelegt. Danach ist § 17 GWB auf Urheberrechtslizenzen anwendbar, wenn die Verträge über Urheberrechtslizenzen „*mit Verträgen über geschützte Leistungen im Sinne des § 17, über nicht geschützte Leistungen im Sinne von Nummer 1 oder mit gemischten Verträgen im Sinne von Nummer 2 in Verbindung stehen und zur Verwirklichung des mit der Veräußerung oder der Nutzungsüberlassung von gewerblichen Schutzrechten oder nicht geschützten Leistungen verfolgten Hauptzwecks beitragen*". Diese Regelung entspricht der früheren Problematik im europäischen Recht zur Verordnung Nr. 240/1996 mit der Frage nach der Anwendbarkeit der Verordnung auf urheberrechtliche Softwarelizenzen[124]. Diese Frage ist durch die neue Verordnung Nr. 772/2004 teilweise geklärt: die Verordnung ist zwar auf Softwarelizenzen anwendbar, aber nicht auf Vertriebslizenzen. Die Gründe für die Unanwendbarkeit der Verordnung Nr. 772/2004 auf Vertriebslizenzen können auf die hiesige Problematik im deutschen Recht übertragen werden: die Vertriebslizenz betrifft lediglich den Vertrieb und nicht einen gegenseitigen Wissensaustausch, so dass sie die Zielsetzung der Verordnung Nr. 772/2004 und der §§ 17, 18 GWB, nämlich den Transfer von Wissen und damit den technischen Fortschritt zu fördern, nicht erfüllt.

Ob die Überlassung des source-code unter § 18 Ziff. 1 GWB fällt und deshalb § 17 GWB gegebenenfalls entsprechend anzuwenden ist, kann hier offen bleiben,

---

[124] Hauptgegenstand des Lizenzvertrages muss also eine Regelung über gewerbliche Schutzrechte oder Betriebsgeheimnisse gem. Ziff. 1 des § 18 GWB sein, und die Urheberrechtslizenz darf im Vergleich hierzu lediglich eine untergeordnete Nebenbestimmung des Lizenzvertrages darstellen: dies entspricht Art. 1 Abs. 1 und Art. 5 Abs. 1 Ziff. 4 der Verordnung Nr. 240/1996 über Technologietranfervereinbarungen; mit der Neufassung des GWB wurde insbesondere eine Angleichung des deutschen an das europäische Recht angestrebt

da bei der hier untersuchten Vertriebslizenz der source-code nicht überlassen wird[125].

b) §§ 14, 16 GWB

Nachdem die §§ 17, 18 GWB auf Vertriebslizenzen also nicht zur Anwendung kommen, bleibt es im Rahmen der kartellrechtlichen Überprüfung der Vertriebslizenzen bei den allgemeinen Regeln der §§ 14 und 16 GWB.

aa) Vertriebsvereinbarungen, § 16 GWB

Hinsichtlich der kartellrechtlichen Beurteilung der Allein- bzw. Ausschließlichkeitsvereinbarungen in Vertriebslizenzen kann auf das zum europäischen Recht Gesagte verwiesen werden: die Besonderheit der Vertriebslizenz kommt hier nicht zum Tragen, so dass Vertriebsvereinbarungen bei ausreichendem interbrand-Wettbewerb zwischen verschiedenen Softwareherstellern überwiegend positive Wirkungen auf den Wettbewerb haben.

bb) Einflussnahme auf Preise und sonstige Geschäftsbedingungen, § 14 GWB

Die Verpflichtung des Händlers, dem Endkunden bestimmte Nutzungsbeschränkungen aufzuerlegen, ist als Inhaltsbindung gem. § 14 GWB verboten. Im Unterschied zum europäischen Recht besteht hier also von vornherein keine Möglichkeit, die wirtschaftlichen Auswirkungen der jeweiligen Verpflichtungen des Händlers in die kartellrechtlichen Überlegungen einzubeziehen.

II) Lizenz an den Händler mit dem Recht, die zu vertreibenden Softwareexemplare selbst herzustellen und dann zu vertreiben

1. Gegenstand dieses Vertrages ist die Übertragung von Nutzungsrechten an dem Softwareprogramm XY seitens des Herstellers an den Händler.
2. Die zu übertragenden Nutzungsrechte umfassen a) die Herstellung der zu vertreibenden Exemplare durch den Händler, b) den Vertrieb der vom Händler hergestellten Exemplare durch diesen und c) die Erteilung von Unterlizenzen hinsichtlich der Nutzung des Programms durch die Kunden des Händlers gemäß den in diesem Vertrag aufgestellten Vorgaben.

---

[125] vgl. insoweit unten Teil 5 § 2 B)

Im Unterschied zur eben behandelten Vertriebslizenz bezieht sich die Verwertungsbefugnis des Händlers hier nicht allein auf das Recht zur Verbreitung und Unterlizenzierung gem. §§ 69 c Ziff. 3, 17 UrhG, sondern zusätzlich auf das Recht zur Vervielfältigung, §§ 69 c Ziff. 1, 16 UrhG. Dem Händler wird vom Hersteller ein Softwareexemplar zur Vervielfältigung überlassen, und die aus der Vervielfältigung gewonnenen Exemplare darf der Händler anschließend im Wege der Unterlizenzierung weiterverbreiten.

1) Europäisches Recht

a) Verordnung Nr. 2790/1999

Entsprechend der zuvor untersuchten Vertriebslizenz muss auch bei der hiesigen Vertriebsmöglichkeit die Anwendbarkeit der Verordnung Nr. 2790/1999 verneint werden, zumal hier der Händler noch weitergehende Lizenzrechte erhält[126]. Auch in den Leitlinien für vertikale Beschränkungen wird die gegenwärtige Vertriebskonstellation ausdrücklich vom Anwendungsbereich der Verordnung Nr. 2790/1999 ausgenommen, indem es heißt, dass die Freistellung nicht gilt für *„Vereinbarungen, in denen eine Vertragspartei einer anderen eine Schablone oder eine Mutterkopie überlässt und eine Lizenz zur Herstellung und Verteilung von Kopien erteilt"*[127].

b) Verordnung Nr. 772/2004

Grundsätzlich werden Urheberrechtslizenzen an Software von der neuen Verordnung Nr. 772/2004 erfasst, Art. 1 Abs. 1 lit. b, jedoch keine Softwarevertriebslizenzen[128].
Allerdings wird in Tz. 51 der Leitlinien zur Anwendung von Artikel 81 EG-Vertrag auf Gruppen von Technologietransfer-Vereinbarungen die Vergabe von Urheberrechtslizenzen für die Herstellung von Kopien für den Weiterverkauf ausdrücklich geregelt und den in der Gruppenfreistellungsverordnung und den Leitlinien aufgestellten Grundsätzen unterworfen. Fraglich ist jedoch, ob der in Tz. 51 geregelte Sachverhalt mit der hiesigen Softwarevertriebslizenz, bei der der Hersteller dem Händler das Recht zur Vervielfältigung und Verbreitung der Software im Wege der Unterlizenzierung einräumt, vergleichbar ist.
Ein erster Unterschied in den beiden Sachverhalten besteht darin, dass der Händler die von ihm hergestellten Softwarekopien mittels Unterlizenzierung und nicht durch bloßen Weiterverkauf an die Endkunden überlassen soll. Vor-

---

[126] vgl. auch Polley/Seeliger, CR 2001, 1, 5
[127] Leitlinien Tz. 32 Spiegelstrich 2
[128] vgl. oben I) 1) a)

rangig geht es dem Softwarehersteller ja um die dingliche Bindung von Händler und Endkunden.
Der wesentliche Unterschied aber besteht in der Vervielfältigung herkömmlicher urheberrechtlich geschützter Werke und urheberrechtlich geschützter Software: bei ersteren kopiert der Vervielfältigende die geschützte individuelle Gestaltung des Werkes selbst und erlangt Einblick in diese. Bei Software hingegen kopiert der Händler lediglich die ihm im object-code überlassene Masterkopie, was dem einfachen Brennen einer CD entspricht[129]. Ein Einblick in die im source-code liegende individuelle Gestaltung der Software, das programmiertechnische Wissen, ist damit nicht verbunden. Dies ist Folge des Urheberrechtschutzes für Software, der wesensfremd eine Zugangsbeschränkung zum Wissen bewirkt. So sprechen die Leitlinien in Tz. 51 auch von Urheberrechten und nicht von Urheberrechten für Software oder Softwarerechten[130], was gegen die Einschlägigkeit von Tz. 51 der Leitlinien auf die hier vorliegende Vertriebslizenz spricht. Ebenso muss Tz. 51 in Zusammenhang mit Tz. 50 und 52, 53 gesehen werden, die *„die Lizenzierung anderer Schutzrechte wie Warenzeichen und Urheberrechte (mit Ausnahme von Software-Urheberrechten)"* betreffen.
Die Vervielfältigung im Rahmen von Softwarevertriebslizenzen ist also dem in Tz. 51 geregelten Sachverhalt nicht vergleichbar, weshalb sich eine Anwendung der Verordnung Nr. 772/2004 auf die hier vorliegende Art der Softwarevertriebslizenz verbietet.

c) Stellungnahme

Nachdem die Softwarevertriebslizenz mit dem Recht des Händlers, die Softwareexemplare selbst herzustellen und anschließend unterzulizenzieren, weder dem Anwendungsbereich der Verordnung Nr. 2790/1999 noch dem der Verordnung Nr. 772/2004 unterfällt, stellt sich die Frage nach der kartellrechtlichen Beurteilung der Lizenz.
Ansatzpunkt der Überlegungen sollte wiederum der zugrunde liegende wirtschaftliche Zusammenhang sein.

---

[129] so wird auch bei den Herstellern von OEM-Versionen von „Presswerk" gesprochen, da diese die Software lediglich pressen müssen, vgl. Metzger, GRUR 2001, 210,212

[130] sobald die Leitlinien aber tatsächlich „Softwarerechte" meinen, sprechen sie von diesen und nicht lediglich von „Urheberrechten", vgl. Tz. 46

aa) Vertriebsvereinbarungen

Fraglich ist die Beurteilung der verschiedenen Arten von Vertriebsvereinbarungen wie Ausschließlichkeits- und Alleinvertriebs- bzw. -bezugsvereinbarungen oder selektiver Vertriebssysteme. Im Unterschied zu den anfangs behandelten Vertriebslizenzen bezieht sich die Ausschließlichkeit hier nicht nur auf den Vertrieb der Softwareexemplare, sondern auch auf deren Herstellung durch den Händler. Letztere erfolgt durch einfaches Kopieren einer vom Hersteller überlassenen Masterkopie, wobei der Händler keinen Einblick in das der Software zugrunde liegende programmiertechnische Wissen erlangt bzw. erlangen muss. Die mit der Herstellung und Entwicklung von Software verbundenen Risiken verbleiben also beim Hersteller, so dass es sich auch hier dem Kern nach um eine Vertriebslizenz handelt und es für die kartellrechtliche Beurteilung keinen Unterschied machen kann, ob der Softwarehersteller dem Händler die zu vertreibenden Softwareexemplare überlässt oder aber der Händler diese selbst herstellt. Aus diesem Grund kann auf das zu den Vertriebslizenzen Gesagte verwiesen werden[131]: solange ein ausreichender interbrand-Wettbewerb zwischen den Softwareherstellern konkurrierender Produkte besteht, haben Vertriebsvereinbarungen überwiegend positive Wirkungen auf den Wettbewerb.

bb) Einflussnahme auf Preise und sonstige Geschäftsbedingungen

Die dingliche Bindung des Händlers durch den Hersteller mit der Verpflichtung, den Endkunden bestimmte Nutzungsbeschränkungen aufzuerlegen, ist bei der hier untersuchten Vertriebslizenz, bei der der Händler die Softwareexemplare selbst herstellt, und der vorher untersuchten Vertriebslizenz, bei der der Hersteller die Softwareexemplare herstellt, dieselbe und begegnet denselben kartellrechtlichen Bedenken. Insofern ist auf das zu den Vertriebslizenzen Gesagte zu verweisen[132].

2) Deutsches Recht
Für das deutsche Recht gelten die Ausführungen zum europäischen Recht entsprechend in dem Sinne, dass mangels Wissenstransfer die Anwendung der §§ 17 und 18 GWB ausscheidet und es bei der Anwendung der allgemeinen Vorschriften der §§ 14 und 16 GWB verbleibt.

---

[131] vgl. oben I) 1) b) dd) (1)
[132] vgl. oben I) 1) b) dd) (2)

C) Vertriebslizenzen in Zusammenhang mit Bearbeitungs- und Anpassungsleistungen des Händlers

Neben den soeben behandelten Vertriebslizenzen sind beim Softwarevertrieb auch solche Lizenzen zu finden, die dem Händler zusätzlich zum Vervielfältigungs- und Verbreitungsrecht das Recht zur Anpassung und Bearbeitung der Software einräumen, beispielsweise im Hinblick auf die Anpassung der Software an eine bestimmte Hardwareumgebung oder die Übersetzung in eine andere Computersprache etc.[133].

Für derartige Bearbeitungen ist zumindest die Kenntnis der jeweiligen Schnittstellen, wenn nicht sogar des source-code, unerlässlich, weshalb der Hersteller dem Händler das programmiertechnische Know-how überlassen bzw. Einblick in dieses gewähren muss. Offensichtlich überwiegen in einer derartigen Vertriebskonstellation die lizenzvertraglichen Elemente, so dass eine Übertragung der Wertungen zu den reinen Vertriebslizenzen nicht in Betracht kommen wird. Im Übrigen werden sich hier angesichts der von den reinen Vertriebslizenzen abweichenden Interessenlage auch anderweitige wettbewerbsrelevante Vereinbarungen finden wie z.B. Geheimhaltungsverpflichtungen, Unterlizenzierungs- und Weitergabeverbote. Diese entsprechen der Interessenlage der Softwareentwicklungsverträge, so dass hinsichtlich der kartellrechtlichen Würdigung entsprechender Vereinbarungen auf diese verwiesen wird[134].

D) OEM- und DSP-Versionen

I) Begriffserklärung

Eine weitere sehr verbreitete Vertriebsform für Computersoftware stellen die sog. OEM-Versionen dar. Diese sind zur Erstausrüstung eines Computers bestimmt und werden von den Softwareherstellern zu einem wesentlich günstigeren Preis als die üblichen Fachhandelsversionen an die Hardwarehersteller, die sog. Original Equipment Manufacturers (= OEMs), vertrieben. Im Gegenzug für den günstigen Preis verpflichten sich die Hardwarehersteller, die OEM-Versionen nur in Verbindung mit einem neuen PC weiterzugeben und diese Beschränkung gleichzeitig an ihre Erwerber, also die Endnutzer, zu übertragen. Ein bezüglich der Bindung der Software an die Hardware entsprechender Hinweis findet sich auf der Verpackung der Software. Ansonsten unterscheiden sich die OEM-Versionen von den Fachhandelsversionen lediglich durch eine einfachere Ausstattung, sind aber im Übrigen vollwertige Softwarepakete.

---

[133] Sucker, CR 1989, 468, 475
[134] vgl. unten Teil 5

Nach dem Sprachgebrauch Microsofts ist zusätzlich zwischen sog. DSP-Versionen (**D**elivery **S**ervice **P**ack) und den (eigentlichen) OEM-Versionen zu unterscheiden. Die DSP-Versionen werden von vom Softwarehersteller autorisierten Unternehmen, den sog. authorized replicators, hergestellt und entweder von diesen direkt oder über Zwischenhändler zur Vorinstallation auf die Hardware an die Hardwarehersteller geliefert. Bei den OEM-Versionen hingegen erhalten die Hardwarehersteller keine kompletten Softwarepakete, sondern Lizenzen, um ihre Produkte mit der Software auszustatten[135]. Die OEM-Versionen sind großen Hardwareherstellern wie z.B. Acer, Compaq, IBM, Toshiba etc. vorbehalten und noch einmal deutlich günstiger als DSP-Versionen.
Wie zuvor im Rahmen der Vertriebsverträge und -lizenzen überlässt der Softwareurheber die Verwertung seiner Software also Dritten, nämlich den authorized replicators bzw. den Hardwareherstellern selbst. Hierzu räumt er diesen das Nutzungsrecht zur Vervielfältigung und Weiterverbreitung seiner Software ein. Beim DSP-Vertrieb werden die sog. authorized replicators lizenziert, beim OEM-Vertrieb die Hardwarehersteller direkt.
Im Hinblick auf diese Vertriebspolitik und insbesondere die Verpflichtung, die Software nur gemeinsam mit bestimmter neuer Hardware weiterzugeben, sind eine Reihe gegensätzlicher Gerichtsentscheidungen ergangen, bis letztendlich der BGH die alle Vertriebsstufen betreffende Hardwarebindung für unzulässig erklärt hat[136]. Es ist jedoch hervorzuheben, dass sich die Entscheidung des BGH an sich auf DSP-Versionen und nicht die OEM-Versionen im engeren Sinne bezieht. Der insoweit nicht immer einheitliche Sprachgebrauch „OEM-Version" mag daher rühren, dass auch die DSP-Versionen im weiteren Sinne OEM-Versionen darstellen, weil sie Hardwareherstellern (= OEMs) vorbehalten sind. Auch in der Literatur ist die Terminologie insoweit uneinheitlich.
Die Unterscheidung in OEM- und DSP-Versionen mit eventuellen Konsequenzen für die urheberrechtliche bzw. kartellrechtliche Beurteilung wird in die folgende Untersuchung einbezogen.

II) OEM-Verträge im Hardware-Bereich

Von der hier allein zu untersuchenden OEM-Software sind die OEM-Verträge im Hardwarebereich zu unterscheiden[137]: hier erwerben Hardwarehersteller voneinander einzelne Hardwarekomponenten, z.B. Drucker, Plattenlaufwerke u.ä., die sie entweder unverändert in eigenem Namen weiterverkaufen oder in ihre Systeme einbauen; das Gesamtsystem wird anschließend ebenso unter ei-

---

[135] c't 15/2000, 18
[136] BGH v. 6.VII.2000, „OEM-Version", CR 2000, 651 ff.
[137] vgl. hierzu besonders Bachofer, CR 1988, 1 ff.; Schneider Jochen, N Rz. 1 ff.; Redeker, Rz. 539 ff.

genem Namen weiterverkauft. Zweck dieser OEM-Verträge im Hardwarebereich ist die Vervollständigung der eigenen Produktpalette der Hardwarehersteller.

III) Kartell- und urheberrechtliche Probleme im Zusammenhang mit dem Vertrieb von OEM-/ DSP-Software

1) Wettbewerbsrelevante Bedingungen

Grundsätzlich stellt sich die Frage, ob eine Vertriebsspaltung in OEM-/ DSP-Versionen einerseits und isolierte Fachhandelsversionen andererseits zulässig ist. Die damit verbundenen kartellrechtlichen Probleme betreffen dann im Wesentlichen zwei Ebenen: zum einen die Vertriebskette bis zum Hardwarehersteller, zum anderen die sich anschließende Handelsstufe Händler – Endkunde.
Auf der ersten Ebene des Softwarevertriebs stellt sich beim DSP-Vertrieb das Problem, dass die Verpflichtung, die Software nur gemeinsam mit neuer Hardware weiterzugeben, unter Überspringen der ersten Vertriebsstufe erst auf der zweiten Stufe wirksam werden soll, weil die Weitergabebeschränkung weder den authorized replicator noch eventuelle weitere Zwischenhändler betrifft, sondern erst den Hardwarehersteller. Die Verpflichtung des Hardwareherstellers selbst wiederum könnte eine Verwendungsbeschränkung gem. Art. 81 Abs. 1 EGV, § 16 Ziff. 1 GWB darstellen[138], da der Hardwarehersteller in seiner Freiheit bezüglich der Verwendung der ihm von den authorized replicators oder Zwischenhändlern gelieferten Softwareexemplare beschränkt wird. Ebenso erfährt seine Freiheit hinsichtlich des Einsatzes „anderer Waren" eine Einschränkung, nämlich hinsichtlich der von ihm hergestellten Hardware. Beim OEM-Vertrieb kommt nur letztere Beschränkung in Betracht, weil die Hardwarehersteller die Vervielfältigungsstücke der Software selbst herstellen und somit keine Waren geliefert bekommen.
Auf der sich anschließenden Handelsstufe Händler – Endnutzer stellt sich kartellrechtlich das Problem einer Koppelung gem. Art. 81 Abs. 1 lit. e EGV, § 16 Ziff. 4 GWB. Die Endnutzer sind gezwungen, Software und Hardware in einem Paket gemeinsam abzunehmen. Damit ist auf der einen Seite eine Einengung der den Abnehmern offenstehenden Auswahlmöglichkeiten bezüglich des Erwerbs verschiedener Produkte verbunden, auf der anderen Seite eine Behinderung von Wettbewerbern hinsichtlich des gekoppelten Produkts.
Angesichts des unterschiedlichen Wortlauts in Art. 81 Abs. 1 lit. e EGV („Vereinbarung") und dem Verbot von Koppelungsgeschäften für marktbeherrschende Unternehmen schlechthin in Art. 82 Abs. 2 lit. d EGV wird allerdings teilweise ein horizontales Zusammenwirken mehrerer Unternehmen hinsichtlich ei-

---

[138] *Kirchhoff* in Wiedemann § 12 Rz. 6

ner Koppelung gegenüber Abnehmern gefordert[139], so dass individuelle Koppelungsgeschäfte zwischen Anbieter und Abnehmer nicht unter den Tatbestand des Art. 81 Abs. 1 lit. e EGV zu subsumieren wären. Diese Ansicht ist jedoch abzulehnen. Eine derartige Auslegung ist nicht zwingend und nur die Einbeziehung auch individueller Koppelungsgeschäfte wird dem Ziel des Art. 81 EGV gerecht, neben der wettbewerblichen Handlungsfreiheit der Vertragspartner gleichzeitig Wettbewerber zu schützen und den Marktzutritt für dritte Unternehmen offen zu halten[140]. Diese Auslegung entspricht auch der Praxis der Europäischen Kommission, die in den Leitlinien zur Anwendung von Art. 81 EG-Vertrag auf Technologietransfer-Vereinbarungen individuelle Koppelungsgeschäfte ausdrücklich erwähnt und unter bestimmten Voraussetzungen als wettbewerbsverträglich einstuft[141]. Auch das Kammergericht Berlin hat die hier fragliche Vertriebspolitik als ein Problem der Koppelung gesehen[142].

2) Urheberrechtliche Problematik

Im Unterschied zu den vorher behandelten Vertriebslizenzen müssen für die kartellrechtliche Beurteilung der Vertriebsform der OEM-/ DSP-Software auch konkrete urheberrechtliche Überlegungen angestellt werden, weil hier die Nutzungsrechtseinräumung an die Hardwarehersteller wegen ihrer Verpflichtung, die Software nur zusammen mit neuer Hardware weiterzugeben, in einem eingeschränkten Umfang stattfindet. Die urheberrechtliche Zulässigkeit und Reichweite der beschränkten Einräumung des Verbreitungsrechts ist nämlich mit der kartellrechtlichen Beurteilung der jeweiligen Vereinbarungen unmittelbar verbunden: Urheber- und Kartellrecht ergänzen sich gegenseitig und stehen in einem symbiotischen Verhältnis zueinander. *Heinemann* spricht insofern von der Harmonie- bzw. Komplementaritätsthese[143]. Anfangs erfüllt das Urheberrecht die Funktion einer konstitutiven Voraussetzung für die Entstehung von Wettbewerb auf dem Gebiet des geistigen Eigentums, weil erst durch das Ausschließlichkeitsrecht die Information zum handels- und wettbewerbsfähigen Wirtschaftsgut wird. Geeignete, wirtschaftlich durchsetzbare Verwertungsrechte sind für die Marktfähigkeit und Kommerzialisierbarkeit von Information unerlässlich[144]. *Ullrich und Konrad* bezeichnen diese Aufgabe der Ausschließlich-

---

[139] Moritz/Tybusseck, Rz. 617
[140] Sucker, CR 1989, 468, 472 f.; *von Stoephasius in* Langen/Bunte, Bd. I Art. 81 Fallgruppen Rz. 326; *Kirchhoff in* Wiedemann § 12 Rz. 5
[141] ABl. 2004 C 101, 2 ff. Tz. 191 ff.
[142] KG Berlin v. 17.VI.1997, CR 1997, 137, 139; KG Berlin v. 27.II.1996, CR 1996, 531, 533; Klosterfelde/Metzlaff in Langen/Bunte, Bd. I § 16 Rz. 100 übernimmt diese Beurteilung
[143] Heinemann, S. 25 f., 30
[144] *Pethig in* Fiedler/Ullrich, S. 18 f.

keitsrechte als sog. Transferfunktion[145]. Dieser Transfer von Wissen in ein marktfähiges Gut erklärt sich aus dem besonderen Wesen immaterieller Güter, die sich ohne Ausschließlichkeitsrecht der natürlichen Aneignung weitgehend entziehen und nur mit Hilfe der Ausschließlichkeitsrechte übertragbar und verwertbar werden. Dies macht zugleich deutlich, dass Ausschließlichkeitsrechte nicht *vor*, sondern gerade *für* den Wettbewerb verliehen werden. Das Ausschließlichkeitsrecht selbst ist nicht Ansporn und Anreiz für die Hervorbringung von Wissen, sondern der Wettbewerb selbst, dem das durch das Ausschließlichkeitsrecht entstandene handelsfähige Wirtschaftsgut ausgesetzt wird[146]. Die Verleihung von Ausschließlichkeitsrechten ist also unerlässliche Voraussetzung für die Entfaltung eines dynamischen Wettbewerbs auf dem Gebiet des geistigen Eigentums.

Die aus dem Urheberrecht fließenden Nutzungsrechte müssen alsdann aber im Lichte ihrer wettbewerbspolitischen Implikationen interpretiert und ausgestaltet werden, d.h. zu dem Zeitpunkt begrenzt werden, zu dem das Urheberrecht seiner Funktion im gesamtwirtschaftlichen Zusammenhang gerecht geworden ist. Auf den OEM-/ DSP-Vertrieb übertragen bedeutet dies, dass der Softwarehersteller das Verbreitungsrecht nur insoweit beschränkt einräumen darf, als die Beschränkung für die Funktion des Urheberrechts als konstitutiver Wettbewerbsvoraussetzung notwendig ist. Wegen dieser Funktion des Urheberrechts im Wettbewerbsgeschehen wird in der folgenden Untersuchung des BGH-Urteils zum OEM-Vertrieb zunächst die urheberrechtliche und anschließend die kartellrechtliche Problematik behandelt.

IV) BGH-Entscheidung „OEM-Version"[147]

1) Sachverhalt

Die Beklagte stellte Computerhardware her und vertrieb daneben auch Software. Sie hatte von einem Zwischenhändler OEM-Versionen (nach der Terminologie in Literatur und Rechtsprechung) eines Microsoft-Betriebssystems (MS-DOS 6.2 & MS Windows for Workgroups 3.11) erworben und diese isoliert, d.h. ohne einen neuen PC, an einen Endverbraucher veräußert. Die Klägerin Microsoft sah in der isolierten Veräußerung der Betriebssysteme eine Verletzung ihrer Urheberrechte, weil sie deren Weiterveräußerung nur zusammen mit Hardware erlaubt hatte. Microsoft nahm die Beklagte auf Unterlassung und Auskunftserteilung sowie auf Feststellung der Schadensersatzverpflichtung in Anspruch.

---

[145] *Ullrich/Konrad* in Ullrich/Körner, Teil I Rz. 421
[146] *Ullrich* in Immenga/Mestmäcker, EG-Wettbewerbsrecht Bd. I, GRUR B Rz. 23
[147] BGH v. 6.VII.2000, „OEM-Version", CR 2000, 651 ff.

2) Entscheidungsgründe

Entgegen den Vorinstanzen (KG und LG Berlin) sah der BGH in dem isolierten Vertrieb der Betriebssysteme durch die Beklagte keine Urheberrechtsverletzung der Klägerin. Die Erteilung eines Nutzungsrechts in dem Sinne, dass die Veräußerung der zu einem günstigen Preis abgegebenen Software nur zusammen mit einem neuen PC erfolgen dürfe, sei nicht möglich. Die Einräumung eines auf diesen Vertriebsweg beschränkten Nutzungsrechts sei nicht zulässig, weil die Programmversion durch den Urheber bzw. mit seiner Zustimmung durch die authorized replicators in Verkehr gebracht worden und daher die Weiterverbreitung aufgrund der eingetretenen Erschöpfung des urheberrechtlichen Verbreitungsrechts ungeachtet einer inhaltlichen Beschränkung des eingeräumten Nutzungsrechts frei sei[148].

Bei der Frage nach der Erschöpfung des Verbreitungsrechts geht der BGH von der Anwendbarkeit sowohl des § 69 c Ziff. 3 S. 2 UrhG als auch des allgemeinen § 17 Abs. 2 UrhG über § 69 a Abs. 4 UrhG aus. Nach § 69 a Abs. 4 UrhG ist auch § 31 Abs. 1 S. 2 a.E. UrhG anwendbar, gemäß dem Nutzungsrechte inhaltlich beschränkt werden können.

In Fortsetzung seiner bisherigen Rechtsprechung und gemäß der ganz herrschenden Literaturmeinung erachtet der BGH inhaltliche Beschränkungen nur insoweit für zulässig, als es sich um übliche, technisch und wirtschaftlich eigenständige und damit klar abgrenzbare Nutzungsformen handelt[149].

Im Folgenden aber lässt der BGH die Frage der technisch und wirtschaftlich eigenständigen Nutzungsart bezüglich des OEM-Vertriebs offen, da diese für ihn nicht entscheidungsrelevant war. Er bezieht die Erschöpfungswirkung nämlich lediglich auf die erste Stufe des Inverkehrbringens: danach ist für den Eintritt der Erschöpfung allein auf die Zustimmung des Berechtigten zum Inverkehrbringen der Werkstücke abzustellen, auf die Art und Weise der Weiterverbreitung muss sich die Zustimmung nicht beziehen. Auf den weiteren Absatzweg kann der Rechtsinhaber keinen Einfluss nehmen. Das Verbreitungsrecht wäre also sowohl bei Bejahung als auch Verneinung einer selbständigen Nutzungsart erschöpft. Trotz dieser Begrenzung der Erschöpfungswirkung auf die erste Stufe des Inverkehrbringens ist nach dem BGH eine beschränkte Erschöpfungswirkung aufgrund einer beschränkten Nutzungsrechtseinräumung nicht ausgeschlossen.

---

[148] BGH v. 6.VII.2000, „OEM-Version", CR 2000, 651
[149] vgl. insb. BGH v. 21.XI.1958, „Der Heiligenhof", GRUR 1959, 200 ff.; BGH v. 6.III.1986, „Schallplattenvermietung", GRUR 1986, 736 ff.

3) Stellungnahme

Die Entscheidung des BGH wurde im Ergebnis überwiegend begrüßt, wenn auch die Entscheidungsbegründung nicht immer in vollem Umfang Zustimmung erfahren hat[150].

a) Erschöpfung des urheberrechtlichen Verbreitungsrechts

Eines der Hauptprobleme im Rahmen des OEM-/ DSP-Vertriebs ist also die Bestimmung des Umfangs der Erschöpfungswirkung des an die Hardwarehersteller bzw. authorized replicators beschränkt eingeräumten Verbreitungsrechts, mit anderen Worten, ob sich das Verbreitungsrecht nach dem ersten Inverkehrbringen durch Veräußerung insgesamt oder nur bezüglich des beschränkt eingeräumten Teils erschöpft. Diese Problematik steht freilich unter der Prämisse, dass eine derart beschränkte Einräumung des Verbreitungsrechts überhaupt möglich ist. Hier kommt eine inhaltliche Beschränkung gem. § 31 Abs. 1 S. 2 a.E. UrhG in Betracht. Nachdem aber der BGH diese Frage in dem zu entscheidenden Fall offen lassen konnte, soll auch hier zunächst der Umfang der Erschöpfungswirkung untersucht werden und erst anschließend die Frage nach der Zulässigkeit der inhaltlichen Beschränkung selbst.

Rechtstheoretisch begründet wird die Erschöpfung des Verbreitungsrechts bei mit Zustimmung des Urhebers durch Veräußerung in Verkehr gebrachten Werkstücken im Wesentlichen mit der Verkehrsfähigkeit und der freien Zirkulierbarkeit der in Verkehr gebrachten Güter, mithin dem Allgemeininteresse an klaren und übersichtlichen Verhältnissen im Urheberrechtsverkehr. Dabei steht im europäischen Recht der Schutz des freien Warenverkehrs gem. Art. 28 ff. EGV im Vordergrund, während im deutschen Recht zusätzlich auf das verwertungsrechtliche Interesse des Urhebers abgestellt wird[151]: das dem Urheber ausschließlich zustehende Verbreitungsrecht hat nach dem mit seiner Zustimmung erstmaligen Inverkehrbringen des Werkstücks durch Veräußerung seinen Zweck erfüllt. Durch seine Zustimmung hat der Urheber die Möglichkeit gehabt, das Inverkehrbringen von einer ihm zustehenden angemessenen Vergütung abhängig zu machen und aus seinem geistigen Eigentum wirtschaftlichen Nutzen zu ziehen. Diese Überlegung findet sich auch unter dem Stichwort des Belohnungsgedankens[152].

---

[150] Chrocziel, CR 2000, 738 ff.; Lehmann, CR 2000, 738, 740 f.; Witte, CR 2000, 651, 654 ff.; a.A. aber Erben/Zahrnt, was sich aus ihrer Kritik an dem mit dem Urteil des BGH gleichlaufenden Urteil des OLG München v. 12.II.1998 ergibt, CR 1998, 265 ff.
[151] *Loewenheim in* Schricker, § 17 Rz. 36
[152] über die einzelnen Theorien zur Begründung der Erschöpfung siehe Joos, S. 51 ff.

Die ursprüngliche Funktion des Ausschließlichkeitsrechts als konstitutiver Voraussetzung für die Entstehung von Wettbewerb hat sich nach Inverkehrbringen des Werkstücks erledigt. Aus dieser Funktion des Urheberrechts folgt zugleich, dass Vereinbarungen bezüglich der Weiterverbreitung von Werkstücken erst dann kartellrechtlicher Kontrolle unterworfen sein können, wenn sich das Verbreitungsrecht an ihnen erschöpft hat[153]; vor diesem Zeitpunkt kann eine Wettbewerbsbeschränkung überhaupt nicht vorliegen, da das Inverkehrbringen Wettbewerb überhaupt erst entstehen lässt und den Urheberrechtsschutzbestand erst bestimmt[154].

aa) Interpretation des § 69 c Ziff. 3 S. 2 UrhG

Zunächst muss geklärt werden, ob § 69 c Ziff. 3 S. 2 UrhG eine abschließende Regelung in dem Sinne darstellt, dass bei der Bestimmung der Reichweite der Erschöpfung ein Rückgriff auf den allgemeinen § 17 Abs. 2 UrhG nicht möglich ist. Wäre dies der Fall, so müsste das Verhältnis zwischen § 31 Abs. 1 S. 2 a.E. UrhG und § 69 c Ziff. 3 S. 2 UrhG im Hinblick auf die Möglichkeit einer nur beschränkten Erschöpfungswirkung nicht geklärt werden und es käme schon nicht darauf an, ob die Einräumung eines in dieser Weise inhaltlich beschränkten Nutzungsrechts urheberrechtlich zulässig ist. In jedem Fall wäre das Verbreitungsrecht an der Software durch das mit Zustimmung des Softwareurhebers erfolgende erstmalige Inverkehrbringen eines Vervielfältigungsstücks seitens des authorized replicators umfassend erschöpft. Ausgenommen wäre lediglich das Vermietrecht. Der Hardwarehersteller könnte das Softwareexemplar also nach seinem Belieben weiterverbreiten, auch ohne neue Hardware. In diesem Sinne haben das OLG München und der 11. Zivilsenat des OLG Frankfurt/Main entschieden[155].
Für die Spezialität des § 69 c Ziff. 3 S. 2 UrhG vor dem allgemeinen § 17 Abs. 2 UrhG und die Anordnung einer umfassenden Erschöpfung im Softwarebereich wird der Ursprung des § 69 c UrhG im europäischen Recht, Art. 4 Richtlinie 91/250/EWG, angeführt. Der europäische Gesetzgeber wollte einen Offenhaltung der Computermärkte erreichen und hat somit als einzige Ausnahme vom Erschöpfungsgrundsatz das Vermietrecht statuiert. Weitere Ausnahmen, wie sie für den OEM-/ DSP-Vertrieb erforderlich wären, seien nicht möglich und zulässig. Hätte der europäische Gesetzgeber solche gewünscht, hätte er diese ausdrücklich formuliert. Schließlich hat er auch weitere Beschränkungen der

---
[153] Kreutzmann, S. 160
[154] vgl. dazu allgemein *Ullrich in* Immenga/Mestmäcker, EG-Wettbewerbsrecht Bd. I, GRUR B Rz. 15
[155] München v. 12.II.1998, CR 1998, 265, 266; OLG Frankfurt/M. v. 3.XI.1998, CR 1999, 7 ff.

ursprünglich dem Urheber vorbehaltenen Rechte explizit benannt, vgl. Art. 5 Richtlinie 91/250/EWG bzw. § 69 d UrhG. Demzufolge könne die Erschöpfung nur in einem umfassenden Sinne ohne weitere Ausnahme als der des Vermietrechts verstanden werden[156].
Dieser Auffassung kann aber nicht gefolgt werden. Es ist zwar richtig, dass § 69 c UrhG eine auf der Richtlinie 91/250/EWG beruhende, für Software spezielle Regelung ist. Hierbei war Ziel der Richtlinie die Harmonisierung des Urheberrechtsschutzes für Computerprogramme innerhalb der Europäischen Union sowie die Bestimmung der dem Urheber zustehenden Ausschließlichkeitsrechte[157]. Ebenso sollten die dem Anwender zustehenden Nutzungsrechte einen bestimmten Mindestumfang erreichen[158]. Insofern aber ging es um die Festlegung eines Mindeststandards der dem Anwender zustehenden Nutzungsrechte und nicht der dem Händler zustehenden Rechte. In der Richtlinie ist freilich nicht von dem Anwender oder Nutzer die Rede, sondern dem Berechtigten schlechthin, jedoch erlangen die in Art. 5 der Richtlinie bzw. § 69 d UrhG genannten Mindestrechte vor allem für den Nutzer Bedeutung. § 69 d UrhG kann somit mit seiner Beschränkung der dem Urheber zustehenden Rechte zugunsten des Nutzers nicht als Begründung für eine bis auf das Vermietrecht umfassende Erschöpfung herangezogen werden.
Die Auslegung des § 69 c Ziff. 3 S. 2 UrhG im Sinne einer abschließenden Regelung würde ferner § 31 Abs. 1 S. 2 a.E. UrhG zuwiderlaufen. Nachdem die Nutzungsrechtseinräumung in der Richtlinie 91/250/EWG bzw. den §§ 69 a ff. UrhG keine Regelung erfahren hat, ist auf die allgemeinen Regeln der §§ 31 ff. UrhG zurückzugreifen und somit auch § 31 Abs. 1 S. 2 a.E. UrhG, vgl. § 69 a Abs. 4 UrhG[159]. Danach ist eine (inhaltlich) beschränkte Nutzungsrechtseinräumung möglich. Bei einer vollständigen Erschöpfung des Verbreitungsrechts würde eine solche aber ins Leere laufen.
Die Möglichkeit einer gem. § 31 Abs. 1 S. 2 a.E. UrhG inhaltlich beschränkten Nutzungsrechtseinräumung bei Software erkennt auch das OLG Frankfurt/M. an. Die Frage einer umfassenden Erschöpfung wird vom Gericht hin verlagert zur Anerkennung bzw. Nichtanerkennung einer hinreichend klar abgegrenzten oder abgrenzbaren, wirtschaftlich-technisch als einheitlich und selbständig erscheinenden Nutzungs- oder Vertriebsart. Im Falle einer selbständigen Nutzungs- bzw. Vertriebsart will das Gericht diese von der Erschöpfungswirkung ausnehmen, also keine umfassende Erschöpfung annehmen, falls aber keine selbständige Nutzungsart vorliegt, soll eine umfassende Erschöpfung gem. § 69 c Ziff. 3 S. 2 UrhG eintreten[160]. Der Umfang der Erschöpfung muss also die

---

[156] Witte, CR 1999, 65, 67
[157] Richtlinie 91/250/EWG Erwägungsgrund 6; siehe auch Schneider Jochen, C Rz. 120
[158] Richtlinie 91/250/EWG Erwägungsgrund 17; siehe auch Schneider Jochen, C Rz. 174 f.
[159] so auch Marly, Rz. 990
[160] OLG Frankfurt/M. v. 3.XI.1998, CR 1999, 7, 9

Möglichkeit einer beschränkten Nutzungsrechtseinräumung berücksichtigen und ist in Relation zu § 31 Abs. 1 S. 2 a.E. UrhG zu setzen. Es wird genauso verfahren wie bei § 17 Abs. 2 UrhG. Anzumerken ist noch, dass das OLG Frankfurt/M. nicht über OEM-Software, sondern über update-Software zu entscheiden hatte.
Lediglich das OLG München scheint dingliche (inhaltliche) Abspaltungen des Verbreitungsrechts bei Computerprogrammen überhaupt nicht für zulässig zu erachten[161]. Dieser Ansicht aber ist aus den genannten Gründen nicht zu folgen. Auch das OLG München hatte über update- und nicht OEM-Software zu entscheiden.

bb) Umfang der Erschöpfung bei beschränkt eingeräumten Nutzungsrechten

(1) Allgemeines

Nachdem die Möglichkeit eines Rückgriffs auf § 31 Abs. 1 S. 2 a.E. UrhG bejaht wurde, muss der Umfang der Erschöpfung bei (inhaltlich) beschränkt eingeräumten Nutzungsrechten definiert werden. Heute wird wohl von niemandem mehr ernsthaft bestritten, dass sich die Erschöpfungswirkung lediglich auf den eingeräumten Nutzungsrechtsteil bezieht[162]. In diesem Sinne hat der BGH bereits früher entschieden[163] und auch in seiner jetzigen Entscheidung OEM-Version die beschränkte Erschöpfungswirkung bei beschränkt erteilten Nutzungsrechten ausdrücklich anerkannt[164]. Wäre dies nicht der Fall, so würde die Möglichkeit der beschränkten Nutzungsrechtseinräumung nach § 31 Abs. 1 S. 2 a.E. UrhG für den Urheber leer laufen.
Dennoch kommt der BGH im vorliegenden Fall zu einer Erschöpfung des Verbreitungsrechts. Er bezieht das dem Urheber bzw. Berechtigten vorbehaltene Verbreitungsrecht nämlich nur auf die Art und Weise des *Inverkehrbringens* und nicht auf die Art und Weise der *Weiterverbreitung*. Eine Zustimmung zur weiteren Verbreitung sei nicht erforderlich, im Interesse der Verkehrsfähigkeit der einmal mit Zustimmung des Berechtigten in Verkehr gebrachten Werkstücke und des freien Warenverkehrs könne der Berechtigte auf den weiteren Absatzweg keinen Einfluss nehmen[165]. Die Möglichkeit einer inhaltlichen Aufspaltung des Verbreitungsrechts nach § 31 Abs. 1 S. 2 a.E. UrhG darf nicht zu einer Umgehung des Erschöpfungsgrundsatzes führen. Mit dieser Argumentation

---

[161] OLG München v. 12. II. 1998, CR 1998, 265, 266
[162] *Loewenheim* in Schricker, § 17 Rz. 49; *Haberstumpf* in Lehmann, II Rz. 129; Joos, S. 106
[163] BGH v. 6.III.1986, „Schallplattenvermietung", GRUR 1986, 736 ff.; BGH v. 21.XI.1958, „Der Heiligenhof", GRUR 1959, 200, 202 f.
[164] BGH v. 6. VII. 2000, „OEM-Version", CR 2000, 651, 652
[165] BGH „OEM-Version", CR 2000, 651, 652 f.

kommt der BGH folgerichtig zu dem Ergebnis, dass der Hardwarehersteller die durch ihn von einem Zwischenhändler erworbene OEM-Software-Version ohne Hardware isoliert weiterverkaufen durfte. Das erste Inverkehrbringen ist mit Zustimmung des Berechtigten erfolgt, da der authorized replicator die hergestellte OEM-Software-Version an einen von der Klägerin, der Softwareherstellerin, benannten und mit ihr vertraglich verbundenen Zwischenhändler und nicht an einen beliebigen Dritten geliefert hat.

Die Wirkung der dinglichen Begrenzung des Nutzungsrechts lediglich auf die erste Stufe des Inverkehrbringens entspricht auch der in der Literatur herrschenden Meinung[166]: würde eine Begrenzung nicht stattfinden, so wäre das Allgemeininteresse an klaren und übersichtlichen Verhältnissen im Rechtsverkehr bezüglich mit Zustimmung des Urhebers in Verkehr gebrachter Werkstücke erheblich gefährdet und Sinn und Zweck des Erschöpfungsgrundsatzes ausgehöhlt. § 31 Abs. 1 S. 2 a.E. UrhG darf kein Mittel zur Umgehung des Erschöpfungsgrundsatzes werden. Dem deutschen Recht ist ein „droit de destination", mit dem der Urheber den Kauf und Weiterverkauf seiner Werke bis ans Ende der Verwertungskette kontrollieren könnte, fremd[167].

Bei einer derartigen Begrenzung der dinglichen Wirkung auf die erste Stufe des Inverkehrbringens stellt sich dann allerdings in der Tat die Frage, ob die Möglichkeit einer inhaltlich beschränkten Nutzungsrechtseinräumung in der Praxis nicht lediglich eine leere Hülse darstellt, weil sie tatsächlich nicht durchsetzbar ist. So sieht *Chrocziel* auch in der jetzigen BGH Entscheidung OEM-Version eine Neudefinition des Verhältnisses der dinglich wirkenden Begrenzung des Nutzungsrechts zur urheberrechtlichen Erschöpfung[168]. Seiner Meinung nach kann nicht mehr von einer dinglichen Wirkung der Begrenzung des Verbreitungsrechts gesprochen werden, da eine solche ohnehin nur gegenüber dem konkreten Vertragspartner wirke und somit zu einer lediglich vertraglichen Begrenzung degradiert werde[169].

Dieser Argumentation von *Chrocziel* ist jedoch nicht zuzustimmen. Bereits in früheren Entscheidungen hat der BGH eine inhaltliche Aufspaltung des Verbreitungsrechts nur auf die erste Stufe des Inverkehrbringens bezogen und

---

[166] *Loewenheim* in Schricker, § 17 Rz. 36, § 69 c Rz. 30; *Haberstumpf* in Lehmann, II Rz. 129; Lehmann, NJW 1993, 1820, 1825; Marly, Rz. 455
[167] Joos, S. 189 ff.
[168] Chrocziel CR 2000, 738, 739
[169] hier übersieht Chrocziel freilich, dass bei einer rein schuldrechtlichen Einräumung der Urheber im Falle eines von seiner Zustimmung nicht erfassten Inverkehrbringens nicht gegen Dritte vorgehen könnte, die das Werkstück von seinem Vertragspartner erworben haben, im Falle einer dinglich wirkenden begrenzten Nutzungsrechtseinräumung aber bliebe ihm diese Möglichkeit erhalten.

anschließend eine umfassende Erschöpfung eintreten lassen[170]. Selbst bei Anerkennung einer eigenständigen Nutzungsart würde der BGH das dem Urheber vorbehaltene Verbreitungsrecht nur auf die erste Stufe des Inverkehrbringens beziehen und dem Urheber die Möglichkeit einer weiteren Kontrolle der Werkstücke hinsichtlich ihrer Verwendung nicht zugestehen[171]. Insofern liegt eine Änderung der Rechtsprechung mit einer Neudefinition des Verhältnisses dinglich wirkende Begrenzung von Nutzungsrechten – urheberrechtliche Erschöpfung nicht vor.

Auch wenn man eine Parallele zu räumlichen oder zeitlichen Beschränkungen zieht, so wäre, solange nur die Erstverbreitung im Rahmen der Zustimmung des Urhebers bzw. Berechtigten erfolgt ist, ein Weiterverbreiten auf jegliche Art und Weise zulässig. So besteht im Hinblick auf zeitliche Beschränkungen Einigkeit darüber, dass Werkstücke, die innerhalb der vom Urheber gesetzten Frist erstmalig verbreitet wurden, auch nach Fristablauf weiterverbreitet werden dürfen. Würde man eine Weiterverbreitung rechtmäßig in Verkehr gebrachter Werkstücke nach Fristablauf untersagen und hierin eine Urheberrechtsverletzung sehen, so wäre das Allgemeininteresse an einer freien Zirkulierbarkeit einmal rechtmäßig in Verkehr gesetzter Werkstücke in größtem Maße beeinträchtigt[172]. Bei räumlichen Beschränkungen geht dies sogar noch weiter: aufgrund des territorialen Charakters der nationalen Urheberrechte ist eine Aufteilung nur nach den Gebieten der einzelnen Mitgliedsstaaten der Europäischen Union zulässig, nicht jedoch nach Gebieten innerhalb nur eines Mitgliedsstaates. Ebenso kommt der Erschöpfungsgrundsatz gemeinschaftsweit zum Tragen. Als Begründung für derartige Einschränkungen der möglichen dinglichen Aufspaltungen des Verbreitungsrechts wird stets das Allgemeininteresse an klaren und übersichtlichen Verhältnissen im Urheberrechtsverkehr genannt[173]. Warum dieses Interesse bei einer inhaltlichen Beschränkung des Verbreitungsrechts weniger gewichtig sein und hinter dem Ausschließlichkeitsrecht des Urhebers zurücktreten sollte, ist nicht ersichtlich.

Dies zeigt auch ein Vergleich zu früheren Entscheidungen des BGH: in der Entscheidung *Heiligenhof*[174] z.B. war schon das erste Inverkehrbringen unrechtmäßig, da nicht mit Zustimmung des Urhebers bzw. Berechtigten erfolgt. Die Frage, ob nach erstmaligem rechtmäßigem Inverkehrbringen ein Weiterverbreiten außerhalb der vom Urheber eingeräumten Nutzungsart zulässig ist bzw. umgekehrt, ob eine Weiterverbreitung nur innerhalb der vom Urheber definierten

---

[170] BGH v. 21.XI.1958, „Der Heiligenhof", GRUR 1959, 200, 202 f.; BGH v. 6.III.1986, „Schallplattenvermietung", GRUR 1986, 736, 737; BGHZ 1980, 101, 106 „Schallplattenimport I"; RGZ 63, 394 „Koenigs Kursbuch"
[171] BGH v. 6.III.1986, „Schallplattenvermietung", GRUR 1986, 736, 738
[172] Joos, S. 111
[173] *Loewenheim* in Schricker, § 17 Rz. 17 ff.
[174] BGH v. 21.XI.1958, „Der Heiligenhof", GRUR 1959, 200 ff.

Nutzungsart zulässig ist, hat sich also gar nicht gestellt[175]. Dennoch spricht der BGH diese Problematik an, indem er feststellt, dass das dem Urheber verbliebene Recht, eine andere Art der Verbreitung als die von ihm Übertragene zu verbieten, in einem solchen Fall nur dann und nur dadurch erlischt, dass die Bücher gemäß dem übertragenen Nutzungsrecht in den Verkehr gebracht werden[176]. Der BGH bezieht also auch hier, obwohl die Frage der Beschränkung der Weiterverbreitung nach rechtmäßigem Inverkehrbringen gar nicht entscheidungsrelevant war, das Recht des Urhebers ersichtlich lediglich auf die erste Stufe des Inverkehrbringens.

In der Entscheidung „Schallplattenvermietung"[177] hingegen war das erste Inverkehrbringen rechtmäßig erfolgt und der Urheber wollte die Art und Weise der Weiterverbreitung von seiner Zustimmung abhängig machen, konkret, sich durch einen auf den Schallplatten befindlichen Vermerk die Vermietung vorbehalten. In diesem Fall bereits hat der BGH geurteilt, dass durch das erstmalige, rechtmäßige Inverkehrbringen das Verbreitungsrecht erschöpft sei und sich die Zustimmung nicht auf die Art und Weise der Weiterverbreitung erstrecken müsse. § 17 Abs. 2 UrhG sei im Interesse der Verkehrsfähigkeit einmal rechtmäßig in Verkehr gebrachter Werkstücke als Einschränkung des § 32 a.F. bzw. § 31 Abs. 1 S. 2 a.E. n.F. UrhG zu sehen. Damit hat der BGH auch damals die Frage nach einer wirtschaftlich und technisch eigenständigen Nutzungsart nicht beantworten müssen, die er im Übrigen gar nicht aufgeworfen hat.

Der Sachverhalt in der Entscheidung „Schallplattenvermietung" entspricht insofern dem hiesigen Sachverhalt der OEM-Entscheidung, als das erstmalige Inverkehrbringen in beiden Fällen rechtmäßig erfolgt ist, es also gar nicht um eine Begrenzung der Erstverbreitung geht. Diese ist vielmehr frei, der authorized replicator soll die von ihm hergestellte OEM-Software-Version ohne Hardware, d.h. isoliert, an die Hardwarehersteller (= OEMs) oder autorisierte Zwischenhändler weitergeben. Auch die Zwischenhändler sind insofern von der Verpflichtung nicht erfasst. Erst die Hardwarehersteller sollen die Software nur zusammen mit ihrer Hardware weitergeben dürfen. Die Beschränkung soll also erst auf der letzten Stufe der Verwertungskette liegen. Es handelt sich somit gar nicht um eine Einschränkung des ursprünglichen Verbreitungsrechts. Durch die rechtmäßige Veräußerung der Software durch den authorized replicator ist dieses schon (umfassend) erschöpft, so dass der Zwischenhändler oder Hardwarehersteller zur Verbreitung der (OEM-) Software gar nicht mehr der Zustimmung des Urhebers bedürfen[178].

Letztendlich entspricht die Anerkennung der dinglich wirkenden Begrenzung des Verbreitungsrechts nur auf die erste Stufe des Inverkehrbringens auch dem

---

[175] vgl. insoweit auch Joos, S. 113 f., 121 f.
[176] BGH v. 21.XI.1958, „Der Heiligenhof", GRUR 1959, 200, 203
[177] BGH v. 6.III.1986, „Schallplattenvermietung", GRUR 1986, 736 ff.
[178] in diesem Sinne auch Berger, NJW 1997, 300, 301

Wortlaut der §§ 17 Abs. 2, 69 c Ziff. 3 S. 2 UrhG. Allein das Vermietrecht ist hinsichtlich Art und Weise der Weiterverbreitung von der Erschöpfung ausgenommen und somit einer ständigen Kontrolle durch den Urheber unterworfen. Als Ergebnis ist festzuhalten, dass sich in Anbetracht des Allgemeininteresses an einem übersichtlichen Rechtsverkehr mit Urheberrechten die dingliche Beschränkung des Verbreitungsrechts nur auf die erste Stufe des Inverkehrbringens auswirkt, mit anderen Worten, dass sich nach erstmaligem rechtmäßigem Inverkehrbringen das Verbreitungsrecht umfassend erschöpft. Allein diese Auslegung wird Sinn und Zweck des Erschöpfungsgrundsatzes gerecht und entspricht der derzeitigen Gesetzeslage. Eine vom BGH abweichende rechtliche Beurteilung des OEM-Vertriebs wäre Sache des (europäischen) Gesetzgebers, so wie er damals auf das Urteil „Schallplattenvermietung" durch die Anerkennung des Vermietrechts als Ausnahme vom Erschöpfungsgrundsatz mit der Änderung des § 17 Abs. 2 UrhG reagiert hat.

(2) Konsequenzen der Unterscheidung in OEM- und DSP-Versionen für die Erschöpfung

Der Zeitpunkt des Eintritts der Erschöpfung muss für OEM- und DSP-Versionen gesondert betrachtet werden: beim OEM-Vertrieb erfolgt die Vervielfältigung der Software durch die Hardwarehersteller selbst, so dass das erstmalige Inverkehrbringen der Software durch die lizenzierten Hardwarehersteller erfolgt, also zu einem Zeitpunkt, in dem die Software bereits in die Hardware integriert ist. Das Verbreitungsrecht ist (erst) erschöpft, wenn die Software bereits mit der Hardware „gekoppelt" ist[179]. Es existiert schon kein eigenständiges Softwareexemplar im engeren Sinne, welches ein Händler isoliert erwerben und dann weiterveräußern könnte. Die urheberrechtliche Zulässigkeit des OEM-Vertriebs hängt also von der der Erschöpfung vorgelagerten Frage nach einer eigenständigen Nutzungsart ab.
Mit der Hardware wird zwar stets eine (Sicherungs-) Kopie der Software auf CD-ROM oder Diskette geliefert, doch wäre deren (isolierte) Weitergabe, wenn überhaupt, nur zulässig, wenn die installierte Software von der Hardware gelöscht wird, damit die Software tatsächlich nur von einem Nutzer genutzt werden kann. Ansonsten läge ein Verstoß gegen das dem Urheber zustehende Vervielfältigungs- und Verbreitungsrecht vor.
Beim DSP-Vertrieb hingegen und so auch in dem vom BGH entschiedenen Fall erfolgt die Vervielfältigung der Software durch die authorized replicators, die die vervielfältigten Softwareexemplare entweder direkt oder über Zwischenhändler an die Hardwarehersteller weitergeben. Die Hardwarehersteller erwer-

---

[179] diese Möglichkeit der Aufspaltung des Verbreitungsrechts sieht auch Witte, CR 1999, 65, 70

ben die einzelnen Softwareexemplare zu einem Zeitpunkt, zu dem das Verbreitungsrecht bereits erschöpft ist, weil die Software zuvor von einem authorized replicator rechtmäßig in Verkehr gebracht wurde. Eine isolierte Weiterveräußerung der Software ist also aufgrund der eingetretenen Erschöpfung zulässig.

b) OEM- und DSP-Vertrieb als übliche, technisch und wirtschaftlich eigenständige und klar abgrenzbare Nutzungsformen

Für die urheberrechtliche Zulässigkeit des eigentlichen OEM-Vertriebs kommt es somit entscheidend darauf an, ob der OEM-Vertrieb eine technisch und wirtschaftlich eigenständige, klar abgrenzbare Nutzungsart darstellt, mit anderen Worten, ob das Verbreitungsrecht dinglich derart aufgespalten werden kann. Die Meinungen hierüber gehen auseinander[180]. Hierbei fällt auf, dass die überwiegende Meinung in der Literatur eine derartige dingliche Aufspaltung des Verbreitungsrechts für unzulässig hält, während die Gerichte eine solche entweder ausdrücklich für zulässig erachten oder hierzu nicht Stellung nehmen bzw. nicht nehmen müssen, da die Eigenständigkeit der Nutzungsart nicht entscheidungserheblich war und sie die Unzulässigkeit des OEM-Vertriebs mit Hilfe der Erschöpfung begründen – sei es, dass sie § 69 c Ziff. 3 S. 2 UrhG als abschließend ansehen oder die Verbreitungsbefugnis nur auf die erste Stufe des Inverkehrbringens beziehen. Zu betonen ist dabei, dass sich sämtliche Entscheidungen nicht auf die eigentlichen OEM-Versionen im hier verstandenen Sinne, sondern auf die DSP-Versionen bezogen. Auch in den Beiträgen der Literatur wird nicht immer klar, welche Art von Software mit dem Begriff OEM-Version genau gemeint ist. Auch wenn es für die urheberrechtliche Zulässigkeit des isolierten Vertriebs von DSP-Versionen auf das Vorliegen bzw. Nichtvorliegen einer eigenständigen Nutzungsart nicht ankommt – wegen Erschöpfung des Verbreitungsrechts liegt beim DSP-Vertrieb kein Verstoß gegen das Urheberrecht vor – soll aufgrund der uneinheitlichen Terminologie im Folgenden zwischen OEM- und DSP-Versionen unterschieden werden.

---

[180] verneinend: *Loewenheim in* Schricker, § 69 c Rz. 29; Berger NJW 1997, 300; Marly, Rz. 455; Redeker, Rz. 46; Witte CR 1999, 65, 67ff.; bejahend: Erben/Zahrnt in Anm. CR 1996, 531, 536; *Fromm in* Nordemann, § 69 c Rz. 6; OLG Frankfurt/M. v. 18.V.2000, ZUM 2000, 763, 765 f.; KG Berlin v. 17.VI.1997, CR 1998, 137, 138; KG Berlin v. 27.II.1996, CR 1996, 531, 532; LG München I v. 1.X.1997, CR 1998, 141, 142: diese Entscheidung bezieht sich auf updates, zieht aber zur vorgenannten Entscheidung des KG Berlin einen Vergleich und scheint den OEM-Vertrieb insoweit für zulässig zu erachten, da eigenständige Nutzungsart

aa) Voraussetzungen der dinglichen Aufspaltbarkeit des Verbreitungsrechts

Bei einer dinglich wirkenden inhaltlichen Aufspaltung des Verbreitungsrechts müssen verschiedene gegenläufige Interessen in Einklang gebracht werden: zum einen hat die Allgemeinheit ein Interesse an klaren und übersichtlichen Verhältnissen im Rechtsverkehr mit Urheberrechten und an einer diesbezüglich möglichst geringen Belastung. Zum anderen sind die Urheber an einer optimalen Verwertung ihrer Werke und bestmöglichen wirtschaftlichen Partizipation interessiert. Diesen gegensätzlichen Positionen wird eine Interessenabwägung im Einzelfall am Besten gerecht. Als Grundsatz aber hat sich herauskristallisiert, dass eine beschränkte Einräumung des Verbreitungsrechts nur für solche Verwertungsformen zulässig ist, die nach der Verkehrsauffassung klar abgrenzbar sind und eine wirtschaftlich und technisch einheitliche und selbständige Nutzungsart darstellen[181]. Hierbei ist das Vorliegen allein eines Merkmals für die Begründung einer selbständigen Nutzungsart nicht ausreichend, vielmehr müssen mehrere Indizien zusammentreffen.

bb) OEM-Versionen

Insbesondere im Bereich der Personal Computer ist es seit Jahren üblich, PCs mit der zu ihrem Betrieb erforderlichen Software vorinstalliert anzubieten bzw., von der Seite der Anwender aus betrachtet, zu erwerben. Insofern kann man nach der Verkehrsauffassung und Verkehrsübung anerkannten Marktgepflogenheiten sprechen und den Erwerb von OEM-Software-Versionen im Paket mit neuer Hardware vom getrennten Erwerb von Hard- und Software unterscheiden. Fraglich ist allerdings, ob OEM-Versionen von den Fachhandelsversionen tatsächlich ohne weiteres abgrenzbar und unterscheidbar sind. Ihrem äußeren Erscheinungsbild nach differieren OEM-Versionen von den Fachhandelsversionen nur gering: sie sind schlichter aufgemacht und verpackt und durch einen Aufkleber, der die Weitergabe nur zusammen mit neuer Hardware gestattet, gekennzeichnet. Weitere äußere Unterscheidungsmerkmale existieren nicht. Allerdings gelangen die OEM-Versionen schon gar nicht isoliert in den Fachhandel, weil die Hardwarehersteller ja selbst die Vervielfältigung übernehmen, sondern bereits in Verbindung mit Hardware, so dass der Markt übersichtlich bleibt. Dies ist unter dem Gesichtspunkt des Allgemeininteresses an klaren und übersichtlichen Verhältnissen im Urheberrechtsverkehr wesentlich.
Das dem Hardware-/ Software-System beigegebene Softwareexemplar ist lediglich eine Sicherungskopie. Darüber hinaus werden die OEM-Versionen nur bestimmten, ausgewählten großen Hardwareherstellern wie Acer, Toshiba etc.,

---

[181] *Loewenheim in* Schricker, § 17 Rz. 17, 20; Joos, S. 112 ff.

vorbehalten. Insofern liegt ein vom isolierten Vertrieb von Software abgrenzbares und abgegrenztes Marktsegment vor. Gegen die Anerkennung eines abgegrenzten und eigenständigen Marktes wird eingewendet, dass ein Händler sämtliche Versionen einer Software anbietet, von OEM-Versionen bis zu Vollversionen, insofern also eine homogene Marktstruktur mangels Spezialisierung vorliegt[182]. Dies mag zwar stimmen, ist aber nicht ausschlaggebend. Es kann nicht darauf ankommen, ob ein Händler alle Softwareversionen oder nur eine bestimmte Version vertreibt. Entscheidend ist vielmehr, dass aus Sicht der Kunden erkennbar ist, ob die Software isoliert oder bereits vorinstalliert erworben wird. Erwirbt der Kunde nämlich die Software auf der Hardware vorinstalliert, so hält er schon kein separates Softwareexemplar in Händen. Insofern besteht entgegen *Witte*[183] auch kein Widerspruch zu den Entscheidungen *Taschenbuchlizenz*[184] und *Der Heiligenhof*[185] des BGH. Selbst Taschenbücher werden nicht über bestimmte „Taschenbuchläden" vertrieben, sondern im umfassenden Handel, der neben Taschenbuchausgaben auch die aufwändiger gestalteten Hardcoverausgaben vertreibt. Ausschlaggebend war also auch hier die Tatsache, dass der Kunde die Taschenbuchausgabe von einer Hardcoverausgabe unterscheiden kann, genauso wie er beim Erwerb von Software feststellen kann, ob er diese isoliert oder bereits vorinstalliert erwirbt.

Was die technische Selbständigkeit von OEM-Software betrifft, so ist zuzugeben, dass eine solche nicht gegeben ist: sowohl OEM-Versionen als auch übliche Fachhandelsversionen sind vollwertige Produkte, deren wertbildenden Elemente in ihrem jeweils identischen source-code liegen. Die Versionen sind technisch austauschbar, sie erfüllen dieselben Funktionen mit identischer Effizienz. Dies aber ist gerade die Besonderheit von Software als einem immateriellen, digitalisierten Rechtsgut, dass eben ein- und dasselbe Produkt nicht in einer wertvolleren und gleichzeitig weniger wertvollen Ausgabe existieren kann. Dies gilt im übrigen auch bei unterschiedlichen Buchausgaben (z.B. Taschenbuch und Luxusausgabe): der Inhalt ist stets derselbe. Natürlich kommt der wertvolleren Aufmachung der Luxusausgabe ein eigener Wert zu, dieser aber betrifft die wirtschaftliche Eigenständigkeit und die Unterscheidung nach äußeren Merkmalen, nicht die technische Selbständigkeit. Diese verschiedenen Charakteristika übersieht *Witte* in seinen Ausführungen[186].

---

[182] so auch OLG Frankfurt/M. v. 3.XI.1998, CR 1999, 7, 9, es bleibt aber unklar, ob das OLG den OEM-Vertrieb nun als eigenständige Nutzungsart anerkennen will oder nicht
[183] Witte, CR 1999, 65, 68; allerdings wird nicht klar, ob Witte die eigentlichen OEM-Versionen oder die DSP-Versionen meint; für die eigentlichen OEM-Versionen spricht, dass er seinen Gliederungspunkt mit OEM-Bündelung überschrieben hat
[184] BGH v. 12.XII.1991 „Taschenbuchlizenz" BGH GRUR 1992, 310 ff.
[185] BGH v. 21.XI.1958, „Der Heiligenhof", GRUR 1959, 200 ff.
[186] Witte, CR 1999, 65, 68

Aus vorstehenden Gründen ist es gerechtfertigt, den Vertrieb der eigentlichen OEM-Softwareversionen als eigenständige Nutzungsart anzuerkennen. Unübersichtliche Rechtsverhältnisse und eine übermäßige Belastung des Rechtsverkehrs finden nicht statt, da von vornherein nie eine OEM-Softwareversion isoliert in den Handel gelangt. Die Beilegung der mit dem Aufkleber versehenen OEM-Software auf CD-ROM oder Diskette erfolgt als Sicherungskopie und ist dem Gesamtpaket aus Soft- und Hardware beigelegt. Etwaigen Hemmnissen für den Rechtsverkehr sollte unter kartellrechtlichen Gesichtspunkten begegnet werden.

cc) DSP-Versionen

Was die äußere Unterscheidbarkeit der DSP-Versionen von Fachhandelsversionen betrifft, so gilt auch hier, dass erstere lediglich schlichter aufgemacht sind. Im Gegensatz zu den OEM-Versionen aber gelangen die DSP-Versionen über die authorized replicators isoliert in den Fachhandel an die Hardwarehersteller. Außerdem ist der Kreis der Hardwarehersteller, die DSP-Versionen beziehen können, heterogen und nicht bestimmt und abgrenzbar wie bei den eigentlichen OEM-Versionen: die Voraussetzungen, die ein Hardwarehersteller für den möglichen Bezug von DSP-Versionen erfüllen muss, sind nicht eindeutig[187]. Im Zusammenhang mit dem Vertrieb von DSP-Versionen wird man somit nicht von einem wirtschaftlich eigenständigen Marktsegment sprechen können.
Ebenso fehlt es an der technischen Eigenständigkeit, vgl. oben. Insgesamt ist daher festzuhalten, dass DSP-Versionen im Gegensatz zu den eigentlichen OEM-Versionen die Anerkennung einer selbständigen Nutzungsart zu versagen ist. Das Allgemeininteresse an übersichtlichen und klaren Rechtsverhältnissen mit in Verkehr gebrachten Werkstücken ist hier eher gefährdet, weil die Versionen isoliert in den Handel an kleinere Hardwarehersteller gelangen und nur anhand ihrer einfacheren Verpackung von den Fachhandelsversionen zu unterscheiden sind.

dd) Zusammenfassung

Aus den vorherigen Ausführungen ergibt sich, dass der eigentliche OEM-Vertrieb als wirtschaftlich und technisch eigenständige und damit klar abgrenzbare Nutzungsform anzusehen ist. Die Software ist bereits auf der Hardware vorinstalliert und gelangt nicht isoliert in den (Fach-) Handel, sondern wird dem Gesamtpaket lediglich als Sicherungskopie beigegeben. DSP-Versionen hingegen gelangen isoliert in den Fachhandel, weshalb hier eine eigenständige Nut-

---

[187] Witte, CR 1999, 65, 68

zungsart nicht anzuerkennen ist. Tatsächlich betraf die Entscheidung des BGH auch solche DSP-Versionen und nicht die eigentlichen OEM-Versionen. Den Beiträgen in der Literatur ist nicht eindeutig zu entnehmen, ob OEM-Versionen in dem hier verwendeten engeren Sinne verstanden werden oder aber in der Tat die DSP-Versionen gemeint sind. Es ist jedoch von letzterem auszugehen, weshalb die hier vertretene Auffassung insofern nicht von der herrschenden Literaturmeinung abweicht.

c) Ergebnis

Die Untersuchung hat ergeben, dass es im Interesse klarer Rechtsverhältnisse im Urheberrechtsverkehr unerlässlich ist, die Erschöpfung bereits nach dem erstmaligen Inverkehrbringen von Werkstücken eintreten zu lassen und das Verbreitungsrecht des Urhebers nicht auf die Art und Weise der Weiterverbreitung auszudehnen.
Aus diesem Grund konnte der BGH in seiner Entscheidung die Frage nach einer selbständigen Nutzungsart offen lassen, weil die Vertriebsart urheberrechtlich ohnehin wegen eingetretener Erschöpfung nicht durchsetzbar und somit unzulässig war. Die Entscheidung betraf allerdings die sog. DSP- und nicht die eigentlichen OEM-Versionen.
Die eigentlichen OEM-Versionen hingegen sind als eigenständige Nutzungsart anzuerkennen und konsequenterweise als Vertriebsform für urheberrechtlich zulässig zu erachten. Die Literaturmeinungen sind hier nicht eindeutig, ohne Differenzierung wird pauschal von OEM-Versionen gesprochen. Ebenso bleibt die Sichtweise des BGH diesbezüglich offen, da die Entscheidung eben nicht die eigentlichen OEM-Versionen betraf. Klar ist nur, dass der BGH den gesplitteten Vertrieb von Software als reguläre Fachhandelsversion und verbilligte Version für kein notwendiges und schützenswertes Recht hält. Diese Aussage kann sich jedoch nur auf die DSP-Versionen beziehen, weil die OEM-Versionen im eigentlichen Sinne gar nicht isoliert in den Handel gelangen.

4) Kartellrechtliche Gesichtspunkte

Ausdrücklich stellt der BGH in seiner Entscheidung keine kartellrechtlichen Erwägungen an, nimmt allerdings indirekt auf sie Bezug, wenn er im Zusammenhang mit der Erschöpfung des Verbreitungsrechts grundsätzliche Erwägungen zum Verhältnis freier Warenverkehr – urheberrechtliche Ausschließlichkeitsrechte anstellt[188]. Da die ausschließlichen Befugnisse des Urhebers sowohl durch das Kartellrecht als auch den Erschöpfungsgrundsatz im Interesse eines

---

[188] Lehmann CR 2000, 738, 741

freien Warenverkehrs und wirksamen Wettbewerbs innerhalb der Europäischen Union beschränkt werden, können diese Ausführungen auf die kartellrechtliche Problematik des OEM-/ DSP-Vertriebs übertragen werden. Freiverkehrs- und Wettbewerbsregeln ergänzen sich ebenso wie Urheberrecht und Wettbewerbsrecht: Voraussetzung für den Wettbewerb ist ein freier Warenverkehr und das Urheberrecht ist konstitutive Voraussetzung für die Entstehung von Wettbewerb auf dem Gebiet des geistigen Eigentums.
Letztendlich stellt der BGH noch fest, dass es der Klägerin unbenommen bleibe, im Rahmen des kartellrechtlich Zulässigen ihre Vertragspartner zu binden[189]. Im Folgenden werden die kartellrechtlichen Implikationen in Hinsicht auf den OEM- und DSP-Vertrieb von Software untersucht. Hierbei wird vorrangig auf das europäische Kartellrecht abgestellt, da bei Betrachtung sämtlicher vergleichbaren Vertriebssysteme im gesamten europäischen Markt und angesichts der Internationalität der Software eine spürbare Beeinträchtigung des Handels zwischen den Mitgliedsstaaten zu erwarten ist.

a) Verordnung Nr. 2790/1999 und Auslegung Leitlinien Tz. 40, 41

Da die Vereinbarung zwischen Softwarehersteller und Hardwarehersteller vertikaler Natur ist, könnte die Verordnung Nr. 2790/1999 mit ihren dazu erlassenen Leitlinien Anwendung finden[190]. Die Verordnung betrachtet vertikale Bindungen in ihrem wirtschaftlichen und rechtlichen Gesamtzusammenhang und berücksichtigt, dass sich negative Auswirkungen auf den Wettbewerb bei Vertikalvereinbarungen grundsätzlich nur bei unzureichendem interbrand-Wettbewerb ergeben, da in der Vereinbarung enthaltene Wettbewerbsbeschränkungen durch eine Verbesserung der Produktion oder des Vertriebs und einer hieran angemessenen Beteiligung der Verbraucher aufgewogen werden[191]. Die Verordnung gilt grundsätzlich für vertikale Vereinbarungen jeden Typs.
Bei der Verpflichtung, die Software nur gemeinsam mit neuer Hardware weiterzuvertreiben, handelt es sich wegen der beschränkten Einräumung des urheberrechtlichen Verbreitungsrechts um eine vertikale Vereinbarung i.S.d. Art. 2 Abs. 3 Verordnung Nr. 2790/1999[192]. Erläuterungen zur Auslegung der Tatbestandsmerkmale des Art. 2 Abs. 3 in Bezug auf Software geben Tz. 40 und 41 der Leitlinien.

---

[189] BGH v. 6.VII.2000, „OEM-Version", CR 2000, 651, 653
[190] zu den einzelnen Anwendungsvoraussetzungen der Verordnung Nr. 2790/1999 vgl. oben unter A) II)
[191] *Bunte in* Langen/Bunte, Bd. I Art. 81 Generelle Prinzipien Rz. 38
[192] zu den Einzelheiten der Tatbestandsvoraussetzungen „vertikale Vereinbarung" siehe oben A) II) 2) a)

Eine Anwendung von Tz. 40 scheidet von vornherein aus, da schon die Voraussetzungen von Tz. 40 nicht erfüllt sind: es fehlt bereits an der „hard copy"[193]. Aus dem Wortlaut von Tz. 40 ergibt sich eindeutig, dass es sich um den Vertrieb von selbständigen, auf einem Datenträger verkörperten Softwareexemplaren handeln muss, weshalb der Vertrieb von bereits auf Hardware vorinstallierter Software nicht ausreicht; die Festplatte des PC kann nicht als „hard copy" im Sinne der Vorschrift angesehen werden. Darüber hinaus erhält der Händler im Falle des OEM-Vertriebs eine Lizenz vom Softwarehersteller, was bei Tz. 40 gerade ausgeschlossen wird. Aus Tz. 40 kann also nicht auf die kartellrechtliche Zulässigkeit des OEM-Vertriebs geschlossen werden.

In Tz. 41 der Leitlinien hingegen heißt es, dass *„Käufer von Hardware, die mit urheberrechtlich geschützter Software geliefert wird, vom Rechtsinhaber dazu verpflichtet werden können, nicht gegen das Urheberrecht zu verstoßen, indem sie z.B. die Software kopieren und weiterverkaufen bzw. in Verbindung mit einer anderen Hardware verwenden. Derartige Beschränkungen sind, soweit sie unter Art. 81 Abs. 1 fallen, nach der Gruppenfreistellungsverordnung freigestellt".* Das europäische Kartellrecht geht also ersichtlich von der Zulässigkeit eines gekoppelten Vertriebs von Software und Hardware mit dem Verbot der nachfolgenden Trennung beider Komponenten aus.

Allerdings bezieht sich die Regelung explizit nur auf das Verhältnis zum Endanwender[194], da ja erst dieser die gekoppelten Produkte erwirbt. Die hier relevante Wettbewerbsbeschränkung im Verhältnis zum Hardwarehersteller wird übergangen und nicht problematisiert.

Ob aus Tz. 41 gleichzeitig auf die Zulässigkeit der Vertriebsspaltung in OEM-/DSP-Versionen einerseits und isolierte Fachhandelsversionen andererseits geschlossen werden kann, ist ebenso zweifelhaft. Ausdrücklich wird schließlich nur die Koppelung für zulässig erklärt.

b) Stellungnahme zur Gesetzeslage

aa) DSP-Versionen

(1) Allgemeine kartellrechtliche Gesichtspunkte

Hauptproblem beim Vertrieb von DSP-Versionen ist, dass die Vereinbarung, die Software nur gemeinsam mit neuer Hardware zu vertreiben, erst die zweite Stufe des Handels unter Überspringen der ersten betrifft, weil weder der authorized replicator, der die in Verkehr gebrachte Softwareversion herstellt, noch ein eventueller Zwischenhändler der Bindung unterliegen. Vielmehr soll die

---

[193] vgl. auch Schneider Jochen, N Rz. 38 f.
[194] vgl. hierzu unten § 3 D) I) 3) a) bb) (1) und III) 2) a) bb) (1)

Bindung erst gegenüber dem Hardwarehersteller wirksam werden, mit dem der Urheber jedoch in keinerlei vertraglichen Beziehungen steht. Auch eine Beziehung dergestalt, dass die Bindung dingliche Wirkung entfaltet und somit dem Hardwarehersteller gegenüber zum Tragen käme, ist, wie vorher im Rahmen der urheberrechtlichen Untersuchung gesehen, abzulehnen. Es handelt sich insofern auch nicht um eine durchlaufende Bindung, die vom Zwischenhändler weitergegeben werden könnte[195]. Deren Zulässigkeit auf der letzten Vertriebsstufe würde sich nach der Zulässigkeit auf der ersten Vertriebsstufe richten. Der Zwischenhändler ist beim hiesigen Sachverhalt aber der Bindung ja gerade nicht unterworfen.

Die kartellrechtliche Zulässigkeit eines Vertriebssystems aber, bei dem mit dem der Bindung unterliegenden Vertragsteil schon keine vertragliche Beziehung besteht, ist zweifelhaft und an sich nicht möglich. Der freie Warenverkehr und somit der Wettbewerb wären in unerträglicher Weise behindert, wenn der Softwarehersteller nach Verkauf bzw. nach Zustimmung zur Veräußerung einseitig in den weiteren Vertrieb des Softwareexemplars eingreifen und ihn von Bedingungen abhängig machen könnte, die er allein diktiert[196]. Positive Auswirkungen auf die Warenerzeugung oder -verteilung und in der Folge den Wettbewerb sind nicht ersichtlich, weil die Bindung eben lediglich einseitig besteht und allein vom Softwarehersteller gestaltet wird. Die DSP-Versionen mögen zwar günstiger als isolierte Fachhandelsversionen sein und deshalb von Vorteil für die Verbraucher, jedoch gibt es hierfür keine sachliche Rechtfertigung. Der gleichzeitige Erwerb von Hardware stellt auf jeden Fall kein geeignetes Anknüpfungskriterium dar. Es ist nicht verständlich, warum nicht auch Kunden, die keine Hardware erwerben, von dem günstigen Preis bereits zirkulierender Waren profitieren sollten. Der Gedanke der Produktpiraterie vermag hieran auch nichts zu ändern. Im Gegenteil: könnten Nutzer Softwareversionen auch ohne den gleichzeitigen Bezug von Hardware zu demselben günstigen Preis erwerben, so würden Raubkopien ihre Anziehungskraft verlieren. Eine Preisspaltung für zwei gleichwertige Produkte stellt auf jeden Fall kein schützenswertes Interesse dar[197]. Schon in der Entscheidung *Schallplattenvermietung*[198] wurden diese Grundsätze aufgezeigt. Es wäre Sache des Gesetzgebers, eine diesbezügliche Änderung herbeizuführen.

Festzuhalten ist, dass der DSP-Vertrieb kartellrechtlich nicht zuzulassen ist. Die Leitlinien für vertikale Beschränkungen bleiben hier unklar, sollten jedoch entsprechend eng ausgelegt werden.

---

[195] *Klosterfelde/Metzlaff in* Langen/Bunte, Bd. I § 16 Rz. 159
[196] BGH v. 6.VII.2000, „OEM-Version", CR 2000, 651, 653
[197] BGH v. 6.VII.2000, „OEM-Version", CR 2000, 651, 654
[198] BGH v. 6.III.1986, „Schallplattenvermietung", GRUR 1986, 736 ff.

(2) Verzahnung von Urheber- und Kartellrecht: Zeitpunkt des Inverkehrbringens

Die kartellrechtliche Unzulässigkeit des DSP-Vertriebs entspricht ebenso der urheberrechtlichen Beurteilung: Erschöpfungsgrundsatz und Kartellrecht ziehen beide im Interesse eines freien Warenverkehrs und wirksamen Wettbewerbs den ausschließlichen Befugnissen des Urhebers Grenzen. Wegen der dinglichen Wirkung des Erschöpfungsgrundsatzes und der nur relativen Wirkung von kartellrechtlich zulässigen Vertragsbindungen können kartellrechtliche und urheberrechtliche Beurteilung zwar auseinanderfallen, doch ist dies beim DSP-Vertrieb gerade nicht möglich, weil zwischen Software- und Hardwarehersteller ja keine vertragliche Bindung besteht. Insofern mag auch der Hinweis des BGH zu verstehen sein, dass es der Klägerin unbenommen bleibe, im Rahmen des kartellrechtlich Zulässigen ihre Vertragspartner zu binden[199]. Möglicherweise ist das Vertriebssystem bei einer direkten lizenzvertraglichen Bindung mit dem Hardwarehersteller, also dem nachfolgend zu untersuchenden OEM-Vertrieb, kartellrechtskonform.

Teilweise wird unter Verweisung auf Tz. 41 der Leitlinien für vertikale Beschränkungen der DSP-Vertrieb von Software dennoch für zulässig erachtet[200]. Da Tz. 41 vorrangig auf urheberrechtlichen Erwägungen beruht, wird versucht, den Zeitpunkt des Inverkehrbringens der von den authorized replicators hergestellten Softwareexemplare nach hinten zu verschieben, um die Erschöpfung in sinnvoller Weise auf vertikalen Vertriebsbindungen anzuwenden[201].

In der Tat hat der BGH den Zeitpunkt des Inverkehrbringens in seiner Entscheidung nicht problematisiert, sondern schlicht angenommen, dass die Softwareversionen zu dem Zeitpunkt in Verkehr gebracht waren, zu dem sie von den von der Klägerin eingeschalteten Herstellern, den authorized replicators, an die Zwischenhändler bzw. Hardwarehersteller weitergegeben wurden[202].

Allgemein ist unter Inverkehrbringen jede Handlung zu verstehen, durch die Werkstücke aus der internen Betriebssphäre durch Veräußerung der Öffentlichkeit zugeführt werden. Eine konzerninterne Veräußerung ist nicht ausreichend[203]. Hierbei ist das Merkmal „konzernintern" nach der wirtschaftlichen Abhängigkeit der Konzerne zueinander zu bestimmen und nicht nach deren rechtlichen Abhängigkeit. Grund für das Verneinen des Inverkehrbringens bei konzerninternen Veräußerungen ist, dass der Berechtigte bei rein internen Vorgängen noch keine Gelegenheit hatte, am wirtschaftlichen Erfolg seiner geisti-

---

[199] BGH v. 6.VII.2000, „OEM-Version", CR 2000, 651, 653
[200] Metzger, GRUR 2001, 210, 213 f.
[201] Metzger, GRUR 2001, 210, 212
[202] BGH v. 6.VII.2000, „OEM-Version", CR 2000, 651, 653
[203] *Loewenheim in* Schricker, § 17 Rz. 12, 38

gen Leistung teilzuhaben[204]. Würde man nun vertikale Vertriebssysteme als wirtschaftliche Einheit sehen und dementsprechend die Grundsätze des Inverkehrbringens bei konzerninternen Veräußerungen anwenden, dann wäre ein Inverkehrbringen bei den DSP-Versionen erst zu dem Zeitpunkt gegeben, zu dem der Hardwarehersteller einen mit der Software bestückten PC veräußert[205]. Damit wäre ein Gleichlauf zwischen der im europäischen Recht durch Tz. 41 der Leitlinien wohl bestehenden (kartellrechtlichen) Zulässigkeit und der urheberrechtlichen Beurteilung des DSP-Vertriebs erreicht.

Diese Sichtweise ist aber mangels wirtschaftlicher Verbundenheit von Software- und Hardwarehersteller abzulehnen. Beide Unternehmen treten wirtschaftlich und rechtlich selbständig und unabhängig voneinander im Handelsverkehr auf. Der Hardwarehersteller kann auch auf Softwareprodukte anderer Hersteller zurückgreifen, ist also in keinem Fall mit einem bestimmten Softwarehersteller wirtschaftlich unauflösbar verbunden. Eine Abhängigkeit trifft allenfalls auf die Vervielfältiger der Software zu. Ebenso wenig greift das Argument der wirtschaftlichen Partizipation des Urhebers an seiner Leistung: der Urheber hat durch die Zustimmung zum Inverkehrbringen seines Werkstücks durch den authorized replicator Gelegenheit gehabt, am wirtschaftlichen Erfolg seiner Leistung angemessen zu partizipieren. Die Auslegung des Erschöpfungsgrundsatzes darf nicht dazu missbraucht werden, sich das Urheberrecht „hinzubiegen", um eine äußerst zweifelhafte kartellrechtliche Zulässigkeit zu erreichen.

Im Übrigen kommen auch diejenigen, die die Grundsätze der konzerninternen Veräußerung anwenden wollen, im Ergebnis zu einer kartellrechtlichen Unzulässigkeit des Vertriebs in dem vom BGH entschiedenen Fall, freilich mit einer anderen Begründung: gem. Art. 3 Abs. 1 VO 2790/1999 gilt eine Freistellung nämlich nur bis zu einem Marktanteil des Lieferanten von 30 %. Im vom BGH entschiedenen Fall war dieser Marktanteil von 30 % jedenfalls überschritten, da die Klägerin Microsoft bei PC-Betriebssystemen einen Marktanteil von ca. 95 % hält[206]. Somit war der fraglichen Vereinbarung in dem vom BGH entschiedenen Fall aufgrund der Überschreitung der Marktanteilsschwelle von 30 % die kartellrechtliche Zulässigkeit zu versagen.

(3) Zusammenfassung

Die obige Untersuchung hat ergeben, dass das europäische Kartellrecht im Hinblick auf die Zulässigkeit des DSP-Vertriebs unklar bleibt. Es sollte eine enge Auslegung vorgenommen und der DSP-Vertrieb nicht für zulässig erachtet wer-

---

[204] Leßmann, GRUR 2000, 741, 748
[205] Metzger, GRUR 2001, 210, 212 f.
[206] Fleischer/Doege, WuW 2000, 705, 711

den. Dabei spielt in erster Linie gar nicht die kartellrechtliche Zulässigkeit einer Verwendungsbeschränkung oder Koppelung eine Rolle, sondern vielmehr die Tatsache, dass nach dem Wunsch der Softwarehersteller die Beschränkung erst auf der zweiten Handelsstufe eingreifen soll, mit der jedoch keinerlei vertragliche Beziehungen bestehen. Dies muss jedoch im Interesse eines wirksamen Wettbewerbs mit in Verkehr gebrachten und somit dem Wettbewerb bereits zugeführten Werkstücken für unzulässig erachtet werden. Versuche, den urheberrechtlichen Erschöpfungsgrundsatz im Sinne einer kartellrechtlichen Zulässigkeit auszulegen, verkennen grundlegende Prinzipien des Wettbewerbs.

(4) Konsequenzen für sonstige Weitergabebeschränkungen des Händlers

Gleiche Grundsätze müssen für sonstige Weitergabebeschränkungen des Händlers gelten: so kann der Softwarehersteller dem Händler beispielsweise nicht die Verpflichtung auferlegen, Softwareexemplare nur an Erwerber einer früheren Programmversion oder Updates nur an die Erwerber einer Vollversion zu veräußern[207]. Die Interessenlage ist hier dieselbe und der Grundsatz der Erschöpfung darf mit kartellrechtlichen Mitteln nicht ins Gegenteil verkehrt werden.

bb) OEM-Versionen

(1) Allgemeines zur Koppelung im Software-/ Hardware-Bereich

Im Unterschied zu den vorher behandelten DSP-Versionen bestehen im Rahmen der OEM-Versionen zwischen Softwarehersteller und Hardwarehersteller direkte (lizenzvertragliche) Beziehungen: den Hardwareherstellern wird sowohl das Vervielfältigungs- als auch das Verbreitungsrecht hinsichtlich der Software eingeräumt. Eine beschränkte Einräumung des Verbreitungsrechts in dem Sinne, dass die Software nur zusammen mit neuer Hardware weitergegeben werden darf, sollte hier gemäß dem Ergebnis der obigen Untersuchung, dass der OEM-Vertrieb als wirtschaftlich wie technisch eigenständige und klar abgrenzbare Nutzungsform anzusehen ist, für urheberrechtlich zulässig erachtet werden. Somit sind eventuelle Beschränkungen des Wettbewerbs allein nach dem Kartellrecht zu korrigieren. Da hier im Gegensatz zum DSP-Vertrieb direkte vertragliche Beziehungen zwischen Software- und Hardwarehersteller bestehen, hat die kartellrechtliche Analyse insbesondere unter dem Gesichtspunkt der Einschränkung der Handlungsfreiheit des Hardwareherstellers in Form einer

---

[207] OLG München v. 12.II.1998, CR 1998, 265 ff.; OLG Frankfurt/M. v. 3.XI.1998, ZUM 1999, 182 ff.; vgl. insoweit auch Koch, Rz. 2000 ff., 2028

allgemeinen Verwendungsbeschränkung gem. Art. 81 Abs. 1 EGV und der Koppelung gem. Art. 81 Abs. 1 lit. e EGV stattzufinden. Eine Koppelung kann sich in zweierlei Hinsicht negativ auf den Wettbewerb auswirken: auf der einen Seite werden Wettbewerber des gekoppelten Guts behindert, da wegen des Zwangs zur Abnahme auch des gekoppelten Guts eine Nachfrage nach diesem nicht mehr in dem Umfang besteht, wie dies ohne Koppelung bei freiem Wettbewerb der Fall wäre. Diese Beeinträchtigung des interbrand-Wettbewerbs für das gekoppelte Produkt kann bei entsprechender Marktmacht des Herstellers des koppelnden Produkts zu einer Marktabschottung für Ersteres führen. Auf der anderen Seite sind die Verbraucher in ihrer Entscheidungsfreiheit bezüglich der freien Auswahl ihrer Produkte behindert[208]. Ob die Hardware oder Software dabei das koppelnde oder gekoppelte Gut darstellt, ist gleichgültig. Angesichts der, im Gegensatz zu früher, größeren wirtschaftlichen Bedeutung der Software wird jedoch in der Regel die Software als das koppelnde Gut anzusehen sein[209].

Von vornherein liegt eine Koppelung nur vor, wenn Software und Hardware zwei getrennte, und nicht lediglich technisch trennbare Produkte darstellen. Wenn die Software fest in die Hardware integriert ist wie z.B. bei Taschenrechnern oder Schachcomputern, liegt ein einheitliches Produkt vor[210]. Beim OEM-Vertrieb sind Software und Hardware zweifelsohne zwei getrennte Produkte, die miteinander gekoppelt werden. Somit ist für die kartellrechtliche Zulässigkeit die sachliche bzw. handelsübliche Zusammengehörigkeit beider Produkte gem. Art. 81 Abs. 1 lit. e EGV entscheidend.

Überwiegend wird eine handelsübliche Zusammengehörigkeit von Software und Hardware in Anbetracht der seit Anfang der 70er Jahre bestehenden Vertriebspolitik des Unbundling, welche das getrennte Anbieten von Software- und Hardwareprodukten mit deren gesonderten Berechnung einleitete, verneint[211]. Das Unbundling ist auf die zunehmende Austauschbarkeit von Hard- und Softwareprodukten zurückzuführen, so dass eine Rechtfertigung der Koppelung unter sachlichen, insbesondere technischen Gesichtspunkten ebenso ausscheiden dürfte. Eine sachliche Zugehörigkeit ist nämlich nur anzunehmen, wenn eines der beiden Güter nach der Verkehrsanschauung für sich allein unvollständig wäre[212]. Wenn jedoch, wie auf dem Software- und Hardwaremarkt, gleichwertige kompatible Alternativprodukte existieren, ist eine sachliche Erforderlichkeit für eine Koppelung nicht gegeben. Dies gilt gleichermaßen für Betriebssystem- wie Anwendungssoftware. Es ist zwar richtig, dass Hardware nur mit Betriebssystemsoftware lauffähig und einsatzbereit ist, aber eine technische Notwendig-

---

[208] Schneider Jörg, S. 158 ff.
[209] Marly, Rz. 244; Sucker, CR 1989, 468, 473
[210] Sucker, CR 1989, 468, 473
[211] Marly, Rz. 248 f.; Sucker, CR 1989, 468, 473
[212] *Klosterfelde/Metzlaff* in Langen/Bunte, Bd. I § 16 Rz. 94

keit der Koppelung einer bestimmten Systemsoftware auf eine bestimmte Hardware wird in der Großzahl der Fälle zu verneinen sein.
Fraglich allerdings ist, ob der OEM-Vertrieb mit einer Koppelung im herkömmlichen Sinn ohne weiteres vergleichbar ist und die Argumentation unbesehen auf den OEM-Vertrieb übertragen werden kann.

(2) Besonderheiten des OEM-Vertriebs

Im Unterschied zum klassischen Fall einer kartellrechtlich unzulässigen Koppelung betrifft der OEM-Vertrieb nicht die Koppelung von Produkten ein- und desselben Herstellers, sondern die Koppelung von Produkten verschiedener Hersteller. Aber auch bei Waren verschiedener Hersteller wird eine Koppelung grundsätzlich anerkannt[213].
Systematisch streng genommen handelt es sich beim OEM-Vertrieb allerdings ohnehin nicht um eine Koppelung, sondern eine allgemeine Verwendungsbeschränkung, da nicht der ursprüngliche Abnehmer, nämlich der Hardwarehersteller, zum Bezug einer weiteren Ware verpflichtet wird, sondern der Weitervertrieb der abgenommenen Ware an die Koppelung mit einem anderen Produkt eines beliebigen Herstellers geknüpft wird[214]. Eine Koppelung liegt also erst auf der letzten Handelsstufe im Verhältnis zum Endanwender vor.
Aber auch auf dieser letzten Handelsstufe steht den Abnehmern trotz Koppelung von Hard- und Software weiterhin eine vielfältige Auswahlmöglichkeit an verschiedenartigen Gesamtlösungen offen. Es wird nicht nur eine bestimmte Hardware mit der Software gekoppelt, sondern eine Vielzahl verschiedener Hardwarehersteller bietet ihre Hardware mit vorinstallierter Software an. Hardware- und Softwarehersteller verfolgen insofern eine gemeinsame Vermarktungs- und Vertriebspolitik ihrer Produkte. Diese gemeinsame Vermarktungsstrategie wird nunmehr seit vielen Jahren verfolgt, so dass sich wohl gerade im PC-Bereich die gemeinsame Vermarktung von Produkten verschiedener Hersteller als Handelsbrauch etabliert hat[215]. Hierbei ist zudem bedeutsam, dass die Verbindung von Hardware und Software keine sachfremden Produkte betrifft, sondern Produkte, die wechselseitig voneinander abhängen und erst in ihrem Zusammenwirken einsatz- und gebrauchsfähig werden. Dies gilt insbesondere für Betriebssysteme.
Der Gesamtpreis eines PCs mit vorinstallierter Software mag zwar günstiger sein als der Preis für zwei getrennte Produkte, jedoch ist hier die Entscheidungsfreiheit der Unternehmen hinsichtlich der Wahl ihrer Absatzwege und der Gestaltung des Vertriebs ihrer Produkte nach ihren Vermarktungsvorstellungen

---

[213] *Klosterfelde/Metzlaff* in Langen/Bunte, Bd. I § 16 Rz. 89
[214] *Kirchhoff* in Wiedemann, § 12 Rz. 6
[215] Moritz, CR 1993, 341, 348 f.

zu berücksichtigen[216]. Der Preisunterschied ist auch nicht mit der beim DSP-Vertrieb für unzulässig erklärten Preisspaltung vergleichbar, da OEM-Versionen zum einen schon nicht isoliert in den Handel gelangen und somit vom Handel isoliert weitervertrieben werden könnten, zum anderen Softwareurheber und Hardwarehersteller lizenzvertraglich miteinander verbunden sind und eben eine gemeinsame Vermarktungspolitik betreiben. Solange der Gesamtpreis für das Software-Hardware-Paket nicht unter den Herstellerkosten/Einstandspreisen liegt, ist dem OEM-Vertrieb die kartellrechtliche Zulässigkeit nicht zu versagen[217].

(3) Möglichkeit des Erwerbs getrennter Produkte

Im Hinblick auf einen wirksamen und freien Wettbewerb darf der OEM-Vertrieb allerdings nicht zu Lasten von Wettbewerbern und Verbrauchern gehen. Daher muss gewährleistet sein, dass neben dem Vertrieb von Gesamtsystemen Software und Hardware auch getrennt voneinander angeboten und erworben werden können. Nur dann werden auf der einen Seite unabhängige Software- und Hardwarehersteller nicht behindert, ihre Produkte anzubieten, auf der anderen Seite bleiben die Verbraucher in ihrer Wahl des Erwerbs verschiedener Produkte frei. Dem technisch weniger versierten Verbraucher wird die Vorinstallation der Software auf die Hardware entgegen kommen, andere Verbraucher werden einen getrennten Erwerb vorziehen.
Tatsächlich aber ist es vor allem im Bereich der Personal Computer schwierig, Hardware und zumindest Betriebssystemsoftware getrennt voneinander zu erwerben. Der isolierte Erwerb von Software mag zwar durch die Existenz der isolierten Fachhandelsversionen möglich sein, faktisch aber wird ein Personal Computer nicht ohne bereits installiertes Betriebssystem angeboten. Das zusätzliche Problem, dass auf praktisch sämtlichen Personal Computers das Betriebssystem Microsoft Windows vorinstalliert ist, ist nunmehr etwas relativiert, da große Hardwarehersteller wie IBM, Compaq oder Hewlett Packard dazu übergegangen sind, auf ihre Hardware auch Open-Source-Software vorzuinstallieren[218]. Allerdings wird weiterhin der Großteil der PCs mit Microsoft-Produkten ausgestattet, so dass zwar eine gewisse Auswahl an Hardware verschiedener Hersteller vorhanden ist, an Betriebssystemsoftware jedoch nur in geringem Maße. Unter dem Aspekt der Verdrängung von Wettbewerbern auf dem Markt der Betriebssysteme ist dies kartellrechtlich problematisch, weshalb die Mög-

---

[216] *von Stoephasius* in Langen/Bunte, Bd. I Art. 81 Fallgruppen Rz. 310
[217] Moritz/Tybusseck, Rz. 688
[218] zur Open-Source-Software vgl. Teil 6

lichkeit eines getrennten Erwerbs von Hard- und Software unter kartellrechtlichen Gesichtspunkten unerlässlich ist[219].

(4) Exklusivität und Marktmacht

Aufgrund der Tatsache, dass das Betriebssystem Microsoft Windows einen Marktanteil von ca. 95 % hält, führt eine Erstausstattung von Personal Computern mit MS Windows zu einer weiteren Verbreitung und Verfestigung der Nutzung der Microsoft Betriebssysteme und daraus folgend auch der Microsoft Anwendungsprogramme: hat sich der Anwender nämlich einmal für ein bestimmtes Betriebssystem entschieden, so wird er unter Kompatibilitätsgesichtspunkten die Anwendungssoftware wählen, die am Besten mit der Betriebssystemsoftware zusammenarbeitet, sog. Netzwerkeffekt. In der Regel wird dies Software desselben Herstellers sein, wodurch konkurrierenden Dritten der Marktzutritt erheblich erschwert wird. Diese Problematik ist eng mit der Herausgabe von Schnittstelleninformationen verwandt, auf die später noch im Einzelnen eingegangen wird[220].
Wegen des Netzwerkeffekts ist im Zusammenhang mit dem OEM-Vertrieb ein Verbot von Exklusivlizenzen an Hardwarehersteller in dem Sinne, dass diese nur zur Installation des Betriebssystems MS Windows berechtigt sind und Software von anderen Herstellern auf ihre Hardware nicht vorinstallieren oder ihre Hardware nicht isoliert anbieten dürfen, zu fordern. Nur dann besteht für dritte Unternehmen die Möglichkeit des Marktzutritts.

(5) Verwendung der OEM-Software auf sonstiger Hardware

Fraglich ist, ob die Koppelung von Software und Hardware so weit gehen darf, dass dem Erwerber des Gesamtsystems untersagt wird, die Software auf anderer Hardware einzusetzen, soweit sie auf der erworbenen Hardware gelöscht wird. Nach Tz. 41 der Leitlinien für vertikale Beschränkungen scheint eine derartige Bindung zulässig zu sein.
Eine diesbezügliche Analyse bleibt der Untersuchung zu den Überlassungsverträgen unter dem Stichpunkt der Hardwarebindung[221] vorbehalten, da hier eine Nutzungsbeschränkung gegenüber dem Endanwender und nicht das Verhältnis Software- und Hardwarehersteller betroffen ist.

---

[219] vgl. hierzu auch unten die Problematik der Herausgabe von Schnittstelleninformationen, Teil 3
[220] vgl. Teil 3 und insbesondere zum Netzwerkeffekt Teil 3 § 3 B) II) 1) und 2)
[221] siehe unten § 3 D) I)

(6) Zusammenfassung

Als Ergebnis ist festzuhalten, dass der OEM-Vertrieb kartellrechtlich nicht zu beanstanden ist, solange ein Erwerb getrennter Produkte möglich ist. Dann nämlich ist der Erwerber in der Lage, sowohl zwischen verschiedenen Gesamtsystemen als auch zwischen dem Gesamtsystem an sich und getrennten Produkten zu wählen.
Zur Entwicklung eines unverfälschten Wettbewerbs muss zusätzlich gewährleistet sein, dass Software- und Hardwarehersteller in ihren wirtschaftlichen Entscheidungen eigenständig bleiben. Wenn einer der Vertragspartner aufgrund seiner Marktmacht dem anderen Entscheidungen aufzwingen kann, ihm beispielsweise verbietet, Konkurrenzprodukte zu vertreiben, dann ist die wirtschaftliche Selbständigkeit nicht mehr gewahrt und es liegt eine Wettbewerbsbeschränkung vor. Insofern hat eine genaue Analyse der zwischen den Parteien im einzelnen bestehenden Vertragsbeziehungen zu erfolgen.

V) Neue Vertriebspolitik Microsofts

Nachdem der BGH in seiner Entscheidung vom 7. Juli 2000 den isolierten verbilligten Verkauf von DSP-Software für unzulässig erklärt hat, hat Microsoft in Reaktion auf dieses Urteil seine Vertriebspolitik geändert bzw. ändern müssen. Ein Nebeneinander von (ehemaligen) DSP-Versionen und vollwertigen Fachhandelsversionen gibt es nicht mehr, es ist nur noch eine der beiden Versionen erhältlich. Daneben ist die jeweilige Software stets als update-Version erhältlich[222].
Die bis zum Urteil nur in Verbindung mit neuer Hardware zu verkaufenden DSP-Versionen sind nunmehr zu dem günstigen Preis einzeln im Fachhandel erhältlich, allerdings leistet Microsoft für die verbilligten Produkte keinen Support mehr. Bei Schwierigkeiten muss sich der Kunde entweder direkt an den Händler wenden oder die kostenpflichtige Microsoft-Hotline in Anspruch nehmen. Für die als update-Versionen erhältliche Software bietet Microsoft nach wie vor Support an. Neulizenzen für die gesamte Produktpalette der Desktop-Betriebssysteme werden nur noch als DSP-Versionen angeboten.
Nach dem derzeitigen Sprachgebrauch von Microsoft wird nicht mehr zwischen DSP- und OEM-Versionen unterschieden, sondern zwischen sog. SB-Versionen (System Builder Versionen) und OEM-Versionen. Die SB-Versionen entsprechen hierbei weitgehend den ehemaligen DSP-Versionen.

---

[222] c't 19/2000, 27; c't 21/2000, 42

E) Handelsvertreterverträge

I) Inhalt

Eine weitere Vertriebsmöglichkeit für den Softwarehersteller besteht in der Einschaltung (echter) Handelsvertreter. Kennzeichnend für den „echten" Handelsvertreter ist, dass er im Auftrag und im Namen des Softwareherstellers Verträge mit Endanwendern aushandelt und/ oder schließt und keinerlei Risiken bezüglich der von ihm ausgehandelten Verträge oder der geschäftsspezifischen Investitionen trägt[223]. Vertragspartner des Endanwenders ist nicht, wie in den zuvor untersuchten Fällen, der Händler (hier würde man von einem „unechten" Handelsvertreter sprechen), sondern direkt der Softwarehersteller. Somit verbleibt dem Hersteller bei dieser Vertriebsart ein wesentlich größerer Einfluss auf den Vertragsinhalt.

II) Kartellrechtliche Beurteilung

Kartellrechtliche Beurteilungsmaßstäbe für die Handelsvertreterverträge finden sich in den Leitlinien für vertikale Beschränkungen, Tz. 12 - 20. Diese lösen die ehemalige Bekanntmachung über Alleinvertriebsverträge mit Handelsvertretern von 1962 ab[224].

Verpflichtungen, die dem Handelsvertreter vom Softwarehersteller für die auszuhandelnden und zu schließenden Verträge auferlegt werden (z.B. Preisvorgaben, Kunden- und Gebietsbeschränkungen), fallen hier nicht unter Art. 81 Abs. 1 EGV[225], was eine logische Folge aus der Tatsache ist, dass der Handelsvertreter selbst nicht als Nachfrager oder Anbieter am Wettbewerbsgeschehen teilnimmt. Nur im Falle abgestimmter Verhaltensweisen im Zusammenhang mit anderen Handelsvertreterverträgen ist die Anwendung von Art. 81 Abs. 1 EGV denkbar[226]. Im Übrigen ergeben sich keine softwarespezifischen Besonderheiten, da die auszuhandelnden Verträge den Verkauf bzw. Bezug von Waren oder Dienstleistungen betreffen.

Die kartellrechtliche Kontrolle des spezifischen Inhalts der jeweiligen Verträge entspricht dem folgenden Abschnitt der Softwareüberlassungsverträge: der Vertragsinhalt geht auf den Softwarehersteller selbst zurück, mit dem der Anwender in direkten Vertragsbeziehungen steht.

---

[223] Leitlinien für vertikale Beschränkungen ABl. 2000 C 291, 1 ff., Tz. 12, 15
[224] ABl. 1962 139, 2921 ff.
[225] Leitlinien Tz. 13, 18
[226] Leitlinien Tz. 20

F) Zusammenfassung zu § 2

Die Untersuchung hat gezeigt, dass die derzeitige kartellrechtliche Behandlung der verschiedenen Vertriebsmöglichkeiten des Softwareherstellers rechtlich unsicher ist. So bleibt insbesondere unklar, inwieweit die Verordnung Nr. 2790/1999 mit ihren Leitlinien anwendbar ist.
Zunächst sollte zwischen (tatsächlichen) Vertriebsvereinbarungen wie Ausschließlichkeits- und Alleinvertriebsvereinbarungen, selektiven Vertriebssystemen etc. einerseits und der Einflussnahme des Herstellers auf den Inhalt der Verträge des Händlers mit dem Endkunden andererseits unterschieden werden. Innerhalb der Vertriebsvereinbarungen sollte zudem eine Unterscheidung nach Standard- und Individualsoftware getroffen werden.
Hinsichtlich Vertriebsvereinbarungen erscheint es sinnvoll, die Verordnung Nr. 2790/1999 insgesamt auf Standardsoftware anzuwenden, unabhängig davon, ob der Hersteller seine Software wie eine sonstige Ware bzw. Dienstleistung oder im Wege einer Vertriebslizenz an seine Zwischenhändler weitergibt. Ebenso wenig darf es einen Unterschied machen, ob die Software offline oder online zum Weitervertrieb überlassen wird. Diese Sichtweise ist Folge einer Einbeziehung des wirtschaftlichen Gesamtzusammenhangs in die kartellrechtlichen Überlegungen sowie Orientierung an Sinn und Zweck der Lizenzierung auch des Händlers: dem Hersteller kommt es insbesondere auf eine Weitergabe von Nutzungsbeschränkungen an den Endkunden an.
Soweit Verbtriebsvereinbarungen allerdings Individualsoftware betreffen, sollte eine Subsumtion unter die Verordnung Nr. 2790/1999 nicht stattfinden: es fehlt bereits an einer vergleichbaren Interessenlage zur Standardsoftware. Zu regelnder Hauptpunkt wird hier die Frage der Rechtsinhaberschaft sowie ausschließlichen Verwertungs- und Nutzungsbefugnis sein[227]. Zudem wird der Hersteller die Individualsoftware regelmäßig ohne Einschaltung eines Zwischenhändlers direkt an den Endkunden weitergeben. Ein praktisches Argument gegen die Anwendbarkeit der Verordnung Nr. 2790/1999 ist ferner die 30 %-Marktanteilsschwelle: diese ist bei Individualsoftware schnell überschritten.
Bei der Beurteilung der Einflussnahme des Herstellers auf die Zweitverträge des Händlers mit dem Endkunden spielt die kartellrechtliche Zulässigkeit der Nutzungsbeschränkungen im direkten Verhältnis zum Endanwender die wesentliche Rolle. Im Übrigen hat sich die kartellrechtliche Beurteilung hier nach den konkreten Marktbedingungen zu richten.
Tz. 41 der Leitlinien für vertikale Beschränkungen ist für das Vertriebsverhältnis Softwarehersteller – Händler entgegen dem ersten Anschein nicht einschlägig. Außerdem scheint mit Tz. 41 eine Legalisierung des OEM-Vertriebs verbunden zu sein, dem jedoch so pauschal nicht zugestimmt werden kann: dem

---

[227] vgl. unten zur Softwareerstellung Teil 4

Endanwender stets möglich bleiben muss der Erwerb getrennter Produkte. Weiterhin ist die Möglichkeit eines Marktmachtmissbrauchs zu beachten.

§ 3 Softwareüberlassungsverträge

A) Begriffserläuterung und Terminologie

Unter Softwareüberlassungsverträgen sollen in dieser Arbeit die (Lizenz-) Verträge mit einem gewerblichen[228] Endanwender verstanden werden, mit denen diesem die Software zur Nutzung überlassen wird. Der Einsatz der überlassenen Software ist für das Unternehmen für die Herstellung seiner eigenen Güter oder Dienstleistungen nötig – man denke beispielsweise an die Automobilindustrie, in der die Produktion zum großen Teil softwaregesteuert ist. Insofern stellt die Software in der wirtschaftlichen Verwertungskette an sich zwar ein Produktionsmittel bzw. eine -dienstleistung dar, hinsichtlich der Software selbst aber handelt es sich um eine Verwertung als Endprodukt, da das anwendende Unternehmen die Software vom Hersteller einsatzfähig erwirbt und nutzt.

Wie sogleich im Einzelnen darzustellen sein wird, benötigt der Endnutzer nach richtiger Meinung allein zur Nutzung der Software eine Lizenz in Form des Vervielfältigungsrechts, so dass die Verträge mit dem Endanwender stets mit der Einräumung urheberrechtlicher Nutzungsbefugnisse verbunden sind und insofern tatsächlich von „Lizenzverträgen" gesprochen werden kann[229].

Angesichts der Ubiquität und hohen Verletzlichkeit des Rechtsguts Software durch die Möglichkeiten des einfach auszuführenden Speicherns, Kopierens oder Veränderns der Software, werden dem Endanwender in Zusammenhang mit der (ausdrücklichen oder stillschweigenden) Lizenzerteilung in der Regel zahlreiche Beschränkungen hinsichtlich des Nutzungsumfangs der von ihm erworbenen Software auferlegt. Fraglich ist, wie der Endanwender in die Lizenzkette eingebunden ist. Ist der Zwischenhändler in die lizenzvertragliche Kette eingebunden, so besteht für den Urheber die Möglichkeit, den Händler zur Vereinbarung urheberrechtlicher Nutzungsregeln zu verpflichten. Dann würde die lizenzvertragliche Kette vom Urheber bis zum Endanwender reichen. Ist der Händler hingegen in die lizenzvertragliche Kette nicht eingebunden, wie dies bei den (reinen) Vertriebsverträgen der Fall ist, so ist eine Weitergabe von Lizenzbeschränkungen durch den Händler nicht möglich. Hier versucht der Urheber dann, in direkte lizenzvertragliche Beziehungen mit dem Endanwender zu treten, in der Regel durch sog. Schutzhüllenverträge, die shrink-wrap-licences, oder sog. enter-Verträge. Bei ersteren sind die Vertragsbestimmungen durch eine Plastikfolie sichtbar und sollen durch das Aufreißen der Folie wirksam werden. Bei letzteren wird bei der Installation der Programme gefragt, ob man

---

[228] gewerblich, da beim privaten Endnutzer das Kartellrecht mangels Unternehmenseigenschaft nicht anwendbar ist

[229] vgl. auch oben zu den Besonderheiten des Rechtsguts Software im Gefüge des Urheberrechts § 1 B) I) 2) d)

sich mit den Vertragsbestimmungen einverstanden erklärt und nur bei Bestätigung dieser Frage mit der enter-/ return-Taste oder einem entsprechenden Mausklick wird die Installation durchgeführt[230].

An der Wirksamkeit dieser Art des Vertragsschlusses bestehen im deutschen Recht jedoch erhebliche Zweifel: ursprünglicher Vertragspartner des Kunden ist stets der Händler und nicht der Hersteller persönlich. Natürlich kann der Händler auf Verlangen des Herstellers in seine Allgemeinen Geschäftsbedingungen lizenzvertragliche Regelungen aufnehmen, jedoch muss er den Kunden vor Vertragsschluss darauf hinweisen, dass durch das Aufreißen der Plastikfolie ein zusätzlicher Vertrag mit dem Hersteller zustande kommen soll. Hat der Kunde die Software hingegen bereits erworben und erfährt von dem zusätzlichen Vertrag mit dem Hersteller erst durch das Aufreißen der Folie nach Vertragsschluss mit dem Händler, so sind die lizenzvertraglichen Regelungen des Herstellers nicht wirksam geworden. Auch im Falle des oben behandelten OEM-Vertriebs stimmt der Endanwender lizenzvertraglichen Regeln des Herstellers nicht ausdrücklich zu bzw. erfährt von diesen erst nach Vertragsschluss, da er die Software vorinstalliert erwirbt und somit gar keine Gelegenheit hatte, von den mit dem Softwarehersteller getroffenen Vereinbarungen Kenntnis zu nehmen.

Im Einzelnen soll auf diese vertragsrechtliche Problematik und die für einen wirksamen zusätzlichen Vertrag mit dem Hersteller zu erfüllenden Erfordernisse (Hinweis des Händlers vor Vertragsschluss etc.) hier nicht eingegangen werden[231]. Es sei nur so viel gesagt, dass, auch falls ein wirksamer Lizenzvertrag mit dem Softwarehersteller nicht zustande kommen sollte, der Kunde auf jeden Fall wegen § 69 d Abs.1 UrhG zur Nutzung der erworbenen Software berechtigt ist. Durch den mit dem Händler abgeschlossenen (wirksamen) schuldrechtlichen Vertrag ist der Kunde Berechtigter im Sinne des § 69 d Abs. 1 UrhG und bedarf daher zur bestimmungsgemäßen Nutzung der Software keiner ausdrücklichen Zustimmung des Rechtsinhabers[232].

Diese Arbeit steht unter der Prämisse, dass zwischen Urheber und Endanwender lizenzvertragliche Beziehungen wirksam zustande kommen. Inwieweit damit verbundene Beschränkungen kartellrechtlich möglich und zulässig sind, soll Gegenstand der nachfolgenden Untersuchung sein.

---

[230] Redeker, Rz. 362
[231] siehe im einzelnen Marly, Rz. 379 ff.; Redeker, Rz. 362 ff.; Schuhmacher, CR 2000, 641 ff.
[232] so auch Marly, Rz. 392 ff.

B) Verordnungen Nr. 2790/1999 und 772/2004

Fraglich ist, ob die Wertungen der europäischen Gruppenfreistellungsverordnungen, insbesondere der Verordnungen Nr. 2790/1999 und 772/2004, eine Hilfe für die kartellrechtliche Beurteilung der Endanwenderlizenzen geben können.

I) Verordnung Nr. 2790/1999

In den Anwendungsbereich der Verordnung Nr. 2790/1999[233] würde von vornherein nur eine Softwareüberlassung auf Dauer, nicht hingegen eine Softwareüberlassung auf Zeit fallen, da in letzterem Fall kein Bezug, Verkauf oder Weiterverkauf von Waren oder Dienstleistungen vorliegt. Nachdem Softwarehersteller und Endanwender auf einer unterschiedlichen Stufe der Produktionskette stehen, sind die Softwareüberlassungsverträge in jedem Fall vertikaler Natur. Tz. 24 Spiegelstrich 3 Leitlinien zur Verordnung Nr. 2790/1999 macht weiterhin deutlich, dass die vom Hersteller hergestellten Waren oder Dienstleistungen vom Käufer weiterverkauft oder, wie im hiesigen Fall der Softwareüberlassung an einen Endanwender, zur Herstellung von dessen eigenen Waren oder Dienstleistungen eingesetzt werden können.

Dennoch kommt eine direkte Anwendbarkeit der Verordnung Nr. 2790/1999 auf Softwareüberlassungsverträge nicht in Betracht: die Überlassungsverträge an einen Endnutzer sind reine Lizenzvereinbarungen, welche gem. Art. 2 Abs. 3 VO 2790/1999 nicht von der Verordnung erfasst werden[234]. Wie im Folgenden bei den einzelnen Nutzungsbeschränkungen deutlich werden wird, sind die einzelnen Nutzungsbeschränkungen Hauptgegenstand der jeweiligen Vereinbarungen und nicht bloß nebensächlicher Natur[235].

Dies schließt allerdings eine Berücksichtigung der Verordnung zugrundliegenden Prinzipien nicht aus. Der wettbewerbspolitische Ansatz der Kommission, nicht nach starren, formal-juristischen Gesichtspunkten zu verfahren, sondern verstärkt das wirtschaftliche und rechtliche Umfeld in die kartellrechtliche Beurteilung mit einzubeziehen[236], sollte im Rahmen der Legalitätsprüfung nach Art. 81 Abs. 3 EGV Beachtung finden.

---

[233] zu den Anwendungsvoraussetzungen der Verordnung Nr. 2790/1999 im Einzelnen vgl. oben § 2 A) II) 2)

[234] Leitlinien Tz. 24 Spiegelstrich 3; Gegenschluss aus Leitlinien Tz. 40; Polley/Seeliger, CR, 2001, 1, 7

[235] zur allgemeinen Anwendbarkeit der Verordnung auf Lizenzen an Urheberrechten vgl. oben ausführlich § 2 B) I) 1) b) aa)

[236] Leitlinien vertikale Beschränkungen a.a.O. Tz. 7

II) Verordnung Nr. 772/2004

Im Gegensatz noch zur alten Verordnung Nr. 240/96 werden Softwarelizenzen nunmehr von der neuen Verordnung Nr. 772/2004 in Art. 1 Abs. 1 lit. b ausdrücklich erfasst. Fraglich ist, ob auch Softwareendanwenderlizenzen in den Anwendungsbereich der Verordnung fallen.
Gem. Art. 2 Abs. 1 VO 772/2004 gilt die Gruppenfreistellung für Technologietransfer-Vereinbarungen zwischen zwei Unternehmen, die die Produktion der Vertragsprodukte ermöglichen. Hierbei umfasst der Begriff Vertragsprodukte mit der lizenzierten Technologie hergestellte Waren oder erbrachte Dienstleistungen[237], was sowohl bei Verwendung der lizenzierten Technologie im Produktionsprozess als auch dann der Fall ist, wenn die lizenzierte Technologie Eingang in das Erzeugnis selbst findet[238]. An sich dient die lizenzierte Software dem Lizenznehmer für die Herstellung seiner Güter oder Dienstleistungen, so dass eine Technologietransfer-Vereinbarung im Sinne der Verordnung Nr. 772/2004 vorliegen könnte. Allerdings findet bei reinen Endanwenderlizenzen keine Übertragung der Technologie selbst statt, vielmehr nutzt der Lizenznehmer die Software für die Herstellung seiner eigenen Güter als bereits einsatzfähiges, fertiges Produkt. Insofern ist fraglich, ob insbesondere die Softwareendanwenderlizenz mit Technologielizenzen ohne weiteres vergleichbar ist.
Bei den Softwarelizenzen im Endkundenbereich geht es schließlich um die reine Anwendung der überlassenen Software und nicht, wie beispielsweise bei der Patentlizenz, um die eigenverantwortliche Gestaltung der Produktion von Erzeugnissen[239]. So ist die kartellrechtliche Problematik bei Softwarelizenzen auch softwarespezifisch und betrifft vor allem Nutzungsbeschränkungen des Endkunden.
Ebenso ist Ziel einer Technologietransfervereinbarung und damit auch Grund für die kartellrechtliche Privilegierung von Technologielizenzen die verbreitete Nutzung neuer Technologien sowie die Förderung des technischen Fortschritts. Dieses Grundanliegen spiegelt sich in dem unmittelbaren Bezug der Anwendbarkeit der Verordnung zum Herstellungsprozess bzw. zur Bereitstellung von Vertragsprodukten wider. Durch den Technologietransfer erlangt der Lizenznehmer eine tatsächliche Vorzugsstellung, wodurch er seine eigene Leistungsfähigkeit verbessern kann, was wiederum dem technischen Fortschritt zugute kommt. Aus diesem Grunde sind im Rahmen von beispielsweise Know-how- oder Patentlizenzverträgen – im Unterschied zu sonstigen Verträgen – bestimm-

---

[237] Art. 1 Abs. 1 lit. f VO 772/2004, Erwägungsgrund 7
[238] Leitlinien Technologietransfer-Vereinbarungen a.a.O. Tz. 43
[239] Stellungnahme der Deutschen Vereinigung für gewerblichen Rechtsschutz und Urheberrecht e.V. zum Entwurf einer Kommissionsverordnung über die Anwendung des Art. 81 Abs. 3 des EG-Vertrages auf Gruppen von Technologietransfer-Vereinbarungen, S. 7

te Beschränkungen gerechtfertigt[240]. Erst die Lizenz nämlich macht das (technische) Wissen zum handels- und transaktionsfähigen Wirtschaftsgut und dient dessen rechtlichen Konstituierung als Vertragsgegenstand[241]. Eine solche Konstellation liegt im Verhältnis des Softwareherstellers zum Endanwender aber gerade nicht vor: es findet keine Übertragung technischen Wissens statt, mit Hilfe dessen der Endanwender eigene Lizenzerzeugnisse herstellen könnte. Er will die Software lediglich als „fertiges" Produkt nutzen und erhält die Software hierfür im object- und nicht dem das programmiertechnische Wissen verkörpernden source-code. Nur bei Überlassung des source-code kann unter Umständen die entsprechende oder direkte Anwendbarkeit der Verordnung Nr. 772/2004 zu diskutieren sein[242].

Festzuhalten ist, dass der Anwendungsbereich der Verordnung Nr. 772/2004 in Bezug auf Softwarelizenzen unklar bleibt. Softwarelizenzen im Rahmen einer Überlassung an den Endanwender sind nicht ohne weiteres sonstigen Technologielizenzen vergleichbar, weshalb eine direkte Anwendung der Verordnung Nr. 772/2004 auf Softwareendanwenderlizenzen nicht stattfinden sollte.

C) Relevanz unterschiedlicher Vertriebsmöglichkeiten für die kartellrechtliche Beurteilung von Softwareanwenderlizenzen

Fraglich ist, ob die kartellrechtliche Bewertung der Klauseln davon abhängig zu machen ist, auf welche Art und Weise dem Endnutzer die Bindung auferlegt wird, d.h. ob die Bindung dem Endnutzer innerhalb der lizenzvertraglichen Kette vom Händler weitergegeben wird oder zwischen Hersteller und Endnutzer ein eigener Vertrag zustande kommt[243]. In ersterem Fall würden zwei Vertragsverhältnisse bestehen, nämlich zwischen Hersteller – Händler und Händler – Endkunde. Die dem Händler vom Hersteller auferlegte Verpflichtung zur Weitergabe der Bindung würde an sich eine Inhaltsbindung hinsichtlich der vom Händler abzuschließenden Zweitverträge darstellen. In Bezug auf das Verhältnis zum Endanwender würde eine Abschlussbindung vorliegen[244]. Im Falle einer direkten Vertragsbeziehung zwischen Hersteller und Endanwender hingegen käme von vornherein lediglich eine Abschlussbindung in Betracht, da nur das Verhältnis Hersteller – Endanwender besteht.

---

[240] *Ullrich/Konrad in* Ullrich/Körner, Teil I Rz. 501 ff.
[241] *Ullrich in* Immenga/Mestmäcker, EG-Wettbewerbsrecht Bd. I, GRUR C Rz. 56 f.
[242] vgl. insoweit auch *Ullrich in* Immenga/Mestmäcker, EG-Wettbewerbsrecht Bd. I, GRUR C Rz. 26
[243] so Kreutzmann, S. 169
[244] zur genauen Definition von Inhalts- und Abschlussbindung siehe *Klosterfelde/Metzlaff in* Langen/Bunte, Bd. I § 14 Rz. 91

Eine derartige Unterscheidung würde jedoch den Kern des Problems verfehlen. Dem Hersteller kommt es stets auf die Beschränkung des Nutzungsumfangs durch den Endanwender an, die Art und Weise, wie der Endanwender gebunden wird, ist unerheblich. In beiden Fällen ist das Interesse des Softwareherstellers dasselbe. Würde man eine Unterscheidung in Inhalts- und Abschlussbindungen treffen, so hinge die kartellrechtliche Beurteilung von den Zufälligkeiten des Vertriebs ab. Insbesondere im deutschen Recht würden sich Unterschiede ergeben, wonach Inhaltsbindungen
gem. § 14 GWB nichtig sind, Abschlussbindungen indessen gem. § 16 GWB lediglich der Missbrauchskontrolle durch die Kartellbehörde unterworfen. Eine derartige unterschiedliche Behandlung bei Sachverhalten mit derselben Zielsetzung kann nicht richtig sein. Aus diesem Grund sollte sich die kartellrechtliche Beurteilung lediglich nach dem Verhältnis zum Endanwender richten, da dieses Grund für die Beschränkung ist[245].

Diese Ansicht wird durch eine Parallelbetrachtung zu den durchlaufenden Vertriebsbindungen bestätigt. Durchlaufende Vertriebsbindungen liegen vor, wenn der Gebundene verpflichtet ist, seine Abnehmer in gleicher Weise zu binden wie er selbst gebunden ist[246]. Bei diesen ist anerkannt, dass die kartellrechtliche Beurteilung einheitlich anhand einer Verwendungsbeschränkung zu erfolgen hat und nicht eine Unterscheidung nach Inhalts- bzw. Konditionenbindung hinsichtlich des Abschlusses von Zweitverträgen einerseits und Verwendungsbeschränkung andererseits zu treffen ist. Dem Urheber kommt es allein auf die Verwendungsbeschränkung an. Sollte eine solche für kartellrechtlich zulässig erachtet werden, so wäre nicht einzusehen, warum nicht auch die Weitergabe einer solchen Bindung zulässig sein sollte[247]. Streng genommen handelt es sich zwar bei der hiesigen Bindung nicht um eine durchlaufende Bindung, da sie nicht auch den Händler, der die Software ja gar nicht nutzen will, sondern nur den Endanwender betrifft. Dennoch ist angesichts der identischen Interessenlage eine Parallelwertung möglich. Als Ergebnis ist demnach festzuhalten, dass bezüglich der Beurteilung der Zulässigkeit von Nutzungsbeschränkungen allein auf das Verhältnis Hersteller – Endanwender abzustellen ist.

---

[245] a.A. Kreutzmann, S. 163
[246] *Klosterfelde/Metzlaff* in Langen/Bunte, Bd. I § 16 Rz. 159
[247] *Klosterfelde/Metzlaff* in Langen/Bunte, Bd. I § 14 Rz. 92

D) Einzelne Beschränkungen

I) Nutzung der Software nur auf bestimmter Hardware[248]

1) Begriffserklärung

Die im Rahmen des Softwarevertriebs erfolgte Untersuchung hinsichtlich der Bindung der Software an eine bestimmte Hardware mit dem Stichwort „OEM-Vertrieb" hat im Wesentlichen das Verhältnis zwischen Software- und Hardwarehersteller unter dem Gesichtspunkt der Zulässigkeit der alle Handelsstufen umfassenden Bindung der Software an eine bestimmte Ursprungshardware beleuchtet. Die Problematik der Hardwarebindung im Verhältnis zum Endanwender indes ist Gegenstand der jetzigen Untersuchung, wobei die vertragliche Vereinbarung einer derartigen Bindung zur Diskussion steht. Die technisch bewirkte Anbindung der Software an eine bestimmte Hardware wird im nächsten Gliederungspunkt in Zusammenhang mit dem Kopierschutz dargestellt.

In einer Vielzahl von Lizenzverträgen wird dem Verwender der Einsatz der Software nur auf einer einzelnen, genau bestimmten Hardware gestattet. Hierbei gibt es in Literatur und Rechtsprechung keine einheitliche Terminologie, überwiegend wird von CPU-Klauseln oder Systemvereinbarungen gesprochen[249]. CPU steht hierbei für Central Processing Unit (= Zentraleinheit). Bei der Benutzung des Begriffes CPU ist allerdings Vorsicht walten zu lassen, da beispielsweise *Lehmann* oder *Loewenheim* unter CPU-Klauseln solche verstehen, die die gleichzeitige Nutzung einer Software auf verschiedener Hardware verbieten, eine bestimmte, identifizierbare Hardware mit diesem Begriff aber nicht verbinden[250]. In dieser Arbeit soll der Begriff CPU-Klausel in dem Sinne verstanden werden, dass mit ihr die Nutzung ausschließlich auf einer näher bestimmten Hardware gestattet wird.

Bei Verwendung von CPU-Klauseln sind verschiedene Varianten denkbar[251]: die „echten" CPU-Klauseln beschränken den Einsatz der Software ausschließlich auf eine bestimmte Hardware. Die Hardware kann hierbei nach Modell- und Fabrikatnummer identifiziert oder nach Prozessortyp bestimmt sein.

Eine abgeschwächte Form stellen die CPU-Klauseln mit Ausweichmöglichkeit dar, bei denen die Software zwar an eine bestimmte Hardware oder einen bestimmten Prozessortyp gebunden ist, für den Falle des Defekts aber einen Wechsel zulassen.

---

[248] eine Übersicht derartiger Klauseln gibt Marly, S. 404
[249] vgl. Marly, Rz. 983 ff.; OLG Frankfurt/M. v. 14.XII.1999, CR 2000, 146 ff.; Nordemann, CR 1996, 5 ff.
[250] *Loewenheim* in Schricker, § 69 d Rz. 14; *Lehmann* in Festgabe für Schricker, S. 559
[251] vgl. Scholz/Haines, CR 2003, 393

Die lockerste Form sind die sog. upgrade-Klauseln, die keine strenge Bindung an eine bestimmte Hardware vorsehen, sondern einen Hardwarewechsel erlauben, im Falle der höheren Prozessorkapazität der Hardware den Wechsel aber von einer zusätzlichen Vergütung abhängig machen.
Hintergrund sämtlicher Variationen dieser Festlegung der Nutzung auf eine bestimmte Hardware soll das (legitime) Interesse des Urhebers an einer näheren Bestimmung des Leistungsumfangs seiner Software sein, um an der Nutzung seines Werks wirtschaftlich angemessen partizipieren und damit zugleich Missbräuchen hinsichtlich einer unbefugten Nutzung seiner Software vorbeugen sowie die Nutzung der Software im Einzelnen nachvollziehen und kontrollieren zu können[252].

2) Urheberrechtliche Aspekte

Nachdem sich Urheber- und Kartellrecht gegenseitig ergänzen und in einem symbiotischen Verhältnis zueinander stehen, sind Beschränkungen hinsichtlich des Nutzungsumfangs der Software erst dann einer kartellrechtlichen Kontrolle unterworfen, wenn sie sich außerhalb der grundlegenden Ordnungsfunktion des Urheberrechts bewegen[253]. Die kartellrechtliche Beurteilung der Nutzungsbeschränkungen hat sich somit im Wesentlichen an der Ordnungsaufgabe des Urheberrechts zu orientieren, welche für Software durch die Richtlinie 91/250/EWG über den Rechtsschutz von Computerprogrammen bzw. die die Richtlinie umsetzenden §§ 69 a ff. UrhG spezifiziert ist.
Urheberrechtlich gesehen betrifft die auf eine Hardware beschränkte Nutzungsrechtseinräumung in erster Linie das Vervielfältigungsrecht gem. § 69 c Ziff. 1 UrhG. Wird die Software auf Dauer überlassen, so ist daneben das Verbreitungsrecht des § 69 c Ziff. 3 UrhG berührt.

a) Vervielfältigung

aa) Begriff

Allgemein wird unter einer Vervielfältigung die Herstellung von körperlichen Festlegungen eines Werks verstanden, die geeignet sind, das Werk den menschlichen Sinnen auf irgendeine Weise unmittelbar oder mittelbar wahrnehmbar zu

---

[252] *Ullrich/Konrad* in Ullrich/Körner, Teil I Rz. 515 ff.; Moritz, CR 1993, 257, 263; Moritz/Tybusseck, Rz. 543 ff; Sucker CR 1989, 468, 469; Wiebe, CR 2003, 323, 328
[253] Kreutzmann, S. 101; Schneider Jörg, S. 120 f.; Schneider Jochen, C Rz. 342; *Lehmann in* Lehmann, XVI Rz. 49 f.

machen[254]. Unzweifelhaft und unbestritten unterliegen demnach das Kopieren der Software auf externe Speichermedien wie Diskette, CD-ROM, DVD etc. sowie das Kopieren in den internen Hauptspeicher eines Computers (= Festplatte) dem Vervielfältigungsrecht des Urhebers[255]. Zudem gilt der spezielle, umfassende Vervielfältigungsbegriff des Art. 2 Richtlinie 2001/29/EG zur Harmonisierung bestimmter Aspekte des Urheberrechts und der verwandten Schutzrechte in der Informationsgesellschaft[256], nach dem *„die unmittelbare oder mittelbare, vorübergehende oder dauerhafte Vervielfältigung auf jede Art und Weise und in jeder Form"* dem Ausschließlichkeitsrecht des Urhebers unterworfen ist. Demnach stellen sämtliche Vervielfältigungen im Rahmen der Softwarenutzung urheberrechtlich relevante Vervielfältigungen dar, so auch die vor jeder Programmnutzung stattfindende, nur vorübergehende Einspeicherung der Software von der Festplatte in den Arbeitsspeicher des Computers (Random Access Memory = RAM) und der Programmlauf selbst[257]. Der wegen des tautologischen Gesetzeswortlauts in Art. 4 lit. a Richtlinie 91/250/EWG bzw. § 69 c Ziff. 1 UrhG *„soweit das Laden, Anzeigen, Ablaufen... eine Vervielfältigung erfordert"* frühere Streit, welche technischen Vervielfältigungen im Rahmen der Softwarenutzug zugleich urheberrechtlich relevante Vervielfältigungen darstellen[258], ist somit gelöst. Allerdings wäre in der Richtlinie 2001/29/EG eine explizite Klarstellung insofern wünschenswert gewesen, dass die Regelungen der jüngeren Richtlinie 2001/29/EG entsprechenden Regelungen der älteren Richtlinie 91/250/EWG vorgehen[259].
Dieses umfassende Vervielfältigungsrecht in Art. 2 Richtlinie 2001/29/EG muss freilich in Zusammenhang mit der obligatorischen Ausnahmeregelung in Art. 5 Abs. 1 gesehen werden. Art. 5 Abs. 1 nimmt *„die in Artikel 2 bezeichneten vorübergehenden Vervielfältigungshandlungen, die flüchtig oder begleitend sind und einen integralen und wesentlichen Teil eines technischen Verfahrens darstellen und deren alleiniger Zweck es ist, ... eine rechtmäßige Nutzung eines*

---

[254] *Loewenheim* in Schricker, §§ 69 c Rz. 6, 16 Rz. 6
[255] Koch, Rz. 1960
[256] Richtlinie 2001/29/EG zur Harmonisierung bestimmter Aspekte des Urheberrechts und der verwandten Schutzrechte in der Informationsgesellschaft, ABl. 2001 L 167, 10 ff.
[257] Kröger, CR 2001, 316, 317; von Lewinski, MMR 1998, 115, 116; Spindler, GRUR 2002, 105, 107
[258] vgl. *Haberstumpf* in Lehmann, II Rz. 117 ff.; Hoeren/Schuhmacher, CR 2000 137, 142 ff; Koch, Rz. 1960; *Lehmann* in Festgabe für Schricker, S. 566; *Loewenheim* in Schricker, § 69 c Rz. 9 f.; Marly, Rz. 131 ff.; Pres, S. 109 f.; Schneider Jörg, S. 24 ff.; ders. CR 1990, 503, 507
[259] nur diese Sichtweise des Vorrangs der Richtlinie 2001/29/EG wird ihrem Ziel gerecht, einheitliche und harmonisierte Regelungen für das Urheberrecht in der Informationsgesellschaft zu schaffen; Art. 1 Abs. 2 lit. a) Richtlinie 2001/29/EG ist insofern missglückt und muss in Zusammenhang mit Ziel und Zweck der Richtlinie und insbesondere Erwägungsgrund (20) gesehen werden

Werks ... zu ermöglichen, und die keine eigenständige wirtschaftliche Bedeutung haben" von dem ausschließlichen Vervielfältigungsrecht des Urhebers aus. Diese zwingende Ausnahme ist als Gegengewicht zum weitgefassten Vervielfältigungsbegriff in Art. 2 zu begrüßen. Sie berücksichtigt die wirtschaftliche Zielsetzung des urheberrechtlichen Vervielfältigungsrechts und geht nicht über das anzuerkennende urheberrechtliche Partizipationsinteresse hinaus[260]. Die urheberrechtliche Bewertung von Vervielfältigungsakten unterschiedlicher Qualität und Reichweite knüpft also nicht an den Begriff der Vervielfältigung selbst an, sondern wird im Wege der Bestimmung angemessener Schranken und Ausnahmen vorgenommen.

Auf das Laden der Software in den Arbeitsspeicher des Computers findet diese obligatorische Ausnahme gem. Art. 5 Abs. 1 Richtlinie 2001/29/EG keine Anwendung: ist die Software nämlich einmal in den Arbeitsspeicher des Computers geladen, so ist ihre Benutzung unabhängig von dem vorherigen Erwerb einer Programmkopie möglich[261]. Dadurch besteht beispielsweise bei netzwerkfähiger Software die Gefahr, dass nach Eingabe der Software in den Arbeitsspeicher der Zentraleinheit die Nutzung an einer durch den Urheber nicht begrenzbaren Anzahl von Terminals erfolgen kann. Es fehlt also bereits an dem für die Ausnahme gem. Art. 5 Abs. 1 Richtlinie 2001/29/EG notwendigen Erfordernis der fehlenden eigenständigen wirtschaftlichen Bedeutung.

Dem Programmlauf selbst hingegen kommt keine eigenständige wirtschaftliche Bedeutung zu: durch ihn wird das Programm lediglich ausgeführt und dem Nutzer keine zusätzliche Nutzungsmöglichkeit eröffnet. Gleichzeitig sind die im Programmlauf erfolgenden Vervielfältigungen flüchtig sowie ein integraler und wesentlicher Teil des technischen Ablaufs der Programmnutzung und ermöglichen die rechtmäßige Softwarenutzung. Der Programmlauf selbst ist demzufolge unter die obligatorische Ausnahme vom Vervielfältigungsrecht gem. Art. 5 Abs. 1 Richtlinie 2001/29/EG zu subsumieren.

bb) Mögliche Beschränkungen des Vervielfältigungsrechts

(1) Dingliche Aufspaltung des Vervielfältigungsrechts

Zur Installation der Software auf die Hardware sowie dem darauffolgenden Laden der Software von der Festplatte in den Arbeitsspeicher der Hardware, mithin zur bestimmungsgemäßen Nutzung der Software, bedarf der Anwender durch den Softwarehersteller also der Einräumung eines Nutzungsrechts hinsichtlich der Vervielfältigung gem. §§ 31, 69 c Ziff. 1 UrhG. Folglich ist die

---

[260] zum Partizipationsinteresse des Urhebers im Rahmen der Softwarenutzung: *Loewenheim* in Schricker, § 69 c Rz. 6; Schneider Jörg, S. 28; ders. CR 1990, 503, 506; Koehler, S. 39
[261] *Dreier* in Schricker, Informationsgesellschaft, S. 112; Koch, Rz. 1960; Koehler, S. 39

urheberrechtliche Zulässigkeit der Beschränkung der Nutzung auf eine bestimmte Hardware davon abhängig, inwieweit das Vervielfältigungsrecht dinglich aufgespalten werden kann. Über die schuldrechtliche Zulässigkeit der Nutzungsbeschränkung ist damit freilich nichts ausgesagt.
Grundsätzlich können Nutzungsrechte gem. § 31 Abs. 1 S. 2 a.E. UrhG beschränkt eingeräumt werden und hier könnte eine inhaltliche Beschränkung des Vervielfältigungsrechts vorliegen[262]. Eine solche ist im Interesse klarer und übersichtlicher Verhältnisse im Urheberrechtsverkehr nur bei klar abgrenzbaren und wirtschaftlich und technisch eigenständigen Nutzungsarten anerkannt[263]. Die inhaltliche Aufspaltbarkeit von Nutzungsrechten muss dort ihre Grenzen finden, wo das eingeräumte Nutzungsrecht die Urheberrechtsbefugnisse erweitern will und nicht mehr als Ausschnitt der dem Urheber zustehenden Interessen interpretiert werden kann[264].

Ohne weiteres selbständige Nutzungsarten stellen die Einzelplatznutzung, Mehrplatznutzung oder Nutzung im Netzwerk dar, weil sie sowohl technisch als auch wirtschaftlich klar voneinander abgrenzbar sind[265]: eine für die Einzelplatznutzung ausgerichtete Software kann schon nicht ohne zum Teil tiefgreifende technische Veränderungen im Netzwerk eingesetzt werden und wirtschaftlich gesehen liegt bei einer Mehrplatznutzung oder Nutzung im Netzwerk ein gesteigerter Nutzen der Software vor, so dass das Vergütungsinteresse des Urhebers tangiert ist[266]. Offensichtlich wird dies auch dadurch, dass bei der Mehrplatznutzung mehrere Vervielfältigungen der Software erforderlich werden. Soweit dieselbe Software auf einem PC und einem Notebook installiert ist, sind für die zeitgleiche wie nicht zeitgleiche Nutzung derselben Software auch hier verschiedene Nutzungsarten betroffen[267]: bereits die Installation der Software von einem externen Datenträger auf die Festplatte stellt nämlich die zustimmungsbedürftige Vervielfältigungshandlung dar, insofern knüpft das Urheberrecht nicht auf den Zeitpunkt der Nutzung der Software an.

---

[262] *Kreuzer*, S. 225 ff. möchte hier zwischen inhaltlicher Beschränkung hinsichtlich der Nutzung auf einer bestimmten Hardware und räumlicher Beschränkung hinsichtlich der Bindung an eine bestimmte Betriebsstätte unterscheiden; im Ergebnis macht dies keinen Unterschied, doch liegt nach der hier vertretenen Auffassung in beiden Fällen eine inhaltliche Beschränkung vor
[263] vgl. eingehend zur dinglichen Aufspaltbarkeit von Nutzungsrechten oben zum OEM-Vertrieb § 2 D) IV) 3) b) aa)
[264] *Lehmann in* Festgabe für Schricker, S. 560
[265] OLG Frankfurt/M. v. 14.XII.1999, CR 2000, 146, 150
[266] a.A. Hoeren/Schuhmacher, CR 2000, 137, 144 f., da sie in der Einspeicherung keine Vervielfältigung sehen
[267] so auch Koch, Rz. 2018

(2) Stimmen in der Literatur

Einige Stimmen in der Literatur sehen unter Verweisung auf die Rechtsprechung des EuGH, der in seinen Entscheidungen *Coditel I*[268] und *Warner Brothers/Christiansen*[269] das Vergütungsinteresse des Urhebers ausdrücklich anerkannt und in den Vordergrund gestellt hat, in den CPU-Klauseln eine urheberrechtlich, d.h. dinglich wirkende Begrenzung des Nutzungsumfangs der Software und begründen dies eben mit dem Interesse des Herstellers an einer angemessenen Vergütung[270]. Allerdings wird von der Vielzahl der Autoren insofern eine Einschränkung gemacht, als sie für den Anwender die Möglichkeit fordern, ohne besondere Gründe die Hardware wechseln zu dürfen. Durch einen Hardwarewechsel werde das Vergütungsinteresse des Urhebers nicht berührt[271].

(3) BGH-Entscheidung vom 24.10.2002

Auch der BGH hatte sich bereits mit der Wirksamkeit von CPU-Klauseln zu befassen, wobei im Vordergrund der Entscheidung allerdings die schuldrechtliche und nicht die urheberrechtliche Wirksamkeit der vereinbarten CPU-Klausel stand. Zwischen Softwarehersteller (Beklagter) und Anwender (Kläger) war im Rahmen eines Dauerschuldverhältnisses eine upgrade-Klausel vereinbart, welche den Einsatz der Software auf weiteren oder leistungsstärkeren Rechnern von der Vereinbarung über die Zahlung einer zusätzlichen Vergütung abhängig machte. Während der Laufzeit des Vertrages ersetzte die Klägerin ihre Hardware durch neue, leistungsstärkere Hardware, auf der die Software wegen einer Programmsperre nicht lauffähig war. Die Beklagte machte daraufhin die Nutzung der Software von der Zahlung einer wegen des Hardwarewechsels erhöhten Lizenzgebühr abhängig, die die Klägerin, weil sie in ihrem Geschäftsbetrieb auf die Funktionsfähigkeit der Software angewiesen war, unter Vorbehalt bezahlte. Mit der Klage fordert die Klägerin die Rückzahlung der erhöhten Lizenzgebühr.

Zunächst führt der BGH aus, dass die Frage der schuldrechtlichen Wirksamkeit derartiger Verwendungsbeschränkungen nicht davon abhängig ist, ob auch das urheberrechtliche Nutzungsrecht gem. § 31 Abs. 1 S. 2 UrhG bzw. § 32 UrhG

---

[268] EuGH v. 18.III.1980, RS 62/79, „Coditel I", Slg. 1980, 881, 902 (= GRUR Int. 1983, 175, 176)

[269] EuGH v. 17.V.1988, RS 158/86, „Warner Brothers/Christiansen", Slg. 1988, 2605

[270] Moritz, CR 1993, 257, 263; ders., CR 1993, 341, 346 f.; Nordemann, CR 1996, 5 ff.; Sucker, CR 1989, 468, 469; *Ullrich/Konrad in* Ullrich/Körner, Teil I Rz. 516; Vinje, CR 1993, 401, 403; gegen die Zulässigkeit: Schuhmacher, CR 2000, 641, 646 ff.; Marly, Rz. 983 ff.; Schneider Jörg, S. 123 f.

[271] Pres, S. 239; Sucker, CR 1989, 468, 469; *Ullrich/Konrad in* Ullrich/Körner, Teil I Rz. 518

a.F. entsprechend beschränkt eingeräumt werden kann. Anschließend stellt er fest, dass urheberrechtlich nur eine Beschränkung auf übliche, technische und wirtschaftliche eigenständige und damit klar abgrenzbare Nutzungsformen möglich ist und deshalb das urheberrechtliche Nutzungsrecht nicht in der Weise beschränkt eingeräumt werden könne, dass nur der Einsatz des Programms auf einem bestimmten Rechner gestattet ist[272]. Unter Verweis auf die Literatur, aber ohne weitere Begründung, hat der BGH also nunmehr entschieden, dass CPU-Klauseln keine eigenständige Nutzungsart darstellen. Hierbei hat er nicht zwischen den einzelnen möglichen Varianten der CPU-Klauseln differenziert, sondern pauschal festgestellt, dass das urheberrechtliche Nutzungsrecht nicht in der Weise beschränkt eingeräumt werden könne,
dass der Einsatz des Programms nur auf einem bestimmten Rechner gestattet ist[273]. Lediglich im Rahmen der bestimmungsgemäßen Nutzung nach § 69 d Abs. 1 UrhG nimmt der BGH eine Differenzierung nach Art der CPU-Klauseln vor, indem er ausführt, dass sich, solange die Klausel eine Nutzung auf einem als Ersatz angeschafften Rechner nicht ausschließt, die Unwirksamkeit der Klausel nicht aus § 69 d Abs. 1 UrhG ergeben könne[274]. Ebenso macht er die schuldrechtliche Wirksamkeit davon abhängig, dass der Verwender in der Lage bleiben muss, die Hardware zu erneuern und einzelne Rechner gegen andere, leistungsstärkere auszutauschen. Gleichzeitig aber erkennt er auch das Interesse der Softwarehersteller an, mit CPU-Klauseln Missbrauchsgefahren vorzubeugen und sich für alle zusätzlichen Nutzungen auch zusätzliche Vergütungen zu sichern[275]. Im Ergebnis hält der BGH upgrade-Klauseln in einem Dauerschuldverhältnis schuldrechtlich für zulässig, und zwar selbst dann, wenn der Lizenznehmer durch technische Maßnahmen erreicht, dass sich die Leistungssteigerung auf den Lauf der lizenzierten Software nicht auswirkt.

(4) Stellungnahme

Jedenfalls in Bezug auf die „echten" CPU-Klauseln und diejenigen mit Ausweichmöglichkeit nur für den Fall eines Defekts der Hardware ist der BGH-Entscheidung zuzustimmen: die Nutzung auf einem bestimmten Rechner ist weder technisch noch wirtschaftlich von einer Einzelplatznutzung zu unterscheiden. In beiden Fällen handelt es sich um eine technisch identische Software, die wirtschaftlich in demselben Ausmaß genutzt wird. Auf welcher identisch leistungsstarken Hardware oder an welchem Ort die Software zum Einsatz

---

[272] BGH v. 24.X.2002, CR 2003, 323, 325
[273] andere Ansicht insoweit zumindest bei der Softwareüberlassung auf Zeit: Scholz/Haines, CR 2003, 393, 399
[274] BGH v. 24.X.2002, CR 2003, 323, 326
[275] BGH v. 24.X.2002, CR 2003, 323, 325

kommt, berührt das berechtigte Partizipationsinteresse des Urhebers nicht. Eine Steigerung der Leistung der Software findet in diesen Fällen nicht statt[276]. Fraglich aber ist, ob die sog. upgrade-Klauseln eine andere Beurteilung erfahren sollten. Wie ausgeführt, hat der BGH in seiner Entscheidung die dingliche Wirkung von CPU-Klauseln verneint, gleichzeitig aber das Interesse des Urhebers an einer angemessen Vergütung und einer Kontrolle hinsichtlich eines möglichen Missbrauchs der Software für zusätzliche Nutzungen ausdrücklich anerkannt. Die nicht dingliche Wirkung besagt schließlich noch nichts über die schuldrechtliche Wirksamkeit von CPU-Klauseln. In seiner Begründung hat sich der BGH auf die diesbezügliche Literatur bezogen[277].

Grundsätzlich kann der Einsatz der Software auf einer leistungsstärkeren Hardware eine erhöhte Nutzung der Software bedeuten[278]. Damit ist auf den ersten Blick das Vergütungsinteresse des Urhebers berührt, was für eine wirtschaftliche Eigenständigkeit der Softwarenutzung auf einer Hardware mit höherer Prozessorkapazität sprechen könnte. Die ursprüngliche Kalkulation des Herstellers ist nicht mehr in vollem Umfang gültig, da die Anwender weniger Softwareexemplare als anfänglich geschätzt benötigen. Allerdings ist die Leistungssteigerung der Software nicht in dieser selbst angelegt[279], sondern auf die leistungsfähigere Hardware zurückzuführen, weshalb eine Rechtfertigung durch das wirtschaftliche Partizipationsinteresse des Urhebers wieder zweifelhaft wird[280]. Ebenso ist zu berücksichtigen, dass auch Software schnell veraltet und nur begrenzt lebensfähig ist. Insbesondere ältere Software wird auf einem leistungsstärkeren Rechner nicht ohne weiteres lauffähig sein oder eine höhere Leistung erbringen.

Die Beurteilung der wirtschaftlichen Eigenständigkeit der Nutzung von Software auf Hardware mit höherer Prozessorkapazität sollte sich also nach dem jeweiligen konkreten Fall richten. Selbst wenn man eine wirtschaftliche Eigenständigkeit bejahen sollte, so ist eine Eigenständigkeit unter technischen Gesichtspunkten in keinem Fall erkennbar[281]. Die Software bleibt stets dieselbe.

---

[276] *Lehmann* in Lehmann, XVI Rz. 59; Kreuzer, S. 225; Marly, Rz. 994 ff.
[277] BGH v. 24.X.2002, CR 2003, 323, 325; *Grützmacher* in Wandtke/Bullinger, § 69 d Rz. 37; Marly, Rz. 993 ff.; Schuhmacher, CR 2000, 641, 646 ff.
[278] im vom BGH entschiedenen Fall wäre mit dem Hardwarewechsel eine Leistungssteigerung der Software verbunden gewesen, allerdings war dort die Software auf dem neuen Rechner durch logische Partition mit keiner höheren Kapazität als der bisherigen lauffähig, BGH v. 24.X.2002, CR 2003, 323 ff.; ursprünglich OLG Frankfurt/M. v. 14.XII.1999, CR 2000, 146, 150
[279] Schuhmacher, CR 2000, 641, 646 ff.; Marly, Rz. 994 ff; a.A.: Scholz/Haines, CR 2003, 393, 395
[280] Schuhmacher, CR 2000, 641, 647; so auch Wiebe in Anmerkung zum Urteil des BGH v. 24.X.2002, CR 2003, 323, 328; a.A. insoweit bei der Softwareüberlassung auf Zeit: Scholz/Haines, CR 2003, 393, 399
[281] Koch, 5. Aufl., Rz. 779

Aus diesem Grund ist das Vorliegen einer eigenständigen Nutzungsart auch bei upgrade-Klauseln zu verneinen. Diese Beurteilung läuft mit der Rechtssprechung des EuGH gleich, der das Vergütungsinteresse als ein dem Urheber zustehendes wesentliches Recht anerkennt. In seiner Entscheidung *Coditel I*[282] hat der Gerichtshof dem Urheber das Recht zuerkannt, die Vergütung nach dem tatsächlichen Umfang der Nutzung zu bestimmen, im konkreten Fall, die Vergütung für die Aufführung von Filmen nach der Anzahl der Vorführungen zu bemessen. In der Entscheidung *Warner Brothers/Christiansen*[283] stellte der EuGH ebenfalls auf das Vergütungsinteresse des Urhebers ab, indem er eine Aushöhlung dieses Interesses darin sah, dass Videokassetten aus einem anderen Mitgliedsstaat eingeführt und vermietet werden, obwohl der Urheber bzw. Schutzrechtsinhaber dort mangels eines entsprechenden Nutzungsrechts keine Vergütung erzielen konnten. Bei der Festlegung der Nutzung auf eine bestimmte Hardware hingegen muss in jedem konkreten Fall exakt die Reichweite des wirtschaftlichen Partizipationsinteresses des Urhebers bestimmt werden, so dass ein unreflektierter Gebrauch pauschaler Klauseln ausgeschlossen wird.

Zusammenfassend ergibt sich, dass die Festlegung der Softwarenutzung auf eine bestimmte Hardware wegen fehlender technischer Eigenständigkeit der Nutzungsart in sämtlichen Variationen urheberrechtlich nicht wirksam erfolgen kann. Die Eigenständigkeit der wirtschaftlichen Nutzung ist von dem konkreten Sachverhalt abhängig. Die schuldrechtliche Wirksamkeit derartiger Klauseln bleibt davon unberührt[284].

cc) Nutzung der Software nur auf Hardware des Lizenzgebers bzw. nur von diesem gelieferter Hardware

Entsprechend den soeben dargestellten Grundsätzen zur wirtschaftlichen Eigenständigkeit der Softwarenutzung ist eine Vereinbarung, die eine Nutzung der Software nur auf Hardware des Lizenzgebers bzw. von diesem gelieferter Hardware erlaubt, in keinem Fall von dem Partizipations- und Vergütungsinteresse des Urhebers gedeckt. Eine solche Regelung geht eindeutig über die Funktion des Urheberrechts hinaus.

---

[282] EuGH v. 18.III.1980, RS 62/79, „Coditel I", Slg. 1980, 881, 902 (= GRUR Int. 1983, 175, 176)

[283] EuGH v. 17.V.1988, RS 158/86, „Warner Brothers/Christiansen", Slg. 1988, 2605

[284] so auch *Haberstumpf* in Lehmann, II Rz. 165; *Lehmann* in Lehmann, XVI Rz. 59; Marly, Rz. 993 ff.; a.A. wohl *Ullrich/Konrad* in Ullrich/Körner, Teil I Rz. 515 ff.: sie scheinen insoweit nicht zu differenzieren und erachten derartige Klauseln insgesamt für rechtmäßig; vgl. nunmehr auch BGH v. 24.X.2002, CR 2003, 323, 325 f.

dd) Differenzierung nach Überlassung auf Dauer und auf Zeit

CPU-Klauseln finden sich insbesondere in Lizenzverträgen, in denen die Software in einem Dauerschuldverhältnis auf Zeit bei beiderseitig bestehenden fortlaufenden Verpflichtungen der Vertragsparteien (Lizenzgeber muss Nutzungsrechte gewähren und dem Kunden Programmservice zur Verfügung stellen; Lizenznehmer muss Lizenzgebühren bezahlen und eventuelle Beschränkungen einhalten, natürlich nur, soweit diese wirksam sind) überlassen wird[285]. Hier möchte sich der Urheber eine angemessene Vergütung vor allem für den Fall sichern, dass der Kunde die überlassene Software auf einer anderen, leistungsfähigeren Hardware als ursprünglich vorgesehen einsetzt und somit größeren Nutzen aus der Software ziehen kann.

Aus diesem Grund wollen Teile der Literatur unter Hinweis auf den Zweckübertragungsgedanken der §§ 31 Abs. 5, 32 und des § 69 d UrhG hinsichtlich der Zulässigkeit der CPU-Klauseln eine Unterscheidung nach einer Überlassung der Software auf Dauer bzw. auf Zeit treffen und bei letzterer dem Urheber weitergehende Rechte zubilligen[286].

Der Entscheidung des BGH[287] ist keine Konkretisierung der bestimmungsgemäßen Nutzung nach § 69 d Abs. 1 UrhG im Falle der zeitweisen Überlassung der Software zu entnehmen. Er stellt insofern lediglich klar, dass die strikte Bindung an eine bestimmte CPU ohne jegliche Ausweichmöglichkeit den zwingenden Kern des § 69 d Abs. 1 UrhG berührt und keine eigenständige Nutzungsart darstellt.

§ 69 d Abs. 1 UrhG garantiert dem Softwarenutzer bestimmte Mindestrechte und durchbricht mit § 69 g UrhG die allgemeine Zweckübertragungslehre des § 31 Abs. 5 UrhG. Während letztere bei fehlender vertraglicher Vereinbarung der konkret übertragenen Nutzungsrechte den Grundsatz in dubio pro autore verfolgt und damit nicht ausdrücklich übertragene Nutzungsrechte dem Urheber vorbehält, ist dieser Grundsatz bei Softwareüberlassungsverträgen sowohl materiellrechtlich wie auch beweistechnisch relativiert. Erst im Rahmen der Definition des „bestimmungsgemäßen Gebrauchs" kommt der Zweckübertragungsgedanke voll zur Anwendung[288]. Dies bedeutet, dass die dem Nutzer grundsätzlich gewährte Freiheit nur eingeschränkt werden kann, wenn das Interesse des Urhebers an einer wirtschaftlichen Beteiligung der Verwertung seines Werkes berührt ist. Insoweit verbleibt dem Urheber die Möglichkeit, bestimmte Nutzungsrechte gem. § 31 Abs. 1 S. 2 a.E. UrhG beschränkt einzuräumen. Wie oben bereits ausgeführt wurde, ist aber ein unterschiedliches wirtschaftliches Verwer-

---

[285] Nordemann, CR 1996, 5, 8; OLG Frankfurt/M. v. 14. XII. 1999, CR 2000, 146, 150
[286] Schneider Jochen, C Rz. 382; Pres, S. 239 f.; Scholz/Haines, CR 2003, 393, 399
[287] BGH v. 24. X. 2002, CR 2003, 323 ff.
[288] *Lehmann* in Festgabe für Schricker, S. 557 f.

tungsinteresse des Urhebers bei einer Überlassung auf Dauer oder Zeit gerade nicht erkennbar, auch nicht bei upgrade-Klauseln.
Freilich steht § 69 d Abs. 1 UrhG unter dem Vorbehalt abweichender vertraglicher Vereinbarungen und ist gem. § 69 g Abs. 2 UrhG nicht zwingend, so dass eine Einschränkung der bestimmungsgemäßen Nutzung urheberrechtlich wiederum möglich ist[289]. Dennoch hat, vorbehaltlich anderweitiger vertraglicher Vereinbarungen, eine Auslegung des § 69 d Abs. 1 UrhG grundsätzlich nutzerfreundlich zu erfolgen und sich an einer für den Anwender wirtschaftlich sinnvollen Nutzung der Software zu orientieren. Zu einer solchen aber gehört insbesondere im gewerblichen EDV-Bereich ein Hardwarewechsel[290].
Festzuhalten bleibt, dass CPU-Klauseln unabhängig von dem zugrundeliegenden schuldrechtlichen Rechtsgeschäft urheberrechtlich unwirksam sind[291]. Der Urheber hat sich bei der beschränkten Einräumung des Vervielfältigungsrechts stets an § 31 Abs. 1 S. 2 a.E. UrhG zu orientieren. Eine inhaltliche Beschränkung derart, dass die Nutzung auf einer bestimmten Hardware vorgeschrieben wird, ist von § 31 Abs. 1 S. 2 a.E. UrhG nicht gedeckt. Ebenso wenig kann urheberrechtlich eine höhere Vergütung für den Fall des Wechsels auf eine Hardware mit höherer Prozessorkapazität vereinbart werden, sog. upgrade-Klauseln. Schuldrechtlich allerdings können letztere Klauseln bei einer Überlassung auf Zeit wegen der dann anzuwendenden mietvertragsrechtlichen Wertungen eine andere Beurteilung erfahren[292].

ee) Ergebnis

Urheberrechtliche Wirkung entfalten nur solche Klauseln, die die Parallelverwendung der Software auf mehreren Computern untersagen, eine Unterscheidung nach Einzelplatz- bzw. Mehrplatznutzung treffen oder die Nutzung in einem Netzwerk festlegen. Den in der Praxis häufig vorkommenden Bindungen an eine bestimmte, identifizierte Hardware hingegen ist die urheberrechtliche Zulässigkeit zu versagen, da sie keinen Bezug zum (anzuerkennenden) wirtschaftlichen Partizipationsinteresse des Urhebers aufweisen.

---

[289] auf die Problematik und Rechtsnatur des § 69 d Abs. 1 UrhG wird unten ausführlich eingegangen: III) 1) b) cc) (3) (c) (bb)
[290] *Loewenheim* in Schricker, § 69 d Rz. 3; Koch, Rz. 2009
[291] wohl andere Ansicht *Grützmacher* in Wandtke/Bullinger, § 69 d Rz. 38
[292] vgl. insbesondere Wiebe in Anmerkung zum Urteil der BGH v. 24.X.2002, CR 2003, 323, 328

b) Verbreitung

Wird die Nutzung der Software an eine bestimmte Hardware gebunden, so ist der Softwareanwender faktisch zugleich seiner Möglichkeit beraubt, die Software seinem Belieben nach (ohne Hardware) weiterzugeben. Insofern liegt ein mittelbares Weitergabeverbot[293] vor, bei dem sich insbesondere im Falle der Überlassung auf Dauer wegen des Erschöpfungsgrundsatzes urheberrechtliche Bedenken ergeben[294].

3) Kartellrechtliche Prüfung

a) Art. 81 EGV

aa) Tatbestand des Art. 81 Abs. 1 EGV

(1) CPU-Klauseln mit und ohne Ausweichmöglichkeit

Die den Softwareanwendern zustehende Entscheidungsfreiheit bezüglich der einzusetzenden Hardware wird durch strenge CPU-Klauseln und solche mit Ausweichmöglichkeit nur für den Falle des Defekts der Hardware beeinträchtigt, so dass gemäß dem formal verstandenen Wettbewerbsbeschränkungsbegriff der Tatbestand einer Wettbewerbsbeschränkung erfüllt ist. Gerade im gewerblichen EDV-Bereich gehört ein Hardwarewechsel aufgrund des schnellen technischen Fortschritts sowie aus Abnutzungsgründen zur allgemeinen Nutzungspraxis[295] und Anwender, denen ein Wechsel der Hardware verboten ist, sind gegenüber ihren Wettbewerbern benachteiligt. Ebenso liegt von der Software her gesehen eine Wettbewerbsbeschränkung vor, da den Anwendern die freie Verwendung der erworbenen Software untersagt wird.

(2) Upgrade-Klauseln

Bei upgrade-Klauseln hingegen ist den Softwarenutzern ein Hardwarewechsel beliebig möglich. Allerdings bleiben die Softwarenutzer durch die Verpflichtung zur Zahlung einer zusätzlichen Vergütung im Falle des Wechsels auf eine Hardware mit höherer Prozessorkapazität vom Softwarehersteller abhängig. Fraglich ist, ob diese Abhängigkeit eine Wettbewerbsbeschränkung darstellt.

---

[293] mittelbar deshalb, da dem Wortlaut nach nicht die Weitergabe behindert wird, tatsächlich aber betroffen ist
[294] siehe unten III) 1) b)
[295] Koch, Rz. 2009

Im Gegensatz zur urheberrechtlichen Bewertung der Zulässigkeit von upgrade-Klauseln hat hier eine Differenzierung nach einer Überlassung der Software auf Dauer und auf Zeit zu erfolgen: im Falle der Softwareüberlassung auf Dauer bedeutet die Abhängigkeit vom Hersteller einen gravierenden Einschnitt in die dem Anwender an sich zustehende Entscheidungs- und Handlungsfreiheit, weil er im Falle der dauerhaften Überlassung der Software mit dieser grundsätzlich nach seinem Belieben verfahren können müsste. Durch die Abhängigkeit ist er zudem gegenüber konkurrierenden Unternehmen benachteiligt.

Bei einer Überlassung auf Zeit hingegen steht den Softwarenutzern wegen des mietvertraglichen Einschlags des schuldrechtlichen Überlassungsgeschäfts von vornherein keine der der Überlassung auf Dauer entsprechende umfassende Handlungs- und Verfügungsfreiheit über die Software zu, weshalb hier nicht von einer Wettbewerbsbeschränkung auszugehen ist. Vielmehr kann der Softwarehersteller weitergehende Einschränkungen des Nutzungsumfangs vornehmen und so den Wechsel auf eine Hardware mit höherer Prozessorkapazität auch von der Zahlung einer zusätzlichen Lizenzgebühr abhängig machen. Allerdings ist hier besonders auf den Missbrauch einer marktbeherrschenden Stellung zu achten[296].

(3) Verpflichtung zum Bezug der Hardware aus einer bestimmten Quelle

Wird den Softwareanwendern zudem der Bezug der Hardware aus einer bestimmten Quelle vorgeschrieben, so kommt zusätzlich eine Bezugsbeschränkung in Betracht. Hierbei ist grundsätzlich anerkannt, dass nicht nur rechtliche Bindungen, sondern auch faktische Bindungen den Tatbestand einer Wettbewerbsbeschränkung erfüllen, wenn ihre Nichtbefolgung wirtschaftlich, gesellschaftlich, moralisch oder ähnlich sanktioniert wird[297]. Im Falle der Bezugspflicht aus einer bestimmten Quelle wird den Softwareanwendern gerade nicht rechtlich untersagt, Hardware von beliebigen Anbietern zu beziehen, faktisch aber die Bezugsfreiheit genommen, weil für eine sinnvolle Nutzung der erworbenen Software nur eine Hardware erforderlich ist und deren Bezugsquelle vorgeschrieben ist. Die Softwareanwender werden also unter wirtschaftlichen Gesichtspunkten daran gehindert, Hardware von nicht genannten dritten Herstellern zu beziehen.

Geht die Verpflichtung noch weiter, indem die Software nur auf Hardware desselben Herstellers eingesetzt werden darf, so liegt zusätzlich ein Koppelungsgeschäft gem. Art. 81 Abs. 1 lit. e EGV vor. Angesichts der heutigen Kompatibilität der Produkte und der Vertriebspolitik des unbundling ist eine Koppelung

---

[296] vgl. unten c)
[297] *Bunte in* Langen/Bunte, Bd. I Art. 81 Generelle Prinzipien f. Rz. 17 ff.

von Hard- und Software in der Regel weder sachlich noch handelsüblich zu rechtfertigen[298].

In allen genannten Fällen wirkt sich die Beschränkung der wirtschaftlichen Entscheidungsfreiheit der Softwareanwender reflexartig auf die Betätigungsmöglichkeiten dritter Hardwareanbieter aus, da diese, soweit der Softwareanwender einmal seinen Bedarf an Hardware befriedigt hat, keine realisierbare Möglichkeit mehr haben, ihre, möglicherweise technisch bessere oder günstigere Hardware, den gebundenen Softwareanwendern anzubieten. Insoweit liegt eine Ausschließlichkeitsbindung in Form einer Absatzbeschränkung gem. Art. 81 Abs. 1 lit. b EGV vor[299]. Insbesondere im Falle der Koppelung kann dies bei entsprechender Marktmacht zu einer wesentlichen Behinderung dritter Hardwareanbieter am Marktzutritt führen.

(4) Weiterübertragung von Soft- und Hardware

Von CPU-Klauseln ebenso betroffen ist die Weiterübertragung von Soft- und Hardware, da eine getrennte Weitergabe der Software gegen die vereinbarte Hardwarebindung verstoßen würde. Dies kommt dem Grunde nach einem vertraglich vereinbarten Weitergabeverbot gleich[300].

(5) Zusammenfassung

Abschließend ist festzuhalten, dass CPU-Klauseln eine Wettbewerbsbeschränkung darstellen: einerseits in Richtung auf die gebundenen Vertragspartner, die Softwareanwender, andererseits in Richtung auf sonstige Hardwareanbieter. Bei upgrade-Klauseln ist wegen des grundsätzlich beliebig möglichen Hardwarewechsels nach einer Überlassung auf Zeit und auf Dauer zu differenzieren: in erstgenanntem Fall liegt keine Wettbewerbsbeschränkung vor, in zweitgenanntem Fall hingegen schon, weil hier die Softwareanwender die volle Entscheidungs- und Verfügungsfreiheit über die erworbene Software haben müssten. Ebenso stellt die Koppelung von Software mit Hardware desselben Herstellers eine Wettbewerbsbeschränkung dar.

---

[298] vgl. oben OEM-Vertrieb § 2 D) IV) 4) b) bb) (1)
[299] *Bunte in* Langen/Bunte, Bd. I Art. 81 Generelle Prinzipien Rz. 84; vgl. auch Nordemann, CR 1996, 5, 10
[300] siehe unten III)

bb) Legalität nach Art. 81 Abs. 3 EGV

Damit eine Wettbewerbsbeschränkung der Legalausnahme nach Art. 81 Abs. 3 EGV unterfällt, müssen vier Voraussetzungen erfüllt sein: in positiver Hinsicht muss die wettbewerbsbeschränkende Vereinbarung einen Beitrag zur Verbesserung der Warenerzeugung oder -verteilung oder zur Förderung des technischen oder wirtschaftlichen Fortschritts leisten und die Verbraucher an dem entstehenden Gewinn angemessen beteiligen. Mit Gewinn sind hierbei die sich aus der Vereinbarung ergebenden wirtschaftlichen Vorteile gemeint[301].
In negativer Hinsicht ist die Unerlässlichkeit der Wettbewerbsbeschränkung erforderlich sowie die Unmöglichkeit der Ausschaltung des Wettbewerbs für einen wesentlichen Teil der betreffenden Waren. Diese Voraussetzungen werden von Vereinbarungen, die den Gruppenfreistellungsverordnungen unterfallen, erfüllt.

(1) Tz. 41 der Leitlinien für vertikale Beschränkungen

Auch wenn eine direkte Anwendbarkeit der Verordnung Nr. 2790/1991 auf Softwareendanwenderlizenzen ausscheidet, muss die Anwendbarkeit von Tz. 41 der Leitlinien für vertikale Beschränkungen wegen ihres Wortlauts geprüft werden.
Bereits im Rahmen der Untersuchung des OEM-Vertriebs wurde die Anwendbarkeit von Tz. 41 der Leitlinien der Verordnung Nr. 2790/1999 angesprochen, dort jedoch nicht für einschlägig befunden, da Tz. 41 lediglich das Verhältnis Softwarehersteller – Anwender betrifft und nicht das dortige Verhältnis Softwarehersteller – Händler. Hier nun aber handelt es sich genau um das Verhältnis Softwarehersteller – Endanwender. Nach Tz. 41 darf ein Käufer von Hardware, die mit urheberrechtlich geschützter Software geliefert wird, vom Rechtsinhaber dazu verpflichtet werden, nicht gegen das Urheberrecht zu verstoßen, indem er z.B. die Software kopiert und weiterverkauft bzw. in Verbindung mit einer anderen Hardware verwendet.
Voraussetzung ist also der Erwerb von auf der Hardware bereits vorinstallierter Software durch Kauf. Dies muss bei CPU-Klauseln nicht immer der Fall sein, vielmehr ist zum einen ein getrennter Erwerb von Software und Hardware möglich, zum anderen ein Erwerb der Software auf Zeit (und nicht auf Dauer). Auch die weiteren Voraussetzungen von Tz. 41 bleiben unklar: hier kommt die dritte Variante des Verwendens in Betracht, wobei nicht eindeutig ist, ob es sich um das Verbot handelt, die ursprüngliche Software mit einer anderen Hardware zu verwenden – dies würde den hier untersuchten CPU-Klauseln entsprechen – oder aber um das Verbot, eine Kopie, sprich Vervielfältigung der Software an-

---

[301] *Bunte* in Langen/Bunte, Bd. I Art. 81 Generelle Prinzipien Rz. 149, 157 f.

zufertigen und anschließend diese Kopie in Verbindung mit einer anderen Hardware zu verwenden[302].
Ein Verbot in letztgenanntem Sinne würde der kartellrechtlichen Kontrolle in jedem Fall standhalten, da eine derartige Vervielfältigung einem selbständigen Werkgenuss zugänglich ist und insofern dem Ausschließlichkeitsrecht des Urhebers unterliegt[303]. Ein Verbot der Anfertigung einer Kopie ohne Weiterverkauf allerdings wäre mit Blick auf das unabdingbare Recht der Softwarenutzer auf Erstellen einer Sicherungskopie gem. §§ 69 d Abs. 2, 69 g Abs. 2 UrhG nicht unproblematisch.
Die tatsächliche Anwendbarkeit von Tz. 41 Leitlinien hinsichtlich CPU-Klauseln, zumindest bei einer Softwareüberlassung auf Dauer, bleibt also fraglich. Daher wird im Rahmen der allgemeinen Legalitätsprüfung nach Art. 81 Abs. 3 EGV die kartellrechtliche Zulässigkeit von CPU-Klauseln untersucht. Dieses Ergebnis kann dann zugleich als Wertung dafür dienen, ob die Regelung in Tz. 41 Leitlinien Zustimmung verdient, nachdem es sich bei den CPU-Klauseln und bei dem in Tz. 41 geregelten Sachverhalt an sich um dieselbe Verpflichtung des Softwareanwenders durch den -hersteller handelt, die Software nur auf der ursprünglichen Hardware zu nutzen – zumindest soweit Tz. 41 dahingehend verstanden wird, dass sich das Verbot, die Software in Verbindung mit einer anderen Hardware zu nutzen, auf die ursprüngliche Software und nicht ein Vervielfältigungsexemplar bezieht.

(2) Verordnung Nr. 772/2004

Ebenso soll ein kurzer Vergleich zu den von der Verordnung Nr. 772/2004 geregelten Sachverhalten, die eine Parallele zu der hier vorliegenden Problematik aufweisen, gezogen werden.
Die Leitlinien zur neuen Verordnung Nr. 772/2004 auf Technologietransfer-Vereinbarungen gehen in Tz. 184 f. von der Möglichkeit einer Beschränkung der Nutzung der überlassenen Technologie auf bestimmte technische Anwendungsgebiete oder bestimmte Produktmärkte, sog. *field-of-use-Beschränkung,* aus. Fraglich ist, ob CPU-Klauseln eine solche field-of-use-Beschränkung darstellen. Insbesondere im Hinblick auf die alte Verordnung Nr. 240/96 hat ein Teil der Literatur Art. 2 Abs. 1 Ziff. 8 VO 240/96, der field-of-use-Beschränkungen betrifft, für entsprechend anwendbar gehalten[304].
Voraussetzung für eine field-of-use-Beschränkung ist, dass die Technologie zu bestimmten, objektiv mit der Technologie selbst zusammenhängenden Zwecken

---

[302] so Schneider Jochen, N Rz. 40
[303] vgl. oben 2) a) aa)
[304] Schneider Jochen, C Rz. 383; für die alten Verordnungen Nr. 2131/1995 und 556/1989 *Schroeder in* Kilian/Heussen, GlZiff. 62 Rz. 19

überlassen wird[305]. Dies wäre beispielsweise bei einer Beschränkung der Entwicklung von Software nur für Unterrichtszwecke der Fall[306]. Die CPU-Klauseln erfüllen dieses Merkmal jedoch nicht. Vielmehr stellt die Nutzung der Software auf einer bestimmten Hardware schon keine wirtschaftlich und technisch selbständige Nutzungsart dar, so dass eine Übertragung der Wertungen von Tz. 184 f. Leitlinien Technologietransfer ausscheidet.
Auch hinsichtlich Koppelungsvereinbarungen enthalten die Leitlinien in Tz. 191 ff. Beurteilungsgrundsätze. Unabhängig von dem Marktanteil des Softwareherstellers ist eine Koppelung gerechtfertigt, wenn sie für eine technisch einwandfreie Nutzung der überlassenen Technologie oder unter qualitativen Gesichtspunkten notwendig ist, Leitlinien Tz. 194. Wegen der Kompatibilität im Software- und Hardwaremarkt treffen die beiden letztgenannten Gesichtspunkte aber auf den Fall der Koppelung von Hard- und Software desselben Herstellers nur ganz ausnahmsweise zu[307]. Die Legalität der Koppelung wird daher im Rahmen der allgemeinen Legalitätsprüfung nach Art. 81 Abs. 3 EGV weiter untersucht.

(3) Allgemeine Legalitätsprüfung

(a) CPU-Klauseln mit und ohne Ausweichmöglichkeit

Die strengen CPU-Klauseln erfüllen in keinem Fall die Voraussetzungen des Art. 81 Abs. 3 EGV. Im Unternehmensbereich gehört ein Hardwarewechsel zur allgemeinen Nutzungspraxis. Ein diesbezügliches striktes Verbot würde den technischen Fortschritt entgegen den Anforderungen des Art. 81 Abs. 3 EGV hemmen, weil technisch hochwertigere Hardware nicht zum Einsatz kommen könnte. Die Softwareanwender jedoch, also die Verbraucher im Sinne des Art. 81 Abs. 3 EGV[308], sind auf den Einsatz moderner Produktionsmittel angewiesen, um im Wettbewerb mit ihren Konkurrenten bestehen zu können: eine effiziente Produktion von Waren bzw. Erbringung von Dienstleistungen setzt voraus, dass das Unternehmen mit der Entwicklung der Technik Schritt hält. Ist dies nicht der Fall, so haben letztendlich auch Letztverbraucher oder Konsumenten eine geringere Auswahlmöglichkeit zwischen verschiedenen Konkurrenzprodukten. Für eine erfolgreiche und wettbewerbsfähige Unternehmenspolitik ist es also unerlässlich, von technisch verbesserten Produkten profitieren zu können. Dies wird durch strenge CPU-Klauseln aber gerade verhindert. Ebenso gehen sie zu Lasten des interbrand-Wettbewerbs zwischen den Hardwareher-

---

[305] *Jestaedt in* Langen/Bunte, Bd. I Art. 81 Fallgruppen Rz. 262
[306] Sucker, CR 1989, 468, 476
[307] siehe oben § 2 D) IV) 4) b) bb) (1)
[308] *Bunte in* Langen/Bunte, Bd. I Art. 81 Generelle Prinzipien Rz. 159

stellern: die Nachfrage nach Hardware ist geringer, wenn ein Unternehmen fest an eine Hardware gebunden ist und keine Möglichkeit hat, die Software auf anderer Hardware zu nutzen.
Dasselbe gilt grundsätzlich auch für CPU-Klauseln mit Ausweichmöglichkeit. Auch hier ist es den Unternehmen mit Ausnahme bei einem Defekt der Hardware grundsätzlich verwehrt, die Hardware auszutauschen. Allerdings ist hier der Wettbewerb auf dem Softwaremarkt näher zu betrachten: gerade kleineren Softwareunternehmen, die sich noch nicht im Markt etabliert haben, könnte der Markteinstieg erleichtert werden, wenn sie durch die Bindung der Software an einen bestimmten Rechnertyp den Nutzungsumfang der Software genau festlegen können. Die Softwarehersteller bemessen ihre Vergütung entsprechend dem bei der Softwareentwicklung bestehenden Stand der Technik und der zu diesem Zeitpunkt von der Hardware zu verarbeitenden möglichen Datenmenge mit dem Ziel der Amortisation ihrer Entwicklungskosten[309]. Auch wenn bei einem Hardwarewechsel mit höherer Prozessorkapazität der gesteigerte Nutzen der Software auf die Hardware und nicht die Software selbst zurückzuführen ist, so hat die ursprüngliche Kalkulation der Hersteller doch an Gültigkeit verloren, weil die Anwender weniger Softwareexemplare als anfänglich geschätzt benötigen. Hier bieten CPU-Klauseln mit Ausweichmöglichkeit kleineren Unternehmen die Chance, ihr Investitionsrisiko genau zu kalkulieren und dementsprechend in die Entwicklung neuer und verbesserter Software zu investieren. Dies kommt dem technischen und wirtschaftlichen Fortschritt sowie der Warenerzeugung zugute: möglicherweise erhöht sich die Zahl der konkurrierenden Softwarehersteller bzw. die Anzahl der konkurrierenden Softwareprodukte und somit wegen des größeren Wettbewerbs die Qualität der einzelnen Softwareerzeugnisse. Davon profitieren nicht nur die unmittelbaren Abnehmer, die die Software als Produktionsmittel einsetzen, sondern auch die Endverbraucher.
Hinsichtlich der Unerlässlichkeit der Hardwarebindung mit Ausweichmöglichkeit ist auf den einzelnen Softwarehersteller abzustellen: die Klausel kann nur für kleine Unternehmen unerlässlich sein, wenn sie auf dem jeweiligen Markt noch Fuß fassen müssen. Für bereits etablierte Unternehmen scheidet eine Unerlässlichkeit aus. Eine Ausschaltung des Wettbewerbs für einen wesentlichen Teil der betreffenden Waren, hier der Hardware, ist mit den CPU-Klauseln mit Ausweichmöglichkeit nicht verbunden: hier ist zum einen zu berücksichtigen, dass nur kleineren Unternehmen die Möglichkeit der Verwendung der Klauseln offen stehen soll, zum anderen, dass Software nur begrenzt lebensfähig und ohnehin nicht immer auf einer technisch verbesserten Hardware einsatzfähig ist.

---

[309] Scholz/Haines, CR 2003, 393, 396

(b) Upgrade-Klauseln

Die von CPU-Klauseln ausgehenden negativen Wettbewerbswirkungen liegen bei upgrade-Klauseln nicht vor: den Softwarenutzern ist ein Hardwarewechsel jederzeit möglich, so dass weder der Wettbewerb auf dem Software- noch auf dem Hardwaremarkt beeinträchtigt wird. Ohnehin liegt eine Wettbewerbsbeschränkung nur bei einer Überlassung der Software auf Dauer vor. Unabhängig von Größe und Marktstärke des Softwareunternehmens sind upgrade-Klauseln somit kartellrechtlich zulässig, allerdings ist bei marktmächtigen und -starken Unternehmen auf die missbräuchliche Gestaltung der Höhe der zusätzlichen upgrade-Vergütung zu achten[310].

(c) Koppelung von Software und Hardware desselben Herstellers

Die Wettbewerbswirkungen einer Koppelung von Soft- und Hardware desselben Herstellers entsprechen im Grundsatz denen der zuvor untersuchten CPU-Klauseln, die ja an sich ebenso eine Koppelung darstellen. Allerdings können sich in Abhängigkeit von der Marktstellung des Softwareherstellers hier die negativen Auswirkungen auf den Wettbewerb noch verstärken: wenn der Softwarehersteller ausreichende Marktmacht besitzt, kann er den Wettbewerb auf dem Hardwaremarkt zusätzlich einschränken. Somit kann sich zu Lasten der Verbraucher eine Abhängigkeit von ein- und demselben Hersteller ergeben.

(d) Ergebnis

Hinsichtlich der kartellrechtlichen Zulässigkeit von CPU-Klauseln ist wegen der unterschiedlichen Wettbewerbswirkungen nach dem jeweiligen Typ der Klauseln zu differenzieren: CPU-Klauseln ohne Ausweichmöglichkeit erfüllen mangels positiver Wirkungen auf den Wettbewerb in keinem Fall die Voraussetzungen für eine Legalausnahme nach Art. 81 Abs. 3 EGV. CPU-Klauseln mit Ausweichmöglichkeit hingegen sollten aus Gründen der Erleichterung des Markteinstiegs kleineren Softwareunternehmen erlaubt sein. Upgrade-Klauseln sind ohnehin nur bei einer Überlassung auf Dauer bedenklich, erfüllen aber die Voraussetzungen einer Legalausnahme. Kartellrechtlich zu achten ist bei ihnen allerdings auf die Angemessenheit der upgrade-Vergütung.
Aus diesem Ergebnis der kartellrechtlichen Zulässigkeit bzw. Unzulässigkeit von CPU-Klauseln kann der Schulterschluss zur Regelung von Tz. 41 Leitlinien für vertikale Beschränkungen gezogen werden: Tz. 41 ist nicht zuzustimmen. Es wird nicht deutlich, ob sich das Verbot einer Verwendung der Software in

---

[310] siehe sogleich unten c)

Verbindung mit einer anderen Hardware auf die ursprüngliche Software oder ein Vervielfältigungsexemplar derselben bezieht. Erstere Variante entspricht nämlich den strengen CPU-Klauseln, die nach der oben erfolgten Untersuchung in keinem Fall legalausnahmefähig sind.

b) § 16 GWB

Im deutschen Recht richtet sich die kartellrechtliche Beurteilung von CPU-Klauseln nach § 16 GWB.

aa) Bindungen des § 16 GWB

Eine CPU-Klausel kann mehrere der in § 16 GWB genannten Tatbestände erfüllen. Hier ergeben sich weitgehend Parallelen zum soeben behandelten europäischen Recht, so dass die dort gemachten Ausführungen größtenteils auch im deutschen Recht Geltung beanspruchen.
Zunächst kommt der Tatbestand einer Verwendungsbeschränkung gem. § 16 Ziff. 1 GWB in Betracht. Unter Verwendung ist dabei im Hinblick auf die Ziff. 2 und 3 des § 16 GWB jede Verwertung zu verstehen, die nicht Bezug oder Absatz ist[311]. Die Softwareerwerber werden erheblich in ihrer Verwendungsfreiheit bezüglich der erworbenen Software beeinträchtigt, weil sie diese nur auf der genau bezeichneten Hardware nutzen dürfen, weshalb das Vorliegen einer Verwendungsbeschränkung ohne weiteres zu bejahen ist.
Eine Parallele zu in der deutschen Rechtspraxis entschiedenen Fällen bezüglich Hilfsmitteln bestätigt diese Auffassung: da Hardware für die Nutzung der Software wesentlich ist, wird dem Erwerber die Verpflichtung zum Gebrauch bestimmter Hilfsmittel für die gelieferte Software auferlegt[312].
Ebenso könnte der Tatbestand einer Bezugsbeschränkung gem. § 16 Ziff. 2 GWB erfüllt sein, wenn der Erwerb von Hardware nur aus bestimmten Bezugsquellen gestattet wird. Diese Klausel beinhaltet zwar keine rechtliche Bindung insoweit, dass dem Softwarenutzer verboten wird, Hardware von Dritten zu beziehen, jedoch wird der gewöhnliche Softwarenutzer wirtschaftlich gebunden, als er zur Nutzung der Software nur einer (und nicht mehrerer voneinander unabhängig betriebener) Hardwarekonfiguration(en) bedarf[313]. Auch derartige

---

[311] *Emmerich* in Immenga/Mestmäcker, GWB § 16 Rz. 38; *Klosterfelde/Metzlaff in* Langen/Bunte, Bd. I § 16 Rz. 35 ff.
[312] vgl. z.B. TB 1969, BT-Drucksache VI/950, S. 72, die den Einsatz beliebigen Papiers in Kopierautomaten betraf
[313] Schneider Jörg, S. 176

wirtschaftliche Bindungen werden wie im europäischen Recht vom Tatbestand der Wettbewerbsbeschränkung erfasst[314].
Wird der Erwerber zusätzlich zum Bezug der Hardware von demselben Softwarehersteller verpflichtet, so liegt neben der Bezugsbeschränkung eine Koppelung gem. § 16 Ziff. 4 GWB vor.
Die genannten Verwendungs-, Bezugs- und Koppelungsbindungen wirken sich ebenso auf den Hardwaremarkt aus, weil dritte Hardwareanbieter in ihren Betätigungsmöglichkeiten beeinträchtigt werden.
Strenge CPU-Klauseln und solche mit Ausweichmöglichkeit erfüllen also entsprechend dem europäischen Recht den Tatbestand einer Wettbewerbsbeeinträchtigung nach § 16 GWB. Hinsichtlich der sog. upgrade-Klauseln sollte auch im deutschen Recht eine Differenzierung nach einer Überlassung auf Dauer und auf Zeit erfolgen.

bb) Wesentliche Wettbewerbsbeeinträchtigung

Angesichts der Bündeltheorie und der engen Marktabgrenzung im Softwaresektor wird die Wesentlichkeit der Wettbewerbsbeeinträchtigung beim Vorliegen von CPU-Klauseln in vielen Fällen erreicht sein: auf der einen Seite werden die Softwarenutzer in ihrer Handlungsfreiheit gravierend beeinträchtigt, auf der anderen Seite werden sonstige Hardwareanbieter in ihrer Wettbewerbsfreiheit beeinträchtigt. Letzteres wird insbesondere beim Vorliegen einer Koppelungsbindung der Fall sein, da dort die Offenhaltung der Märkte die größte Rolle spielt.

c) Marktmachtmissbrauch

Auf den Missbrauch einer marktbeherrschenden Stellung in Zusammenhang mit CPU-Klauseln ist in zweierlei Hinsicht besonders zu achten: zum einen im Hinblick auf die Preisfestsetzung des Softwareherstellers bei upgrade-Klauseln, zum anderen im Hinblick auf die Verpflichtung des Einsatzes der Software auf ebenfalls vom Softwarehersteller bezogener Hardware.

aa) Art. 82 EGV

(1) Marktbeherrschung

Nach nunmehr ständiger Rechtsprechung definiert der EuGH die Marktbeherrschung als wirtschaftliche Machtstellung eines Unternehmens, die dieses in die

---

[314] *Klosterfelde/Metzlaff* in Langen/Bunte, Bd. I § 16 Rz. 32, 52

Lage versetzt, einen tatsächlichen Wettbewerb auf dem relevanten Markt zu verhindern, indem sie ihm die Möglichkeit verschafft, sich seinen Wettbewerbern, seinen Abnehmern und letztendlich den Verbrauchern gegenüber in nennenswertem Umfang unabhängig zu verhalten[315]. Der relevante Markt ist hierbei wie im Rahmen des Art. 81 Abs. 1 EGV aus Sicht der Marktgegenseite, also der Softwareanwender, nach dem sog. Bedarfsmarktkonzept in sachlicher, räumlicher und zeitlicher Hinsicht abzugrenzen[316].
Eine derartige wirtschaftliche Macht besitzen auf jeden Fall Monopole. Verfügt ein Unternehmen über kein Monopol, so ist die Marktbeherrschung anhand verschiedener Kriterien wie Marktanteil, Marktstruktur, Marktverhalten, Finanzkraft des jeweiligen Unternehmens, Verflechtung mit anderen Unternehmen etc. zu ermitteln. Allein die Innehabung eines gewerblichen Schutzrechts oder Urheberrechts begründet jedoch keine marktbeherrschende Stellung[317]. Auf diese Problematik des Machtmissbrauchs durch Ausübung des Urheberrechts wird später noch im Einzelnen einzugehen sein[318].
Fraglich ist, ob eine marktbeherrschende Stellung des Softwareherstellers allein damit begründet werden kann, dass der Softwareanwender hinsichtlich der Höhe der zusätzlichen Lizenzgebühr vom Softwarehersteller abhängig ist. Dies muss angesichts der Praxis von EuGH und Kommission wohl verneint werden, die eine marktbeherrschende Stellung bisher nicht allein auf fehlende Auswahlmöglichkeiten der Abnehmer gestützt haben[319]. In den entschiedenen Fällen war die Abhängigkeit der Marktgegenseite stets auch durch die Monopolstellung des betreffenden Unternehmens begründet, so dass sich Kommission und EuGH bei der Frage der Marktbeherrschung auf beide Kriterien beziehen konnten.
Die Marktbeherrschung des Softwareherstellers kann also nicht allein mit der Abhängigkeit der Anwender begründet werden, sondern müsste sich bereits aus der Stellung des Herstellers auf dem Softwaremarkt ergeben. Hier kommt es für die Feststellung der Marktbeherrschung auf die tatsächlichen und konkreten Marktverhältnisse an.

---

[315] EuGH v. 09.XI.1983, RS 322/81, „Michelin/Kommission", Slg. 1983, 3461, 3503; *Dirksen in* Langen/Bunte, Bd. I Art. 82 Rz. 11 ff.
[316] *Dirksen in* Langen/Bunte, Bd. I Art. 82 Rz. 19 ff.; siehe oben § 2 A) II) 2) b)
[317] EuGH v. 6.IV.1995, Verbundene RS C-241/91 P und C-242/91 P, „Magill", Slg. 1995, 743 ff. (= JuS 1995, 840 f., EuZW 1995, 339 ff.)
[318] siehe Teil 2 § 5 C)
[319] EuG v. 10.VII.1991 „RTE/Kommission", Slg. 1991 II, 485, 517 Rz. 63; EuG v. 10.VII.1991 „BBC/Kommission", Slg. 1991 II, 535, 561 Rz. 51; EuG v. 10.VII.1991 „ITP/Kommission", Slg. 1991 II, 575, 599 Rz. 49; diese Entscheidungen bestätigt durch EuGH v. 6.IV.1995 „Magill", Slg. 1995, 743; EuGH v. 11.XI.1986 „British Leyland", Slg. 1986, 3263, 3300

(2) Marktmachtmissbrauch

Ein Marktmachtmissbrauch in Zusammenhang mit CPU-Klauseln kann sich also von vornherein nur ergeben, wenn der Hersteller bereits auf dem Softwaremarkt eine beherrschende Stellung einnimmt.

(a) Allgemeines

Nach der Rechtsprechung des EuGH ist der Missbrauchstatbestand ein objektiver Begriff und im Hinblick auf die Zielsetzung der Wahrung eines Systems unverfälschten Wettbewerbs gem. Art. 3 lit. g EGV auszulegen[320]. Art. 82 Abs. 2 EGV nennt in lit. a – d verschiedene Tatbestände, die in jedem Fall einen Missbrauch darstellen. Unabhängig von diesen Beispielstatbeständen versteht der EuGH unter einem Missbrauch allgemein solche Verhaltensweisen eines Unternehmens in beherrschender Stellung, die die Struktur eines Marktes beeinflussen können, auf dem der Wettbewerb gerade wegen der Anwesenheit des fraglichen Unternehmens bereits geschwächt ist, und die die Aufrechterhaltung des auf dem Markt noch bestehenden Wertbewerbs oder dessen Entwicklung durch die Verwendung von Mitteln behindern, welche von den Mitteln eines normalen Produkt- oder Dienstleistungswettbewerbs auf der Grundlage der eigenen Leistungen des Unternehmens abweichen[321]. Somit erfasst der Missbrauchsbegriff den sog. Ausbeutungs-, Behinderungs- und Marktstrukturmissbrauch.

(b) Missbrauch in Bezug auf CPU-Klauseln

(aa) upgrade-Klauseln: missbräuchliche Preisfestsetzung gem. Art. 82 Abs. 2 lit. b EGV

Was die Angemessenheit einer zusätzlichen Vergütung belangt, so muss sich diese an dem wirtschaftlichen Wert der gesteigerten Nutzung orientieren[322]. Da hier der wirtschaftliche Wert der gesteigerten Nutzung nicht mittels einer Kosten- und Gewinnanalyse zu ermitteln sein wird, wird die Ermittlung einer angemessenen Vergütung durch einen Preisvergleich aufgrund des sog. Ver-

---

[320] *Dirksen* in Langen/Bunte, Bd. I Art. 82 Rz. 74 f.
[321] st. Rspr.: EuGH v. 13.II.1979, RS 85/76, „Hoffmann-La Roche/Kommission" Slg. 1979, 461, 541; EuGH v. 11.XII.1980, RS 31/80, „L'Oréal/De Nieuwe Amck" Slg. 1980, 3775, 3794; siehe auch *Dirksen* in Langen/Bunte, Bd. I Art. 82 Rz. 75 f.; Heinemann, S. 445 f.
[322] vgl. ausführlich zur Angemessenheit von Preisen *Dirksen* in Langen/Bunte, Bd. I Art. 82 Rz. 92 ff.

gleichsmarktkonzepts stattfinden. Danach wird die vom marktbeherrschenden Softwarehersteller verlangte Vergütung in Bezug zu einer fiktiven Vergütung gesetzt, die sich bei wirksamem Wettbewerb zwischen verschiedenen Softwareherstellern ergeben würde[323].
Hierbei wird an die Angemessenheit der Höhe der zusätzlichen Vergütung bei einer Softwareüberlassung auf Dauer ein strengerer Maßstab anzulegen sein als bei einer Überlassung auf Zeit: bei letzterer stehen dem Softwarehersteller aufgrund des mietvertraglichen Einschlags des schuldrechtlichen Rechtsgeschäfts quasi als „Vermieter" weitergehende Befugnisse zu und es liegt nicht außerhalb des Vorstellungsbereichs im Mietrecht, eine erhöhte Nutzung durch gesonderte Vergütung abzugelten. Dies gilt auch, obwohl der gesteigerte Nutzen der Software nicht primär auf diese selbst, sondern die Hardware zurückzuführen ist, da Soft- und Hardware hinsichtlich ihrer Funktionsfähigkeit und Einsatzbereitschaft als Einheit anzusehen sind. Letzterer Gesichtspunkt kommt jedoch bei der urheberrechtlichen Zulässigkeit der upgrade-Klauseln zum Tragen, vgl. oben.

(bb) Koppelung von Soft- und Hardware desselben Herstellers

Eine Marktbeherrschung des Softwareherstellers vorausgesetzt, erfüllt die Verpflichtung des Anwenders zum Bezug der Hardware ebenfalls vom Softwarehersteller angesichts der umfassenden Kompatibilität von Hard- und Software den Tatbestand einer unzulässigen Koppelung nach Art. 82 Abs. 2 lit. d EGV[324].

bb) § 19 GWB

Hinsichtlich des Missbrauchs einer marktbeherrschenden Stellung im deutschen Recht kann auf das soeben zum europäischen Recht Gesagte verwiesen werden. Der Missbrauchsbegriff des § 19 GWB umfasst den sog. Ausbeutungs- und Behinderungsmissbrauch, wobei ersterer die Marktgegenseite und letzterer (potentielle) Wettbewerber schützt.
Auch hier kann die Marktbeherrschung aber nicht allein mit der Abhängigkeit der Anwender vom Softwarehersteller begründet werden, vielmehr muss der Softwarehersteller bereits auf dem Softwaremarkt eine beherrschende Stellung einnehmen. In Betracht kommen dann die Tatbestände des § 19 Abs. 1, 4 Ziff. 1[325] und Ziff. 2 GWB. Hierbei wird die Missbräuchlichkeit von Preisen anhand des sog. Vergleichsmarktkonzepts ermittelt, bei dem der tatsächlich verlangte

---

[323] *Dirksen in* Langen/Bunte, Bd. I Art. 82 Rz. 97
[324] vgl. ausführlich zur Koppelung im Softwarebereich oben § 1 D) IV) 4) b) bb) (1)
[325] vgl. *Schultz in* Langen/Bunte, Bd. I § 19 Rz. 145

Preis dem Preis, der sich bei wirksamem Wettbewerb ergeben würde, gegenübergestellt wird[326].

cc) § 20 Abs. 2 S. 1 GWB

Die Abhängigkeit der Softwareanwender vom -hersteller allein begründet also noch keine Marktmacht des Herstellers. Vorliegen könnte allerdings eine relative Marktmacht der Softwarehersteller im Sinne des § 20 Abs. 2 S. 1 GWB, die durch ein Abhängigkeitsverhältnis gekennzeichnet ist: danach dürften die Softwareanwender keine ausreichenden und zumutbaren Möglichkeiten haben, auf andere Softwarehersteller auszuweichen. Geschützt werden bei einem derartigen Abhängigkeitsverhältnis nur kleine und mittlere Unternehmen. Ein solches Abhängigkeitsverhältnis liegt bei der Vereinbarung einer upgrade-Klausel vor, weil die Softwareanwender für die Weiterbenutzung ihrer Software bei einem Hardwarewechsel vom Softwarehersteller abhängig sind, der bei höherer Prozessorkapazität eine zusätzliche Vergütung fordert. Die Abhängigkeit könnten die Anwender nur durch Erwerb einer neuen Software umgehen. Diese Ausweichmöglichkeit ist für sie jedoch weder ausreichend noch zumutbar, weil eine Neuanschaffung sowohl mit zusätzlichen finanziellen Kosten als auch wegen des vollständigen Systemwechsels mit einem erhöhten Zeit- und Personalaufwand verbunden ist. Schließlich muss es der unternehmerischen Freiheit des Anwenders überlassen bleiben, ob er die ursprüngliche Software weiternutzen möchte oder einen vollständigen Systemwechsel anstrebt.
Fraglich ist aber, ob die Angemessenheit der Höhe der zusätzlichen Vergütung überhaupt nach § 20 Abs. 2 GWB überprüft werden kann. § 20 Abs. 2 GWB umfasst gem. Abs. 1 nur das sog. Diskriminierungs- und Behinderungsverbot, nicht jedoch die Ausbeutung, jedenfalls sofern keine Ungleichbehandlung vorliegt. Bei der Prüfung der Angemessenheit einer zusätzlichen Vergütung bei upgrade-Klauseln kommt es aber gerade auf den Ausbeutungsmissbrauch an. Anhand des § 20 Abs. 2 GWB kann die Angemessenheit der upgrade-Gebühr also nicht überprüft werden. Hinsichtlich der Einzelheiten zum Diskriminierungs- und Behinderungsverbot wird auf unten verwiesen[327].

dd) Ergebnis

Ein Marktmachtmissbrauch in Verbindung mit CPU-Klauseln und insbesondere upgrade-Klauseln kommt also nur in Betracht, wenn der Softwarehersteller auf dem Markt der Software selbst eine marktbeherrschende Stellung einnimmt.

---

[326] näher dazu Schultz in Langen/Bunte, Bd. I § 19 Rz. 94 ff.
[327] siehe II) 3) c)

Insoweit sind die tatsächlichen und konkreten Machtverhältnisse auf dem jeweiligen Softwaremarkt entscheidend. Besteht zwischen Softwarehersteller und -anwender hingegen lediglich ein Abhängigkeitsverhältnis, so ist eine Überprüfung der Angemessenheit der upgrade-Gebühr nur bei gleichzeitigem Vorliegen einer Ungleichbehandlung möglich.

II) Dongles und sonstige Schutzmechanismen für Zwecke des Kopierschutzes

1) Begriffserklärung

In der Praxis werden zunehmend technische Programmschutzmechanismen zur Verhinderung von Urheberrechtsverletzungen der Software eingesetzt. Dabei handelt es sich um Vorrichtungen, die Bearbeitungen und Vervielfältigungen der Software und damit den Umfang der tatsächlichen Softwarenutzung kontrollieren können. Die Vorrichtungen können hardware- oder softwarespezifischer Natur sein. Letztere verhindern schon die Herstellung von Vervielfältigungsstücken oder die Benutzung des Programms über einen gewissen Zeitpunkt hinaus[328], während hardwarebezogene Schutzmechanismen die Vervielfältigung selbst nicht verhindern, sondern erst die Nutzung der hergestellten Vervielfältigungsstücke. Insofern spricht man bei hardwarespezifischen Schutzmechanismen vom sog. mittelbaren Kopierschutz, bei softwarespezifischen Schutzmechanismen vom sog. unmittelbaren Kopierschutz[329]. Eine weit verbreitete Art des mittelbaren Kopierschutzes sind die sog. Dongles: diese sind Hardwarelocks, die in Verbindung mit entsprechenden Abfragemechanismen im Programm bewirken, dass die Software nur auf dem Computer ablauffähig ist, der mit dem im Softwarepaket mitgelieferten Dongle bestückt ist, wodurch eine gleichzeitige Mehrfachnutzung eines Softwareexemplars unterbunden wird[330]. Mittelbar wird auch die widerrechtliche Vervielfältigung der Software verhindert, da widerrechtlich hergestellte Vervielfältigungsexemplare mangels Dongles nicht ablauffähig sind[331]. Der Dongle ist an die parallele Schnittstelle des Computers anzuschließen.

---

[328] so z.B. bei Shareware; siehe hierzu unten Teil 6 § 1
[329] *Wand in* Lehmann (Hrsg.), Cyberlaw, S. 48
[330] Schneider Jochen, C Rz. 398; *Loewenheim in* Schricker, § 69 f Rz. 9; Raubenheimer CR 1996, 69
[331] Raubenheimer CR 1996, 69, 71

2) Urheberrechtliche Problematik

a) Allgemeines

Für die urheberrechtliche Zulässigkeit technischer Schutzmechanismen muss gewährleistet sein, dass die technische Sperre nicht an den eigentlichen Programmlauf anknüpft – dieser ist gem. Art. 5 Abs. 1 Richtlinie 2001/29/EG urheberrechtsfrei[332] – sondern entweder an das Herstellen eines Vervielfältigungsstücks der Software (so bei softwarespezifischen Programmschutzmechanismen) oder an das Laden der Software in den Arbeitsspeicher, da nur in diesen Fällen eine urheberrechtlich relevante Vervielfältigungshandlung vorliegt. Dieses Interesse des Urhebers an einer Kontrolle der Vervielfältigungen und somit an der tatsächlichen Nutzung seiner Software ist grundsätzlich anzuerkennen. Dongles knüpfen an das Laden der Software in den Arbeitsspeicher an, so dass ihnen insofern die urheberrechtliche Zulässigkeit nicht zu versagen ist. Auch das deutsche Urheberrecht geht ersichtlich von der Zulässigkeit von Kopierschutzmechanismen aus: in Umsetzung von Art. 7 Abs. 1 lit. c Richtlinie 91/250/EWG heißt es in § 69 f Abs. 2, 1 UrhG, dass solche Mittel vernichtet werden dürfen, „*die allein dazu bestimmt sind, die unerlaubte Beseitigung oder Umgehung technischer Programmschutzmechanismen zu erleichtern*". Diese Aussage impliziert zugleich die urheberrechtliche Zulässigkeit technischer Programmschutzmechanismen.

b) Urheberrechtlich zulässige Reichweite von Kopierschutzmechanismen: Problematik der Anbindung der Software an eine bestimmte Hardware

Der Urheber besitzt also im Hinblick auf eine ihm zustehende, angemessene Vergütung für seine Leistung ein legitimes Interesse an einer Kontrolle des Nutzungsumfangs seiner Software. Diese Kontrolle wird ihm durch das ausschließliche Vervielfältigungsrecht des § 69 c Ziff. 1 UrhG ermöglicht und ist zum Grundbestand seines Urheberrechts zu zählen. Grundsätzlich knüpfen Kopierschutzmechanismen an das Vervielfältigungsrecht des Urhebers an. Fraglich jedoch ist, ab wann die technischen Mechanismen über eine Kontrolle des Vervielfältigungsrechts hinausgehen und somit unter kartellrechtlichen Gesichtspunkten problematisch werden können.
Gerichtsentscheidungen zu Dongles sind bisher nur in Zusammenhang mit der Entfernung der Dongle-Abfragen auf Veranlassung des Softwareanwenders im Falle eines Defekts des Dongles hinsichtlich des dem Urheber zustehenden Be-

---

[332] vgl. oben I) 2) a) aa)

arbeitungsrechts gem. § 69 c Ziff. 2 UrhG[333] oder in Zusammenhang mit dem Defekt oder Verlust von Dongles in Bezug auf die Vertragserfüllung und Gewährleistungspflicht der Softwarehersteller[334] ergangen[335], nicht aber zur konkret zulässigen Reichweite des Kopierschutzes. Allen Urteilen ist lediglich die bereits bekannte Urheberrechtslage zu entnehmen, dass auch die Rechtsprechung die technische Absicherung des unberechtigten Kopierens von Software für zulässig erachtet. Die Frage jedoch, ob eine technische Sperre so konzipiert sein darf, dass die Software immer nur auf einer genau festgelegten, identifizierten Hardware läuft, ist bisher nicht beantwortet.

Diese Frage stellt sich insbesondere im Hinblick auf die nunmehr gängige Vertriebspraxis vieler Softwarehersteller, ihre Software mit der Hardware technisch so zu verbinden, dass eine Trennung von Soft- und Hardware nicht mehr möglich ist. Die Benutzung eines Dongles zum Beispiel ist nur noch für die ursprüngliche Installation der Software erforderlich, nicht mehr aber für die spätere Programmnutzung. Die Software wird kryptographisch geschützt auf dem Rechner installiert und ist anschließend ohne Dongle nutzbar[336].

Ebenso sind die sog. Recovery-CDs zu diesen technisch bewirkten Anbindungen zu zählen: insbesondere Microsoft ist dazu übergegangen, diese Wiederherstellungs-CDs, auf die das gesamte Betriebssystem kopiert ist, ab Windows 2000 durch Abfragen von BIOS- und Festplatten-IDs technisch mit der ursprünglichen Hardware zu verknüpfen[337]. Für den Sicherungsfall bedeutet dies, dass die Nutzung der CD dann nicht erfolgreich sein kann, wenn die Hardware ausgewechselt oder wesentliche Teile von ihr geändert wurden.

Weitere technisch bewerkstelligte Verknüpfungen von Hard- und Software sind Freischaltungserfordernisse und Programmsperren[338]. Bei ersteren muss der Kunde zur Nutzung der Software eine besondere Freischaltung vom Hersteller erwerben, welche bei Wechsel der Hardware oder Austausch bestimmter Komponenten erneut erforderlich wird. Programmsperren hingegen machen nach einer gewissen Zeit die Nutzung der Software unmöglich, wenn nicht der Anwender vom Hersteller ein bestimmtes Codewort erwirbt.

In der Praxis finden sich also zunehmend technisch bewirkte Verknüpfungen von Software und Hardware, die von ihrer Wirkung her den vertraglich vereinbarten strengen CPU-Klauseln entsprechen, da ein Hardwarewechsel völlig unmöglich gemacht wird. Die Beurteilung der Reichweite technischer Kopier-

---

[333] LG Düsseldorf CR 1996, 737 ff.; OLG Düsseldorf v. 27.III.1997, CR 1997 337 ff.; OLG Karlsruhe v. 10.I.1996, CR 1996, 341 ff.
[334] LG Frankfurt/M. v. 4. IV. 1995, CR 1997, 25 ff.
[335] zu diesem gesamten Komplex vgl. näher Koch, Rz. 2054 ff.
[336] Koch, 5. Aufl. Rz. 803
[337] Schmitz, c't 15/2000, 18
[338] vgl. im einzelnen Stellungnahme der DGRI zur Überarbeitung der Gruppenfreistellungsverordnung (EG) Nr. 240/96 für Technologietransfer-Vereinbarungen (GFTT) in CR 2003/5 Beilage S. 3 f.

schutzmechanismen hat sich an Sinn und Zweck ihrer urheberrechtlichen Zulässigkeit zu orientieren.
Sinn des § 69 f Abs. 2 UrhG ist es, technische Vorrichtungen zu erlauben, die Urheberrechtsverletzungen verhindern[339]. Wegen ihrer Digitalität unterliegt Software einer besonders hohen Missbrauchsgefahr, da digitale Informationen sich auf schnellstem Wege ohne jeglichen Qualitätsverlust vervielfältigen und anschließend, ohne dass das Vervielfältigungsstück von dem Original unterschieden werden könnte, weiterverbreiten lassen[340]. Die Gefahr einer Weiterverbreitung illegal hergestellter Werkstücke ist angesichts der durch das Internet weltweit möglichen Datenfernübertragung besonders hoch. Hinzu kommt, dass digitale Informationen aufgrund ihrer einheitlichen Darstellung im Binärsystem besonders leicht verändert und manipuliert werden und letztendlich zu einer Urheberrechtsverletzung führen können[341]. Vor diesem Hintergrund ist die Regelung des § 69 f Abs. 2 UrhG bzw. Art. 7 Abs. 1 lit. c Richtlinie 91/250/EWG zu sehen, welche dem Urheber ein wirksames Mittel zur Bekämpfung von Piraterieakten an die Hand geben wollen.
Auch die Richtlinie 2001/29/EG zur Harmonisierung bestimmter Aspekte des Urheberrechts und der verwandten Schutzrechte in der Informationsgesellschaft[342] beinhaltet in Art. 6 für sonstige digitale Werke eine Regelung zum Schutz technologischer Maßnahmen. Dadurch wird deutlich, wie wichtig der europäische Gesetzgeber technologische Maßnahmen zum Schutz der Urheberrechte ansieht[343].
Das Verhältnis der Regelungen bezüglich technologischer Schutzmaßnahmen in der Computerrechtsrichtlinie 91/250/EWG und der Urheberrechtsrichtlinie 2001/29/EG ist eindeutig geregelt: für den Bereich der Computerprogramme findet allein Art. 7 Abs. 1 lit. c der Computerrechtsrichtlinie, mithin § 69 f Abs. 2 UrhG, Anwendung. Dies ergibt sich aus den Erwägungsgründen 49, 50 der Richtlinie 2001/29/EG, in denen ausgeführt wird, dass die spezielle Schutzbestimmung hinsichtlich technischer Maßnahmen gemäß der Richtlinie 91/250/EWG unberührt bleibt und ausschließlich dort behandelt wird. Daraus

---

[339] *Loewenheim in* Schricker, § 69 f Rz. 9
[340] die digitale Technologie bietet die Möglichkeit, jegliche Art von Information (Text, Bild, Ton) in ein- und demselben System darzustellen, nämlich im Dualsystem mit den Binärziffern (englisch: binary digit = bit) „0" und „1"; „0" bedeutet Strom fließt nicht, „1" Strom fließt; dadurch können verschiedene Informationen auf demselben Speichermedium verwertet werden; vgl. insoweit Moritz/Tybusseck, Rz. 4 f.
[341] zu den Missbrauchsgefahren der digitalen Technologie vgl. Koehler, S. 8 f.; *Lehmann in* Lehmann (Hrsg.), Cyberlaw, S. 28 ff.; Becker ZUM 1995, 231, 240; Reinbothe ZUM 2002, 43, 49
[342] Richtlinie 2001/29/EG ABl. 2001 L 167, 10 ff., im Folgenden auch „Urheberrechtsrichtlinie" genannt
[343] Art. 11 WCT und Art. 18 WPPT regeln den Schutz technischer Maßnahmen auf internationaler Ebene

folgt gleichzeitig, dass der europäische Gesetzgeber die Rechte der Nutzer ebenso groß schreibt: ein harmonisierter Rechtsschutz hinsichtlich technischer Maßnahmen darf in keinem Fall dazu führen, dass die den Nutzern zugestandenen Rechte des reverse engineering, Art. 5 Abs. 3 Richtlinie 91/250/EWG bzw. § 69 d Abs. 3 UrhG, und der Dekompilierung, Art. 6 Richtlinie 91/250/EWG bzw. § 69 e UrhG, ausgehöhlt werden. Es muss verhindert werden, dass sich die Industrie unter dem Deckmantel eines wirksamen Technologieschutzes ein eigenes Urheberrecht schafft und eine in ihren Augen unliebsame, aber mit urheberrechtlichen Mitteln an sich nicht zu untersagende Nutzung durch technologische Maßnahmen unmöglich macht[344].

Dies stellt natürlich eine Gratwanderung zwischen Urheberrechtsschutz und Verbraucherinteressen dar. Die sich gegenüberstehenden Positionen des Schutzes der (berechtigten) Interessen der Urheber auf der einen Seite und der Mindestrechte der Nutzer auf der anderen Seite müssen in die Überlegungen zur zulässigen Reichweite technischer Schutzmaßnahmen gem. § 69 f Abs. 2 UrhG einbezogen werden.

Für den unmittelbaren Kopierschutz bedeutet dies, dass er urheberrechtlich zumindest bedenklich ist. Gem. §§ 69 d Abs. 2, 69 g Abs. 2 haben Softwarenutzer das unabdingbare Recht zur Erstellung einer Sicherungskopie, soweit diese für die Sicherung der künftigen Benutzung erforderlich ist. Ist dem Softwarenutzer aufgrund technischer Maßnahmen die Herstellung einer Sicherungskopie unmöglich, so hat er wegen der Wertungen der §§ 69 d Abs. 2, 69 g Abs. 2 UrhG gegen den Hersteller zunächst einen Anspruch auf Lieferung einer Sicherungskopie oder, in zweiter Linie, auf Entfernung des Programmschutzes[345].

Auch die zulässige Reichweite mittelbarer Kopierschutzmechanismen muss unter Abwägung der Interessen der Urheber und der Nutzer bestimmt werden. Urheberrechtsverletzungen liegen nur bei unerlaubten Vervielfältigungen oder Bearbeitungen vor. Einer unerlaubten Vervielfältigung der Software wird aber bereits durch einen einfachen Dongle ohne zusätzliche technische Verknüpfung von Soft- und Hardware entgegen getreten. Insofern besteht keine Notwendigkeit einer technischen Verbindung von Soft- und Hardware. Ebenso wenig ist eine technische Verknüpfung im Hinblick auf das wirtschaftliche Partizipationsinteresse des Urhebers erforderlich. Insoweit kann auf das oben zu den CPU-Klauseln Gesagte verwiesen werden: die technische Verbindung von Soft- und Hardware stellt lediglich eine besondere und strengere Form der zuvor behandelten vertraglich vereinbarten Hardwarebindung dar. Eine solche ist jedoch, wie gezeigt, mangels anzuerkennenden Partizipationsinteresses des Urhebers und angesichts des Rechts der Nutzer zur bestimmungsgemäßen Nutzung urheberrechtlich nicht zuzulassen.

---

[344] Hoeren, MMR 2000, 515, 520; Kröger, CR 2001, 316, 321
[345] *Loewenheim in* Schricker, § 69 d Rz. 18 f.

Zusammenfassend ist festzuhalten, dass technische Vorrichtungen zur Kontrolle von Vervielfältigungen und Bearbeitungen urheberrechtlich zulässig sind. Nach Sinn und Zweck des § 69 f Abs. 2 UrhG müssen derartige Sperren jedoch eine Grenze finden, sobald sie die Mindestrechte der Nutzer gem. §§ 69 d, 69 g Abs. 2 UrhG einschränken und über die Kontrolle urheberrechtlicher Handlungen hinausgehen, indem sie nicht mehr dem wirtschaftlichen Partizipationsinteresse des Urhebers zuzurechnen sind. Dies ist der Fall, wenn Soft- und Hardware technisch untrennbar miteinander verbunden werden.

3) Kartellrechtliche Problematik

Angesichts der anzuerkennenden Aufgabe des Urheberrechts kann das bloße Vorhandensein von Kopierschutzsperren wegen deren urheberrechtlichen Zulässigkeit kartellrechtlich nicht überprüft werden. Eine kartellrechtliche Untersuchung kann jedoch dann stattfinden, wenn die technischen Sperren zugleich eine technische Verbindung von Software und Hardware bewirken. Zudem ergeben sich bei der Verwendung von Dongles kartellrechtliche Probleme, wenn der Softwareanwender den Dongle verloren hat und sich der Softwarehersteller weigert, ihm einen Ersatzdongle zu einem angemessenen Preis zu liefern[346].

a) Technische Verknüpfung von Software und Hardware

Die technische Verknüpfung von Software und Hardware ist mangels Partizipationsinteresses des Urhebers dinglich nicht durchsetzbar und somit einer kartellrechtlichen Kontrolle in vollem Umfang zugänglich. Fraglich ist, ob hier dieselben kartellrechtlichen Grundsätze wie bei den zuvor behandelten vertraglich vereinbarten strengen CPU-Klauseln anzuwenden sind.
Auf jeden Fall werden entsprechend den CPU-Klauseln die Erwerber auch hier in ihrer Verwendungsfreiheit hinsichtlich Software und Hardware beeinträchtigt. Ebenso werden sonstige Software- und Hardwareanbieter in ihren Betätigungsmöglichkeiten beschränkt. Allerdings besteht der Unterschied, dass der Softwareanwender von vornherein Software und Hardware miteinander verknüpft erwirbt und dieses „einheitliche Produkt" nach seinem Belieben verwenden kann. Stellt man auf dieses „Produktpaket" ab, so könnte zweifelhaft sein, ob der Erwerber tatsächlich in seiner Verwendungsfreiheit beeinträchtigt wird.
Hier ist allerdings zu berücksichtigen, dass eine an sich rechtlich unzulässige Bindung, nämlich die Verknüpfung der Software mit einer bestimmten Hardware, nicht dadurch zulässig werden kann, indem sie von vornherein technisch

---

[346] Schneider Jochen, C Rz. 371 ff.

bewerkstelligt wird[347]. Angesichts der heutigen Kompatibilität der Produkte im EDV-Markt ist eine Bindung an ein bestimmtes Produkt ohnehin nur in Ausnahmefällen zulässig[348].
Zusammenfassend ergibt sich, dass die technische Verknüpfung von Software und Hardware entsprechend der (lediglich) vertraglich vereinbarten Hardwarebindung durch CPU-Klauseln unter kartellrechtlichen Gesichtspunkten äußerst bedenkenswert ist und bei Vorliegen der weiteren Tatbestandsvoraussetzungen des Art. 81 Abs. 1 EGV der Spürbarkeit und der Handelsbeeinträchtigung sowie der Wesentlichkeit der Wettbewerbsbeeinträchtigung gem. § 16 GWB eine unzulässige Wettbewerbsbeschränkung darstellt.

b) Abhängigkeit des Hardwarewechsels von der Mitwirkung des Softwareherstellers

Fraglich ist die kartellrechtliche Beurteilung von Freischaltungserfordernissen und Programmsperren. Diese beiden Schutzmechanismen bewirken nicht die uneingeschränkte technische Anbindung der Software an eine bestimmte Hardware, sondern machen den Hardwarewechsel oder Austausch von Komponenten von einer Mitteilung an den Softwarehersteller abhängig, der den Wechsel dann technisch bewerkstelligen muss.
Problematisch ist hier insbesondere die Abhängigkeit vom Softwarehersteller. Entsprechend der Beurteilung der upgrade-Klauseln im Rahmen der vertraglich vereinbarten Hardwarebindung sollte hier ebenso eine Unterscheidung in eine Überlassung der Software auf Dauer und auf Zeit erfolgen: in erstgenanntem Fall ist von einer Wettbewerbsbeschränkung für den Softwarenutzer auszugehen, da er hinsichtlich seiner Entscheidungsfreiheiten nach erfolgtem Austauschgeschäft für die Zukunft vom Softwarehersteller weitgehend abhängig bleibt und gegenüber seinen Wettbewerbern benachteiligt wird. Ein so weitreichendes, schützenswertes Interesse des Softwareherstellers an der Kontrolle des Nutzungsumfangs und Einsatzortes seiner Software ist unter kartellrechtlichen Gesichtspunkten nicht anzuerkennen, zumal ein Hardwarewechsel oder Austausch von Komponenten ohne weiteres zum normalen gewerblichen Nutzungsumfang von Soft- und Hardware gehört. Zudem können sich kartellrechtliche Bedenken aus dem Missbrauch einer marktbeherrschenden Stellung ergeben[349].
Bei einer Überlassung auf Zeit hingegen steht den Softwarenutzern wegen des mietvertraglichen Einschlags des schuldrechtlichen Überlassungsgeschäfts von vornherein eine weniger weitreichende Handlungsfreiheit zu, so dass hier die

---

[347] vgl. auch Koch, Rz. 799, 803
[348] vgl. oben zu den CPU-Klauseln I) 3) bb) (2) u. (3)
[349] vgl. sogleich unten c) zum Verlust des Dongles

erforderliche Benachrichtigung des Herstellers für einen Hardwarewechsel nicht als Wettbewerbsbeschränkung anzusehen ist.

c) Verlust des Dongles

Weitere kartellrechtliche Probleme in Zusammenhang mit Dongles ergeben sich, wenn der Anwender den Dongle verloren hat. In diesem Fall ist er auf die Lieferung eines Ersatzdongles durch den Hersteller angewiesen. Grundsätzlich sehen die Überlassungsverträge vor, dass im Falle eines Defekts des Dongles der Hersteller bei Vorlage des fehlerhaften Dongles während der Gewährleistungsfrist einen Ersatzdongle liefert, nach Ablauf der Gewährleistungsfrist gegen eine angemessene Vergütung. Im Falle des Verlusts des Dongles jedoch verlangt die Mehrzahl der Hersteller für die Lieferung eines Ersatzdongles die ursprüngliche Lizenzgebühr, obwohl die Herstellung des Dongles an sich nicht kostenträchtig ist und für die Hersteller keinen großen Aufwand bedeutet. Begründet wird diese Praxis mit der Missbrauchsgefahr des Dongles, da bei Nichtvorlage des ursprünglichen Dongles nicht ausgeschlossen werden kann, dass der Ersatzdongle neben dem ursprünglichen Dongle für die Nutzung einer weiteren, widerrechtlich hergestellten Softwarekopie eingesetzt wird[350].

aa) Art. 82 EGV

Entsprechend der Beurteilung bei den CPU-Klauseln kann auch hier die marktbeherrschende Stellung des Softwareherstellers nicht allein damit begründet werden, dass die Softwareanwender für die Lieferung eines Ersatzdongles vom Hersteller abhängig sind. Die marktbeherrschende Stellung des Herstellers muss sich vielmehr bereits aus dessen Stellung auf dem Softwaremarkt selbst ergeben.
Nimmt der Softwarehersteller auf dem Softwaremarkt eine beherrschende Stellung ein, so wäre die Forderung eines Preises für den Ersatzdongle in Höhe der ursprünglichen Lizenzgebühr in jedem Fall missbräuchlich im Sinne des Art. 81 Abs. 1, 2 lit. a EGV, weil die Herstellung des Dongles keinen großen Aufwand erfordert und nur mit geringen Kosten verbunden ist.
Allerdings impliziert der Begriff des Missbrauchs bereits, dass eine objektiv unter Art. 82 EGV fallende Verhaltensweise dann zulässig bleibt, wenn sie objektiv gerechtfertigt ist[351]. Dies bedeutet, dass das Verlangen eines Entgelts in Höhe der ursprünglichen Lizenzgebühr dann nicht als missbräuchlich im Sinne des Art. 82 Abs. 1, 2 lit. a EGV zu qualifizieren ist, wenn der Softwarehersteller

---

[350] Schneider Jochen, C Rz. 398 ff.
[351] *Dirksen in* Langen/Bunte, Bd. I Art. 82 Rz. 71

begründete Verdachtsmomente hinsichtlich eines Missbrauchs mit dem Ersatzdongle anführen kann. Dies wird vom konkreten Einzelfall und der Glaub- und Vertrauenswürdigkeit des Softwareanwenders abhängen. Neben dem Beispielstatbestand des Abs. 2 lit. a kommt auch ein Missbrauch nach der Generalklausel des Abs. 1 in Betracht, da die Forderung einer nochmaligen Lizenzgebühr im Ergebnis einer Lieferverweigerung gleichkommt[352].

bb) § 19 GWB

Hinsichtlich des Missbrauchs einer marktbeherrschenden Stellung nach § 19 GWB kann weitgehend auf das soeben zum europäischen Recht Gesagte verwiesen werden.
Auch hier kommt eine Marktbeherrschung des Softwareherstellers im Hinblick auf die Lieferung eines Ersatzdongles nur in Betracht, wenn er bereits auf dem Softwaremarkt eine beherrschende Stellung innehat.
Nach der Rechtsprechung des BGH besteht auch im Rahmen des § 19 Abs. 4 Ziff. 2 GWB, obwohl im Gesetzestext anders als in Abs. 4 Ziff. 1 und 3 nicht ausdrücklich erwähnt, für marktbeherrschende Unternehmen die Möglichkeit, Rechtfertigungsgründe für ihr Verhalten anzuführen. Dies ergibt sich aus dem dem Missbrauchsbegriff innewohnenden Unwerturteil[353]. Dies bedeutet, dass die Forderung eines Entgelts in Höhe der ursprünglichen Lizenzgebühr dann nicht missbräuchlich im Sinne des § 19 GWB ist, wenn der Softwarehersteller begründete Verdachtsmomente äußern kann, dass der Anwender den Ersatzdongle missbräuchlich für eine illegale Softwarekopie einsetzen will.

cc) § 20 Abs. 2 GWB

Da die Forderung einer unangemessen hohen Vergütung letztendlich einer Lieferverweigerung gleichkommt, könnte § 20 Abs. 2 GWB einschlägig sein. Im Unterschied zu Abs. 1 gilt Abs. 2 auch für lediglich marktstarke Unternehmen, so dass eine Marktbeherrschung des Softwareherstellers auf dem Softwaremarkt selbst nicht Voraussetzung ist.
Der Softwarehersteller ist marktstark im Sinne des § 20 Abs. 2 S. 1 GWB, weil die Softwareanwender hinsichtlich der Lieferung eines Ersatzdongles von ihm abhängig sind und keine ausreichende und zumutbare Möglichkeit haben, auf andere Softwarehersteller auszuweichen: lediglich der ursprüngliche Softwarehersteller verfügt über die für die Herstellung eines Ersatzdongles erforderliche Kenntnis der Schnittstellen und des source-code.

---

[352] siehe sogleich cc)
[353] *Schultz in* Langen/Bunte, Bd. I § 19 Rz. 105 ff.

Die Forderung der ursprünglichen Lizenzgebühr könnte den Tatbestand des Diskriminierungsverbots erfüllen: danach dürfen gleichartige Unternehmen nicht ohne sachliche Rechtfertigung unterschiedlich behandelt werden. Die Bestimmung der Gleichartigkeit der Unternehmen hat sich an der Marktöffnungsfunktion des § 20 Abs. 1, 2 GWB zu orientieren, weshalb lediglich eine Grobschichtung vorzunehmen ist und die Grundfunktionen der Unternehmen zu vergleichen sind[354]. Im hiesigen Fall läuft dies auf die Frage hinaus, ob Unternehmen, die den defekten Dongle vorlegen können mit Unternehmen, die den Dongle verloren haben und daher nicht vorlegen können, gleichartig sind. Da beide Typen von Softwareanwendern jeweils ihre vom Hersteller erworbene Software gem. § 69 d Abs. 1 UrhG bestimmungsgemäß nutzen wollen, ist die Gleichartigkeit zu bejahen. Das Grundanliegen ist stets dasselbe, nämlich die bestimmungsgemäße Nutzung der Software.

Im Rahmen der Prüfung der sachlichen Rechtfertigung für eine unterschiedliche Behandlung hat eine einzelfallbezogene Interessenabwägung unter Berücksichtigung der auf die Freiheit des Wettbewerbs gerichteten Zielsetzung des GWB stattzufinden[355]. Kann der Softwarehersteller berechtigte Zweifel an der Redseligkeit des Anwenders geltend machen, so ist eine Ungleichbehandlung gegenüber Anwendern, die den Dongle vorlegen können, gerechtfertigt. In allen anderen Fällen hingegen wird eine Rechtfertigung ausscheiden, so dass der Tatbestand des § 20 Abs. 2 S. 1 erfüllt ist[356].

Als Ergebnis ist festzuhalten, dass das Verlangen einer Vergütung in Höhe der ursprünglichen Lizenzgebühr ohne sachlichen Grund kartellrechtlich nach § 20 Abs. 2, 1 GWB verboten ist und eine sachlich nicht gerechtfertigte Ungleichbehandlung von Unternehmen darstellt.

dd) Ergebnis

Der Missbrauch einer marktbeherrschenden Stellung kann sich in Zusammenhang mit der Lieferung eines Ersatzdongles nur ergeben, wenn der Softwarehersteller zugleich auf dem Softwaremarkt beherrschend ist. Allerdings kann die Forderung der ursprünglichen Lizenzgebühr eine ungerechtfertigte Ungleichbehandlung nach § 20 Abs. 2 S. 1 GWB darstellen.

---

[354] *Schultz in* Langen/Bunte, Bd. I § 20 Rz. 96 ff.
[355] *Schultz in* Langen/Bunte, Bd. I § 20 Rz. 121 ff.
[356] zur Rechtsfolge der unberechtigten Lieferverweigerung vgl. unten zur Softwarepflege Teil 2 § 5 D) II) u. III)

III) Weitergabeverbote

Weite Verbreitung in Softwareüberlassungsverträgen besitzen Weitergabeverbote, mit denen dem Softwarenutzer verboten wird, die Software Dritten zu überlassen. Eine abgeschwächte Form stellt die Verpflichtung des Nutzers, die Weitergabe der Software dem Hersteller bzw. dem von diesem Berechtigten schriftlich mitzuteilen, dar[357]. Letztendlich können Weitergabeverbote auch mittelbar durch CPU-Klauseln bewirkt werden, weil diese eine getrennte Weitergabe von Hard- und Software verbieten.
Hintergrund der Weitergabeverbote ist die bei Computerprogrammen besonders hohe Gefahr der unberechtigten Vervielfältigung, welcher schon im Vorfeld entgegengewirkt werden soll, indem Dritten kein Zugang zur Software ermöglicht wird[358].

1) Urheberrechtliche Gesichtspunkte

a) Verbreitungsrecht

Urheberrechtlich gesehen berühren Weitergabeverbote das in § 69 c Ziff. 3 UrhG dem Urheber vorbehaltene Verbreitungsrecht. Diesem unterfallen sowohl das Inverkehrbringen von Werkstücken als auch deren Angebot an die Öffentlichkeit, wobei für ein Inverkehrbringen jede Form der Besitzüberlassung ausreicht, neben einer Veräußerung also auch ein Vermieten oder Verleihen[359].

aa) Unterlizenzierungsverbote

Urheberrechtlich unproblematisch sind solche Bestimmungen, die die Weitergabe der Software an Dritte verbieten, wenn der ursprüngliche Erwerber der Software deren Nutzung nicht aufgibt. Derartige Klauseln sind Ausfluss der Möglichkeit des Urhebers, eine einfache Nutzungslizenz gem. § 31 Abs. 1, 2 UrhG zu erteilen und stellen bloße Unterlizenzierungsverbote dar[360]. Sie rechtfertigen sich schon aus Sinn und Zweck des Urheberrechts, dem Urheber für seine Leistung eine an der tatsächlich zu erwartenden Nutzung orientierte adäquate Vergütung zukommen zu lassen.

---

[357] eine Übersicht über die verschiedenen Arten von Weitergabeverboten gibt Marly, S. 378 f.
[358] Sucker, CR 1989, 468, 469; *Ullrich/Konrad* in Ullrich/Körner, Teil I Rz. 520
[359] *Loewenheim* in Schricker, § 17 Rz. 12
[360] Schneider Jochen, C Rz. 401

bb) Weitergabeverbote

Unter den eigentlichen Weitergabeverboten sollen in dieser Arbeit solche Klauseln verstanden werden, die die Weitergabe der überlassenen Software auch dann verbieten, wenn der ursprüngliche Erwerber die Nutzung der Software vollständig einstellt und sämtliche bei ihm vorhandenen Kopien löscht[361]. Hier ist weiter danach zu unterscheiden, ob dem Erwerber die Weitergabe auf Zeit verboten werden soll, betroffen sind damit Vermiet- und Verleihverbote, oder aber die (entgeltliche oder unentgeltliche) Weitergabe auf Dauer. Letztere sind urheberrechtlich insbesondere unter dem Gesichtspunkt der Erschöpfung problematisch.

b) Erschöpfung

aa) Reichweite der Erschöpfung – Vermiet- und Verleihrecht

Das dem Urheber ausschließlich vorbehaltene Verbreitungsrecht findet seine Grenze im sog. Erschöpfungsgrundsatz, § 69 c Ziff. 3 S. 2 UrhG, Art. 4 lit. c S. 2 Richtlinie 91/250/EWG: danach erschöpft sich das Verbreitungsrecht des Urhebers mit Ausnahme des Vermietrechts, wenn das jeweilige Vervielfältigungsstück des Computerprogramms mit Zustimmung des Rechtsinhabers im Gebiet der Europäischen Gemeinschaften oder eines anderen Vertragsstaates des Abkommens über den Europäischen Wirtschaftsraum im Wege der Veräußerung in Verkehr gebracht worden ist. Die gemeinschaftsweite Erschöpfung bewirkt also eine Begrenzung der urheberrechtlichen Verbreitungsbefugnis mit der Folge, dass der Softwareerwerber das jeweilige Softwareexemplar weiterverbreiten darf.
Nachdem das erstmalige Inverkehrbringen das jeweilige Werk überhaupt erst zum handels- und wettbewerbsfähigen Rechtsgut erhebt und wegen der bestehenden gemeinschaftsweiten Regelung in jedem Fall zum Grundbestand des Urheberrechts zu zählen ist, kann eine kartellrechtliche Überprüfung der Weitergabeverbote erst nach Eintritt der Erschöpfung stattfinden[362]. Vor dem Zeitpunkt der Erschöpfung hatte der Urheber auch noch keine ausreichende Gelegenheit, am wirtschaftlichen Erfolg seiner Leistung angemessen zu partizipieren.
Nach Eintritt der Erschöpfung ist der Weitergabe der Software durch den Erwerber jedoch insoweit eine Grenze gesetzt, als nach dem eindeutigen Geset-

---

[361] diese Unterscheidung in Unterlizenzierungs- und Weitergabeverbote trifft auch Schneider Jochen, C Rz. 401
[362] Heinemann, S. 243, 624; Kreutzmann, S. 111, 160; *Lehmann in* Lehmann, XVI Rz. 41; Marly, Rz. 920 ff.; Schneider Jörg, S. 100 ff., 201

zeswortlaut das Vermietrecht von der Erschöpfung ausdrücklich ausgenommen wird und beim Urheber verbleibt. Aus diesem Grund sind Klauseln, die lediglich die Vermietung der überlassenen Software untersagen, die sonstige Weitergabe der Software aber unberührt lassen, urheberrechtlich nicht zu beanstanden, selbst wenn sich das Verbreitungsrecht des Urhebers an dem konkreten Softwareexemplar gem. § 69 c Ziff. 3 S. 2 UrhG erschöpft hat. In Abweichung vom bürgerlichen Recht fällt unter den urheberrechtlichen Begriff der Vermietung gem. §§ 69 c Ziff. 3 S. 2, 17 Abs. 3 UrhG *„die zeitlich begrenzte, unmittelbar oder mittelbar Erwerbszwecken dienende Gebrauchsüberlassung"[363]*. Eine Vermietung zu Erwerbszwecken liegt vor, wenn die zeitweilige Gebrauchsüberlassung den wirtschaftlichen Interessen des Vermieters dient[364]. Um einer zu weiten Auslegung des Begriffes der Vermietung vorzubeugen und insbesondere öffentliche Bibliotheken aus diesem gewerblichen Bereich auszunehmen, wird die Erwerbszwecken dienende Gebrauchsüberlassung durch das geschäftsmäßige Handeln mit Gewinnerzielungsabsicht umschrieben[365].

Dem Urheber allein vorbehalten ist das so verstandene, eng auszulegende Vermietrecht, nicht aber das Verleihrecht. Bei eingetretener Erschöpfung kann der Softwarehersteller also den Verleih seiner Software nicht mit urheberrechtlicher Wirkung untersagen.

Zusammenfassend ist festzuhalten, dass urheberrechtliche Wirkung nur Vermietverbote entfalten, Weiterveräußerungs- oder Verleihverboten hingegen keine urheberrechtliche Wirkung zukommt.

bb) Voraussetzungen für den Eintritt der Erschöpfung

Über die Voraussetzungen für den Eintritt der Erschöpfung besteht weitgehend Einigkeit: das Merkmal des Inverkehrbringens erfordert, dass ein Vervielfältigungsstück der Software im Wege der Veräußerung effektiv in den freien Handelsverkehr gelangt, indem sich der Berechtigte der Verfügungsmöglichkeit über das jeweilige Werkstück endgültig begibt[366]. Mit dem zugrundeliegenden Kausalgeschäft muss also eine Überlassung auf Dauer verbunden sein, wobei der Urheber bzw. der von ihm Berechtigte zu erkennen geben, dass sie die Kontrolle über den Verbleib des konkreten Werkstücks nicht mehr ausüben wollen[367]. Dies ist beispielsweise bei einem Kauf, einem Tausch oder einer Schenkung der Fall. Berechtigte im Sinne der Vorschrift sind der Urheber sowie der-

---

[363] *Loewenheim* in Schricker, § 69 c Rz. 27, § 17 Rz. 28 ff.
[364] *Loewenheim* in Schricker, § 17 Rz. 32; Marly, Rz. 963
[365] Marly, Rz. 963
[366] *Loewenheim* in Schricker, § 69 c Rz. 33 ff.
[367] *Haberstumpf* in Lehmann, II Rz. 128

jenige, der die Berechtigung zur Weiterverbreitung vom Urheber im Wege der Nutzungsrechtseinräumung gem. §§ 31 ff. UrhG erhalten hat.
Im Falle der Softwareüberlassung auf Zeit hingegen, also der miet- oder leihweisen Überlassung, tritt eine Erschöpfung des Verbreitungsrechts in der Regel nicht ein, da der Urheber in diesen Fällen nach Ablauf der vereinbarten Zeit die Software zurückerhält. Der Urheber begibt sich hier nicht endgültig der Verfügungsmöglichkeit über das konkrete Werkexemplar, weshalb es an der für die Erschöpfung notwendigen Veräußerung fehlt. Eine Ausnahme mit der Folge des Eintritts der Erschöpfung kann allenfalls dann vorliegen, wenn die Dauer der vereinbarten zeitweisen Überlassung die voraussichtliche wirtschaftliche Lebensdauer des jeweiligen Softwareexemplars überschreitet[368]. In der Praxis wird dieser Fall indes selten anzutreffen sein.

Festzuhalten bleibt, dass Weitergabeverbote im Falle der Softwareüberlassung auf Zeit in der Regel urheberrechtlich nicht zu beanstanden und wegen der anzuerkennenden Ordnungsaufgabe des Urheberrechts einer kartellrechtlichen Kontrolle entzogen sind.

cc) online-Überlassung

Der Erschöpfungsgrundsatz knüpft also an das Inverkehrbringen eines Vervielfältigungsstücks der Software im Wege der Veräußerung an. Dass hierbei lediglich auf ein Vervielfältigungsstück der Software und nicht das Original abgestellt wird, liegt daran, dass im Softwarebereich praktisch nur Vervielfältigungsstücke und nie Originale selbst vertrieben bzw. weiterverbreitet werden.
Bei der offline-Überlassung von Software bereitet das Merkmal des Inverkehrbringens eines Vervielfältigungsstücks keine Schwierigkeiten, da der Erwerber ein körperliches Werkstück erhält (Diskette, CD-ROM, DVD). Anders hingegen stellt sich die Sachlage im online-Verkehr dar, in dem der Erwerber kein materielles Vervielfältigungsstück überlassen bekommt, sondern die Software unkörperlich im Wege der Datenfernübertragung erhält. Fraglich ist, ob sich auch bei der online-Überlassung das ausschließliche Recht des Urhebers erschöpfen kann, schließlich fehlt hier der für die Erschöpfung erforderliche Anknüpfungspunkt des Inverkehrbringens eines körperlichen Werkstücks. Vor der Frage der Erschöpfung aber soll zunächst geklärt werden, welchem dem Urheber zustehenden Recht die online-Übertragung überhaupt unterfällt.

---

[368] Marly, Rz. 924

(1) Formen der online-Überlassung

Die in der Praxis vorkommenden verschiedenen Formen von online-Nutzungen reichen von der direkten Wählverbindung per Telefonleitung (Mailbox/ Eurofiletransfer) über das online-banking bis zum Internet, das die Mehrzahl der unterschiedlichen Nutzungsmöglichkeiten umfasst: Email, Mailinglisten, Usenet, File Transfer Protocol (FTP), Hyper Text Transfer Protocol (http), Bulletin Board System (BBS), Mailbox und alles umfassend das World Wide Web (WWW)[369], welches sämtliche Internetdienste unter einer einheitlichen Oberfläche zusammenfasst.
Bei der (urheber-)rechtlichen Beurteilung dieser Möglichkeiten ist nach den einzelnen online-Diensten zu differenzieren[370]. An dieser Stelle erfolgt nur eine Untersuchung derjenigen Dienste, mit denen eine Übertragung der Software möglich ist. Dies ist zum einen die direkte Wählverbindung per Telefonleitung im Rahmen der Aktualisierung der firmware[371] einer Telefonanlage im ISDN-Bereich oder der Aktualisierung spezieller Anwendungssoftware.
Das Schwergewicht der online-Übertragung hingegen liegt im Internet: hier findet die Übertragung mittels des File Transfer Protocols (FTP) oder des Hyper Text Transfer Protocols (http) statt. Auf dezidierten Rechnern, den sog. Servern (Hosts), werden die Daten bereitgestellt, die der Empfänger auf Abruf übertragen bekommt, sog. *download*. Das Einspeichern der Daten in den Server wird, wenn es sich ebenfalls um eine online-Übertragung handelt, als *upload* bezeichnet. Es können aber auch beliebige externe Datenspeicher wie DVD oder CD-ROM über den Server für den externen Datenzugriff freigegeben werden.
Im Rahmen des WWW muss unterschieden werden nach reinen Informationsdiensten, bei denen der Nutzer das Material lediglich auf seinem Bildschirm betrachtet und anschließend weitersurft, und WWW-Diensten mit *„Klick here to download file"-Links*, die für den Nutzer ebenfalls Dateien zum download bereithalten.

(2) Gesetzeslage

(a) Einordnung in das System der Verwertungsrechte

Die Diskussion, welchem Ausschließlichkeitsrecht die unkörperliche Programmüberlassung unterfallen soll, hat Mitte bzw. Ende der 90er Jahre ihren Höhepunkt erfahren. Hierbei wurden beide denkbaren Gegenpositionen vertreten: eine Subsumtion unter das Recht der körperlichen Werkverwertung in

---
[369] vgl. zu den einzelnen Nutzungen Koehler, S. 10 ff.
[370] vgl. hierzu im einzelnen Hoeren, CR 1996, 517, 519 f.
[371] firmware ist in die Hardware integrierte Software

Form des Verbreitungsrechts gem. § 15 Abs. 1 Ziff. 2 UrhG[372] und eine Subsumtion unter das Recht der unkörperlichen Verwertung in Form der öffentlichen Wiedergabe gem. § 15 Abs. 2 UrhG[373]. Welches spezielle Recht der öffentlichen Wiedergabe betroffen sein sollte, wurde nicht einheitlich beurteilt, teilweise wurde das Senderecht für einschlägig befunden, teilweise ein unbenanntes Recht der öffentlichen Wiedergabe für die bessere Lösung erachtet[374]. Mit der Verabschiedung der Richtlinie 2001/29/EG zur Harmonisierung bestimmter Aspekte des Urheberrechts und der verwandten Schutzrechte in der Informationsgesellschaft vom 22. Mai 2001[375] wurde, zumindest hinsichtlich der Einordnung der online-Übertragung in das System der Verwertungsrechte – auf den Erschöpfungsgrundsatz wird zu sprechen zu kommen sein – ein Schlussstrich unter diese Diskussion gezogen. In Art. 3 Abs. 1 Richtlinie 2001/29/EG, der weitgehend Art. 8 WCT entspricht, ist vorgesehen, dass *„den Urhebern das ausschließliche Recht zusteht, die drahtgebundene oder drahtlose öffentliche Wiedergabe ihrer Werke einschließlich der öffentlichen Zugänglichmachung der Werke in der Weise, dass sie Mitgliedern der Öffentlichkeit von Orten und zu Zeiten ihrer Wahl zugänglich sind, zu erlauben oder zu verbieten".* Das Recht der öffentlichen Zugänglichmachung stellt also einen Ausschnitt aus dem Recht der öffentlichen Wiedergabe dar. Der Umfang des Rechts der öffentlichen Wiedergabe wird in einem umfassenden, weiten Sinne verstanden, was sich insbesondere aus Erwägungsgrund 23 ergibt, der neben der drahtgebundenen oder drahtlosen öffentlichen Übertragung auch auf die Weiter*verbreitung* abstellt. Dadurch wird deutlich, dass von diesem neu definierten Recht der öffentlichen Wiedergabe sämtliche Mittel und Verfahren umfasst sein sollen, die keine Verbreitung *materieller* Vervielfältigungsstücke im herkömmlichen Sinne darstellen[376]. Auch die Problematik des Begriffs der „Öffentlichkeit" im deutschen Recht[377] ist nunmehr obsolet, weil die rechtlich relevante Handlung nach Art. 3 Abs. 1 Richtlinie 2001/29/EG nicht erst die Übertragung des Werkes an sich darstellt, sondern bereits das Zugänglichmachen des Werkes online. Es kommt also nicht mehr auf die gleichzeitige Wahrnehmung des Werkes durch Mitglieder der Öffentlichkeit an, da das Zugänglichmachen eines Werks immer gleichzeitig gegenüber mehreren nicht miteinander verbundenen Personen erfolgen kann und das Öffentlichkeitserfordernis somit in jedem Fall

---

[372] so Koch, GRUR 1997, 417, 426; ders. Internet-Recht, S. 442 ff.; Mäger, CR 1996 522, 526
[373] *Dreier in* Schricker, Informationsgesellschaft, S. 130 mit weiteren Nachweisen; Koehler, S. 35
[374] vgl. hierzu im einzelnen *Dreier in* Schricker (Hrsg.), Informationsgesellschaft, S. 130 ff.
[375] ABl. 2001 L 167, 10 ff.
[376] Kröger, CR 2001, 316, 318; vgl. auch Explanatory Memorandum, S. 20 ff.
[377] gerade die Definition des Begriffes Öffentlichkeit hat zu Problemen der Subsumtion der online-Übertragung unter das Recht der öffentliche Wiedergabe geführt

erfüllt ist[378]. Das im deutschen Recht vorhandene Problem der sukzessiven Öffentlichkeit in dem Sinne eines möglichen Auseinanderfallens der zeitlichen Wahrnehmung des Werkes durch einzelne Mitglieder der Öffentlichkeit stellt sich nicht mehr.
Im deutschen Recht ist das Recht der öffentlichen Zugänglichmachung nunmehr in §§ 69 c Ziff. 4, 19 a UrhG geregelt. Das Gesetz zur Regelung des Urheberrechts in der Informationsgesellschaft hat die Richtlinie 2001/29/EG in deutsches Recht umgesetzt und ist am 13.09.2003 in Kraft getreten.
Das Recht der öffentlichen Wiedergabe und Zugänglichmachung umfasst also ohne weiteres die online-Überlassung von Software ebenso wie die interaktive Übertragung digitalisierter Werke auf Abruf[379]. Klarstellend ist darauf hinzuweisen, dass dagegen Sendeformen wie Pay-TV, Pay-per-View oder Near-Video-on-Demand nicht erfasst werden, da hier der Nutzer das Programm nicht zu einer von ihm gewünschten Zeit abrufen, sondern sich lediglich in ein unabhängig von seiner Anfrage laufendes Programm einschalten kann[380].

(b) Erschöpfung

Art. 3 Abs. 3 Richtlinie 2001/29/EG stellt klar, dass sich die Rechte der öffentlichen Wiedergabe und Zugänglichmachung nicht erschöpfen. Erwägungsgrund 29 präzisiert diese Aussage dahingehend, dass online-Dienste als Dienstleistungen anzusehen sind, bei denen sich die Frage der Erschöpfung nicht stellt. Gleiches soll für materielle Vervielfältigungsstücke, die durch den Nutzer eines online-Dienstes mit Zustimmung des Rechtsinhabers hergestellt worden sind, gelten. Auch das deutsche Recht kennt keine Erschöpfung des Rechts der öffentlichen Zugänglichmachung sowie der unkörperlichen Werkverwertung insgesamt.

(3) Stellungnahme

(a) Einordnung in das System der Verwertungsrechte

Die Zuordnung der online-Übertragung zur unkörperlichen Werkverwertung ist zu begrüßen. Das Verbreitungsrecht stellt auf die Verbreitung von Werkstücken, in denen die geistige Information verkörpert ist, ab, welche im Falle der unkörperlichen Programmüberlassung online offensichtlich nicht überlassen werden, was im Übrigen auch von den Befürwortern einer Zuordnung der onli-

---

[378] vgl. insoweit auch v. Lewinski, MMR 1998, 115, 116
[379] vgl. insofern Erwägungsgrund 25
[380] v. Lewinski, MMR 1998, 115, 116; Kröger, CR 2001, 316, 318

ne-Übertragung zum Verbreitungsrecht nicht bestritten wird. Zwar kann durch die online-Übermittlung beim Empfänger ein körperliches Werkstück entstehen – durch das Einlesen der Information in ein Speichermedium oder durch Ausdruck – doch entsteht diese Verkörperung zeitlich versetzt nach der Übertragung. Übertragen wird das geistige Werk unkörperlich und auch die (ursprüngliche) Kopievorlage verbleibt beim Übertragenden und wechselt nicht, wie bei der Verbreitung, den Besitz vom Übertragenden zum Empfänger[381].

Ebenso wenig besteht, da das Gesetz eine unkörperliche Werkverwertung kennt, eine Notwendigkeit, die online-Übertragung unter die körperliche Werkverwertung zu subsumieren. Gerade mit der Einführung des Senderechts wurde klar, dass das Verbreitungsrecht ausschließlich körperliche Werkverwertungen umfassen soll[382]. Eine andere Auslegung des Verbreitungsrechts würde einen Bruch der gesetzlichen Systematik bedeuten.

(b) Erschöpfung

Man sollte sich jedoch die Gründe vor Augen halten, warum in erweiternder Auslegung des Verbreitungsrechts teilweise gefordert wird, auch unkörperliche Transfermodi der Erschöpfung zu unterwerfen. Hauptgrund ist die in vielen Fällen nach Übertragung stattfindende körperliche Fixierung des unkörperlich übertragenen Werkes durch den Empfänger. Aber selbst wenn der Erschöpfungsgrundsatz auf ein durch den Empfänger hergestelltes Vervielfältigungsstück tatsächlich Anwendung finden sollte, impliziert dies nicht notwendig die Zuordnung der online-Übertragung zum Verbreitungsrecht. Die Schaffung eines speziellen Rechts der online-Übertragung mit eigenen Schranken und eigener Erschöpfungsregelung innerhalb der unkörperlichen Werkverwertung würde diesem Problem ebenso gerecht und die Bestimmung des konkreten Umfangs eines solchen Rechts könnte unabhängig von bestehenden Zwängen und traditionellen Mustern erfolgen[383]. Ebenso wenig wäre mit dieser Lösung ein systematischer Bruch im Gesetz verbunden, da auch innerhalb der körperlichen Werkverwertung der Erschöpfungsgrundsatz nicht auf sämtliche Ausschließlichkeitsrechte anwendbar ist, sondern nach richtiger Auf-

---

[381] im einzelnen Koehler, S. 24 ff.; *Dreier in* Schricker (Hrsg.), Informationsgesellschaft, S. 128 f.; ders. GRUR 1997, 859, 863
[382] *Loewenheim in* Schricker, § 17 Rz. 4; amtliche Begründung, BT-Drucks. IV/270, S. 47; Hoeren, CR 1996 517, 518
[383] so befürworten die Schaffung eines eigenen Rechts der unkörperlichen Werkverwertung z.B. *Dreier in* Schricker (Hrsg.), Informationsgesellschaft, S. 133 ff., 137; ders. in GRUR 1997, 859, 863; *Lehmann in* Lehmann (Hrsg.), Cyberlaw, S. 60; allerdings wollen beide den Erschöpfungsgrundsatz nicht anwenden

fassung nur auf das Verbreitungsrecht³⁸⁴. Es ist daher zu fragen, ob nicht die Schaffung eines eigenen Rechts der online-Übertragung mit Erschöpfungswirkung innerhalb der unkörperlichen Werkverwertung sinnvoller gewesen wäre.

(aa) Sinn und Zweck des Erschöpfungsgrundsatzes

Der Erschöpfungsgrundsatz ist dem Verbreitungsrecht immanent und begrenzt von vornherein seinen materiellen und sachlichen Gehalt³⁸⁵. Die Beantwortung der Frage der Anwendbarkeit des Erschöpfungsgrundsatzes im online-Bereich sollte sich somit vorrangig an dessen Sinn und Zweck orientieren.
Heute ist allgemein anerkannt, dass sich die Erschöpfung des Verbreitungsrechts aus einer Kombination von Verkehrsschutzinteresse und verwertungsrechtlichem Interesse der Urheber erklärt³⁸⁶. Als Folge der sich oftmals wiederholenden Veräußerungen beweglicher Sachen hat die Allgemeinheit ein Interesse daran, dass einmal in Verkehr gebrachte Gegenstände ohne Beschränkungen frei zirkulieren können, mithin ein unbeschränkter Eigentumserwerb möglich ist und der Rechtsverkehr klar und übersichtlich bleibt³⁸⁷. Ebenso muss der Urheber die Möglichkeit haben, am wirtschaftlichen Erfolg seines Werkes angemessen partizipieren und eine marktkonforme Vergütung für seine Leistung erzielen zu können. Diese Chance eröffnet ihm sein Bestimmungsrecht hinsichtlich des ersten Inverkehrbringens seines Werkes durch Veräußerung³⁸⁸. Danach aber hat sich sein Verbreitungsrecht „verbraucht" und der rechtmäßige Erwerber des urheberrechtlich geschützten Werkes darf dieses mit Ausnahme der Vermietung weiterverbreiten.
Bei Software jedoch ergibt sich aufgrund ihres digitalen Charakters eine Besonderheit: vor Weitergabe der Software muss der Erwerber sämtliche bei ihm vorhandenen Kopien löschen, da anderenfalls durch ein- und dasselbe Softwareexemplar eine mehrfache zeitgleiche Nutzung möglich wäre, was mit dem Vergütungsinteresse des Urhebers nicht zu vereinbaren ist. Bei herkömmlich urheberrechtlich geschützten Werken hingegen existiert beim Erwerber tatsächlich nur das ursprünglich erworbene Exemplar, so dass bei dessen Weitergabe eine zeitgleiche Mehrfachnutzung nicht möglich ist.

---

³⁸⁴ eine allgemeine Erschöpfungsregel ist unter Zugrundelegung des Sinn und Zwecks des Erschöpfungsgrundsatzes abzulehnen, vgl. auch v. *Ungern-Sternberg in* Schricker, § 15 Rz. 30 ff.
³⁸⁵ Joos, S. 77
³⁸⁶ *Loewenheim in* Schricker, § 17 Rz. 36 ff.; Koehler, S. 49 ff., 56; Schneider Jörg, S. 132 f.; *Ullrich/Konrad in* Ullrich/Körner, Teil I Rz. 441; die Eigentumstheorie wird heute von niemandem mehr ernsthaft vertreten
³⁸⁷ Joos, S. 53 f.
³⁸⁸ Joos, S. 55 f.

Der Erschöpfungsgrundsatz trägt also dem Widerstreit zwischen Allgemeininteresse an einem freien Warenverkehr und Interesse der Urheber an einer wirtschaftlich effektiven Ausnutzung ihrer Leistung Rechnung. Der Ursprung des Konflikts überhaupt liegt in der doppelten Rechtsnatur der Werkstücke: auf der einen Seite sind sie Sachen im Sinne des § 90 BGB, auf der anderen Seite Träger urheberrechtlich geschützter Werke[389].

Dieser Konflikt zwischen Verkehrsschutz- und Urheberinteresse entsteht bei der online-Übertragung allerdings nicht in jedem Fall: wird dem Empfänger das Werk lediglich einmalig und unmittelbar wahrnehmbar gemacht, so gibt es kein Vervielfältigungsstück, das Gegenstand des Warenverkehrs sein könnte. In diesem Fall fehlt es bereits an einem geeigneten Anknüpfungspunkt für die Erschöpfung, so dass logische Konsequenz ihre Nichtanwendung ist. Sobald aber der Empfänger der online-Übertragung mit Zustimmung des Urhebers ein Vervielfältigungsstück herstellt, sei es durch Speicherung oder Ausdruck, so lebt der Konflikt von neuem auf, weil er jedem Werkstück immanent ist. Folglich sollte, ja sogar dürfte es keinen Unterschied machen, ob das Werkstück durch den Urheber selbst oder aber mit seiner Zustimmung durch den Empfänger der online-Übertragung in Verkehr gelangt[390].

(α) Verkehrsschutzinteresse

Aus Gründen des Allgemeininteresses an einem freien und ungehinderten Warenverkehr könnte die Anwendung der Erschöpfungsregel auf ein durch den Empfänger einer online-Übertragung hergestelltes Vervielfältigungsexemplar sogar geboten sein. Ein solches ist nämlich von durch den Urheber in Verkehr gebrachten Vervielfältigungsstücken nur schwerlich, wenn überhaupt, zu unterscheiden: wegen des digitalen Charakters von Software bestehen zwischen ursprünglich vom Urheber hergestellten offline-Exemplaren und online übertragenen, anschließend durch den Empfänger hergestellten Vervielfältigungsexemplaren, qualitativ keine Unterschiede. Unter Umständen mag zwar eine äußere Unterscheidbarkeit aufgrund der Originalverpackung beim Handel mit körperlichen Werkexemplaren gegeben sein, doch kann diese vernachlässigt werden, da der Erwerber eines körperlichen Vervielfältigungsstücks bei dessen Weitergabe nicht immer noch im Besitz der Originalverpackung sein wird. Der Rechtsverkehr mit nach einer online-Übertragung hergestellten Vervielfältigungsstücken ist also kaum von dem Rechtsverkehr mit offline-Vervielfältigungsstücken zu unterscheiden, so dass, um unklare und unübersichtliche Rechtsverhältnisse im Verkehr mit Vervielfältigungsstücken zu vermeiden, die Anwendung des Erschöpfungsgrundsatzes in beiden Fällen parallel

---

[389] Koehler, S. 57
[390] so auch Koehler, S. 57 f.

verlaufen sollte[391]. Zudem hinge der Eintritt der Erschöpfung ansonsten von der technischen Zufälligkeit der Übertragung ab und der Urheber hätte es durch die Wahl des Überlassungsweges in der Hand, den weiteren Vertriebsweg der überlassenen Software entgegen den urheberrechtlichen Wertungen zu bestimmen und somit Sinn und Zweck der Erschöpfungslehre auszuhebeln[392]. Dies widerspricht offensichtlich dem Allgemeininteresse.

Der Anwendung des Erschöpfungsgrundsatzes kann ebenso wenig entgegen gehalten werden, dass der Urheber im Falle der online-Überlassung im Besitz der ursprünglichen Masterkopie bleibt und nicht „entreichert" wird[393]. Auch im Falle der offline-Übertragung nämlich verbleibt die Masterkopie grundsätzlich beim Softwarehersteller[394].

(β) Urheberinteressen

Fraglich ist, ob eine Anwendung des Erschöpfungsgrundsatzes im online-Verkehr neben dem Verkehrsschutzinteresse auch den Urheberinteressen gerecht würde. Wie gezeigt, beruht der Erschöpfungsgrundsatz unter anderem auf der Überlegung, dass der Urheber durch die Bestimmung des erstmaligen Inverkehrbringens seines Werkstücks durch Veräußerung hinreichend Gelegenheit hatte, aus seiner Leistung effektiven wirtschaftlichen Nutzen zu ziehen[395]. Diese Gelegenheit der einmaligen Bestimmung seiner Vergütung erhält der Urheber aber auch bei der online-Übertragung, da diese nunmehr dem Recht der öffentlichen Wiedergabe gem. §§ 69 c Ziff. 4, 19 a UrhG, Art 3 Abs. 1 Richtlinie 2001/29/EG unterfällt.

Ist es dem Urheber im Falle der Verbreitung körperlicher Werkstücke möglich, eine angemessene Vergütung, die auch die voraussichtlichen nachfolgenden urheberrechtsfreien Verbreitungen mit einbezieht, festzulegen, so kann für den Bereich der online-Übertragung im Hinblick auf durch den Empfänger selbst hergestellte Vervielfältigungsstücke nichts anderes gelten. Gerade die wirtschaftliche Vergleichbarkeit von offline- und online-Übertragung, auf die sogleich ausführlich zu sprechen zu kommen sein wird, belegt dies. Die Nichtanwendung des Erschöpfungsgrundsatzes im Bereich der online-Übertragung würde zu einer unangemessen hohen Beteiligung des Urhebers und nicht zu rechtfertigenden Privilegierung seiner Vergütungsinteressen führen[396].

---

[391] so auch Koehler, S. 60
[392] Schneider Jörg, S. 129
[393] Koehler, S. 59
[394] vgl. Koch, GRUR 1997, 417, 426
[395] auf das Vergütungsinteresse des Urhebers für den Eintritt der Erschöpfung stellen überwiegend auch ab *Ullrich/Konrad in* Ullrich/Körner, Teil I Rz. 457
[396] vgl. Koch, GRUR 1997, 417, 426; Koehler, S. 58 f.

Der wirtschaftlich denkende Urheber wird sogar an einer Anwendung des Erschöpfungsgrundsatzes im online-Bereich interessiert sein, um dem online-Handel im Softwarebereich zum Durchbruch zu verhelfen[397]. Schließlich werden potentielle Erwerber von Software die online-Überlassung nur dann in Anspruch nehmen, wenn sie dieselben Rechte wie beim Erwerb eines körperlichen Werkstücks erhalten. Dürften sie jedoch bei demselben zugrundeliegenden schuldrechtlichen Rechtsgeschäft im Falle der offline-Überlassung die Software weitergeben, im Falle der online-Überlassung hingegen nicht, so würden sie von einem online-Erwerb wohl absehen. Die Urheber selbst sollten daher ein Interesse an der Verkehrsfähigkeit von durch den Erwerber einer online-Übertragung hergestellten Werkstücken haben.

(bb) Wirtschaftliche Zielsetzung von online- und offline-Übertragung

Die Beurteilung des Erschöpfungsgrundsatzes bei der online- und offline-Verwertung hat sich auch an der wirtschaftlichen Zielsetzung der jeweiligen Verwertungshandlung zu orientieren. Beide Überlassungsformen haben die Nutzung eines urheberrechtlich geschützten Werkes durch die Einräumung von Nutzungsrechten zum Gegenstand und sind insofern identisch. Die eigentliche Nutzbarkeit des Werkes ändert sich nicht[398]. Die online-Übertragung ist nichts anderes als eine auf technologischem Fortschritt beruhende neue Vertriebsform mit demselben Ergebnis, nämlich dem Erhalt eines Vervielfältigungsstücks eines urheberrechtlich geschützten Werkes und dessen anschließenden Nutzung durch den Empfänger. Das Körperlichkeitskriterium verschwimmt zunehmend und die online-Überlassung ist sogar geeignet, die herkömmliche körperliche Überlassung von Werkstücken zu substituieren[399].
Die Vergleichbarkeit von körperlicher und unkörperlicher Programmüberlassung wird noch deutlicher, wenn man sich vor Augen führt, dass selbst bei der körperlichen Überlassung die Existenz eines Datenträgers nur anfangs erforderlich ist: in der Regel wird der Nutzer die Software von dem Datenträger in die Hardware einspeichern, so dass für die weitere Nutzung der Software der körperliche Datenträger seine Bedeutung verloren hat. So gesehen dient er lediglich als Transportmedium für die Software[400].
Letztlich sieht auch der europäische Gesetzgeber die wirtschaftliche Vergleichbarkeit von offline- und online-Übertragung, denn er selbst gibt in Erwägungs-

---

[397] Koehler, S. 60
[398] so auch Koch, GRUR 1997, 417, 426; Mäger, CR 1996, 522, 526
[399] Linnenborn, K&R 1999, 201, 204; Koehler, S. 58
[400] so auch ganz überwiegend die Literatur: Marly, Rz. 102, 104; Schneider Jörg, S. 66 f.; selbst der BGH hat die unkörperliche Programmüberlassung analog den kaufrechtlichen Vorschriften unterstellt BGH NJW 1990, 320 ff.

grund 29 der Urheberrechtsrichtlinie zu, dass auch die online-Übertragung die Herstellung eines Vervielfältigungsstücks zur Folge haben kann. In Erwägungsgrund 23 spricht er im Zusammenhang mit dem Recht der öffentlichen Wiedergabe sogar von der drahtgebundenen oder drahtlosen Weiter*verbreitung* eines Werks. Der Begriff der Weiterverbreitung entspringt jedoch der körperlichen und nicht der unkörperlichen Werkverwertung. Trotz dieser Erkenntnis gelingt es dem Gesetzgeber dann aber nicht, die logisch richtige Konsequenz zu ziehen, vielmehr bleibt er in sich widersprüchlich, weil er nicht zwischen online-Diensten, die nur die einmalige, temporäre Wahrnehmbarmachung des Werkes erlauben sollen und solchen, die mit Zustimmung des Urhebers die Anfertigung eines Vervielfältigungsstückes zum Ziel haben, unterscheidet[401]. Dieser Widerspruch setzt sich fort, indem der europäische Gesetzgeber bezüglich des Ausschlusses der Erschöpfung richtigerweise auf den Begriff der Dienstleistung abstellt[402], dann aber auch körperliche Vervielfältigungsstücke darunter subsumieren will. Jedoch stellen weder das durch den Empfänger hergestellte Vervielfältigungsstück noch dessen Weiterverbreitung einen Akt der Dienstleistung dar[403]. Eine solche ist lediglich die online-Übertragung selbst.

Als Fazit lässt sich festhalten, dass aufgrund der vergleichbaren wirtschaftlichen Zielsetzung von offline-Übertragung und online-Übertragung, bei der durch den Empfänger mit Zustimmung des Urhebers ein Vervielfältigungsstück hergestellt wird, eine Gleichbehandlung bezüglich des Erschöpfungsgrundsatzes gerechtfertigt, ja sogar erforderlich wäre[404].

(cc) Missbrauchsgefahr

Gegen die Anwendung des Erschöpfungsgrundsatzes im Bereich der online-Übertragung könnten die mit der Digitalisierung einhergehenden erhöhten Missbrauchsgefahren und die damit verbundenen berechtigten Kontrollinteressen der Urheber sprechen. Durch die Digitalisierung ist es möglich, ein Werk schnell und unkompliziert sowie beliebig oft in derselben Qualität zu reproduzieren und zur Verfügung zu stellen. Der Softwareindustrie entgehen angesichts dieser einfachen Kopiermöglichkeiten jährlich Millionen von Euro an Gewinn. Allerdings ist das Missbrauchsrisiko im Falle der online-Übertragung nicht größer als im Falle der Überlassung eines körperlichen Werkstücks der Software: Software ist ein bereits digitalisiertes Gut. Das ursprünglich überlassene körperliche Werkexemplar verliert seine Bedeutung und wird nicht mehr benötigt, so-

---

[401] so auch Spindler, GRUR 2002, 105, 110; Hoeren, MMR 2000, 515, 517
[402] vgl. insoweit Erwägungsgrund 29 Urheberrechtsrichtlinie
[403] Reinbothe, GRUR Int. 2001, 733, 737
[404] eine rechtliche Gleichbehandlung fordert auch Marly, Rz. 104, dies jedoch allgemein und nicht speziell bei der Diskussion der Problematik der Erschöpfung

bald es, wie in der Regel, vollständig auf die Festplatte des Computers kopiert ist. Die körperliche Überlassung von Software zieht also dieselben Missbrauchsrisiken wie eine unkörperliche Überlassung nach sich. Bei ersterer aber ist noch niemand auf die Idee gekommen, die Berechtigung des Erschöpfungsgrundsatzes allgemein in Frage zu stellen[405]. Das besondere Missbrauchsrisiko unerlaubter Vervielfältigungen mit anschließender Verbreitung liegt also bereits in der digitalisierten Natur der Software selbst und entsteht nicht erst durch die online-Übertragung.

Das mit der Digitalisierung verbundene Missbrauchsrisiko ist den Urhebern bereits seit langem bekannt und hat, wie oben besprochen, zur Entwicklung technischer Schutzmechanismen geführt. Hersteller werden auch stets technische Schutzmaßnahmen ergreifen, unabhängig davon, ob der Erschöpfungsgrundsatz nun Anwendung findet oder nicht. Darüber hinaus können die Urheber auch im Falle der online-Überlassung ein Echtheitszertifikat, wie dies bei der Überlassung körperlicher Werkstücke üblich ist, nachliefern, so dass der Rechtsverkehr die Echtheit der jeweiligen Werkexemplare erkennen kann. Der Ausschluss des Erschöpfungsgrundsatzes bei der online-Übertragung aber kann nicht auf eine erhöhte Missbrauchsgefahr gestützt werden.

(dd) Ergebnis

Als Ergebnis der Untersuchung ist festzuhalten, dass entgegen der Ansicht des Gesetzgebers angesichts der wirtschaftlichen Vergleichbarkeit von online- und offline-Überlassung von Software und unter Zugrundelegung von Sinn und Zweck des Erschöpfungsgrundsatzes dieser auch auf solche Vervielfältigungsstücke Anwendung finden sollte, die der Empfänger einer online-Übertragung mit Zustimmung des Urhebers herstellt. Es bleibt zu hoffen, dass der europäische Gesetzgeber dieses Defizit alsbald erkennt und eine Korrektur seiner Gesetzgebung vornimmt. Gegenwärtig widerspricht das hier gefundene Ergebnis zwar nicht dem Wortlaut des Art. 3 Abs. 3 Richtlinie 2001/29/EG, der sich lediglich auf die in Art. 3 Abs. 1 und 2 genannten Ausschließlichkeitsrechte der öffentlichen Wiedergabe und Zugänglichmachung bezieht – welche sich tatsächlich nicht erschöpfen können, da sie eine beliebig oft wiederholbare Dienstleistung darstellen[406] – jedoch wird in Erwägungsgrund 29 eindeutig klargestellt, dass sich die Frage der Erschöpfung nicht stellt bei materiellen Vervielfältigungsstücken, die durch den Nutzer eines online-Dienstes mit Zustimmung des Rechtsinhabers hergestellt worden sind.

Zur Klarstellung ist noch anzuführen, dass es hier um die Problematik eines durch den Empfänger online übermittelter Software hergestellten Vervielfälti-

---

[405] so auch Koehler, S. 62
[406] so auch Spindler, GRUR 2002, 105, 110

gungsstücks geht und nicht darum, ob der Empfänger die online übertragene Software ebenso online weitergeben darf. Dies ist ihm urheberrechtlich nicht möglich, weil insoweit das ausschließlich dem Urheber zustehende Recht der öffentlichen Wiedergabe und Zugänglichmachung gem. Art. 3 Abs. 1 Richtlinie 2001/29/EG sowie bei einer erneuten körperlichen Festlegung das Recht der Vervielfältigung gem. Art. 4 lit. a Richtlinie 1991/250/EWG bzw. § 69 c Ziff. 1 UrhG betroffen sind.

(c) Voraussetzung für die Erschöpfung im online-Bereich

Fraglich ist, an welche Voraussetzungen der Eintritt der Erschöpfung bei durch den Empfänger einer online-Übertragung hergestellten Vervielfältigungsstücken zu knüpfen ist. Nach dem Wortlaut des § 69 c Ziff. 3 S. 2 UrhG ist ein Inverkehrbringen durch Veräußerung erforderlich. Entscheidend ist das Merkmal der Veräußerung, das bei der körperlichen Übertragung mit der endgültigen Aufgabe der rechtlichen Verfügungsgewalt über ein konkretes Werkstück gleichgesetzt wird[407]. Die Aufgabe der rechtlichen Verfügungsgewalt stellt im Falle der unkörperlichen Programmüberlassung offensichtlich kein geeignetes Anknüpfungskriterium dar, da der online-Anbieter zu keinem Zeitpunkt die Verfügungsgewalt über das Vervielfältigungsexemplar hatte, welches erst der Erwerber nach der unkörperlichen Übertragung anfertigt. Im Bereich der online-Überlassung ist für das Merkmal der Veräußerung also nach anderen geeigneten Anknüpfungspunkten zu suchen. Diese sollten sich an Sinn und Zweck des Erschöpfungsgrundsatzes orientieren.

(aa) Charakter des der Überlassung zugrundeliegenden schuldrechtlichen Rechtsgeschäfts

Neben dem Verkehrsschutz dient die Erschöpfung dem Vergütungsinteresse der Urheber. Bei der körperlichen Werkverwertung stehen Vergütungsinteresse und Veräußerung bzw. Verfügungsgewalt in einem wechselseitigem Verhältnis in dem Sinne, dass das Vergütungsinteresse und damit der Eintritt der Erschöpfung entscheidend durch die Verfügungsgewalt des Urhebers über das Werkexemplar bestimmt wird: begibt sich der Urheber endgültig der Verfügungsgewalt über ein konkretes Werkstück, so hat er die mögliche Weitergabe des Werkexemplars in seine Vergütung bereits miteingerechnet. Dies ist ihm mangels körperlichen Werkexemplars bei der online-Überlassung nicht möglich. Wie jedoch gezeigt, hängt der Eintritt der Erschöpfung bzw. mit ihr das Merkmal der Veräußerung eng mit dem Charakter des zugrundeliegenden schuldrechtlichen

---

[407] *Loewenheim in* Schricker, § 69 c Rz. 34

Überlassungsgeschäfts zusammen, so dass bei der unkörperlichem Überlassung ausschließlich auf diesen abzustellen sein könnte. Danach wäre ausschlaggebend, ob dem Erwerber die Software endgültig und auf Dauer oder nur zeitweise mit am Ende erfolgender Rückgabe überlassen werden soll. Die Richtigkeit dieser These wird dadurch bestätigt, dass im Falle der Überlassung auf Zeit wie z.B. bei Mietverhältnissen sich das Entgelt, sprich der Mietzins, an der vereinbarten Nutzungsdauer orientiert und nur den Wert der zu erwartenden Gebrauchsmöglichkeit während der Nutzungsdauer widerspiegelt. Eine Kompensation für einen Verlust der Kontrolle über die Weiterverbreitung des Werkexemplars ist hier nicht gegeben oder miteingerechnet[408]. Würde man in diesem Fall nun eine Veräußerung und somit den Eintritt der Erschöpfung bejahen, so wäre das Vergütungsinteresse des Urhebers (unrechtmäßig) verkürzt und würde dem Sinn der Erschöpfung widersprechen, nämlich dem Urheber eine angemessene wirtschaftliche Beteiligung für seine geistige Leistung zuzugestehen. Der Charakter des Überlassungsgeschäfts ist also im Bereich der körperlichen Werkverwertung durchaus für den Eintritt der Erschöpfung entscheidend und kann daher als Abgrenzungskriterium im Rahmen der unkörperlichen Überlassung dienen. Mit anderen Worten: es kommt darauf an, ob die Software im Rahmen eines endgültigen Leistungsaustausches oder im Rahmen eines Dauerschuldverhältnisses überlassen wird[409]. Die Bestimmung des Charakters des Überlassungsgeschäfts ist dem Urheber sowohl bei der körperlichen wie unkörperlichen Softwareüberlassung möglich.

Abschließend ist festzuhalten, dass eine online-Veräußerung dann vorliegt, wenn der Urheber mit der unkörperlichen Überlassung nach dem zugrundeliegenden schuldrechtlichen Rechtsgeschäft eine dauernde Übertragung der Software an den Empfänger anstrebt.

(bb) Inhalt des Überlassungsvertrags – urheberrechtliche Nutzungsrechtseinräumung und Bedeutung des § 69 d Abs. 1 UrhG

Die online-Übertragung von Software geht mit einer digitalen Speicherung der Software auf der Hardware des Empfängers einher. Daneben kann eine Speicherung auf externen Medien wie CD-ROM, DVD oder Diskette oder auch lediglich ein Ausdruck erfolgen. Sämtliche Speicherungen stellen eine Vervielfältigung der Software dar[410], die grundsätzlich dem ausschließlichen Vervielfältigungsrecht des Urhebers gem. § 69 c Ziff. 1 UrhG unterfallen. Gem. § 96 Abs.

---

[408] Koehler, S. 89
[409] so auch Schneider Jörg, S. 135 f.; vgl. auch *Ullrich/Konrad* in Ullrich/Körner, Teil I Rz. 452
[410] zu den einzelnen Vervielfältigungshandlungen im Bereich der Softwareüberlassung – und Nutzung siehe oben I) 2) a)

1 UrhG dürfen widerrechtlich hergestellte Vervielfältigungen eines Werkexemplars nicht verbreitet werden und könnten somit auch nicht der Erschöpfung unterliegen. Außerdem steht dem Urheber ein Vernichtungsanspruch hinsichtlich rechtswidrig hergestellter Vervielfältigungsstücke gem. § 69 f Abs. 1 UrhG zu[411]. Aus diesen Gründen könnte für den Eintritt der Erschöpfung bei einer online-Veräußerung neben der Qualifikation der Softwareübertragung als dauerhaft die Einräumung des Rechts zur (dauerhaften) Vervielfältigung seitens des Urhebers erforderlich sein.

Nachdem die Vervielfältigung der Software dem Ausschließlichkeitsrecht des Urhebers gem. § 69 c Ziff. 1 UrhG unterliegt, wäre für die rechtmäßige Herstellung einer körperlichen Kopie der online übertragenen Software prinzipiell die Einräumung eines (einfachen) Nutzungsrechts gem. §§ 31, 69 c Ziff. 1 UrhG seitens des Softwareherstellers an den Erwerber nötig[412]. Allerdings gilt es im Softwarebereich die Sondervorschrift des § 69 d Abs. 1 UrhG zu beachten, welcher Vervielfältigungen, die für eine bestimmungsgemäße Benutzung des Computerprogramms notwendig sind – und hierzu könnte die Herstellung eines Vervielfältigungsexemplars bei online übertragener Software zählen – vom Zustimmungserfordernis des Urhebers freistellt. Freilich steht § 69 d Abs. 1 UrhG unter dem Vorbehalt besonderer vertraglicher Bestimmungen und unterfällt auch nicht der Nichtigkeitsregel des § 69 g Abs. 2 UrhG, so dass der Softwaregeber ein Vervielfältigungs- oder Bearbeitungsrecht des Erwerbers ausschließen könnte. In der Praxis wird sich indes kein Softwareanwender finden lassen, der einen Vertrag abschließt, welcher ihm das effektive Arbeiten und die wirtschaftlich sinnvolle Nutzung der Software verbietet.

α) Problematik eines zwingenden Kerns an Mindestnutzungsrechten

Im Folgenden soll näher auf die Rechtsnatur und den Charakter des § 69 d Abs. 1 UrhG eingegangen werden. Die Möglichkeit der vertraglichen Einschränkung der bestimmungsgemäßen Benutzung der Software in § 69 d Abs. 1 UrhG hat in anderem Zusammenhang, nämlich insbesondere im Hinblick darauf, dass die Einspeicherung der Software in den Arbeitsspeicher eine Vervielfältigung darstellt sowie für die Fehlerbeseitigung eine Vervielfältigung oder Umarbeitung der Software notwendig sein kann, in der Literatur eine heftige Diskussion darüber ausgelöst, ob § 69 d Abs. 1 UrhG nicht einen gewissen zwingenden Kern an Nutzerrechten enthalte, der vertraglich nicht abbedungen werden könne. Der

---

[411] vgl. hierzu eingehend Koehler, S. 94 ff.
[412] hier soll von der Diskussion, ob eine lediglich schuldrechtliche Zustimmung des Urhebers zur Vervielfältigung ebenso ausreichend wäre, abgesehen werden, vgl. hierzu im einzelnen Koehler, S. 98 f.

Großteil der Literatur vertritt denn auch diese Meinung[413] und stützt sich dabei auf Erwägungsgrund 17 der Richtlinie 1991/250/EWG, welcher es verbietet, Handlungen, die für die bestimmungsgemäße Nutzung des Programms technisch erforderlich sind, vertraglich zu untersagen. Allerdings steht der Erwägungsgrund eben in offensichtlichem Widerspruch zu Art. 5 Abs. 1 der Richtlinie bzw. dem diesen umsetzenden § 69 d Abs. 1 UrhG[414].
Dogmatisch kann man zur herrschenden Meinung nur gelangen, wenn man Art. 5 Abs. 1 Richtlinie 1991/250/EWG bzw. § 69 d Abs. 1 UrhG als Beschränkung der Ausschließlichkeitsrechte des Herstellers versteht, gewissermaßen also als gesetzliche, dem Softwareurheberrecht immanente Schranke[415]. Eine solche Interpretation des § 69 d Abs. 1 UrhG wirkt absolutrechtlich mit der Konsequenz, dass die Anordnung der Minimalbefugnisse als zwingend anzusehen ist.
Dieser herrschenden Meinung kann jedoch nicht zugestimmt werden[416]. Schon der eindeutige Gesetzeswortlaut spricht gegen sie. Ebenso wenig vermögen Erwägungsgründe den insoweit klaren Gesetzeswortlaut zu widerlegen. Zudem wird in Erwägungsgrund 17 von zur bestimmungsgemäßen Benutzung *technisch erforderlichen* und nicht *urheberrechtlich relevanten* Handlungen gesprochen, weshalb schon zweifelhaft ist, ob mit den für eine Fehlerberichtigung notwendigen Handlungen tatsächlich dem Softwarehersteller bzw. Rechtsinhaber vorbehaltene Handlungen gemeint sind oder eben nur technisch erforderliche Handlungen, die nicht unter das Urheberrecht fallen. Dies kann aber dahin stehen, weil entgegen der herrschenden Literaturmeinung § 69 d Abs. 1 UrhG nicht als Beschränkung der Ausschließlichkeitsrechte des Herstellers anzusehen ist, sondern als eine Regelung auf dem Gebiet des Urhebervertragsrechts[417]. Dies ergibt sich aus dem Zusammenspiel von § 69 g Abs. 2 und § 69 d UrhG : § 69 g Abs. 2 UrhG stellt, soweit ersichtlich unstreitig, zwingendes Vertragsrecht dar und verweist auf § 69 d Abs. 2 und 3 UrhG. Somit kommt den Absätzen 2 und 3 des § 69 d UrhG vertragsrechtlicher Charakter zu. Nichts anderes kann aber für Absatz 1 gelten, da die Zusammenfassung der drei Absätze in einen Paragraphen ansonsten nicht nachvollziehbar wäre und nicht zuletzt der Wortlaut von Absatz 1 für eine vertragsrechtliche Regelung spricht.
Nach § 69 d Abs. 1 UrhG bildet eine vertragszweckentsprechende Nutzungsüberlassung der Software die Regel, während abweichende vertragliche Rege-

---

[413] vgl. Haberstumpf, GRUR Int. 1992, 715, 719; *ders.* in Lehmann, II Rz. 159; Lehmann, GRUR Int. 1991, 327, 330 ff.; *Loewenheim in Schricker*, § 69 d Rz. 12 ff. mit weiteren Nachweisen; Pres, S. 133; Redeker, Rz. 51 ff.; Schneider Jochen, C Rz. 170; Vinje, CR 1993 401, 405; Wohlgemuth, S. 191 ff.

[414] zur Entwicklung des Art. 5 Abs. 1 Richtlinie 91/250/EWG und Erwägungsgrund 17 siehe Schulte, CR 1992, 648, 651 ff.

[415] Hilty, MMR 2003, 3, 13 f.

[416] so wie hier *Ullrich in* Ullrich/Körner, Teil I Rz. 26 ff.

[417] so auch *Haberstumpf in* Lehmann, II Rz. 148, obwohl er einen zwingenden Kern an Mindestrechten für den Nutzer bejaht; *Ullrich in* Ullrich/Körner, Teil I Rz. 27

lungen die Ausnahme sind und als solche einer ausdrücklichen Vereinbarung bedürfen. Diese Sichtweise bringt die Bedeutung des § 69 d Abs. 1 UrhG als einer Unklarheitenregel zum Ausdruck: der Softwareerwerber soll nicht nur die vom Urheber beabsichtigten Nutzungsbefugnisse erhalten, sondern eben all diejenigen Befugnisse, die für den jeweiligen Vertrag typisch und für eine bestimmungsgemäße Nutzung erforderlich sind[418].

β) Rechtsprechung zu § 69 d Abs. 1 UrhG

Rechtssicherheit bezüglich der Auflösung des offensichtlichen Widerspruchs zwischen Erwägungsgrund 17 und Art. 5 Abs. 1 Richtlinie 91/250/EWG bzw. § 69 d Abs. 1 UrhG und der damit verbundenen Frage, ob Art. 5 Abs. 1 Richtlinie 91/250/EWG bzw. § 69 d Abs. 1 UrhG ein zwingender Kern an Mindestrechten für den Nutzer zukommt, kann nur der EuGH geben. Auch die Literatur hat stets betont, dass die Auslegung der Richtlinie der Rechtsprechung des EuGH überlassen werden muss[419]. Soweit ersichtlich, existiert jedoch diesbezüglich noch keine Rechtsprechung seitens des EuGH.

Der BGH hingegen hat sich in seinem Urteil *Programmfehlerbeseitigung*[420] vom 24.02.2000 zur bestimmungsgemäßen Benutzung nach § 69 d Abs. 1 UrhG geäußert. In dem dortigen Sachverhalt ging es um eine Programmfehlerbeseitigung, die im Gesetz ausdrücklich als Beispielsfall der bestimmungsgemäßen Nutzung genannt wird, vgl. Art. 5 Abs. 1 und Erwägungsgrund 17 Richtlinie 91/250/EWG bzw. § 69 d Abs. 1 UrhG. Mangels einer abweichenden vertraglichen Vereinbarung bedurfte es im dortigen Sachverhalt zwar, wie auch der BGH ausdrücklich festgestellt hat, keiner endgültigen Klärung, ob das Fehlerbeseitigungsrecht vertraglich ausgeschlossen werden könne oder nicht. Im Folgenden aber scheint sich der BGH der herrschenden Meinung im Schrifttum anzuschließen, indem er ausführt, dass Art. 5 Abs. 1 der Richtlinie insofern einen zwingenden Kern enthalte, als urheberrechtlich relevante Nutzungen, die für die vertragsgemäße Verwendung des Programms unerlässlich sind, nicht ohne weiteres ausgeschlossen werden können[421]. Durch seine Wortwahl *„ohne weiteres"* aber macht der BGH eben wieder eine Einschränkung, weshalb die Beantwortung der Frage nach einem zwingenden Kern von Nutzungsrechten im Endeffekt doch offen bleibt. Eine Verallgemeinerung des Urteils sollte schon aus diesem Grund unterbleiben sowie auch deshalb, weil der BGH über den

---

[418] *Ullrich in* Ullrich/Körner, Teil I Rz. 28
[419] Schulte, CR 1992, 648, 652
[420] BGH v. 24.II.2000, „Programmfehlerbeseitigung", GRUR 2000, 866 ff.
[421] BGH „Programmfehlerbeseitigung", GRUR 2000, 866, 868

speziellen Fall der Fehlerbeseitigung zu entscheiden hatte. Auf das Urteil wird auch später noch in Zusammenhang mit der Dekompilierung einzugehen sein[422].

γ) Lösungsmöglichkeiten

Nachdem nach der hier vertretenen Auffassung § 69 d Abs. 1 UrhG keinen zwingenden Kern an Nutzungsrechten enthält, ist zu überlegen, ob diese Gesetzeslage insbesondere im Hinblick auf die Fehlerberichtigung tatsächlich interessengerecht ist oder dem Anwender diesbezüglich nicht doch ein zwingender Kern an Rechten eingeräumt werden sollte.
Zunächst ist zu berücksichtigen, dass die Anwender durch das Erfordernis des ausdrücklichen vertraglichen Ausschlusses der für eine bestimmungsgemäße Benutzung erforderlichen Rechte ausreichend geschützt sein könnten. Aber selbst im Falle des Vorliegens ausdrücklicher Vereinbarungen, die die bestimmungsgemäße Nutzung einschränken, stehen die Nutzer nicht rechtlos dar: diesbezügliche vertragliche Vereinbarungen können bei marktbeherrschenden Unternehmen unter dem Gesichtspunkt der Festsetzung unangemessener Geschäftsbedingungen kartellrechtlichen Bedenken begegnen. Die Beschränkung der kartellrechtlichen Kontrolle auf marktbeherrschende Unternehmen ist hierbei nur wenig schädlich, da nur marktbeherrschende Unternehmen aufgrund ihrer Marktmacht tatsächlich die Möglichkeit haben werden, den Nutzer in wesentlichen Nutzungsrechten einzuschränken. Kleine Unternehmen sind schließlich im Hinblick auf den Absatz ihrer Produkte eher gezwungen, auf die Interessen ihrer Kunden einzugehen und werden kaum die Nutzerrechte einschränkende vertragliche Vereinbarungen durchsetzen können.
Dennoch besteht ein Defizit der kartellrechtlichen Kontroll- und Sanktionsmöglichkeiten: eben hinsichtlich kleinerer Unternehmen, auch wenn dies in der Praxis selten zum Tragen kommen wird, vor allem aber im Hinblick darauf, dass die Softwarenutzer durch zwingendes Vertragsrecht besser geschützt wären, weil sie dieses dem Vertragspartner direkt entgegenhalten könnten und nicht den Umweg über die zuständigen Kartellbehörden oder nationalen Gerichte wählen müssten. Ebenso würde bei zwingendem Vertragsrecht die oftmals schwierige Untersuchung, ob tatsächlich der Missbrauch einer marktbeherrschenden Stellung vorliegt, entfallen.
Der Inhalt des zwingenden Rechts könnte sich an die mietvertragliche Verpflichtung des Vermieters gem. § 535 Abs. 1 S. 2 BGB, die Sache in vertragsgemäßem Zustand zu erhalten, anlehnen. Dies unabhängig von dem der Softwareüberlassung zugrundeliegenden schuldrechtlichen Rechtsgeschäft, also unabhängig davon, ob es sich um eine Softwareüberlassung auf Dauer oder auf Zeit handelt. Zur Frage steht wie beim Mietvertrag eine Nutzung und

---

[422] siehe unten V) 2) b) bb) (2)

Gebrauchsmöglichkeit, hier der (urheberrechtlich geschützten) Software: beim Mietvertrag handelt es sich um den Gebrauch einer im Eigentum des Vermieters stehenden Sache, bei der Softwareüberlassung um die Nutzung eines urheberrechtlich geschützten Werks, wobei das Urheberrecht selbst wegen seiner Unübertragbarkeit gem. § 29 Abs. 1 UrhG ebenfalls beim Softwarehersteller verbleibt.

Die Schaffung eines derart zwingenden Vertragsrechts ist natürlich Sache und Aufgabe des Gesetzgebers, im Hinblick auf die derzeitige rechtliche Unsicherheit und die Nachteile der geltenden Gesetzeslage aber wünschenswert. Für die konkrete Ausformulierung der zu gewährleistenden Möglichkeit der bestimmungsgemäßen Benutzung erscheint ein Mittelweg zwischen dem jetzigen § 69 d Abs. 1 UrhG, der hinsichtlich der Befugnis zur Vornahme der für eine bestimmungsgemäße Benutzung erforderlichen Handlungen allein auf den zur Verwendung Berechtigen abstellt, und der mietvertraglichen Regelung des § 535 Abs. 1 S. 2 BGB, der eine Verpflichtung des Vermieters annimmt, sinnvoll. Dem Softwarehersteller sollte in Bezug auf die Erhaltung der Funktionsfähigkeit der Software die Möglichkeit verbleiben, die für die (Wieder-) Herstellung der Funktionsfähigkeit notwendigen urheberrechtlich relevanten Handlungen selbst vorzunehmen. Dies deshalb, weil häufig die Kenntnis des source-code erforderlich sein wird, der Softwarehersteller diesbezüglich jedoch ein berechtigtes Geheimhaltungsinteresse haben kann[423]. Wegen der fehlenden Kenntnis des source-code besteht allerdings ein Abhängigkeitsverhältnis der Softwareanwender zum -hersteller, das kartellrechtliche Probleme nach sich ziehen kann. Unter Umständen kann der Softwarehersteller gezwungen sein, den source-code bzw. Teile von ihm zu offenbaren, damit der Softwareanwender die erforderlichen Handlungen selbst vornehmen oder aber Dritte damit beauftragen kann. Auf die spezielle Problematik der notwendigen Kenntnis des source-code wird ausführlich im Rahmen der Softwarepflege eingegangen[424]. Die Dauer, innerhalb derer der Softwarehersteller zur Erhaltung der Funktionsfähigkeit der Software verpflichtet ist, sollte sich an der Lebensdauer der jeweiligen Software orientieren.

Sonstige zur bestimmungsgemäßen Nutzung zählenden Handlungen sollte der zur Verwendung der Software Berechtigte jedoch selber vornehmen dürfen.

δ) Bestimmungsgemäße Benutzung

Die bestimmungsgemäße Benutzung im Sinne des § 69 d Abs. 1 UrhG richtet sich nach der zwischen den Parteien bestehenden Vereinbarung sowie dem generellen Sinn und Zweck des jeweiligen Überlassungsvertrages. Dazu zählen

---
[423] siehe hierzu ausführlich unten Teil 2 § 5 C) III)
[424] vgl. Teil 2 § 5 C)

jedenfalls solche Gebrauchshandlungen, von denen der Rechtsinhaber bei Überlassung der Software ausgegangen sein muss. In Bezug auf die Vervielfältigung sind dies insbesondere das Speichern des Programms in den Arbeitsspeicher des Computers[425].
Im Falle der online-Überlassung ist bei einer Überlassung auf Dauer zur bestimmungsgemäßen Nutzung zudem das Recht des Nutzers zur Herstellung eines dauerhaften Vervielfältigungsstücks der Software zu zählen, weil der Erwerber nur in diesem Fall die Software wirtschaftlich sinnvoll nutzen kann. Einer ausdrücklichen Gestattung durch den Urheber zur Vervielfältigung bedarf der Erwerber wegen § 69 d Abs. 1 UrhG nicht, vielmehr müsste der Ausschluss des Vervielfältigungsrechts gesondert vereinbart werden. Da sich das Verbreitungsrecht des Urhebers an diesem rechtmäßig hergestellten Exemplar erschöpft hat, dürfte der Erwerber das Vervielfältigungsexemplar auch weitergeben.
Auf Grundlage des § 69 d Abs. 1, 2 UrhG darf der Erwerber allerdings, ohne dass es eines besonderen vertraglichen Ausschlusses bedürfte, nicht unbegrenzt viele Kopien herstellen, sondern nur eine Kopie zum Arbeiten und eine Sicherungskopie. Die Herstellung weiterer Exemplare wäre nicht mehr der bestimmungsgemäßen Benutzung zuzurechnen und daher rechtswidrig, es sei denn, der Urheber hätte dem Erwerber ausdrücklich die Herstellung weiterer Kopien erlaubt. Solche rechtswidrig hergestellten Kopien dürften auch nicht verbreitet werden, § 96 Abs. 1 UrhG, weshalb sich das dementsprechende Recht des Urhebers nicht erschöpfen könnte.

(cc) Ergebnis

Als Fazit ist festzuhalten, dass die Erschöpfung im online-Bereich einerseits vom Charakter des Überlassungsgeschäfts im Sinne einer online-Veräußerung abhängt, d.h. einer dauerhaften Überlassung der Software an den Erwerber, andererseits von der Befugnis des Erwerbers zur Herstellung eines dauerhaften Vervielfältigungsstücks. Diese Befugnis ergibt sich bei einer Überlassung auf Dauer bereits im Rahmen der „bestimmungsgemäßen Nutzung" aus § 69 d Abs. 1 UrhG mit der Folge, dass der Anwender keiner ausdrücklichen Nutzungsrechtseinräumung gem. §§ 31, 69 c Ziff. 1 UrhG seitens des Softwareherstellers bedarf.

---

[425] *Loewenheim* in Schricker, § 69 d Rz. 13, der freilich von einem zwingenden Kern des § 69 d Abs. 1 UrhG ausgeht

(d) Vorschlag für eine Gesetzesergänzung

Wie anfangs festgehalten, ist der Zuordnung der online-Überlassung zur unkörperlichen Werkverwertung zuzustimmen. Ebenso sollte die Erschöpfung an aufgrund einer online-Übertragung hergestellten Vervielfältigungsstücken zugelassen werden. Fraglich ist, wie diese Erschöpfung gesetzgeberisch zu bewältigen und qualifizieren ist.

Die Stimmen in der Literatur, die eine Erschöpfung bei aufgrund einer online-Übertragung hergestellten Vervielfältigungsstücken befürworten, stellen keinen exakten Vorschlag für eine gesetzliche Regelung der Erschöpfung auf bzw. sprechen von einer analogen Anwendung der §§ 17 Abs. 2 bzw. 69 c Ziff. 3 S. 2 UrhG[426]. Einzig *Koehler* macht den Vorschlag einer Ergänzung der § 17 Abs. 2 bzw. 69 c Ziff. 3 UrhG[427], sieht die online-Übertragung an sich aber als Akt der unkörperlichen Werkverwertung[428].
Dieser Ansicht einer Ergänzung der §§ 17 Abs. 2, 69 c Ziff. 3 UrhG ist zuzustimmen: erschöpfen kann sich lediglich das Verbreitungsrecht des Urhebers, nicht jedoch das Recht der öffentlichen Wiedergabe bzw. Zugänglichmachung.
Eine Ergänzung von §§ 69 c Ziff. 3, 17 Abs. 2 UrhG wird wie folgt für nötig erachtet:

Das gleiche gilt für Vervielfältigungen, die aufgrund einer Veräußerung im Rahmen des Rechts der öffentlichen Wiedergabe oder Zugänglichmachung nach § 69 c Ziff. 4 UrhG im Gebiet der Europäischen Union oder eines anderen Vertragsstaates des Abkommens über den europäischen Wirtschaftsraum durch den Erwerber rechtmäßig hergestellt worden sind.

dd) Software im Gehäuse

Fraglich ist der Eintritt der Erschöpfung bei in die Hardware integrierten Mikroprogrammen, sog. Software im Gehäuse. Gemäß Erwägungsgrund 7 Richtlinie 1991/250/EWG fallen auch solche integrierten Mikroprogramme in den Anwendungsbereich der Richtlinie und somit unter die §§ 69 a ff. UrhG, so dass sich das Verbreitungsrecht an ihnen mit Veräußerung erschöpft. Da die Hardware ohne die Mikroprogramme praktisch nicht funktionsfähig ist, sollten Hard- und Software in diesem Fall als einheitliches Produkt angesehen werden und dasselbe rechtliche Schicksal teilen. Demnach erschöpft sich bei Veräußerung der Hardware das Verbreitungsrecht des Urhebers an den Mikroprogrammen

---

[426] Hoeren, MMR 2000, 515, 517; Koch, GRUR 1997, 417, 425 f.; Kröger, CR 2001, 316, 318; Linnenborn, K&R 1999, 201, 204; Mäger, CR 1996, 522, 526; Reinbothe, GRUR Int. 2001, 316, 318; Spindler, GRUR 2002, 105, 109 f.
[427] Koehler, S. 179
[428] Koehler, S. 35

mit der Folge, dass der Urheber im Falle der Veräußerung dem Erwerber keine Beschränkungen über die Mikroprogramme hinsichtlich deren Weitergabe mit dinglicher Wirkung auferlegen kann[429]. Die Funktion des Urheberrechts bestätigt diese Auffassung: nach dem erstmaligen Inverkehrbringen mit Zustimmung des Urhebers hat der Urheberrechtsschutz seine Funktion, die Software am Wettbewerb teilhaben zu lassen, erfüllt.

2) Kartellrechtliche Gesichtspunkte

Gemäß der Untersuchung zum Eintritt der Erschöpfung kann eine kartellrechtliche Überprüfung der Weitergabeverbote erst stattfinden, wenn sich das urheberrechtliche Verbreitungsrecht gem. § 69 c Ziff. 3 S. 2 UrhG bzw. gemäß den zuvor entwickelten Regeln an durch online-Übertragung hergestellten Vervielfältigungsstücken erschöpft hat. Somit ist ein Inverkehrbringen der Software durch Veräußerung Voraussetzung für eine kartellrechtliche Prüfung.
Zur Klarstellung ist darauf hinzuweisen, dass, da der Erschöpfungsgrundsatz kein gesetzliches Verbot im Sinne des § 134 BGB ist, der Eintritt der Erschöpfung nichts über die Wirksamkeit von ihm widersprechenden Vereinbarungen besagt. Solche können weiterhin schuldrechtlich erfolgen, müssen zu ihrer Wirksamkeit jedoch der allgemeinen vertragsrechtlichen[430] und kartellrechtlichen Kontrolle standhalten[431].

a) Art. 81 EGV

aa) Tatbestand des Art. 81 Abs. 1 EGV

(1) Unterlizenzierungsverbote

Eine Wettbewerbsbeschränkung würde von vornherein ausscheiden, wenn das Weitergabeverbot Art und Umfang der Leistungen des Softwareherstellers konkretisiert und ihm gleichzeitig ein angemessenes Entgelt sicherstellt. Dies ist, wie oben gezeigt, bei den Unterlizenzierungsverboten der Fall, bei denen der ursprüngliche Erwerber die Nutzung der Software nicht aufgibt.
Im Falle der Unterlizenzierung würden nämlich sowohl der ursprüngliche Softwareanwender als auch der neue Erwerber dem Urheber vorbehaltene Verviel-

---

[429] Schneider Jörg, S. 138; *Ullrich/Konrad* in Ullrich/Körner, Teil I Rz. 524; a.A. Moritz/Tybussek, S. 102 Rz. 363; Moritz, CR 1993, 257, 265
[430] zu denken ist insbesondere an die AGB-rechtliche Kontrolle gem. §§ 305 ff. BGB
[431] *Lehmann* in Lehmann, XVI Rz. 41; Marly, Rz. 918 f.; Schneider Jörg, S. 128; *Ullrich/Konrad* in Ullrich/Körner, Teil I Rz. 521

fältigungshandlungen vornehmen[432], obwohl sich das Vervielfältigungsrecht im Unterschied zum Verbreitungsrecht nicht erschöpft. Jenseits der Erschöpfung behält der Urheber also eine Kontrollbefugnis. Als Ausdruck einer einfachen urheberrechtlichen Nutzungslizenz gem. § 31 UrhG dienen die Unterlizenzierungsverbote der Festlegung des Schutzgegenstands sowie der Inhaberstellung und sind als solche vom Kartellrecht zu akzeptieren[433]. Dies muss auch bei eingetretener Erschöpfung des Verbreitungsrechts gelten, weil durch die Unterlizenzierung eben nicht das Verbreitungsrecht, sondern das Vervielfältigungsrecht betroffen und dieses der Erschöpfung nicht unterworfen ist. Der Eintritt der Erschöpfung des Verbreitungsrechts zeigt lediglich an, dass eine kartellrechtliche Überprüfung der Weitergabeverbote stattfinden kann, eine Aussage über ihre kartellrechtliche Zulässigkeit bzw. Unzulässigkeit ist damit aber nicht verbunden. Vielmehr ist für die kartellrechtliche Beurteilung der Weitergabeverbote wegen der notwendigen Gewährleistung des Urheberrechtsschutzbestands ausschlaggebend, ob der ursprüngliche Anwender vor Weitergabe der Software seine Nutzung aufgibt – und somit keine mehr dem Urheber vorbehaltenen Vervielfältigungshandlungen vornehmen kann – oder nicht. Gibt er seine Nutzung nämlich nicht auf, nimmt er weiterhin urheberrechtsrelevante Vervielfältigungen vor und der Urheberrechtsschutz muss trotz eingetretener Erschöpfung Vorrang vor dem Kartellrecht haben. Gerade an diesem Punkt aber wird in der Literatur nicht klar, ob zwischen Unterlizenzierungs- und Weitergabeverboten im hier verstanden Sinne unterschieden wird, da die Zulässigkeit bzw. Unzulässigkeit von Weitergabeklauseln allein vom Eintritt der Erschöpfung abhängig gemacht zu werden scheint[434].

Gibt der ursprüngliche Erwerber hingegen die Nutzung der Software auf, so finden, unabhängig von einem Eintritt der Erschöpfung, schon keine mehrchen urheberrechtsrelevanten Vervielfältigungen statt und von einer Leistungskonkretisierung und Sicherstellung einer angemessenen Vergütung sowie Bestimmung des Schutzgegenstandes kann keine Rede mehr sein: das jeweilige Softwareexemplar nimmt nunmehr am Markt- und Wettbewerbsgeschehen teil und der Urheber hatte durch seine Entscheidung über ein Inverkehrbringen im Wege der Veräußerung die Möglichkeit, eine angemessene Vergütung für seine Leistung zu erzielen.

---

[432] vgl. oben zu den einzelnen Vervielfältigungshandlungen im Rahmen der Softwarenutzung I) 2) a) aa)
[433] vgl. *Ullrich* in Immenga/Mestmäcker, EG-Wettbewerbsrecht Bd. I, GRUR B Rz. 15
[434] vgl. *Lehmann* in Lehmann, XVI Rz. 59 a.E., 60; Schneider Jochen, C Rz. 403 ff.; *Ullrich/Konrad* in Ullrich/Körner, Teil I Rz. 520 ff.; Moritz, CR 1993, 257, 263 f.

(2) Weitergabeverbote

Durch Weitergabeverbote werden die Softwarenutzer in ihrer wirtschaftlichen Handlungs- und Entscheidungsfreiheit hinsichtlich der Verwendung der von ihnen erworbenen Software eingeschränkt, weil sie die Software nur für den Eigenbedarf nutzen dürfen und ihnen die Möglichkeit versperrt ist, bei Bedarf die Software weiterzugeben, um sich stattdessen beispielsweise neue Software anzuschaffen. Die Neuanschaffung von Software kann für Unternehmen hinsichtlich der Erhaltung ihrer Wettbewerbsfähigkeit aber unabdingbar sein und wird auch davon abhängen, ob die ursprüngliche Software rentabel weitergegeben werden kann. Gemäß dem formal verstandenen Wettbewerbsbeschränkungsbegriff ist damit in den Weitergabeverboten in jedem Fall eine Wettbewerbsbeschränkung zu sehen.

Bei Mikroprogrammen wirken sich Weitergabeverbote zudem auf die Weitergabe der Hardware und somit einen Drittmarkt aus: eine Weitergabe der Hardware wird faktisch unmöglich gemacht, da Hard- und Software technisch nicht zu trennen sind. Mit der Vereinbarung eines Weitergabeverbots geht hier also zusätzlich eine Beschränkung des (Gebraucht-) Hardwaremarkts einher[435]. Fraglich ist, ob dieser Wirkungszusammenhang zwischen Soft- und Hardware auch bei Betriebssystemsoftware anzunehmen ist. Dies wird wohl in der Mehrzahl der Fälle wegen der nunmehr vorherrschenden Geschäftspolitik des unbundling zu verneinen sein[436]. Eine technische Untrennbarkeit von Betriebssystemsoftware und Hardware wie bei den Mikroprogrammen ist hier nicht gegeben. Allenfalls kann die Weitergabe der Hardware ohne Software für den Folgeerwerber wertlos sein, wenn dieser ein Komplettsystem benötigt.

Ebenso könnte die Einschränkung der wirtschaftlichen Entscheidungsfreiheit der Endanwender unter das Regelbeispiel der Absatzkontrolle in Art. 81 Abs. 1 lit. b EGV zu subsumieren sein: klassischerweise handelt es sich bei diesem Tatbestand zwar um Vertriebsabsprachen, aufgrund der weiten Auslegung des Tatbestandsmerkmals aber fallen ebenso Verwendungsbeschränkungen darunter[437]. Solche sind z.B. auch in der Verpflichtung der Abnehmer, die gelieferte Ware nur für den eigenen Bedarf zu verwenden, zu sehen[438]. Zudem unterbinden Weitergabeverbote jeglichen Absatz und stellen daher die stärkste Form der Absatzkontrolle dar[439].

---

[435] Moritz, CR 1993, 257, 264 f.; Schneider Jochen, C Rz. 405; für das deutsche Recht: Schneider Jörg, S. 191 ff.; *Lehmann in* Lehmann, XVI Rz. 60
[436] vgl. oben § 1 D) IV) 4) bb) (1); Moritz/Tybusseck, Rz. 54 f.
[437] *Emmerich in* Immenga/Mestmäcker, EG-Wettbewerbsrecht Bd. I, Art. 85 Abs. 1 B Rz. 30, 32; ders., S. 424 f.
[438] *Emmerich in* Immenga/Mestmäcker, EG-Wettbewerbsrecht Bd. I, Art. 85 Abs. 1 B Rz. 59
[439] Kreutzmann, S. 163

Die sonstigen Tatbestandsvoraussetzungen des Art. 81 Abs. 1 EGV, Spürbarkeit und Handelsbeeinträchtigung, sind insbesondere bei Weitergabeverboten ohne weiteres erfüllt: die Weitergabe der erworbenen Software an sich soll unmöglich gemacht werden und wirkt sich nicht nur auf das Land, in dem die Software erworben und das Weitergabeverbot vereinbart wurde, sondern auf jeden beliebigen Mitgliedsstaat der Europäischen Gemeinschaften aus.

bb) Legalität nach Art. 81 Abs. 3 EGV

(1) Verordnung Nr. 2790/1999 auf Gruppen von vertikalen Vereinbarungen und aufeinander abgestimmten Verhaltensweisen und Tz. 41 Leitlinien

Auch wenn die Verordnung Nr. 2790/1991 auf Softwareendanwenderlizenzen nicht direkt anwendbar ist[440], muss wegen ihres Wortlauts Tz. 41 der Leitlinien für vertikale Beschränkungen geprüft werden. Dort heißt es, dass Käufer von Hardware, die mit urheberrechtlich geschützter Software geliefert wird, vom Rechtsinhaber dazu verpflichtet werden können, nicht gegen das Urheberrecht zu verstoßen, indem sie z.B. die Software kopieren und weiterverkaufen. Wie bei den CPU-Klauseln wird auch hier nicht klar, ob sich das Verbot des Weiterverkaufs auf die ursprüngliche Software oder ein Vervielfältigungsstück bezieht sowie ob auch solche Weitergabeverbote unter Tz. 41 fallen, bei denen die Software unabhängig von der Hardware erworben wird[441]. Aus diesem Grund soll daher im Rahmen der allgemeinen Legalitätsprüfung nach Art. 81 Abs. 3 EGV die kartellrechtliche Zulässigkeit der Weitergabeverbote untersucht werden. Das dortige Ergebnis kann ebenso einen Rückschluss auf die Frage geben, ob Tz. 41 tatsächlich eine interessengerechte Lösung darstellt.

(2) Allgemeine Legalitätsprüfung

Voraussetzung für eine Legalausnahme gem. Art. 81 Abs. 3 EGV ist die Verbesserung der Warenerzeugung oder -verteilung oder Förderung des technischen oder wirtschaftlichen Fortschritts unter angemessener Beteiligung der Verbraucher an dem entstehenden Gewinn sowie die Unerlässlichkeit der Wettbewerbsbeschränkung für die genannten Vorteile.
Weitergabeverbote sollen die unberechtigte Vervielfältigung der Software verhindern und damit gleichzeitig die angemessene Beteiligung der Urheber an der wirtschaftlichen Verwertung ihrer Werke sicherstellen. Eine nicht kontrollierbare und unberechtigte Vervielfältigung der Software würde für die Urheber we-

---

[440] vgl. oben B) I)
[441] vgl. oben I) 3) a) bb) (1)

gen fehlender angemessener Partizipation am wirtschaftlichen Erfolg ihrer Leistung ein erhöhtes Investitionsrisiko bedeuten und könnte sie wegen fehlender Rentabilität von der Entwicklung neuer Software abhalten. Zu befürchten wären negative Auswirkungen auf den Wettbewerb und somit technischen Fortschritt im Softwaremarkt insgesamt, oder umgekehrt ausgedrückt: die Vereinbarung von Weitergabeverboten könnte den technischen Fortschritt im Softwaremarkt fördern, weshalb die wettbewerbsbeschränkende Wirkung der Verbote bei deren Unerlässlichkeit durch diesen Vorteil aufgewogen würde. Dreh- und Angelpunkt einer möglichen Legalausnahme für Weitergabeverbote ist also die Frage, ob diese tatsächlich geeignet und im Weiteren unerlässlich sind, der unberechtigten Vervielfältigung von Software zu begegnen.

Die unberechtigte Vervielfältigung der Software, sprich Herstellung eines Zweitexemplars, kann aufgrund ihres digitalen Charakters sowohl vom Erst- wie auch Zweiterwerber auf dieselbe einfache Weise vorgenommen werden, so dass Weitergabeverbote die Gefahr der unberechtigten Vervielfältigung von Softwareexemplaren nicht verringern. Gegen eine Legalausnahme spricht zudem die Selbständigkeit von urheberrechtlichem Vervielfältigungs- und Verbreitungsrecht. Es ist nicht einsichtig, dass der unbefugten Vervielfältigung mit einer Einschränkung des Verbreitungsrechts begegnet werden soll, welches dem Urheber an dem konkreten Werkexemplar wegen Erschöpfung gar nicht mehr zusteht. Vielmehr sollte, um der unberechtigten Vervielfältigung zu begegnen, an dieser selbst angesetzt werden. Durch die technischen Kopierschutzmechanismen wird dies bereits von der Mehrzahl der Softwarehersteller getan, so dass von einer Unerlässlichkeit der Weitergabeverbote für die Eindämmung der unberechtigten Vervielfältigung keine Rede sein kann.

Die unberechtigte Vervielfältigung der Software ist von ihrem rechtmäßigen Einspeichern in den Arbeitsspeicher der Hardware zu unterscheiden: das Laden in den Arbeitsspeicher der Hardware stellt auch bei Vornahme durch den Zweiterwerber keine unberechtigte Vervielfältigung dar, weil der Ersterwerber wegen Erschöpfung das Softwareexemplar weitergeben darf und der Zweiterwerber dadurch zum berechtigten Verwender der Software wird, der zur bestimmungsgemäßen Nutzung der Software nicht der Zustimmung des Urhebers bedarf, § 69 d Abs. 1 UrhG. Dieser, im Bereich von Software nun gesetzlich festgeschriebene Gleichlauf von Verbreitungs- und Vervielfältigungsrecht, ist notwendig, um ein Unterlaufen des Erschöpfungsgrundsatzes zu vermeiden. Eine zeitgleiche Mehrfachnutzung durch Erst- und Zweiterwerber, was wirtschaftlich gesehen einer Unterlizenzierung entsprechen würde, findet gerade nicht statt. Und die Gefahr der Herstellung eines weiteren Vervielfältigungsstücks durch den Zweiterwerber (neben der Einspeicherung in den Arbeitsspeicher) ist wegen des digitalen Charakters der Software nicht größer als beim ursprünglichen Erwerber.

Eine erhöhte illegale Vervielfältigungsgefahr ist allerdings erkennbar, wenn der ursprüngliche Erwerber das Softwareexemplar nicht auf Dauer, sondern nur auf Zeit weitergibt, also eine Verleih- oder Mietsituation vorliegt. Selbst wenn der ursprüngliche Erwerber die Nutzung der Software tatsächlich endgültig einstellt, ist hier ein erhöhtes Missbrauchsrisiko ersichtlich: hat nämlich der Zweiterwerber das Softwareexemplar einmal in den Arbeitsspeicher seiner Hardware geladen, so kann er das entliehene oder gemietete Exemplar zurückgeben, mit der Software aber dennoch weiterarbeiten. Eine weitere Benutzung der Software ist auch wahrscheinlich, wenn man sich die Bedeutung der Software als eines die menschliche Tätigkeit ersetzenden Arbeitmittels bewusst macht: es ist kaum vorstellbar, dass die Software vom Zweiterwerber nur einmal für eine bestimmte Tätigkeit benötigt wird. Somit würde, eine erneute Weitergabe seitens des Ersterwerbers vorausgesetzt, eine zeitgleiche Mehrfachnutzung der Software vorliegen, welche das urheberrechtliche Partizipationsinteresse unberechtigt verkürzen und die zuvor beschriebenen negativen Folgen auf den Wettbewerb nach sich ziehen würde. Wirtschaftlich gesehen kommt diese Situation einer Unterlizenzierung gleich, deren Verbot jedoch von vornherein kartellrechtlicher Kontrolle entzogen ist. Bereits aus diesem Grund sollten Verleih- und Vermietverbote als kartellrechtlich unbedenklich gelten. In diesem Sinne wird bereits die Vermietung gesetzlich dem Urheber vorbehalten, § 69 c Ziff. 3 S. 2 UrhG.

Bei Erlass der Richtlinie 91/250/EWG hat der europäische Gesetzgeber zwar die Problematik des Verleihs von Computerprogrammen gesehen, dennoch ein ausschließliches urheberrechtliches Verleihrecht abgelehnt und ein solches auch nicht bei Erlass der Richtlinie 92/100/EWG zum Mietrecht und Verleihrecht sowie zu bestimmten dem Urheberrecht verwandten Schutzrechten im Bereich des geistigen Eigentums[442] eingeführt[443]. Aus den vorgenannten Gründen aber sollte auch ein Verleihverbot – trotz nur schuldrechtlicher und nicht urheberrechtlicher Wirkung – vom Kartellrecht anerkannt werden.

cc) Ergebnis

Unterlizenzierungsverbote stellen schon keine Wettbewerbsbeschränkung dar, weshalb sie einer Legalausnahme nicht bedürfen.
Verbote hingegen, die Software nach Aufgabe der eigenen Nutzung Dritten im Wege der Weitergabe auf Dauer zugänglich zu machen, stellen bei Erschöpfung des urheberrechtlichen Verbreitungsrechts eine Wettbewerbsbeschränkung dar und sind einer Legalausnahme nicht zugänglich. Dies gilt sowohl für isoliert erworbene Software also auch für auf Hardware vorinstallierter Software sowie

---

[442] Richtlinie 92/100/EWG, ABl. 1992 L 346, 61 ff., geändert in ABl. 1993 L 290, 9
[443] vgl. dazu im einzelnen Marly, Rz. 979 ff.

für Mikroprogramme. Die negativen Auswirkungen auf den Wettbewerb sind in allen Fällen identisch.
Tz. 41 Leitlinien zur Verordnung Nr. 2790/1999 ist auch an dieser Stelle nicht geglückt, weil nicht deutlich wird, ob sich die Freistellung lediglich auf die ursprünglich gelieferte Software oder aber ein Vervielfältigungsexemplar derselben bezieht.
Verleih- und Vermietverbote hingegen sollten auch bei eingetretener Erschöpfung wegen der erhöhten Missbrauchsgefahren und den damit verbundenen möglichen negativen Folgen für den Wettbewerb auf dem Softwaremarkt als Legalausnahme im Sinne des Art. 81 Abs. 3 EGV anerkannt werden.

b) §§ 14 und 16 GWB

Je nach Auswirkung der Weitergabeverbote, entweder bezüglich der überlassenen Software selbst oder bezüglich der Hardware, kommt im deutschen Recht eine Anwendung des § 14 GWB oder des § 16 GWB in Betracht.

aa) Inhaltsbindung gem. § 14 GWB

Stellt man auf die Weitergabe der Hardware ab, so kann das hinsichtlich der Software vereinbarte Weitergabeverbot eine nach § 14 GWB unzulässige Inhaltsbindung bedeuten: bei Mikroprogrammen wird dem Erwerber eine Übertragung der Hardware schlicht unmöglich gemacht, bei Betriebssystemsoftware kann der Erwerber nur die Hardware ohne Software weitergeben, also kein betriebsbereites Gesamtsystem. Dies kann die Hardwareveräußerung erschweren oder zu einer Senkung des Wiederverkaufspreises führen, so dass das „wie", also der Inhalt des Zweitvertrages, betroffen ist[444]. Angesichts dieses Wirkungszusammenhangs will insbesondere *Lehmann* eine Inhaltsbindung gem. § 14 GWB bejahen und sieht hierin einen indirekten Preisbestimmungsversuch der zweiten Hand[445].
Dass die Vertragsgegenstände in dem die Beschränkung enthaltenden Erstvertrag (Software) und Zweitvertrag (Hardware) nicht identisch sind, ist nach dem Wortlaut des § 14 GWB unschädlich. Fraglich ist allein, ob das Weitergabeverbot den Softwarenehmer tatsächlich in seiner Freiheit hinsichtlich der Preisgestaltung oder sonstiger Geschäftsbedingungen in Bezug auf einen Hardwarezweitvertrag beschränkt.

---

[444] Schneider Jörg, S. 192
[445] *Lehmann in* Lehmann, XVI Rz. 60 f.

(1) Preisgestaltung

Unter Preis im Sinne des § 14 GWB wird jedes in Geld ausdrückbare Entgelt für eine wirtschaftliche Leistung einschließlich sämtlicher Preisbestandteile verstanden[446]. Die Preisgestaltungsfreiheit soll in einem umfassenden Sinne geschützt werden, so dass die Regelung einzelner Preisbestandteile wie auch nur mittelbar zur Preisfestsetzung geeignete Klauseln, beispielsweise Kalkulationsmethoden, verboten sind.
Durch die Vereinbarung eines Weitergabeverbots bezüglich der Software unterliegt der Softwareerwerber allerdings keiner rechtlichen oder wirtschaftlichen Beschränkung seiner Preisgestaltungsfreiheit für die Hardwarezweitverträge, sondern bleibt in dieser vollkommen frei. Das Weiterverbreitungsverbot beeinflusst nur faktisch die Preisfestlegung. Solchen Umständen jedoch, die für die Wertschätzung der Gegenstände des Zweitvertrags lediglich von Bedeutung sein können und für die Preisgestaltung nur mitursächlich sind, kann keine preisgleiche Wirkung im Sinne des § 14 GWB zugesprochen werden[447].

(2) Geschäftsbedingungen

Ferner ist gem. § 14 GWB jegliche Einflussnahme des Erstvertrages auf die Geschäftsbedingungen des Zweitvertrages verboten. Hierbei ist der Begriff „Geschäftsbedingungen" in einem denkbar umfassenden Sinne zu verstehen: gemeint sind der gesamte mögliche Inhalt des Zweitvertrages und nicht nur allgemeine Geschäftsbedingungen im Sinne der §§ 305 ff. BGB[448].
Fraglich ist, ob das Ausmaß der Softwareausstattung als Geschäftsbedingung für den Zweitvertrag über die Hardware angesehen werden kann. Wie bereits der Begriff „Bedingung" zum Ausdruck bringt, muss es sich bei dieser um einen unselbständigen Bestandteil des Zweitvertrages handeln[449]. Dies würde bedeuten, die Software als Hilfsgegenstand zur Hardware anzusehen, was aber im Hinblick auf die Vertriebspolitik des unbundling gerade nicht der Fall ist: Soft- und Hardware stellen zwei im Rechtsverkehr voneinander unabhängige Gegenstände dar. Bei Mikroprogrammen wiederum liegt technisch gesehen ein einheitliches Produkt vor, so dass weder die Hard- noch die Software als Hilfsgegenstand für das jeweils andere Produkt gelten kann.

---

[446] *Emmerich in* Immenga/Mestmäcker, GWB § 14 Rz. 49 f.
[447] Schneider Jörg, S. 192 f.
[448] *Emmerich in* Immenga/Mestmäcker, GWB § 14 Rz. 57
[449] so auch Schneider Jörg, S. 193

(3) Ergebnis

Weitergabeverbote stellen keine nach § 14 GWB unzulässige Inhaltsbindung dar: mit ihnen ist weder eine Beschränkung der Preisgestaltungsfreiheit noch sonstiger Geschäftsbedingungen für den Zweitvertrag verbunden.

bb) Abschlussbindung gem. § 16 GWB

Im deutschen Recht sind die Tatbestände der Verwendungsbeschränkung gem. § 16 Ziff. 1 GWB oder der Vertriebsbindung gem. Ziff. 3 zu untersuchen. Unter Verwendung ist im Hinblick auf Ziff. 2 und 3 des § 16 GWB jede Art der Verwertung zu verstehen, die nicht Bezug oder Absatz ist[450]. Da die Weitergabe der Software jedoch den Absatz betrifft, scheidet eine Verwendungsbeschränkung im Sinne des § 16 Ziff. 1 GWB von vornherein aus[451].
Fraglich ist das Vorliegen einer Vertriebsbindung nach § 16 Ziff. 3 GWB. Vertriebsbindungen sind solche, die es dem Hersteller erlauben, den Vertriebsweg für seine Waren festzulegen, mithin auf den Absatzweg seiner Produkte Einfluss zu nehmen, indem den Abnehmern bestimmte Kunden oder Absatzgebiete vorgeschrieben werden[452]. Durch das Verbot derartiger Vertriebsbindungen sollen schwerwiegende Nachteile für die ausgeschlossenen Händler und in der Folge die Verbraucher vermieden werden. Diese Definition der Vertriebsbindung macht deutlich, dass nach Sinn und Zweck des Verbots von § 16 Ziff. 3 GWB an sich Vertriebsbindungen im Verhältnis zum Wiederverkäufer erfasst werden, so dass das Weitergabeverbot im Verhältnis zum Endanwender keine Vertriebsbindung im Sinne von Ziff. 3 darstellen könnte. Da es sich hier aber um einen gewerblichen Endanwender handelt, kommt es auf dessen Funktion im Wettbewerbsgeschehen an: er selbst ist zwar nicht als Händler tätig, benötigt die Software aber für die Herstellung bzw. Erbringung seiner eigenen Waren bzw. Dienstleistungen. Innerhalb der Verwertungskette steht er also nicht auf der letzten Stufe, sondern muss seine mit Hilfe der Software hergestellten Waren oder Dienstleistungen ebenso noch weitervertreiben. Zudem kann er auf eine Weitergabe der Software angewiesen sein: um mit der technischen Entwicklung Schritt zu halten und seine Wettbewerbsfähigkeit zu erhalten, muss dem Softwareanwender unter dem Gesichtspunkt der technischen und besseren Qualität ein Softwarewechsel ohne weiteres möglich sein. Durch das Weitergabeverbot wird ihm der Softwarewechsel bzw. der Bezug neuer Software zwar

---

[450] *Emmerich* in Immenga/Mestmäcker, GWB § 16 Rz. 38; *Klosterfelde/Metzlaff* in Langen/Bunte, Bd. I § 16 Rz. 35 ff.
[451] so auch Kreutzmann Alix, S. 169
[452] *Emmerich* in Immenga/Mestmäcker, GWB § 16 Rz. 69, 72; *Klosterfelde/Metzlaff* in Langen/Bunte, Bd. I § 16 Rz. 76 f.

nicht rechtlich untersagt, tatsächlich aber ist er in seiner wirtschaftlichen Entscheidungsfreiheit beeinträchtigt. Er könnte von einer Neuanschaffung absehen, wenn er die alte Software nicht rentabel weiterveräußern könnte. Auch solche bloß wirtschaftlichen Bindungen werden von § 16 GWB erfasst[453]. Ob man die Weitergabeverbote nun unter den Tatbestand der Vertriebsbindung nach Ziff. 3 oder wegen der möglichen Wechselbezüglichkeit zwischen der Anschaffung neuer Software und einem Weitergabeverbot unter den Tatbestand der Bezugsbeschränkung nach Ziff. 2 subsumiert, ist nicht entscheidend. Ausschlaggebend ist vielmehr, dass man Weitergabeverbote auch im deutschen Recht als Wettbewerbsbeschränkung einordnet[454].

Die Kartellbehörde kann die Weitergabeverbote für unwirksam erklären, soweit durch ihr Ausmaß der Wettbewerb auf dem Markt für die von ihnen erfassten Waren, also die Software, oder für andere Waren oder gewerbliche Leistungen wesentlich beeinträchtigt wird. Die Wesentlichkeit der Wettbewerbsbeeinträchtigung hängt von den konkreten Marktverhältnissen ab, wird aber angesichts der Bündeltheorie und der engen Marktabgrenzung im Softwaremarkt oft erreicht sein.

IV) Änderungs- und Bearbeitungsverbote

Eine Bearbeitung der Software kann für verschiedenste Zwecke erforderlich werden: für Fehlerbeseitigungen, Änderungen der Software zur Anpassung an eine individuelle Benutzeroberfläche, eine neue Benutzeroberfläche oder neue gesetzliche, organisatorische oder technische Anforderungen, für Programmverbesserungen, Erweiterungen des Funktionsumfangs, Übertragung des source-code in eine andere Programmiersprache, Umwandlung des object-code in den source-code oder umgekehrt, für die Portierung auf eine andere Hardware oder ein neues Betriebssystem sowie für die Entfernung einer Dongle-Abfrage[455]. Im Bereich der Softwareüberlassung an einen Endkunden wird die Bearbeitung der Software insbesondere wegen der Notwendigkeit von Fehlerbeseitigungen oder individueller Anpassungen erforderlich. Sonstige Bearbeitungen betreffen in der Regel den Bereich der Softwareentwicklung[456] und sind für das Verhältnis zum Anwender von untergeordneter Bedeutung.

---

[453] *Klosterfelde/Metzlaff in* Langen/Bunte; Bd. I § 16 Rz. 32, 52
[454] so auch Schneider Jörg, S. 189; a.A. Kreutzmann Alix, S. 170 oben
[455] *Loewenheim in* Schricker, § 69 c Rz. 13
[456] siehe Teil 5

l) Urheberrechtliche Gesichtspunkte

Eine Bearbeitung der Software berührt das in § 69 c Ziff. 2 UrhG dem Urheber ausschließlich vorbehaltene Recht der Umarbeitung. Der Begriff der Umarbeitung ist in einem umfassenden Sinne als Oberbegriff für die Übersetzung, Bearbeitung, das Arrangement und sonstige Umarbeitungen zu verstehen und entspricht dem internationalen urheberrechtlichen Sprachgebrauch[457]. Grundsätzlich unterfällt somit jede Abänderung der Software der Umarbeitung.

Im Gegensatz zum allgemeinen Urheberrecht ist im Bereich der Software bereits die Umarbeitung an sich dem Urheber vorbehalten und nicht erst die Veröffentlichung oder sonstige Verwertung des Umarbeitungsergebnisses, vgl. §§ 23 S. 1, 39 Abs. 2 UrhG. Diese Vorverlagerung des Rechtsschutzes für die Urheber wird vor allem mit ihrem (anzuerkennenden) Kontrollinteresse hinsichtlich Programmverbesserungen, welche das Vergütungsinteresse des Softwareherstellers berühren, sowie der Tatsache, dass auch die Entfernung einer Dongle-Abfrage eine Umarbeitung darstellt, begründet. Hinsichtlich sonstiger Bearbeitungen aber sind keine berechtigten Interessen der Urheber erkennbar, so dass in der Literatur die Berechtigung eines derart umfassenden Umarbeitungsrechts der Softwarehersteller teilweise angezweifelt wird[458]. Hinzu kommt, dass das allgemeine Bearbeitungs- und Änderungsverbot überwiegend auf urheberpersönlichkeitsrechtlichen Erwägungen beruht, welche bei Computerprogrammen ohnehin in den Hintergrund treten[459].

Für ein umfassendes Umarbeitungsrecht im Sinne des § 69 c Ziff. 2 UrhG spricht indes, dass eine exakte Aufzählung sowie Abgrenzung der dem Urheber wegen Berührung seines Vergütungsinteresses vorbehaltenen und den ihm nicht vorzubehaltenden Bearbeitungen in der Praxis kaum durchführbar sein dürfte. Zudem erfährt das ausschließliche Umarbeitungsrecht des Urhebers eine Relativierung durch § 69 d Abs. 1 UrhG, nach dem vorbehaltlich anderweitiger vertraglicher Regelungen[460] eine Umarbeitung im Rahmen der bestimmungsgemäßen Nutzung der Software nicht der Zustimmung des Urhebers bedarf. Die Softwareanwender sind folglich hinreichend geschützt. Zur bestimmungsgemäßen Nutzung werden die (in § 69 d Abs. 1 UrhG ausdrücklich benannten) Fehlerberichtigung sowie sonstige individuelle Anpassungen zu zählen sein, die für ein ordnungsgemäßes Arbeiten mit der Software erforderlich sind. Aus genannten Gründen erscheint es richtig, dem Urheber bereits die Umarbeitung der Software an sich vorzubehalten und einem eventuellen Missbrauch dieser um-

---

[457] vgl. Art. 2 Abs. 3, 8 und 12 RBÜ; *Loewenheim* in Schricker; § 69 c Rz. 13
[458] insbesondere Marly kritisiert diese Vorverlagerung des Schutzes heftig, vgl. Marly, Rz. 1066 ff.
[459] Sucker, CR 1989, 468, 470
[460] zur Problematik des vertraglichen Vorbehalts im Rahmen des § 69 d Abs. 1 UrhG siehe oben III) 1) b) cc) (3) (c) (bb)

fassenden urheberrechtlichen Befugnis unter kartellrechtlichen Gesichtspunkten zu begegnen.
Auch die sog. Dekompilierung stellt eine Umarbeitung der Software dar. Sie beinhaltet die Programmaufschlüsselung durch Rückübersetzung des maschinenlesbaren object-codes in den für den Menschen verständlichen sourcecode[461]und hat in § 69 e UrhG eine spezielle Regelung erfahren. Auf die diesbezüglichen besonderen Probleme wird bei den Programmanalyseverboten eingegangen[462]. Hier sollen nur solche Bearbeitungsverbote untersucht werden, die eine Bearbeitung der Software ohne Eingriff in deren source-code erlauben[463]. Festzuhalten bleibt, dass wegen des Vorbehalts anderweitiger vertraglicher Regelungen in § 69 d Abs. 1 UrhG Bearbeitungsverbote urheberrechtlich grundsätzlich zulässig[464] sowie aus dem Wesen der Softwareüberlassung heraus gerechtfertigt sind.

2) Kartellrechtliche Gesichtspunkte

Die soeben dargestellten urheberrechtlichen Grundsätze sind in die kartellrechtlichen Überlegungen mit einzubeziehen. Für die kartellrechtliche Beurteilung bedeutet dies eine Unterscheidung nach der Art des jeweiligen Bearbeitungsverbots: solche Bearbeitungsverbote, die einen Bezug zum Vergütungsinteresse der Urheber aufweisen, beispielsweise Verbote hinsichtlich Programmverbesserungen oder Erweiterungen des Funktionsumfangs, dienen der Definition des Leistungsumfangs der Softwareüberlassung, weshalb den Softwareherstellern ein diesbezügliches Kontroll- und Vergütungsinteresse zuzugestehen ist, das auch vor dem Kartellrecht Bestand haben muss. Insofern scheidet eine Wettbewerbsbeschränkung aus. Von sonstigen Bearbeitungsverboten hingegen können verstärkt Gefahren für den Wettbewerb ausgehen.

a) Art. 81 EGV

aa) Tatbestand des Art. 81 Abs. 1 EGV

Bearbeitungsverbote schränken die Softwareanwender in ihrer wirtschaftlichen Bewegungs- und Handlungsfreiheit ein, indem ihnen die eigene Ausführung von Bearbeitungen untersagt wird. Besonders deutlich wird dies bei solchen

---

[461] *Loewenheim* in Schricker, § 69 e Rz. 4
[462] siehe unten V)
[463] zu den möglichen Programmänderungen ohne Eingriff in den source-code siehe unten Softwarepflege Teil 2 § 3
[464] so auch Moritz, CR: 1993, 257, 265; *Ullrich/Konrad* in Ullrich/Körner, Teil I Rz. 529

Bearbeitungen, die für eine individuelle Anpassung der Software notwendig sind. Da die Anwender faktisch zum Geschäftsverkehr mit dem Softwarehersteller gezwungen sind, wirken sich die Verbote zudem auf Drittunternehmen aus, die sich auf derartige Bearbeitungsdienstleistungen spezialisiert haben. Die Entstehung eines diesbezüglichen unabhängigen Drittmarktes wird eingeschränkt oder sogar völlig verhindert[465] und bringt eine Beschränkung des Wettbewerbs mit sich, Art. 81 Abs. 1 lit. b EGV.
Bearbeitungsverbote stellen also eine Wettbewerbsbeschränkung gem. Art. 81 Abs. 1 EGV dar: sie schränken die Handlungs- und wirtschaftliche Entscheidungsfreiheit der Softwareanwender sowie den Wettbewerb auf dem nachgelagerten Markt für Bearbeitungsdienstleistungen ein.

bb) Legalität gem. Art. 81 Abs. 3 EGV

Fraglich ist, ob Bearbeitungsverbote die Voraussetzungen des Art. 81 Abs. 3 EGV für eine Legalausnahme erfüllen. Zunächst ist zu prüfen, ob mit den Bearbeitungsverboten eine Verbesserung der Warenerzeugung oder -verteilung oder Förderung des technischen oder wirtschaftlichen Fortschritts verbunden ist. Individuelle Anpassungen der Software sind für Unternehmen hinsichtlich ihrer Wettbewerbsfähigkeit wesentlich. Ein Unternehmen ist auf das einwandfreie Funktionieren seiner Arbeitsmittel angewiesen, um gegenüber seinen Konkurrenten bestehen zu können. Ein Bearbeitungsverbot kann die Wettbewerbsfähigkeit eines Unternehmens einschränken und würde damit genau das Gegenteil bewirken als Art. 81 Abs. 3 EGV fordert: Arbeitsmittel, die nicht exakt den konkreten Anforderungen eines individuellen Unternehmens gerecht werden, hemmen die Warenerzeugung sowie den technischen oder wirtschaftlichen Fortschritt. Zudem wird das Entstehen eines Marktes für Bearbeitungsdienstleistungen erschwert, wenn nicht sogar verhindert, weshalb auch hier eine Verbesserung der Warenerzeugung oder -verteilung bzw. Förderung des technischen oder wirtschaftlichen Fortschritts ausscheidet.

cc) Ergebnis

Umfassende Bearbeitungsverbote stellen eine nicht legalausnahmefähige Wettbewerbsbeschränkung gem. Art. 81 EGV dar, weil sie nicht zwischen den einzelnen Arten von möglichen Bearbeitungen unterscheiden. Stets möglich bleiben muss dem Softwareanwender nämlich die Anpassung der Software an individuelle Bedürfnisse – soweit mit einer derartigen Bearbeitung keine Dekompi-

---

[465] Sucker, CR 1989, 468, 470

lierung einhergeht, welche gem. § 69 e UrhG eigenen Regeln folgt[466]. Bearbeitungsverbote hingegen, die einen Bezug zum Vergütungsinteresse der Softwarehersteller aufweisen, stellen schon keine Wettbewerbsbeschränkung dar. Hinsichtlich der kartellrechtlichen Zulässigkeit von Bearbeitungsverboten ist also genau nach der jeweiligen Art der Bearbeitung zu differenzieren.

b) § 16 GWB

Bearbeitungsverbote hindern die Softwareanwender in ihrer Verwendungsfreiheit der Software, § 16 Ziff. 1 GWB[467] sowie daran, Bearbeitungen durch Dritte ausführen zu lassen, was eine Beschränkung ihrer Freiheit, gewerbliche Leistungen von Dritten zu beziehen, darstellt, § 16 Ziff. 2 GWB. Sie werden zum ausschließlichen Geschäftsverkehr mit dem Rechtsinhaber verpflichtet[468].
Da dritten Unternehmen durch Bearbeitungsverbote der Marktzutritt erheblich erschwert, wenn nicht sogar unmöglich gemacht wird, liegt auch eine Wettbewerbsbeschränkung vor. § 16 GWB soll gerade der Offenhaltung der Märkte dienen. Angesichts der engen Marktabgrenzung im Softwaresektor und der Anwendung der Bündeltheorie wird auch die Wesentlichkeit der Wettbewerbsbeeinträchtigung vorliegen. Insbesondere der Blick auf dritte Anbieter von Bearbeitungsdienstleistungen legt eine Beeinträchtigung der Funktionsfähigkeit des Wettbewerbs auf diesem Drittmarkt und somit die Wesentlichkeit nahe.

c) Marktmachtmissbrauch

Als problematisch im Hinblick auf einen unabhängigen Drittmarkt für Bearbeitungsleistungen erweist sich die technische Abhängigkeit der Softwareanwender vom Hersteller: für Bearbeitungen wird in der Vielzahl der Fälle die Kenntnis des source-code der Software erforderlich sein, der jedoch nur durch eine Rückübersetzung aus dem object-code, der sog. Dekompilierung, gewonnen werden kann. Diese hat in § 69 e UrhG eine besondere Regelung erfahren und wird sogleich im Rahmen der Programmanalyseverbote eingehend behandelt.
Die wegen notwendiger Kenntnis des source-code folgenden Probleme der technischen Abhängigkeit der Softwareanwender bzw. dritter Unternehmen vom Softwarehersteller werden ausführlich bei der Softwarepflege in Teil 2 behandelt. Hier ist insbesondere darauf zu achten, dass der Softwarehersteller für

---

[466] vgl. sogleich unten V)
[467] zum Begriff der Verwendung siehe oben III) 2) b) bb)
[468] *Emmerich* in Immenga/Mestmäcker, GWB § 16 Rz. 42 ff.

die Bearbeitungsleistungen keine unangemessen hohe Vergütung verlangt, die sich nicht nach den tatsächlichen Marktverhältnissen bemisst[469].

V) Verbot der Programmanalyse: reverse engineering und Dekompilierung, §§ 69 d Abs. 3 und 69 e UrhG

1) Begriffserklärung und technische Gesichtpunkte der Softwareerstellung

Hinsichtlich der Begriffe reverse engineering und Dekompilierung herrscht in der Rechtsliteratur keine einheitliche Terminologie: so wird teilweise die im Gesetz in § 69 e UrhG geregelte Dekompilierung als reverse engineering bezeichnet[470], teilweise die Programmanalyse in § 69 d Abs. 3 UrhG[471], und zum Teil werden §§ 69 d Abs. 3 und 69 e UrhG unter dem einheitlichen Begriff des reverse engineering zusammengefasst[472]. Diese Arbeit legt letztgenannte Ansicht zugrunde und versteht den Begriff des reverse engineering im Sinne einer umfassenden Programmanalyse. Dabei besteht der Unterschied zwischen § 69 d Abs. 3 UrhG und § 69 e UrhG darin, dass die Programmanalyse in § 69 d Abs. 3 UrhG nur solche Handlungen umfasst, zu denen der Benutzer unter Berücksichtigung des § 69 d Abs. 1 UrhG ohnehin berechtigt ist[473] – womit die Regelung des § 69 d Abs. 3 UrhG an sich tautologisch ist – während die Dekompilierung in § 69 e UrhG mit einer Vervielfältigung und Übersetzung des Programms einhergeht, also in Ausschließlichkeitsrechte des Urhebers eingreift.

Zum Begriff der Dekompilierung ist anzumerken, dass dieser technisch gesehen ungenau ist: § 69 e UrhG betrifft allgemein die Rückgewinnung des source-code aus dem object-code[474], die Art und Weise der Rückgewinnung des source-code aber ist abhängig von der Generation der verwendeten Programmiersprache[475]. Bei der zweiten Generation wird der source-code mit Hilfe sogenannter *Assembler*-Programme in den maschinenlesbaren object-code umgesetzt, bei der dritten Generation mit Hilfe sog. *Compiler*-Programme. Dementsprechend wird die Rückübersetzung von object- in source-code mit *Disassemblierung* bzw. *Dekompilierung* bezeichnet[476]. Dem § 69 e UrhG sowie dem ihm zugrundeliegenden Art. 6 Richtlinie 91/250/EWG jedoch ist eine Begrenzung der Rück-

---

[469] *Ullrich/Konrad* in Ullrich/Körner, Teil I Rz. 530
[470] Moritz, CR 1993, 257, 265; Sucker, CR 1989, 468, 472; *Ullrich/Konrad* in Ullrich/Körner, Teil I Rz. 532
[471] *Haberstumpf* in Lehmann, II Rz. 166
[472] *Loewenheim* in Schricker, § 69 e Rz. 6; Marly, Rz. 1042; Pres, S. 135; Vinje, CR 1993, 401, 407
[473] *Loewenheim* in Schricker, § 69 d Rz. 22
[474] *Loewenheim* in Schricker, § 69 e Rz. 4
[475] vgl. hierzu ausführlich Wohlgemuth, S. 206 f.
[476] zu weiteren in der Regel inhaltsgleichen Begriffen siehe Marly, Rz. 1040

übersetzung von object- in source-code auf die dritte Generation der Computerprogramme nicht zu entnehmen, so dass dem Begriff der Dekompilierung der neutrale Begriff der Rekonstruktion des source-code vorzuziehen gewesen wäre. Da aber auch die Überschrift des § 69 e UrhG „*Dekompilierung*" Gesetzeskraft besitzt, soll dieser Begriff im Folgenden beibehalten werden. Eine exakte Rekonstruktion des ursprünglichen source-code ist allerdings nicht immer möglich. Ergebnis einer Rückübersetzung wird oft nur ein dem sourcecode ähnliches Format sein[477]. Dies gilt insbesondere für Software, die in einer höheren Programmiersprache geschrieben wurde, weil hier angesichts der Komplexität der Software und der Verwendung interaktiver Programmierwerkzeuge eine einfache 1:1 Rückübersetzung technisch nicht möglich ist. Lediglich bei Software in Programmiersprache der zweiten Generation wird eine Rückübersetzung durch einfache technische Umkehrung der Übersetzung mit Hilfe von Assemblerprogrammen relativ genau gelingen. Allerdings eben nur relativ genau, da bei der Übersetzung des source- in den object-code die sog. Kommentarzeilen nicht mitübersetzt werden und dementsprechend bei der Rückübersetzung des object- in den source-code nicht erscheinen können. Ergebnis der Rückübersetzung ist also ein zwar funktional gleiches Programm, jedoch kein mit dem ursprünglichen source-code vollkommen identisches Programm.

2) Urheberrechtliche Gesichtspunkte

a) Allgemeines

Die Bedeutung und zugleich Problematik der Programmanalyse liegt darin, dass ohne sie die der Software zugrundeliegenden Ideen und Grundsätze nicht ermittelt werden können. Diese sind bzw. wären nach allgemeinen Urheberrechtsgrundsätzen aber ohnehin nicht schutzfähig[478], vgl. § 69 a Abs. 2 S. 2 UrhG, sondern müssen zugänglich sein, um die allgemeine Wissenskommunikation (dieser dient § 69 d Abs. 3 UrhG) und den technischen Fortschritt auf dem jeweiligen Gebiet durch die Werkschöpfung anderer (dies gewährleistet § 69 e UrhG) zu fördern[479]. Speziell im Softwarebereich ist ihre Kenntnis aber auch aus Gründen der wissenschaftlichen Forschung, der Anpassung der Software an individuelle Bedürfnisse, der Herstellung der Kompatibilität von Programmen oder der Fehlerbeseitigung notwendig[480].

---

[477] vgl. *Marly*, Urheberrechtsschutz, S. 174 f.; ders., Rz. 1044; *Wohlgemuth*, S. 211 f.
[478] *Loewenheim in* Schricker, § 69 a Rz. 8 ff.
[479] vgl. eingehend *Loewenheim in* Schricker, § 69 e Rz. 1 ff.; Sucker, CR 1989, 468, 471; *Ullrich in* Ullrich/Körner, Teil I Rz. 30 ff.
[480] *Haberstumpf in* Lehmann, II Rz. 166; *Loewenheim in* Schricker, § 69 c Rz. 21

Bei sonstigen durch Urheberrecht geschützten Werken können die dem Werk zugrundeliegenden (ungeschützten) Ideen und Grundsätze völlig problemlos zur Kenntnis genommen werden: durch einfaches Lesen, Hören oder Anschauen. An diesem Punkt werden Schwächen und Grenzen des Urheberrechtsschutzes für Software deutlich: in der Regel wird Software bei gleichzeitiger Zurückbehaltung des source-code im object-code verwertet, was einen faktischen Geheimnisschutz bewirkt und von vornherein den Zugang zu den der Software zugrundeliegenden, aber eben urheberrechtlich nicht schutzfähigen Ideen und Grundsätzen versperrt. Dies ist dem Urheberrecht fremd und entspricht an sich dem Wesen des Patentrechts. Im Patentrecht bewirkt die frühzeitige Offenbarung technischen Wissens Ausgleich und Kompensation für den Geheimnisschutz, in das Softwareurheberrecht wurden die Regelungen der §§ 69 d Abs. 3 und 69 e UrhG aufgenommen. Ebenso aber müssen die §§ 69 d Abs. 3 und 69 e UrhG der Gefahr der einfachen Übernahme fremder Leistung vorbeugen und einen wegen dieser besonderen Verletzlichkeit des Rechtsguts Software effektiven Schutz gewährleisten[481].

Ob die Vorschriften der §§ 69 d Abs. 3 und 69 e UrhG diesem Interessenkonflikt tatsächlich gerecht werden, kann und muss in dieser Arbeit nicht bis ins Detail geklärt werden[482]. Hier sollen vielmehr entsprechend der Aufgabenstellung dieser Arbeit kartellrechtliche Lösungswege unter Zugrundelegung der derzeitigen urheberrechtlichen Gesetzeslage aufgezeigt werden.

b) Regelung des § 69 e UrhG

aa) Zweckbindung der Dekompilierung in § 69 e UrhG

Häufig wird die Offenlegung der einer Software zugrundeliegenden Ideen und Grundsätze nicht bereits durch eine Programmanalyse im Sinne des § 69 d Abs. 3 UrhG möglich sein, sondern erst durch eine Rückübersetzung des object- in den source-code[483]. Diese Rückübersetzung hat in § 69 e UrhG eine spezielle Regelung erfahren und ist nur unter engen Voraussetzungen[484] zulässig sowie durch das Erfordernis der Herstellung der Interoperabilität eines unabhängig geschaffenen Computerprogramms zweckgebunden. Diese besondere Zweckbindung des § 69 e UrhG will einer der größten Gefahren aus der Geheimhaltung urheberrechtlich an sich nicht geschützter Ideen und Grundsätze auf dem Softwaremarkt Rechnung tragen: durch die faktische Geheimhaltung der Ideen und Grundsätze, insbesondere von Schnittstellen, werden Wettbewerber in ihrer

---

[481] näher dazu *Ullrich in* Ullrich/Körner, Teil I Rz. 13 ff., 34
[482] vgl. hierzu insbesondere Marly, Urheberrechtsschutz, S. 313 ff.
[483] vgl. Pres, S. 139; Vinje, CR 1993, 401, 407 f.
[484] vgl. dazu eingehend *Loewenheim in* Schricker, § 69 e Rz. 9 ff. mit weiteren Nachweisen

Freiheit der Herstellung kompatibler Produkte[485] oder von Substitutionsprodukten behindert, da sie auf die Schnittstelleninformationen der jeweiligen Software angewiesen sind[486]. Mit einer Geheimhaltung geht also offensichtlich eine Beeinträchtigung des freien Wettbewerbs einher. Diesem Konflikt zwischen einerseits Geheimhaltungsinteresse der Softwarehersteller und andererseits Aufrechterhaltung eines freien Wettbewerbs aus Sicht dritter, unter Umständen auch konkurrierender Softwarehersteller, versucht § 69 e UrhG gerecht zu werden, wodurch seine Zwitternatur einer gleichwohl urheber- wie kartellrechtlichen Regelung deutlich wird. Anfangs sollte denn der hiesige Konflikt auch allein nach Kartellrechtsregeln gelöst werden[487].

bb) Dekompilierung zu sonstigen Zwecken

Nicht nur aus Sicht dritter Softwarehersteller, sondern auch aus Sicht der Anwender kann die Kenntnis der Ideen und Grundsätze erforderlich sein, beispielsweise für Fehlerbeseitigungen, Anpassungen der Software an individuelle Bedürfnisse, die wissenschaftliche Forschung oder schlicht und einfach zur Wissensbefriedigung im privaten Bereich[488]. Hierfür wird oftmals eine Programmanalyse nach § 69 d Abs. 3 UrhG nicht ausreichen, sondern eine Rückübersetzung des object- in den source-code erforderlich werden, weshalb ein Dekompilierungsverbot zur Abhängigkeit der Marktgegenseite von bestimmten Softwareherstellern führt. Strittig ist, ob nach der derzeitigen Gesetzeslage eine Dekompilierung auch für diese Zwecke zulässig ist, und, falls nicht, dafür zugelassen werden sollte oder nicht.

Dabei gilt es zunächst die Reichweite des § 69 e UrhG zu klären sowie anschließend das Verhältnis von §§ 69 e und 69 d Abs. 1 UrhG und letztendlich die Reichweite des § 69 d Abs. 1 UrhG. Entsprechend den oben behandelten Bearbeitungsverboten kann vorab bereits festgehalten werden, dass Dekompilierungen mit Bezug zum Vergütungsinteresse der Programmurheber, z.B. Programmverbesserungen oder Erweiterungen des Funktionsumfangs, in keinem Fall ohne ausdrückliche Genehmigung zuzulassen sind.

---

[485] z.B. Anwendersoftware zu Betriebssystemsoftware, Antivirensoftware, Drucker, Scanner etc.
[486] *Loewenheim* in Schricker, § 69 e Rz. 1 ff.
[487] vgl. *Loewenheim* in Schricker, § 69 e Rz. 2
[488] *Loewenheim* in Schricker, § 69 e Rz. 5; Marly, Urheberrechtsschutz, S. 314 ff.

(1) Reichweite des § 69 e UrhG

Angesichts der eigenständigen Regelung der Dekompilierung in § 69 e UrhG mit ihren dort genannten engen Voraussetzungen sowie Sinn und Zweck der Vorschrift, den Urheber vor der weitgehenden Übernahme von mit Mühe und Kosten entwickelter Programmierleistungen durch Dritte und somit vor Wettbewerbsnachteilen zu schützen[489], sollte eine Dekompilierung zu anderen Zwecken als der Herstellung von Interoperabilität im Rahmen des § 69 e UrhG nicht zugelassen werden[490]. Eine Dekompilierung bringt nämlich auch für den Urheber die Gefahr mit sich, dass nicht nur ungeschützte Ideen und Grundsätze offenkundig werden, sondern auch der geschützte Ausdruck seines entwickelten Programms.
Auch die Literatur sieht in § 69 e UrhG eine spezielle Regelung. Teilweise wird die Spezialität jedoch nicht auf die Dekompilierung, sondern auf deren Zweck, nämlich die Herstellung von Interoperabilität, bezogen. Demnach soll im Rahmen des § 69 e UrhG eine Dekompilierung zu sonstigen Zwecken zwar nicht zulässig sein, allerdings soll sich die Zulässigkeit einer zustimmungsfreien Dekompilierung aus § 69 d Abs. 1 UrhG im Rahmen der bestimmungsgemäßen Nutzung ergeben können[491].

(2) Abgrenzung zu § 69 d Abs. 1 UrhG

Die Frage nach der Zulässigkeit einer Dekompilierung im Rahmen der bestimmungsgemäßen Benutzung nach § 69 d Abs. 1 UrhG stellt sich in der Praxis insbesondere hinsichtlich Fehlerberichtigungen. In diesem Zusammenhang spielt dann der Charakter des § 69 d Abs. 1 UrhG eine wesentliche Rolle in dem Sinne, ob § 69 d Abs. 1 UrhG dem Nutzer bestimmte zwingende Mindestrechte zubilligt, die vertraglich nicht abbedungen werden können[492]. Bejaht man dies, so muss die Frage nach der Zulässigkeit einer Dekompilierung vor dem Hintergrund der eigenständigen Regelung in § 69 e UrhG erneut beantwortet werden. Hält man dagegen entsprechend der derzeitigen Gesetzeslage einen vertraglichen Ausschluss des Rechts zur Fehlerberichtigung für möglich, so ist klar, dass

---

[489] *Loewenheim* in Schricker, § 69 Rz. 2; Schulte, CR 1992, 648, 653; *Ullrich* in Ullrich/Körner, Teil I Rz. 34
[490] so auch *Loewenheim* in Schricker, § 69 d Rz. 3, § 69 e Rz. 10; Raubenheimer, CR 1996, 69, 76; Schneider Jochen, C Rz. 578; Marly, Urheberrechtsschutz, S. 313 ff., sieht dies angesichts des Gesetzeswortlauts ebenso, übt jedoch zu Recht heftige Kritik an der Regelung des § 69 e UrhG
[491] so insbesondere Hoeren/Schuhmacher, CR 2000, 137, 140; Wohlgemuth, S. 214 f.
[492] zum Charakter der Vorschrift des § 69 d Abs. 1 UrhG vgl. oben III) 1) b) cc) (3) (c) (bb)

bei Vorliegen einer derartigen vertraglichen Vereinbarung eine Dekompilierung unzulässig sein muss. Wie bereits vorher deutlich geworden, sieht auch der Großteil der Literatur nach der derzeitigen Gesetzeslage eine Dekompilierung nur bei Vorliegen der Voraussetzungen des § 69 e UrhG für zulässig an[493]. Nur eine Mindermeinung ist der Auffassung, eine Dekompilierung sei auch im Rahmen des § 69 d Abs. 1 zulässig[494]. Interessant ist allerdings, dass auch die Vertreter dieser Meinung eine Dekompilierung nicht uneingeschränkt anerkennen, sondern durch das Merkmal der Notwendigkeit an enge Voraussetzungen knüpfen. So soll eine Dekompilierung speziell im Falle der Fehlerbeseitigung wegen fehlender Notwendigkeit dann nicht mehr rechtmäßig sein, wenn die Erfolgsaussichten für eine Fehlerberichtigung selbst mit einer Dekompilierung von vornherein äußerst gering sind[495] oder der Hersteller die Fehlerberichtigung selber vornimmt oder dem Nutzer vertraglich sonstige Ersatzlösungen angeboten sind[496]. Gestützt wird diese Auffassung unter anderem auf eine Analogie zu § 536 a Abs. 2 BGB (§ 538 Abs. 2 BGB a.F.), welcher dem Mieter ein Selbstbeseitigungsrecht bei Mängeln einräumt, wenn der Vermieter mit der Beseitigung des Mangels in Verzug ist[497]. Die also auch von den Befürwortern einer Dekompilierung im Rahmen des § 69 d Abs. 1 UrhG vorgenommene Einschränkung kann sich nur aus dem berechtigten Geheimhaltungsinteresse der Softwarehersteller an ihrem source-code ergeben.

Einen Lösungshinweis liefert auch das Urteil des BGH *Programmfehlerbeseitigung* vom 24.02.2000[498]. In dem dortigen Sachverhalt geht es zwar nicht um eine Dekompilierung der Software, sondern um deren Umarbeitung, Parallelen können dennoch gezogen werden. Der BGH stellt, obwohl für die Lösung des dortigen Sachverhalts nicht entscheidungserheblich, weil der Softwarenutzer sich zunächst an den Hersteller gewandt hatte, ausdrücklich die Überlegung an, ob es das Geheimhaltungsinteresse des Softwareherstellers nicht gebiete, dass sich der Softwarenutzer für eine Fehlerbeseitigung zuerst an den Hersteller wenden müsse[499]. Gerade weil der BGH trotzdem diese Überlegung anstellt, wird deutlich, dass er das Geheimhaltungsinteresse des Softwareherstellers als überaus hoch bewertet.

Ebenso zeigt der Wettbewerbsschutz von Software nach dem UWG, welcher Stellenwert der Geheimhaltung des source-code zukommt: an sich wird durch

---

[493] *Loewenheim* in Schricker, § 69 d Rz. 3, § 69 e Rz. 10; Marly, Rz. 1052; Raubenheimer, CR 1996, 69, 76; Schneider Jochen, C Rz. 578
[494] Hoeren/Schuhmacher, CR 2000, 137, 140; Pres, S. 131; Wohlgemuth, S. 214 f.,
[495] so etwa Hoeren/Schuhmacher, CR 2000, 137, 140
[496] so etwas Pres, S. 131; Lehmann, NJW 1993, 1822, 1823, der eine Verpflichtung des Herstellers zur Fehlerberichtigung annimmt
[497] so Lehmann, NJW 1993, 1822, 1823 f.; Pres, S. 131
[498] BGH v. 24.II.2000, „Programmfehlerbeseitigung", GRUR 2000, 866 ff.
[499] BGH „Programmfehlerbeseitigung", GRUR 2000, 866, 868

das UWG zwar nur die Unlauterkeit eines geheimnisverletzenden Verhaltens verboten und nicht das Geheimnis selbst geschützt, im Endeffekt aber gewährt das UWG doch einen Geheimnisschutz, weil durch das unlautere Verhalten gewonnene Kenntnisse einem Verwertungsverbot unterliegen, vgl. § 18 UWG. Überträgt man diese Wertungen auf die Zulässigkeit einer Dekompilierung zu sonstigen Zwecken, so ergibt sich, dass eine Dekompilierung eben nicht ohne weiteres zulässig sein soll, sondern nur unter der Voraussetzung, dass dem Softwarenutzer keine sonstige Möglichkeit als die Dekompilierung offen steht. Sonstige Möglichkeiten können sich aus vertraglichen Vereinbarungen zwischen dem Softwarehersteller und dem Nutzer oder eben dem Kartellrecht ergeben.

(3) Ergebnis

Zusammenfassend ergibt sich, dass eine Dekompilierung zu anderweitigen Zwecken als der Herstellung von Interoperabilität nach der derzeitigen Gesetzeslage urheberrechtlich wohl nicht zulässig ist – weder nach § 69 e UrhG noch nach § 69 d Abs. 1 UrhG. Ob dies stets eine interessengerechte Lösung darstellt, muss hier nicht abschließend geklärt werden. Vielmehr soll entsprechend dem Thema dieser Untersuchung eine kartellrechtliche Lösung aufgezeigt werden, die eventuelle Schwächen dieser urheberrechtlichen Regelungen abmildert bzw. ausmerzt. Dies bedeutet, dass sonstigen Gefahren aus der faktischen Geheimhaltung der Ideen und Grundsätze sowie einem Missbrauch der urheberrechtlichen Befugnisse in Anlehnung an die oben getroffene Wertung bei den Bearbeitungsverboten auch im Rahmen des § 69 e UrhG mit Hilfe des Kartellrechts vorzubeugen ist. Diese Sichtweise wird auch der Zwitternatur des § 69 e UrhG als einer gleichwohl urheber- wie kartellrechtlichen Regelung gerecht. Es ist nun nicht so, wie manche Literaturmeinung vermuten lassen könnte, dass die Softwareanwender völlig rechtlos gestellt sind, wenn eine an sich nötige Dekompilierung an den Anforderungen des § 69 e UrhG scheitern sollte. Hier ist es Aufgabe der Kartellrechts, eine angemessene und ausgewogene Lösung zu finden. § 69 e UrhG soll ja gerade auch die Wettbewerbsfreiheit sichern[500].
Allerdings muss der kartellrechtliche Lösungsansatz vor dem Dilemma zwischen berechtigtem Geheimhaltungsinteresse der Softwarehersteller und der allgemeinen Wissenskommunikation im privaten und wissenschaftlichen Bereich kapitulieren, da hier auf Forschungsseite kein Unternehmen im Sinne des Kartellrechts vorliegt. Das diesbezügliche urheberrechtliche Defizit wird hier also besonders deutlich: im Gegensatz zu urheberrechtlichen Grundsätzen und dem gesamten sonstigen gewerblichen Rechtsschutz wird durch den faktischen Geheimnisschutz wohl in der Vielzahl der Fälle jegliche Forschungstätigkeit ohne

---

[500] *Loewenheim* in Schricker, § 69 e Rz. 1

Gewinnerzielungsabsicht bzw. die einfache Befriedigung des Wissensdurstes verhindert[501], da eine Programmanalyse nach § 69 d Abs. 3 UrhG oftmals nicht die gewünschten Ergebnisse liefert, sondern eine Dekompilierung nach § 69 e UrhG nötig wäre. Damit ist offensichtlich eine Verhinderung von Wettbewerb auf Forschungsebene verbunden.

c) Dekompilierungsverbote, § 69 e UrhG

Angesichts der eindeutigen Regelungen in §§ 69 e, 69 g Abs. 2 UrhG sind umfassende Dekompilierungsverbote sowohl urheberrechtlich als auch vertragsrechtlich unzulässig. Diesbezügliche Verbote müssen zu ihrer Wirksamkeit den Voraussetzungen des § 69 e UrhG genügen, d.h. eine Dekompilierung der jeweiligen Software zur Herstellung der Interoperabilität kann weder urheberrechtlich noch vertragsrechtlich wirksam ausgeschlossen werden.
Im Rahmen des § 69 e UrhG sind noch weitere Fragen ungeklärt, die jedoch angesichts des ebenso kartellrechtlichen Charakters der Vorschrift bei der kartellrechtlichen Untersuchung abgehandelt werden.

d) Verbote der Programmanalyse nach § 69 d Abs. 3 UrhG

Ebenso verhält es sich mit der Vorschrift des § 69 d Abs. 3 UrhG: Vereinbarungen, die § 69 d Abs. 3 UrhG widersprechen, sind sowohl urheberrechtlich als auch vertragsrechtlich unwirksam, § 69 g Abs. 2 UrhG.

3) Kartellrechtliche Gesichtspunkte

a) Umfassende Programmanalyse- bzw. Dekompilierungsverbote

Die kartellrechtliche Problematik von Verboten der Programmanalyse liegt, wie bereits im Rahmen der urheberrechtlichen Diskussion deutlich geworden, vornehmlich darin, dass der Zugang zu (an sich vom Urheberrecht nicht erfassten) Ideen und Grundsätzen wegen der Ausschließlichkeitsrechte des § 69 c UrhG versperrt bleibt und daraus folgend der freie Wettbewerb behindert wird: der Fortschritt in der Softwarebranche hängt zum großen Teil von der Entwicklung kompatibler oder vergleichbarer Programme ab, die jedoch allein auf Basis der nicht geschützten Ideen geschaffen werden können. Die Fähigkeit zum Austausch von Informationen und zur wechselseitigen Verwendung der ausge-

---

[501] vgl. § 11 Ziff. 1 und 2 PatG; insbesondere Marly kritisiert dies heftig, vgl. Marly, Urheberrechtsschutz, S. 314

tauschten Informationen, kurz die Interoperabilität[502], ist wesentliche Voraussetzung für den technischen Fortschritt und die Entfaltung eines dynamischen Wettbewerbs im Softwaresektor. § 69 e UrhG versucht dieser Problematik insofern gerecht zu werden, als er eine Dekompilierung zum Zwecke der Herstellung unabhängig geschaffener Programme unter gewissen, engen Voraussetzungen zulässt.

Wie andere Teilbereiche des Schutzes geistigen Eigentums stellen auch die §§ 69 a ff. UrhG und hier insbesondere § 69 e UrhG von vorneherein eine Abwägung zwischen den durch die Schutzrechtsverleihung verliehenen Ausschließlichkeitsrechten und dem Allgemeininteresse an einem freien Wettbewerb dar. Demzufolge sind über den Schutzrechtsbestand von § 69 e UrhG hinausgehende Vereinbarungen nicht nur urheberrechtlich, sondern auch kartellrechtlich unwirksam. Es liegt eine Wettbewerbsbeschränkung im Sinne von Art. 81 Abs. 1 EGV vor, die mangels positiver Auswirkungen auf die Warenerzeugung bzw. -verteilung oder Förderung des technischen oder wirtschaftlichen Fortschritts einer Legalausnahme gem. Art. 81 Abs. 3 EGV nicht zugänglich ist. Im deutschen Recht findet § 16 Ziff. 1, 2 GWB Anwendung.

Daneben kommt unter dem Gesichtspunkt der Monopolisierung von zu defacto-Standards gewordenen Schnittstellen[503] der Missbrauch einer marktbeherrschenden Stellung gem. Art. 82 Abs. 2 lit. a, b EGV bzw. § 19 Abs. 1, Abs. 4 Ziff. 1, 2 GWB in Betracht[504].

b) Dekompilierungsverbote, die sich in den Grenzen des § 69 e UrhG halten

Es können jedoch auch Dekompilierungsverbote, die den Anforderungen des § 69 e UrhG genügen, unter kartellrechtlichen Gesichtspunkten problematisch sein. Dies folgt schon aus der grundsätzlichen Unabhängigkeit der kartellrechtlichen von der urheberrechtlichen Zulässigkeit und wird durch die den §§ 69 a ff. UrhG zugrundeliegende Richtlinie 91/250/EWG mit ihrem Erwägungsgrund 26 bestätigt: die Anwendung der Art. 85 und 86 a.F. (Art. 81, 82 n.F.) EGV bleibt von den Bestimmungen der Richtlinie unberührt.

Hierbei ist insbesondere an solche Fälle zu denken, in denen eine Dekompilierung nicht zum gewünschten Erfolg führt: die Dekompilierung liefert nämlich in der Regel nicht den ursprünglichen source-code[505], sondern lediglich eine ihm verwandte Form, welche jedoch unter Umständen für die Herstellung kompatibler Programme nicht ausreichend ist. Ein Hersteller kompatibler Software würde dadurch offensichtlich in seiner Wettbewerbsfreiheit behindert. Nachdem

---

[502] vgl. insofern Erwägungsgrund 12 der Richtlinie 91/250/EWG
[503] vgl. auch *Loewenheim in* Schricker, § 69 e Rz. 1
[504] siehe hierzu unten Teil 3 Herausgabe von Schnittstelleninformationen
[505] siehe hierzu unten ausführlich in Zusammenhang mit der Softwarepflege Teil 2

allein der Softwarehersteller Kenntnis vom ursprünglichen source-code besitzt, könnte der Missbrauch einer marktbeherrschenden Stellung vorliegen. Auf diese Problematik der Abhängigkeit vom Softwarehersteller und die damit verbundene Frage einer Zwangszugangsgewährung bzw. Offenlegungsverpflichtung hinsichtlich des source-code wird ausführlich im Rahmen der Softwarepflege[506] und der Herausgabe von Schnittstelleninformationen[507] eingegangen.
Festzuhalten ist, dass Dekompilierungsverbote innerhalb der Grenzen des § 69 e UrhG grundsätzlich dem berechtigten Geheimhaltungsinteresse der Hersteller dienen und als Definition des Schutzrechtsumfangs vor dem Kartellrecht Bestand haben. Ausnahmsweise kann sich allerdings unter dem Aspekt der Marktbeherrschung der Missbrauch einer marktbeherrschenden Stellung ergeben.

c) Spezielle Probleme

aa) Dekompilierung zu sonstigen Zwecken

Insbesondere die Softwareanwender können ein Interesse an einer Dekompilierung zu sonstigen Zwecken haben, z.B. hinsichtlich der Fehlerberichtigung, der Anpassung der Software an geänderte Bedürfnisse etc.. Ein diesbezügliches Verbot der Dekompilierung, welches durch die derzeitige tatsächliche Gesetzeslage aufgrund der Dekompilierungsvorschrift des § 69 e UrhG sanktioniert ist, bedeutet für die Softwareanwender die völlige Abhängigkeit vom Softwarehersteller, da nur dieser wegen der nötigen Kenntnis des source-code technisch in der Lage ist, die entsprechenden Leistungen zu erbringen. Die Softwareanwender sind in der Wahl ihrer Vertragspartner faktisch nicht frei und in ihrer Handlungs- und Entscheidungsfreiheit eingeschränkt. Ebenso sind dritte Unternehmen an der Übernahme dementsprechender Arbeiten gehindert. Wegen der Entscheidung des Gesetzgebers sind diese Einschränkungen allerdings hinzunehmen.
Nicht hinzunehmen ist jedoch die missbräuchliche Ausnutzung dieses Abhängigkeitsverhältnisses durch den Softwarehersteller, beispielsweise die Weigerung, bestimmte, für den Anwender notwendige Dekompilierungshandlungen vorzunehmen oder für die mit der Dekompilierung einhergehenden Leistungen überhöhte Preise zu fordern. Hier könnte § 20 Abs. 2 S. 1 GWB zur Anwendung kommen, der allerdings nur das Diskriminierungs- und Behinderungsverbot kennt und nicht den Ausbeutungsmissbrauch verbietet[508].
Fraglich ist, ob daneben nicht auch Art. 82 EGV bzw. § 19 GWB zur Anwendung kommen: der Softwarehersteller könnte wegen seiner alleinigen Kenntnis

---

[506] vgl. Teil 2 § 5 C) III) und D)
[507] vgl. Teil 3
[508] siehe oben I) 3) c) cc)

am source-code eine marktbeherrschende Stellung einnehmen und bei deren Missbrauch zur Vornahme der Handlungen oder gar zur Herausgabe des sourcecode verpflichtet werden. Auf diese Problematik wird im Rahmen der Softwarepflege[509] und der Herausgabe von Schnittstelleninformationen[510] ausführlich eingegangen.

An dieser Stelle ist noch kurz auf die zur Dekompilierung befugten Personen einzugehen: sollte sich für den Softwareanwender unter dem Gesichtspunkt des Missbrauchs einer marktbeherrschenden Stellung ein Recht zur Dekompilierung ergeben, so stellt sich die Frage, ob allein er zur Dekompilierung berechtigt ist oder aber die Ausübung des Rechts auf einen Dritten übertragen kann. Angesichts der wohl in den meisten Fällen fehlenden Sachkunde der Anwender ist diese Frage von überaus großer praktischer Bedeutung. Sie sollte für die Anwender in positivem Sinne beantwortet werden, da ihnen ansonsten die Feststellung des Missbrauchs einer marktbeherrschenden Stellung nicht weiterhelfen und ihre Abhängigkeit vom Softwarehersteller nicht beenden würde. Dies entspricht auch der urheberrechtlichen Regelung in § 69 e Abs. 1 Ziff. 1 UrhG, der eine Dekompilierung durch die berechtigte Person oder eine in deren Namen hierzu ermächtigten Person gestattet[511].

bb) Konkurrierende Programme

Fraglich ist, ob eine Dekompilierung auch zur Herstellung der Interoperabilität konkurrierender Programme vorgenommen werden darf. Dem Wortlaut des § 69 e UrhG entsprechend dürfen die durch eine Dekompilierung gewonnenen Kenntnisse über Ideen und Grundsätze (nur) zur Herstellung der Interoperabilität eines unabhängig geschaffenen Computerprogramms verwendet werden. Eine Begrenzung auf mit dem dekompilierten Programm lediglich kompatible, jedoch nicht konkurrierende Programme, ist dem Wortlaut nicht zu entnehmen. Auch die Entstehungsgeschichte des dem § 69 e UrhG zugrundeliegenden Art. 6 Richtlinie 91/250/EWG spricht für die Zulässigkeit der Dekompilierung zur Schaffung konkurrierender Programme[512]. Ein Großteil der Literatur hat sich dieser Auffassung angeschlossen[513]. Angesichts der Regelung in Abs. 3 des §

---

[509] siehe unten Teil 2 § 5 C) D)
[510] Teil 3
[511] *Loewenheim* in Schricker, § 69 e Rz. 14, § 69 d Rz. 4; vgl. auch BGH v. 24.II.2000, „Programmfehlerbeseitigung", GRUR 2000, 866, 868, wo es um die Berechtigung innerhalb des § 69 d UrhG Abs. 1 ging
[512] vgl. hierzu Moritz, CR 1993, 257, 266; Vinje, CR 1993, 401, 408; EG-Kommission, Mitteilung an das Europäische Parlament, EKS (91) 87endg. – SYN 183 v. 18.I.1991, Ziff. 4.7, S. 5
[513] *Haberstumpf* in Lehmann, II Rz. 175; *Ullrich* in Ullrich/Körner, Teil I Rz. 36; Vinje, CR 1993, 401, 408

69 e UrhG, der eine unzumutbare Verletzung der berechtigten Interessen des Urhebers untersagt, gibt es jedoch auch Stimmen, die eine Dekompilierung zur Herstellung konkurrierender Programme grundsätzlich als nicht von § 69 e UrhG umfasst ansehen[514].
Die kartellrechtliche Beurteilung verlangt eine differenzierte Betrachtung[515]: auf der einen Seite ist zu berücksichtigen, dass interne Schnittstellen ein hohes Maß an Mühe, Arbeit und Kosten erfordern und somit von Konkurrenten nicht einfach übernommen werden dürfen, um dann in wettbewerbsverfälschender Weise eingesetzt zu werden. Letzteres ist abhängig von Funktion und Preis der konkurrierenden Programme und würde in der Tat Abs. 3 des § 69 e UrhG widersprechen. Auf der anderen Seite vermag die Existenz von Ersatzprogrammen die Softwareanwender vor der Forderung überhöhter Preise durch den ursprünglichen Programmurheber zu schützen, wodurch dem Missbrauch einer marktbeherrschenden Stellung bereits im Vorfeld entgegen gewirkt würde. Gleichfalls gilt es zu bedenken, dass auch eine Dekompilierung mit Kosten und insbesondere Zeitaufwand verbunden ist und dem ursprünglichen Programmurheber somit ohnehin ein Wettbewerbsvorsprung durch das Zeitmoment zugute kommt. Ebenso wenig lässt sich der ursprüngliche source-code mit einer Dekompilierung stets in vollem Umfang rekonstruieren, so dass Wettbewerbsnachteile für die Hersteller im Allgemeinen nicht zu befürchten sind. Die Existenz eines weiteren, konkurrierenden Programms zu einem späteren Zeitpunkt treibt den Wettbewerb sogar voran und das bessere Produkt wird sich im Wettbewerb durchsetzen.
Festzuhalten ist, dass eine Dekompilierung unter Kartellrechtsgesichtspunkten grundsätzlich auch zur Herstellung von mit dem dekompilierten Programm konkurrierender Software zuzulassen ist. Eine andere Wertung kann sich allenfalls dann ergeben, wenn der Dritte das konkurrierende Produkt in wettbewerbsverfälschender Weise einsetzt und anbietet.

cc) Interoperabilität zwischen Software und Hardware

Nachdem für ein funktionsfähiges Computersystem nicht nur die Kompatibilität verschiedener Software notwendig ist, sondern auch die Kompatibilität von Software und Hardware, stellt sich in Zusammenhang mit der Dekompilierung die weitere Frage, ob eine solche auch zur Herstellung der Interoperabilität von Software und Hardware zulässig ist. Dieser Aspekt kann insbesondere bei Betriebssystemsoftware Bedeutung erlangen, weil sich hier bestimmte Standards

---

[514] so z.B. Moritz, CR 1993, 257, 266 mit weiteren Nachweisen
[515] so auch Moritz, CR 1993, 257, 266; *Ullrich/Konrad in* Ullrich/Körner, Teil I Rz. 534 f.; aus der englischsprachigen Literatur: Samuelson/Davis/Kapor/Reichman, Columbia Law Review 1994, 2308, 2375 f.

herausgebildet haben und die Kontrolle über bestimmte Betriebssysteme diejenige über bestimmte Hardware nach sich zieht und in der Folge den Wettbewerb auf dem Hardwaremarkt beeinflussen kann. Insofern ergeben sich aus Sicht der Hardwarehersteller dieselben kartellrechtlichen Probleme wie aus Sicht dritter Softwarehersteller hinsichtlich der Interoperabilität eines unabhängig geschaffenen Computerprogramms.

Der Wortlaut des § 69 e UrhG und auch die Erwägungsgründe 20 und 21 der Richtlinie 91/250/EWG sind insofern eindeutig und sprechen lediglich von der Interoperabilität von Programmen. Lediglich Erwägungsgrund 22 der Richtlinie 91/250/EWG könnte Zweifel aufkommen lassen, wenn er eine Dekompilierung aller Elemente eines Computersystems, zu dem auch die Hardware gehört, zulässt. Eine derartige Interoperabilität kann aber auch durch sog. Emulatorprogramme bewirkt werden, die die Lauffähigkeit einer für eine bestimmte Hardware entwickelten Software auf andere Hardware herbeiführen[516]. Angesichts dieses Zusammenspiels von Art. 6 Richtlinie 91/250/EWG und der Erwägungsgründe sollte eine Dekompilierung zur Herstellung der Interoperabilität von Hardware und Software ohne Zustimmung des Urhebers urheberrechtlich gem. § 69 e UrhG für nicht zulässig erachtet werden, die mittelbare Herstellung der Interoperabilität von Software und Hardware über die sog. Emulatorprogramme jedoch schon[517]. Bei der Frage der Herstellung der Interoperabilität von Software und Hardware kann den Gefahren für den Wettbewerb aus der Nichtkenntnis der den Schnittstellen zugrundeliegenden Ideen und Grundsätze also in Unterschied zur Herstellung der Interoperabilität verschiedener Software nicht mit urheberrechtlichen, sondern allein mit kartellrechtlichen Mitteln begegnet werden. Hier kommt insbesondere die Verpflichtung des Softwareherstellers zur Offenlegung der Schnittstellen unter dem Aspekt des Missbrauchs einer marktbeherrschenden Stellung in Betracht[518].

Ein Marktmachtmissbrauch liegt auch dann vor, wenn ein Softwareanbieter gezielt bestimmte Hardwarehersteller vom Markt zu drängen versucht, indem er nur bestimmten Hardwareherstellern die Schnittstellen seiner Software offen legt, gleichartigen anderen Hardwareherstellern jedoch eine Offenlegung grundlos verweigert. Dies wäre eine ungerechtfertigte Ungleichbehandlung gem. Art. 82 Abs. 2 lit. c EGV bzw. § 20 Abs. 1 Alt. 2 GWB.

---

[516] Moritz, CR 1993, 257, 266
[517] so auch *Haberstumpf* in Lehmann, II Rz. 171; *Loewenheim* in Schricker, § 69 e Rz. 11; Schulte, CR 1992, 648, 654; *Ullrich/Konrad* in Ullrich/Körner, Teil I Rz. 536
[518] vgl. unten Teil 3

dd) Durchbrechung sonstigen Rechtsschutzes durch § 69 e UrhG

Ein weiteres Problem in Zusammenhang mit § 69 e UrhG ergibt sich, wenn ein umfassendes Dekompilierungsverbot zum Schutz von Know-how oder zum Schutz (auch) patentgeschützter Software vertraglich vereinbart wird[519]. Hier ist streitig, ob § 69 e UrhG diesen sonstigen Rechtsschutz durchbricht[520] oder aber umgekehrt der sonstige Rechtsschutz Vorrang vor der Dekompilierungsregel des § 69 e UrhG genießt[521].
Seiner Natur nach stellt § 69 e UrhG keine rein urheberrechtliche, sondern zugleich wettbewerbsrechtliche Regelung dar und soll dem Interesse der Allgemeinheit an einem freien Zugang zu Schnittstellen Rechnung tragen. § 69 e UrhG ist als *ordre-public-Regel* zu verstehen[522], weshalb § 69 e UrhG auch der Vorrang vor sonstigem Rechtsschutz zu geben ist. Könnte der Zugang zu den freien Schnittstellen und Ideen und Grundsätzen nämlich aus Gründen eines Betriebsgeheimnis- oder Patentschutzes durch einen vertraglichen Ausschluss der Dekompilierung versperrt werden, so wären die anfangs beschriebenen negativen Folgen auf den freien Wettbewerb zu befürchten. Aus kartellrechtlicher Sicht muss sich § 69 e UrhG also in jedem Fall gegenüber sonstigem Rechtsschutz durchsetzen[523].

E) Zusammenfassung zu § 3

Die Untersuchung zu den Softwareüberlassungsverträgen hat ergeben, dass für die kartellrechtliche Beurteilung von Nutzungsbeschränkungen Rechtssicherheit derzeit nicht vorhanden ist. Es bleibt unklar, ob und inwieweit die Verordnungen Nr. 2790/1999 und Nr. 772/2004 anwendbar sind. Mangels Vorliegens einer vertikalen Vereinbarung im Sinne des Art. 2 Abs. 1, 3 VO 2790/1999 sollte die Verordnung Nr. 2790/1999 keine Anwendung finden. Allerdings betrifft Tz. 41 Leitlinien zur Verordnung Nr. 2790/1999 speziell das Verhältnis Softwarehersteller – Anwender im Rahmen einer Softwareüberlassung. Diese Regelung ist indes völlig verfehlt und kann so nicht aufrechterhalten werden: sie scheint vertragliche Vereinbarungen, die sowohl unter urheber- wie kartellrechtlichen Gesichtspunkten nicht haltbar sind, zu legalisieren.

---

[519] vgl. zum sonstigen Rechtsschutz von Software oben § A)
[520] so *Ullrich/Konrad in* Ullrich/Körner, Teil I Rz. 533
[521] so Moritz, CR 1993, 257, 267
[522] vgl. *Ullrich/Konrad in* Ullrich/Körner, Teil I Rz. 533
[523] auch unter patentrechtlichen Gesichtspunkten verdient diese Auffassung Zustimmung: die allein dem Patentinhaber zustehende umfassende Benutzungsbefugnis gem. § 9 S. 1 PatG wird durch § 11 Ziff. 1 und 2 PatG durchbrochen, indem die private, nichtgewerbliche Benutzung grundsätzlich und die Benutzung zu Versuchszwecken sogar außerhalb des privaten Bereichs frei ist; vgl. insoweit auch Marly, Urheberrechtsschutz, S. 297 f.

Ebenso sollte die Verordnung Nr. 772/2004 keine Anwendung auf Nutzungsbeschränkungen in Softwareüberlassungsverträgen finden. Von ihr werden zwar nunmehr ausdrücklich Softwarelizenzen erfasst, doch sind Softwarelizenzen im Verhältnis zum Endanwender mit sonstigen Technologielizenzen wirtschaftlich nicht vergleichbar.

Die kartellrechtliche Beurteilung von Nutzungsbeschränkungen in Softwareüberlassungsverträgen hat demzufolge einzelfallbezogen zu erfolgen.

§ 4 Application Service Providing (= ASP)

A) Begriff

Eine relativ junge Art der Softwareverwertung stellt das sog. Application Service Providing, kurz ASP, dar[524]. Hierbei wird dem Nutzer die Software durch den Application Service Provider über Kommunikationsnetze, insbesondere das Internet oder eine Direktverbindung (beispielsweise per Glasfaser) temporär zur Nutzung zugänglich gemacht. Die Software selbst verbleibt auf dem Festspeicher des Providers, so dass es zu keiner dauerhaften Zuordnungsveränderung der Software kommt. Vielmehr handelt es sich um die Fernnutzung von Softwareanwendungen mit dem Charakter einer Dienstleistung[525].

Das ASP ist eng verwandt mit dem Outsourcing[526], umfasst aber beispielsweise in der Regel (noch) nicht das Management von Geschäftsprozessen oder Personalleasing, sondern lediglich die Softwarenutzung. Ebenso werden beim Outsourcing Individuallösungen auf Basis der Nachfrage eines bestimmten Kunden angeboten, während der Application Service Provider angebotsorientiert auftritt, und dieselbe Softwareanwendung für eine Vielzahl von Kunden in Betracht kommt: über ASP werden Standard-Office-Anwendungen bis hin zu spezifischen Branchenlösungen angeboten. Auch die kostenlosen Email-Dienste wie GMX oder Web.de sind, wenn man über die Website des Dienstes auf die Email zugreift, dem ASP zuzuordnen: der Mailer läuft beim Application Service Provider, der Kunde muss zur Steuerung der Software lediglich seinen Browser starten.

Teilweise übernimmt der Application Service Provider neben der „bloßen" Überlassung von Softwareanwendungen zur Nutzung zusätzliche Funktionen wie die Bereithaltung von Speicherplatz, die Sicherung und Pflege der Daten des Nutzers sowie Unterstützung, Wartung und Support[527]. Dies ist speziell dann der Fall, wenn Unternehmen ihre gesamte Soft- und Hardwarestruktur aus dem Unternehmen auslagern. Über die Vor- und Nachteile des ASP für die Kunden gehen die Meinungen auseinander[528]. Hier soll lediglich festgehalten werden, dass eventuellen Vorteilen in jedem Fall auch Nachteile gegenüber stehen.

---

[524] Microsoft beispielsweise hat ASP im September 2001 gestartet
[525] Bettinger/Scheffelt, CR 2001, 729; Czychowski/Bröcker, MMR 2002, 81, 82; Grützmacher, ITRB 2001, 59 ff.; Röhrborn/Sinhart, CR 2001, 69 f.
[526] zu den Unterschieden von Outsourcing und ASP im einzelnen: Lehner/Locher/Graf, S. 37 ff.
[527] Röhrborn/Sinhart, CR 2001, 69, 70
[528] vgl. hierzu im einzelnen c't 7/2001, 190, 193 ff.

Technisch gibt es verschiedene Möglichkeiten des Application Service Providing[529]: die reinste Form stellt das sog. Emulation-ASP dar, bei dem der Nutzer lediglich über seinen Bildschirm das beim Anbieter ablaufende Programm sichtbar gemacht bekommt (= Emulation) und anwendet. Auf seinem Computersystem läuft kein Teil der Software ab, er benötigt zur Nutzung der Software lediglich einen Browser oder spezielle Client-Software. Bei aufwendigeren Applikationen findet das sog. Applets-ASP Anwendung, bei dem aus Steuerbefehlen bestehende, in Java geschriebene und mit Hilfe eines Browsers lesbare Programme (die sog. Applets) zum Nutzer übertragen werden. Die eigentliche Software aber verbleibt auch hier weiterhin beim Anbieter.

B) Urheberrechtliche Gesichtspunkte

Bei der urheberrechtlichen Beurteilung des ASP ist danach zu unterscheiden, ob der Application Service Provider dem Kunden Fremd- oder Eigensoftware zur Nutzung bereit stellt. Stellt er Eigensoftware zur Verfügung, so kommen urheberrechtliche Beziehungen nur zwischen ihm selbst als Softwarehersteller und dem Softwareanwender in Betracht. Stellt er hingegen Fremdsoftware zur Verfügung, so ist zusätzlich das Verhältnis (Fremd-) Softwarehersteller – Application Service Provider zu betrachten.

I) Lizenzverhältnis zwischen Application Service Provider und Kunden

Grundsätzlich nimmt der Endanwender bei Nutzung der Software urheberrechtlich relevante Vervielfältigungen vor[530]. Unter diesem Aspekt sollen im Folgenden die urheberrechtlichen Beziehungen zwischen Kunden und Application Service Provider untersucht werden.

1) Laden der Software in den Arbeitsspeicher

Vor jeder Programmnutzung wird die Software in den Arbeitsspeicher des Computers geladen, was eine urheberrechtlich relevante Vervielfältigung darstellt. Bei den bisher untersuchten Arten der Softwarenutzung bedurfte der Endanwender daher eines diesbezüglichen Nutzungsrechts. Falls eine ausdrückliche Rechtseinräumung durch den Hersteller nicht stattgefunden hatte, so war der Anwender in jedem Fall im Rahmen der bestimmungsgemäßen Nutzung nach §

---

[529] vgl. hierzu Bettinger/Scheffelt, CR 2001, 729, 733; Czychowski/Bröcker, MMR 2002, 81, 82; Grützmacher, ITRB 2001, 59; c't 7/2001, 190, 191 f.
[530] vgl. oben § 3 D) I) 2) a) aa)

69 d Abs. 1 UrhG berechtigt[531]. Fraglich ist, ob diese Beurteilung auch für das ASP gilt.
Beim ASP handelt es sich um die Fernnutzung von Softwareanwendungen, so dass das Laden der Software in den Arbeitsspeicher des Rechners grundsätzlich nicht auf dem Rechner des Kunden erfolgt. Die jeweiligen Vervielfältigungsvorgänge passieren vielmehr auf dem Rechner des Application Service Provider, weshalb eine Nutzungsrechtseinräumung an den Kunden hinsichtlich der Vervielfältigung nicht erforderlich ist. Eine andere Beurteilung ergibt sich auch nicht unter dem Gesichtspunkt der Veranlassung der Vervielfältigung durch den Kunden: im Regelfall wird die Software beim ASP bereits im Arbeitsspeicher bereit gehalten und nicht erst unmittelbar aufgrund der Befehle des Kunden in den Arbeitsspeicher geladen. Eine dem Kunden zuzurechnende Verursachung scheidet daher aus[532].
Dies gilt in jedem Fall uneingeschränkt für das Emulation-ASP. Beim Applets-ASP ist zu beachten, dass hier die sog. Applets in den Arbeitsspeicher des Kunden übertragen werden. Sofern diese urheberrechtsschutzfähig sind, was individuell von Fall zu Fall zu entscheiden ist, finden Vervielfältigungsvorgänge auch auf dem Rechner des Kunden statt.
Bei beiden Formen des ASP wird allerdings die Benutzeroberfläche auf den Rechner des Kunden übertragen. Ob es hierfür der Einräumung eines urheberrechtlichen Vervielfältigungsrechts bedarf, hängt von der Urheberrechtsschutzfähigkeit der Benutzeroberfläche ab[533].

2) Programmlauf

Lediglich der Programmlauf selbst findet auf dem Rechner des Kunden statt. Dieser fällt allerdings unter die Ausnahmeregelung des Art. 5 Abs. 1 Richtlinie 2001/29/EG und stellt keine urheberrechtliche Vervielfältigungshandlung dar[534]. Bei den bisher untersuchten Arten der Softwarenutzung war eine Subsumtion des Programmlaufs unter den urheberrechtlichen Vervielfältigungsbegriff auch nicht nötig, weil der Softwarehersteller im Falle einer rechtswidrigen Verwertung seines Werkes immer gegen denjenigen vorgehen konnte, der die Software in den Arbeitsspeicher geladen hatte. Beim ASP ist dies jedoch nicht möglich: hier kommt der Kunde nicht als Handelnder für das Laden der Software in den Arbeitsspeicher in Betracht. Da der Kunde aber stets von den Diensten des Application Service Provider abhängig ist und der Softwareher-

---

[531] vgl. oben § 3 D) III) 1) b) cc) (3) (c) (bb)
[532] Bettinger/Scheffelt, CR 2001, 729, 734; Grützmacher, ITRB 2001, 59, 60
[533] Urheberrechtsschutz bejahend OLG Karlsruhe v. 13. VI. 1994, CR 1994, 607; Urheberrechtsschutz verneinend OLG Hamburg, CR 2001, 434, 435
[534] vgl. oben § 3 D) I) 2) a) aa)

steller bei einer rechtswidrigen Verwertung seines Werkes gegen den Provider vorgehen kann, besteht auch hier kein Bedürfnis, im Programmlauf selbst eine Vervielfältigung zu sehen. Im Falle der Personenidentität von Softwarehersteller und Provider stellt sich das Problem ohnehin nicht, weil der Kunde für die Softwarenutzung von den Diensten des Providers abhängig ist und der Hersteller, der zugleich Provider ist, selbst über die Person, der er seine Software zur Verfügung stellt, entscheiden kann.

3) Ergebnis

Als Ergebnis ist festzuhalten, dass der Kunde bei der Nutzung von Software im Rahmen des ASP in der Regel keine urheberrechtlich relevanten Vervielfältigungshandlungen vornimmt. Solche kommen allein bei der Urheberrechtsschutzfähigkeit der sog. Applets oder der Benutzeroberfläche in Betracht.

II) Lizenzverhältnis zwischen (Fremd-) Softwarehersteller und Application Service Provider

Stellt der Application Service Provider seinen Kunden fremdgeschaffene Software zur Verfügung, so müssen ihm seitens des Softwareherstellers urheberrechtliche Nutzungsbefugnisse eingeräumt werden.

1) Vervielfältigungsrecht

In jedem Fall muss dem Application Service Provider das Recht zur Vervielfältigung eingeräumt werden, weil die Software auf seinem Rechner in den Arbeitsspeicher geladen wird. Abhängig von der Urheberrechtsschutzfähigkeit der sog. Applets oder der Benutzeroberfläche bedarf der Provider gegebenenfalls zusätzlich des diesbezüglichen Rechts zur Unterlizenzierung an seine Kunden, die Endanwender.

Hinsichtlich des Programmlaufs selbst ergibt sich keine abweichende Beurteilung zu dem oben untersuchten Lizenzverhältnis Provider – Kunde. Ein Bedürfnis dafür, im Programmlauf selbst eine Vervielfältigung zu sehen, besteht nicht, da der Kunde stets von den Diensten des Application Service Provider abhängig ist und der Softwarehersteller im Falle einer rechtswidrigen Verwertung seines Werkes gegen den Provider vorgehen kann.

2) Urheberrechtliche Einordnung des Application Service Providing

Ebenso muss dem Application Service Provider das Recht eingeräumt werden, die Software einem Endkunden im Rahmen des ASP zur Verfügung zu stellen. Diese urheberrechtliche Nutzungsrechtseinräumung ist abhängig von der urheberrechtlichen Einordnung des Application Service Providing

a) Vermietrecht

In vertragstypologischer Hinsicht wird das ASP, soweit lediglich die Nutzung der Software und nicht sonstige Zusatzleistungen betroffen sind, überwiegend als Mietvertrag qualifiziert[535]. Diese schuldrechtliche Einordnung präjudiziert die urheberrechtliche Beurteilung als Vermietung jedoch nicht, sondern ist streng von dieser zu trennen. Urheberrechtlich ist unter Vermietung die *„zeitlich begrenzte, unmittelbar oder mittelbar Erwerbszwecken dienende Gebrauchsüberlassung"* zu verstehen, § 17 Abs. 3 S. 1 UrhG. Dieses Vermietrecht im urheberrechtlichen Sinne ist Teil des Verbreitungsrechts und fordert demnach die Überlassung körperlicher Werkstücke. Dies trifft auf die Nutzung der Software im Rahmen des ASP gerade nicht zu, weil die Software dem Nutzer hier unkörperlich zur Verfügung gestellt wird. Demnach muss eine Einordnung der ASP-Softwarenutzung als urheberrechtliche Vermietung ausscheiden.

b) Recht der öffentlichen Zugänglichmachung, §§ 69 c Ziff. 4, 19 a UrhG

Die Zurverfügungstellung von Software mittels des Application Service Providing könnte dem neu geschaffenen Recht der öffentlichen Zugänglichmachung der §§ 69 c Ziff. 4, 19 a UrhG zuzuordnen sein, welche Art. 3 Abs. 1 der Richtlinie 2001/29/EG zur Harmonisierung bestimmter Aspekte des Urheberrechts und der verwandten Schutzrechte in der Informationsgesellschaft[536] umsetzen. Da dieses Recht bereits auf die Zugänglichmachung eines Werkes online und nicht erst auf die Übertragung selbst abstellt, ist es für die diesbezügliche Einordnung des ASP unschädlich, wenn es zu keiner Übertragung der Software an den Anwender kommt. Entscheidend ist allein, dass ein Werk online zur Verfügung gestellt werden soll[537].
Stellt der Application Service Provider die Software also nicht individuell jedem Nutzer auf einem eigenen Server zur Verfügung, sondern hält er die Soft-

---

[535] Bettinger/Scheffelt, CR 2001, 729, 731 f.; Röhrborn/Sinhart, CR 2001, 69, 70 ff.
[536] ABl. 2001 L 167, 10 ff.
[537] zum Umfang dieses Rechts der öffentlichen Zugänglichmachung vgl. oben § 3 D) III) 1) b) cc) (2)

ware für eine Mehrzahl von Nutzern auf einem gemeinsamen Server bereit, so muss ihm vom Urheber das Recht der öffentlichen Zugänglichmachung gem. §§ 69 c Ziff.4, 19 a UrhG eingeräumt werden[538].

3) ASP als eigenständige Nutzungsart

Abschließend soll untersucht werden, ob es sich beim ASP um eine eigenständige Nutzungsart handelt. Diese Frage spielt vor allem hinsichtlich des Umfangs der Rechtseinräumung gem. § 31 Abs. 5 UrhG eine Rolle sowie bei der Frage nach der Möglichkeit einer vertraglichen Disposition über die Rechtseinräumung unter dem Stichwort der Bekanntheit der Nutzungsart, § 31 Abs. 4 UrhG. Eine eigenständige Nutzungsart liegt vor, wenn es sich um eine nach der Verkehrsauffassung hinreichend klar abgrenzbare, wirtschaftlich und technisch eigenständige Nutzungsart handelt[539].
Technisch gesehen stellt das ASP gegenüber sonstigen Softwarenutzungen in jedem Fall eine eigenständige Nutzungsart dar: entweder erfordert es Mehrplatzfähigkeit und browserfähige Benutzeroberflächen oder spezielle Thin-Client-Software[540]. Ebenso ist das ASP nur aufgrund der zunehmenden Übertragungskapazitäten des Internet technisch möglich[541].
Auch unter wirtschaftlichen Gesichtspunkten sind mit dem ASP völlig neue Perspektiven verbunden: der Softwarehersteller bemisst seine Vergütung individuell nach den tatsächlich anfallenden Nutzungshandlungen und nicht nach je installiertem Vervielfältigungsstück. Damit gehen auch Vorteile für die Softwareanwender einher, die sich hohe Anschaffungs- und Wartungskosten sparen[542]. An sich fügt sich das Modell des ASP somit bestens ein in die Debatte um eine Abkehr vom pauschalen Vergütungssystem hin zu einer individuell genauen Abrechnung der einzelnen Nutzung[543].
Auch gegenüber der Mehrplatznutzung sollte das ASP als eigenständige Nutzungsart angesehen werden[544]: technisch gesehen mag zwar kein großer Unterschied bestehen, wirtschaftlich aber führt die Mehrplatznutzung im Gegensatz zum ASP nur in beschränktem Umfang zu einer tatsächlich vermehrten Nutzung. Vorteile ergeben sich bei der Mehrplatznutzung vorrangig im Hinblick auf die Wartung.

---

[538] so auch Bettinger/Scheffelt, CR 2001, 729, 735
[539] *Schricker in* Schricker, §§ 31, 32 Rz. 7
[540] Bettinger/Scheffelt, CR 2001, 729, 735; Grützmacher, ITRB 2001, 59, 62 f.
[541] Czychowski/Bröcker, MMR 2002, 81, 82
[542] Czychowski/Bröcker, MMR 2002, 81
[543] vgl. v. 06.XI.2002 unter http://www.heise.de/newsticker/meldung/32141
[544] näher Bettinger/Scheffelt, CR 2001, 729, 735 f.

4) Ergebnis

Zur Verwertung fremderworbener Software im Rahmen des ASP bedarf der Application Service Provider der Einräumung des Vervielfältigungsrechts und des Rechts der öffentlichen Zugänglichmachung durch den Urheber. Da das ASP eine eigenständige Nutzungsart darstellt, muss in der Nutzungsrechtseinräumung ferner zum Ausdruck kommen, dass dem Erwerber gerade die Berechtigung zur Verwertung der Software im Rahmen des ASP gegeben werden soll.

C) Kartellrechtliche Gesichtspunkte

I) Nutzungsbeschränkungen gegenüber dem Endkunden

Die bei den herkömmlichen Überlassungsformen dem Endkunden auferlegten Nutzungsbeschränkungen[545] kommen bei der ASP-Softwarenutzung logischerweise nicht in Betracht: jene Nutzungsbeschränkungen knüpfen allesamt an eine Überlassung der Software an den Endanwender an – sei es online oder offline – beim ASP-Modell jedoch findet (rechtlich) keine Überlassung der Software an den Anwender statt, vielmehr wird dem Anwender die Software über Fernnutzung in Form einer Dienstleistung zur Verfügung gestellt.
Beschränkungen des Kunden sind hier in anderer Richtung denkbar: üblich sind beispielsweise eine Verfügbarkeitsklausel oder die Abfrage eines Passwortes zur Freigabe der Nutzung.
Die Sicherung des Zugangs durch ein Passwort wird in keinem Fall als kartellrechtlich bedenklich anzusehen sein. Dem Nutzer erwachsen keine wettbewerblichen Nachteile im Vergleich zu sonstigen Unternehmen, da das Passwort lediglich der Identifikation dient, den Zugang zur Softwareanwendung selbst aber nicht versperrt[546].
Dasselbe gilt für die Vereinbarung einer Verfügbarkeitsklausel. Mit einer solchen beschränkt der Provider die jederzeitige Zugangsmöglichkeit zur Software auf ca. 90 % der Monatszeit[547]. Schuldrechtlich ist die Klausel als nähere Bestimmung der Leistungspflicht im Rahmen eines Miet- bzw. Dauerschuldverhältnisses zulässig und auch unter kartellrechtlichen Aspekten ergeben sich keine Probleme: die wettbewerbliche Handlungsfreiheit der Softwareanwender wird nicht beeinträchtigt.

---

[545] siehe oben § 3 D)
[546] Röhrborn/Sinhart, CR 2001, 69, 72
[547] Röhrborn/Sinhart, CR 2001, 69, 72

II) Beschränkungen des Application Service Providers

Bietet der Application Service Provider seinen Kunden nicht eigene, sondern Fremdsoftware zur Nutzung an, so übernimmt er im Verhältnis zum Softwarehersteller den Vertrieb der Software. Nachdem, wie zuvor bei der urheberrechtlichen Beurteilung des ASP gezeigt, zwischen Softwarehersteller und Application Service Provider in jedem Fall urheberrechtliche Lizenzbeziehungen bestehen, liegt eine Vertriebslizenz vor. Unterschiede zu den bereits am Anfang der Arbeit behandelten Vertriebsbeschränkungen sind nicht erkennbar, so dass insofern nach oben verwiesen werden kann [548].

---

[548] siehe oben § 2 B)

Teil 2.

Softwarepflege

§ 1 Wirtschaftliche Hintergründe und Leistungsinhalt

Neben dem Begriff Softwarepflege wird häufig der Begriff Softwarewartung[549] verwendet, doch sind damit weder inhaltliche Unterschiede verbunden noch besteht für eine Unterscheidung ein praktisches Bedürfnis, weshalb die beiden Begriffe im Folgenden synonym verwendet werden sollen. Die unterschiedliche Terminologie mag von den BVB (= Besondere Vertragsbedingungen) der öffentlichen Hand herrühren, die hinsichtlich der Hardware von Wartung (BVB – Wartung[550]), hinsichtlich der Software von Pflege (BVB – Pflege[551]) sprechen. In der Praxis umfasst die Softwarepflege eine Vielzahl unterschiedlicher Leistungen, die von Anbieter zu Anbieter bzw. Softwarehersteller zu -hersteller variieren. Typische und häufige Vereinbarungen sind die Fehlerbeseitigung, die Anpassung der Software an geänderte Kundenbedürfnisse oder geänderte technische Bedingungen, die Lieferung neuer Programmversionen, die Information über neue Programmentwicklungen oder entdeckte Programmfehler, Beratung via hotline etc.[552]. Aufgrund des ständigen Anpassungs- und Änderungsbedarfs der Software sowie der wegen Programmierfehlern nötigen Fehlerbeseitigung besteht bezüglich Pflegeleistungen ein hoher Bedarf, was die wirtschaftliche Bedeutung des Marktes für Softwarepflege offensichtlich macht. Es verwundert somit nicht, dass sowohl die Softwarehersteller als auch unabhängige Drittunternehmen an dem Abschluss eines Pflegevertrages interessiert sind. Dies gilt allerdings regelmäßig nur für aktuelle Software. Die Pflege veralteter oder älterer Software kann schnell mehr Kosten verursachen als mit ihr erwirtschaftet werden kann. Schließlich möchten sich die Hersteller mit den Pflegeleistungen eine zusätzliche Einnahmequelle verschaffen, um mit diesen Mitteln ihre Software durch Fehlerbeseitigungen verbessern und weiterentwickeln zu können[553]. Softwareentwicklung und -pflege gehen somit ineinander über.

---

[549] vgl. Moritz; CR 1993, 257, 266; *Ullrich/Konrad* in Ullrich/Körner, Teil I Rz. 538; Vinje, CR 1993, 401, 404
[550] Besondere Vertragsbedingungen für die Wartung von EDV-Anlagen und –Geräten und andere vereinbarte Leistungen, abgedruckt in Redeker, S. 396 ff.
[551] Besondere Vertragsbedingungen für die Pflege von Programmen für EDV-Anlagen und –Geräte und andere damit zusammenhängende vereinbarte Leistungen, abgedruckt in Redeker, S. 477 ff.
[552] Schneider Jochen, C Rz. 411, K Rz. 56 f.; Wohlgemuth, S. 7 ff.
[553] Moritz, CR 1993, 341, 347; Schneider Jochen, K Rz. 1, 67

§ 2 Abgrenzung zur Gewährleistungspflicht aus dem Überlassungsvertrag

Auch zwischen Softwareüberlassung und -pflege besteht eine Querverbindung: der gewährleistungsrechtliche „Mangel" ist gleichbedeutend mit dem „Fehler" der Softwarepflege[554], so dass sich dann Probleme ergeben, wenn (noch) während des Laufs der Gewährleistungsfrist aus dem Überlassungsvertrag ein eigenständiger Pflegevertrag abgeschlossen wird. Hinsichtlich der Fehlerbeseitigung – als einziger der unter die Softwarepflege fallenden Handlungen mit Bezug zur Gewährleistungspflicht – bedarf es also einer Abgrenzung der Softwarepflege von der Gewährleistungspflicht des Herstellers.
Die konkrete Ausgestaltung der Gewährleistungspflicht ist abhängig von der Überlassungszeit: bei einer Überlassung auf Dauer kommen, soweit es sich um Standardsoftware handelt, die kaufrechtlichen Gewährleistungsvorschriften zur Anwendung, soweit es sich um Individualsoftware handelt, die Gewährleistungsvorschriften des Werkvertragsrechts[555]. Beiden Vertragstypen ist gemeinsam, dass der Softwarehersteller nur für anfängliche Mängel einzustehen hat und die Gewährleistungspflicht nach einer bestimmten Frist endet. Ein diesbezüglicher inhaltlicher Unterschied zwischen Standard- und Individualsoftware ergibt sich nur insofern, als dem Anwender bei Verzug des Herstellers mit der Mängelbeseitigung im Falle der Individualsoftware durch die Anwendung der Werkvertragsvorschriften im Unterschied zum Kaufrecht ein Ersatzvornahmerecht gem. § 637 BGB zusteht und er vom Hersteller Ersatz der erforderlichen Aufwendungen verlangen kann.
Bei der Softwareüberlassung auf Zeit sind die mietrechtlichen Gewährleistungsvorschriften einschlägig[556]. Hier ist der Hersteller in Abweichung zur Überlassung auf Dauer gem. § 535 Abs. 1 S. 2 BGB verpflichtet, die Sache während der gesamten Dauer der Überlassung in einem zum vertragsgemäßen Gebrauch geeigneten Zustand zu erhalten. Ferner hat er gem. § 536 Abs. 1 BGB auch für nachträgliche Mängel einzustehen. Wie im Werkvertragsrecht besitzt der Anwender auch hier das Recht zur Ersatzvornahme gem. § 536 a Abs. 2 BGB.

---

[554] Redeker, Rz. 401; Schneider Jochen, K Rz. 27 f.
[555] vgl. Marly, Rz. 46 ff., 1128 f.
[556] vgl. Marly, Rz. 46 ff., 1144

§ 3 Technische Gesichtspunkte

Eine effektive Softwarepflege setzt insbesondere hinsichtlich der Fehlerbeseitigung, der Anpassung an geänderte Bedürfnisse oder der Entwicklung verbesserter Versionen die Kenntnis und auch Veränderung[557] des source-code der Software voraus, so dass hierzu letztendlich nur der Hersteller bzw. von ihm durch Technologietransfer privilegierte Dritte fähig sind. Im Bereich von Standardsoftware erfolgt die Fehlerbeseitigung oder Anpassung an geänderte Bedürfnisse standardisiert durch die Auslieferung neuer Versionen, den sog. *updates* oder *upgrades*. Eine einheitliche Terminologie hinsichtlich verbesserter Versionen existiert nicht, häufig werden die Begriffe *upgrade* und *update* synonym gebraucht. Ein eventueller Unterschied mag darin bestehen, dass *updates* solche Versionen bezeichnen, die lediglich Fehler der Vorgängerversion beseitigen, während *upgrades* einen zusätzlichen, erweiterten Funktionsumfang besitzen[558]. Jedenfalls ist stets auf den Einzelfall bezogen die konkrete Wortbedeutung zu hinterfragen.

Im Bereich der Individualsoftware bildet das Gegenstück zur Lieferung neuer Programmversionen die Anpassung der jeweiligen Software. Grundlegende Anpassungen können auch hier nur bei Kenntnis (und Veränderung) des source-code erfolgen. Sonstige Möglichkeiten der Anpassung sind das sog. Parametrieren oder die Eingabe von Befehlen in programminterner Programmiersprache[559]. Letztgenannte Möglichkeiten betreffen allerdings lediglich die object-code-Ebene der Software und lassen keine weitreichenden Änderungen zu.

§ 4 Urheberrechtliche Gesichtspunkte

Wie bereits im vorigen Punkt deutlich geworden, ist für die effektive Pflege der Software die Kenntnis des source-code erforderlich. Allein die Kenntnis allerdings ist nicht ausreichend, vielmehr sind zumeist auch Änderungen am source-code unumgänglich, welche wiederum mit Vervielfältigungshandlungen einhergehen. Urheberrechtlich gesehen ist dies unter verschiedenen Aspekten diskussionswürdig: zum einen wird in der Regel nur der Hersteller die Kenntnis des source-code besitzen, weshalb die Frage aufkommt, wie Softwareanwender oder Dritte in Kenntnis des source-code gelangen können, wenn der Anwender seine Software selber pflegen bzw. die Pflege Dritten übertragen will. Zum anderen

---

[557] siehe sogleich § 4 B)
[558] vgl. Wohlgemuth, S. 22
[559] vgl. hierzu im einzelnen Wohlgemuth, S. 24 f.

sind Vervielfältigungen und Änderungen gem. § 69 c Ziff. 1 und 2 UrhG ausschließlich dem Urheber bzw. Hersteller vorbehalten. Freilich stellen sich diese Probleme erst nach Ablauf der Gewährleistungsfrist[560].

A) Kenntniserlangung des source-code

Wie bereits in Zusammenhang mit den Dekompilierungsverboten behandelt, wird der source-code durch Rückübersetzung des object-codes gewonnen. Allerdings ist eine Dekompilierung nur unter den Voraussetzungen des § 69 e UrhG zulässig und kann sich nicht aus § 69 d Abs. 1 UrhG im Rahmen der notwendigen bestimmungsgemäßen Benutzung ergeben. Das Urheberrecht bietet also keine Lösung für die Kenntniserlangung des für die Softwarepflege notwendigen source-code. Fraglich kann allerdings sein, ob der Softwarehersteller nicht unter kartellrechtlichen Gesichtspunkten zur Herausgabe des source-code verpflichtet werden kann. Diese Thematik wird sogleich im Rahmen der kartellrechtlichen Probleme behandelt.

B) Recht zur Vervielfältigung und Bearbeitung, § 69 c Ziff. 1, 2 UrhG

Eine effektive Softwarepflege ist untrennbar mit einer Bearbeitung bzw. Vervielfältigung der Software verbunden. Diese Handlungen sind gem. § 69 c Ziff. 1, 2 UrhG dem Urheber vorbehalten, könnten allerdings im Rahmen der bestimmungsgemäßen Benutzung nach § 69 d Abs. 1 UrhG zustimmungsfrei sein. Liegen keine abweichenden vertraglichen Vereinbarungen vor, so wird eine Definition der bestimmungsgemäßen Benutzung erforderlich. Grundsätzlich richtet sich diese nach den Vereinbarungen zwischen Hersteller und Anwender, darüber hinaus nach dem generalisierenden und typischen Zweck des jeweiligen Überlassungsvertrages[561]. Notwendig zur bestimmungsgemäßen Benutzung werden grundsätzlich die Fehlerberichtigung sowie solche Anpassungen sein, die für die vertragsgemäße Nutzung der Software essentiell sind, beispielsweise Anpassungen an geänderte gesetzliche Bestimmungen. Lediglich nützliche Anpassungen hingegen werden nicht von § 69 d Abs. 1 UrhG erfasst[562]. Allerdings sind auch im Bereich der notwendigen Anpassungen und der Fehlerbeseitigung Einschränkungen zu machen: bei solchen Pflegehandlungen, die mit einer Änderung des source-code einhergehen, sollte, um Widersprüche zu vermeiden, die urheberrechtliche Zulässigkeit der Bearbeitung bzw. Vervielfältigung parallel zum Recht des Anwenders auf Dekompilierung bzw. zur Kenntnis des sour-

---

[560] vgl. insoweit oben § 2 und Wohlgemuth, S. 188 f.
[561] vgl. oben Teil 1 § 3 D) III) 1) b) cc) (3)(c) (bb)
[562] *Loewenheim in* Schricker, § 69 d Rz. 11; Wohlgemuth, S. 198 f.

ce-code verlaufen[563]. Dies bedeutet, dass das Bearbeitungsrecht für die Softwarepflege nur dann zur notwendigen bestimmungsgemäßen Benutzung zu zählen ist, wenn der Softwareanwender entweder zur Dekompilierung ausdrücklich berechtigt ist – über den § 69 e UrhG hinaus – oder den source-code vom Hersteller erhalten hat. Eine Überlassung des source-code, welche ohne Zweckbeschränkung erfolgt, impliziert nämlich die stillschweigende Zustimmung des Softwareherstellers zur Bearbeitung durch den Nutzer. Ansonsten aber kann das Bearbeitungsrecht nicht zur bestimmungsgemäßen Benutzung nach § 69 d Abs. 1 UrhG gezählt werden und es bleibt dem Hersteller vorbehalten[564]. In einem solchen Fall ist nach kartellrechtlichen Lösungsansätzen zu suchen.
Änderungen, die wie z.B. das Parametrieren lediglich den object-code betreffen, sind in jedem Fall von § 69 d Abs. 1 UrhG umfasst, soweit die technische Auslegung der Software dies gestattet.

§ 5 Kartellrechtliche Probleme

Kartellrechtlich sind im Zusammenhang mit der Softwarepflege im Wesentlichen drei Problemkreise zu erkennen: angesichts der enormen wirtschaftlichen Bedeutung des Pflegemarktes für Software kommt es teilweise vor, dass Anbieter die Überlassung der Software vom gleichzeitigen Abschluss eines Pflegevertrags abhängig machen. Eine abgeschwächte Form dieser „Koppelung" von Überlassung und Pflege liegt in dem Verbot, die Pflege der Software selbst vorzunehmen bzw. durch Dritte vornehmen zu lassen. Genau entgegengesetzt stellt sich die dritte Fallgruppe dar, wenn der Hersteller sich weigert, einen Pflegevertrag für die Software abzuschließen. Diese Fallgestaltung wird sich vor allem bei älterer Software finden.
Vorweg ist festzuhalten, dass Dienstleistungen im Rahmen der Pflege, die eine Verbesserung oder Erweiterung der Software zur Folge haben, so zum Beispiel die Lieferung von upgrades, kartellrechtlicher Kontrolle entzogen sind, weil sie das wirtschaftliche Partizipationsinteresse des Herstellers berühren und den Schutzgegenstand selbst bestimmen. Ferner muss die kartellrechtliche Beurteilung für den Bereich der Fehlerberichtigung die Unterscheidung der Überlassung auf Dauer und auf Zeit berücksichtigen.

---

[563] vgl. insoweit zur Herausgabepflicht des Softwareherstellers für den source-code: Schneider, CR 2003, 1, 4
[564] vgl. insoweit auch oben zu den Bearbeitungsverboten Teil 1 § 3 IV) 1)

A) Koppelung von Softwareüberlassung und -pflege

Die Verpflichtung zum gleichzeitigen Abschluss eines Pflegevertrages bei Überlassung der Software ist unter dem Aspekt einer unzulässigen Koppelung nach Art. 81 Abs. 1 lit. e EGV bzw. § 16 Ziff. 4 GWB zu prüfen. Zugleich kann eine Ausschließlichkeitsbindung nach Art. 81 EGV bzw. § 16 Ziff. 2 GWB vorliegen, weil der Anwender in seiner Freiheit, die Softwarepflege selbst vorzunehmen oder Dritten zu übertragen, beschränkt wird. Eine derartige Koppelung wirkt sich also in zweierlei Richtung aus: es wird nicht nur der Softwareanwender als Vertragspartner des Herstellers in seiner Handlungsfreiheit behindert, sondern es werden zugleich dritte Unternehmen faktisch daran gehindert, Pflegeleistungen anzubieten.

Eine Wettbewerbsbeschränkung liegt allerdings nur vor, wenn die Koppelung nicht aus sachlichen Gründen oder nach Handelsbrauch gerechtfertigt ist. Dieses Alternativverhältnis der Rechtfertigungsgründe für eine Koppelung entspricht dem europäischen Recht und der herrschenden Meinung im deutschen Schrifttum[565]. Nach Auffassung des Bundeskartellamts[566] hingegen verlangt die Rechtfertigung einer Koppelung sowohl sachliche Gründe als auch Handelsüblichkeit.

I) Sachliche Zusammengehörigkeit

Die Frage der sachlichen Zugehörigkeit von Softwarepflege und -überlassung ist nach objektiven Gesichtspunkten gemäß der Verkehrsanschauung zu beurteilen. Danach ist entscheidend, ob das gekoppelte Gut, die Softwarepflege, für sich unvollständig ist und die Softwareüberlassung als Hauptgegenstand ohne die Pflege unvollständig wäre[567].

Im Zeitpunkt der Überlassung ist die Software ohne weiteres funktionsfähig und einsatzbereit, so dass eine Unvollständigkeit abzulehnen wäre. Im Laufe der Zeit werden jedoch wegen der häufigen Programmierfehler Fehlerbeseitigungen und sonstige Anpassungen der Software erforderlich, was für eine gewisse gegenseitige Abhängigkeit von Softwareüberlassung und -pflege spricht. Hier erscheint auch eine Unterscheidung in Standard- und Individualsoftware sinnvoll: im Gegensatz zu Standardsoftware ist Individualsoftware prinzipiell komplexer und anspruchsvoller aufgebaut, weshalb bei dieser zur technisch einwandfreien Nutzung Anpassungen in besonderem Maße notwendig werden. Aus diesem Grund sollte bei Individualsoftware eine sachliche Zusammengehörigkeit von Überlassung und Pflege grundsätzlich bejaht, bei Standardsoftware hingegen in

---

[565] *Klosterfelde/Metzlaff* in Langen/Bunte, Bd. I § 16 Rz. 90; Marly, Rz. 249
[566] BKartA v. 22.V.1968 „Kraftfahrzeugpflegemittel" in WuW/E BKartA 1199, 1206
[567] *Klosterfelde/Metzlaff* in Langen/Bunte, Bd. I § 16 Rz. 94

der Regel verneint werden. In der Praxis kommt eine Koppelung von Überlassung und Pflege bei Standardsoftware auch nur ausnahmsweise vor, so z.B. bei komplizierter und komplexer größerer Netzwerksoftware oder auf bestimmte Spezialbereiche zugeschnittener Standardsoftware[568], wo zudem häufig individuelle Anpassungen der Software notwendig werden. Damit liegt im Endeffekt wiederum Individualsoftware vor, die dementsprechend zu behandeln ist[569].

Die hier vertretene Auffassung zur sachlichen Zusammengehörigkeit von Softwareüberlassung und Pflege wird durch eine Parallele zu den Leitlinien der Verordnung Nr. 772/2004 bestätigt: in Tz. 194 Leitlinien Technologietransfer werden mögliche positive Effekte einer Koppelung aufgeführt, so die technisch befriedigende Anwendung der lizenzierten Technologie oder die Gewährleistung bestimmter Qualitätsstandards. Gerade Fehlerberichtigungen oder sonstige Anpassungen aber garantieren die technisch einwandfreie Nutzung der Software. Zugleich macht dieser Punkt auch die Grenze einer zulässigen Koppelung deutlich: handelt es sich nicht um allgemeine, sondern anwenderspezifische Anpassungen der Software, so sind diese technisch nicht erforderlich und eine Koppelung kann kartellrechtlich keinen Bestand haben. Hier überwiegt das Interesse der Anwender, die Anpassung der Software selbst oder von Dritten vornehmen zu lassen[570].

II) Handelsbrauch

Weiterer Rechtfertigungsgrund für eine Koppelung ist der Handelsbrauch. Als handelsüblich wird angesehen, was sich nach allgemeiner Auffassung der beteiligten Verkehrskreise im Rahmen vernünftiger kaufmännischer Gepflogenheiten hält[571].

Die Einnahmen aus der Softwarepflege stellen für den Hersteller die finanzielle Absicherung für die Weiterentwicklung seiner Software dar. Insofern kommt der Softwarepflege die Funktion zur Weiterentwicklung und Verbesserung der Software zu. Diese Aspekte spielen für den Fortschritt und Wettbewerb in der Softwarebranche eine entscheidende Rolle, weshalb dem Softwarehersteller in finanzieller Hinsicht eine gewisse Mischkalkulation zwischen Überlassung und Pflege zuzugestehen ist[572]. Dies gilt für Standard- und Individualsoftware gleichermaßen. Allerdings müssen auch hier anwenderspezifische Anpassungen

---

[568] z.B. Standardsoftware, die die Vermietung von Ferienwohnungen betrifft etc.
[569] Marly, Rz. 48; Wohlgemuth nennt solche Software dann individualisierte Standardsoftware, S. 24
[570] vgl. Sucker, CR 1989, 468, 474
[571] vgl. § 346 HGB; Baumbach/Hopt, § 346 Rz. 2
[572] vgl. insoweit auch Moritz, CR 1993, 341, 347; Schneider Jochen, K Rz. 1, 67

erlaubt bleiben, da ansonsten der Rahmen kaufmännischer Gepflogenheiten überschritten ist. Bei der Bemessung des Entgelts für die Softwarepflege muss der Hersteller berücksichtigen, dass er während der Gewährleistungsfrist ohnehin zur Fehlerbeseitigung verpflichtet ist und für diese folglich keine gesonderte Vergütung verlangen kann[573]. Anderenfalls wäre mit dem Pflegevertrag ein geschäftlicher Missbrauch verbunden, der in keinem Fall handlesüblich sein kann[574]. Dies bedeutet für die Softwareüberlassung auf Zeit, dass die Aufnahme der Fehlerbeseitigung in einen selbständigen Pflegevertrag in jedem Fall kartellrechtlichen Bedenken begegnet. Bei einer Überlassung auf Dauer hingegen hat bezüglich der Vergütung eine Differenzierung nach der Gewährleistungsfrist zu erfolgen.

III) Ergebnis

Eine Koppelung von Softwareüberlassung und -pflege ist insbesondere hinsichtlich der Fehlerbeseitigung problematisch: hier hat eine genaue Abgrenzung in *während* und *nach* der Gewährleistungsfrist sowie nach dem Begriff des Fehlers zu erfolgen. Während des Laufs der Gewährleistungsfrist scheidet eine Koppelung an sich schon begrifflich aus, da der Hersteller ohnehin zur Fehlerberichtigung verpflichtet ist. Daher ist in diesem Fall besonderes Augenmerk auf die Angemessenheit der Vergütung zu richten. Soweit die Anwender im Übrigen zur Vornahme kleinerer individueller Anpassungen berechtigt bleiben, begegnet eine Koppelung von Überlassung und Pflege grundsätzlich keinen kartellrechtlichen Bedenken[575], die Frage des Marktmachtmissbrauchs außen vor gelassen.

B) Verbot der Softwarepflege durch Dritte

Eine abgeschwächte Form der Koppelung von Überlassung und Pflege liegt in dem Verbot, die Software durch Dritte pflegen zu lassen. Nachdem die Softwarepflege mit urheberrechtlich relevanten Bearbeitungshandlungen einhergeht, läuft die kartellrechtliche Beurteilung vom Grundsatz her parallel zu derjenigen der Bearbeitungsverbote[576]. Auf der einen Seite werden in vertikaler Hinsicht die Softwareanwender in ihrer wirtschaftlichen Handlungs- und Entscheidungsfreiheit beeinträchtigt, indem sie hinsichtlich der Pflege ihrer Software nicht selbst über ihren Vertragspartner entscheiden dürfen, sondern faktisch zum Ge-

---

[573] vgl. im Einzelnen: Marly, Rz. 431 ff.; Redeker, Rz. 401 f.; Schneider Jochen, K Rz. 77 ff.
[574] vgl. *Klosterfelde/Metzlaff in* Langen/Bunte, Bd. I § 16 Rz. 95
[575] a.A. Kreutzer, S. 238
[576] vgl. oben Teil 1 § 3 D) IV) 2)

schäftsverkehr mit dem Hersteller gezwungen sind, Art. 81 Abs. 1 lit. b EGV, § 16 Ziff. 1, 2 GWB. Auf der anderen Seite werden in horizontaler Hinsicht unabhängige Wartungsunternehmen in ihrer Wettbewerbsfreiheit behindert. Unterschiede ergeben sich allerdings hinsichtlich der Legalitätsprüfung nach Abs. 3 des Art. 81 EGV: entsprechend der Beurteilung der Koppelung sind die dem Hersteller zustehende Mischkalkulation sowie das technische Ineinandergreifen von Überlassung und Pflege zu beachten, weshalb hier nicht wie bei den Bearbeitungsverboten eine Abstufung nach Art und Weise des Verbots zu erfolgen hat[577]. Durch die Überarbeitung der Software wird die Warenerzeugung verbessert bzw. der technische Fortschritt zum Nutzen der Verbraucher gefördert. Hinsichtlich der Unerlässlichkeit des Pflegeverbots für die beschriebenen Vorteile sind mehrere Gesichtspunke zu berücksichtigen: wegen seiner Kenntnis vom konkreten Aufbau und der Funktionsweise der Software wird der ursprüngliche Softwarehersteller seine Software am effektivsten und schnellsten verbessern und Fehler beseitigen können. Zudem spielt das Geheimhaltungsinteresse des Softwareherstellers am source-code eine wesentliche Rolle und die Beurteilung der Unerlässlichkeit eines Pflegeverbots wird parallel zu der Beurteilung einer Offenlegungsverpflichtung des Softwareherstellers hinsichtlich des source-code zu erfolgen haben.

C) Missbrauch einer marktbeherrschenden Stellung

Besonderes kritisch muss die kartellrechtliche Untersuchung erfolgen, wenn die Koppelung von Softwareüberlassung und Pflege oder das Verbot, die Pflege selbst oder durch Dritte ausführen zu lassen, durch ein marktbeherrschendes Unternehmen erfolgt. Ein Marktmachtmissbrauch ist hier zum einen dadurch denkbar, dass der Softwarehersteller sein Urheberrecht zur Monopolisierung des Drittmarktes der Softwarepflege missbraucht, zum anderen dadurch, dass er eine eventuell bereits auf dem Herstellermarkt bestehende Marktmacht auf den Markt der Softwarepflege ausdehnt.

Die möglichen Missbrauchsformen können sich in horizontaler und vertikaler Richtung auswirken: horizontal werden dritte (Konkurrenz-) Unternehmen an der Übernahme der Softwarepflege gehindert, womit eine Einschränkung der Produktion zum Schaden der Verbraucher verbunden ist, Art. 82 Abs. 2 lit. b EGV bzw. § 19 Abs. 4 S. 1 Ziff. 1 GWB. Hierbei ist nach der Rechtsprechung des EuGH anerkannt, dass sich die Einschränkung der Erzeugung oder des Absatzes nicht nur auf die eigene Tätigkeit, sondern, wie in der gegenständlichen Konstellation, auch auf die Aktivitäten von Mitbewerbern als Form des indirek-

---

[577] bei den Bearbeitungsverboten wurde hinsichtlich der kartellrechtlichen Zulässigkeit unterschieden zwischen Verboten mit Bezug zum Vergütungsinteresse des Urhebers, umfassenden und eingeschränkten Verboten, siehe oben Teil 1 § 3 D) IV) 2)

ten Behinderungsmissbrauchs beziehen kann[578]. Zugleich wird als weiterer Unterfall des Behinderungsmissbrauchs auf dem Markt der Softwarepflege jeglicher Wettbewerb ausgeschlossen.
Die Anwendung des § 20 Abs. 1 Alt. 1 GWB im deutschen Recht kommt nicht in Betracht, da davon auszugehen ist, dass wohl in nahezu der gesamten Softwarebranche der Wartungsmarkt gleichartigen Unternehmen, d.h. sonstigen selbständigen Wartungsunternehmen, nicht üblicherweise zugänglich ist[579], vielmehr die Pflege regelmäßig von den Softwareherstellern selbst übernommen wird.
In vertikaler Hinsicht könnte der marktbeherrschende Anbieter wegen des Fehlens ausreichenden Wettbewerbs auf dem Drittmarkt für Pflegeleistungen überhöhte Preise oder sonstige unangemessene Bedingungen fordern. Damit ist ein Unterfall des sog. Ausbeutungsmissbrauchs gem. Art. 82 Abs. 2 lit. a EGV bzw. § 19 Abs. 4 S. 2 Ziff. 2 GWB angesprochen.

l) Marktabgrenzung

Gemäß dem Prinzip der funktionellen Äquivalenz stellen die Märkte für Softwareüberlassung und -pflege zwei eigenständige Märkte dar[580]. Auch innerhalb der Softwarepflege selbst wird eine weitere Marktaufteilung erforderlich: während auf dem Primärmarkt der Softwareüberlassung grundsätzlich noch verschiedene funktionell austauschbare Produkte zur Verfügung stehen – auch wenn die Anzahl der Substitutionsprodukte mit zunehmender Komplexität der Software abnimmt – so verengt sich für die Softwarepflege der Markt doch erheblich, weil für eine effektive Pflege die Kenntnis des source-code sowie bei zunehmender Komplexität ferner der Herstellerdokumentation notwendig ist. Demzufolge gibt es keinen übergreifenden Wartungsmarkt, vielmehr ist von einem von der jeweilig überlassenen Software abhängigen Wartungsmarkt auszugehen. Der relevante Markt verengt sich also auf den jeweiligen Softwarehersteller bzw. zusätzlich auf von ihm durch Technologietransfer privilegierte Dritte. Nur diese beiden Personengruppen besitzen die technisch erforderlichen Kenntnisse für eine Softwarepflege.

---

[578] *Dirksen* in Langen/Bunte, Bd. I Art. 82 Rz. 111 ff.; vgl. auch Eilmansberger, EuZW 1992, 630
[579] vgl. insoweit BGH v. 26.X.1972, „Registrierkassen", NJW 1973, 280, 281
[580] vgl. zur Marktabgrenzung auch oben Teil 1 § 3 D) I) 3) c) aa) (1); zur Selbständigkeit der Märkte von Hauptprodukt und Serviceleistungen bzw. Ersatzteilen vgl. BGH „Registrierkassen", NJW 1973, 280, 281

II) Marktbeherrschung

1) Grundsätze

Würde man auf die für eine effektive Softwarepflege erforderliche Kenntnis des source-code und der Herstellerdokumentation abstellen, so wäre die Frage nach der Marktbeherrschung schnell bejaht: grundsätzlich besitzen allein der Softwarehersteller und von ihm autorisierte Dritte Kenntnis vom source-code. Damit würde ein Monopol bestehen bzw. wesentlicher Wettbewerb fehlen. In diesen Fällen extremer wirtschaftlicher Machtstellung bedarf die Feststellung der Marktbeherrschung keiner weiteren Untersuchung der Marktverhältnisse[581].
Ein Teil der Literatur stellt denn auch hinsichtlich der Marktbeherrschung auf diese faktische Kenntnis des Herstellers am source-code und der Herstellerdokumentation ab[582]. Allerdings wird dabei das Problem übergangen, dass diese alleinige Kenntnis des Softwareherstellers urheberrechtlich abgesichert ist: eine Rückübersetzung des object- in den source-code für Wartungszwecke wird weder von § 69 e UrhG noch von § 69 d Abs. 1 UrhG gestattet. Aufgrund dieser urheberrechtlichen Sanktionierung des Geheimnisschutzes am source-code muss untersucht werden, ob die Innehabung des Urheberrechts an sich eine marktbeherrschende Stellung bedeutet.
Grundsätzlich vermittelt das Immaterialgüterrecht selbst keine marktbeherrschende Stellung[583]. Vielmehr ist die Marktbeherrschung auch in Zusammenhang mit Immaterialgüterrechten nach den allgemein geltenden Regeln zu ermitteln, so dass zu prüfen ist, ob ein Unternehmen sein Verhalten gegenüber Wettbewerbern und Abnehmern im Wesentlichen autonom, also ohne Rücksicht auf diese, bestimmen kann[584]. Hierbei kommt dem Substitutionswettbewerb besondere Bedeutung zu. Bislang haben sich jedoch weder EuGH noch BGH zu der Frage einer Marktbeherrschung in der Softwarebranche allgemein und hinsichtlich der Softwarepflege im Besonderen äußern müssen.

2) Rechtsprechung des EuGH

Eine Parallele könnte man zu den vom EuGH entschiedenen Autoersatzteilfällen ziehen: dort waren unabhängige Reparaturwerkstätten auf Ersatzteile der Autohersteller angewiesen, so wie unabhängige Wartungsunternehmen in der Soft-

---

[581] vgl. insoweit auch Wohlgemuth, S. 243 und § 19 Abs. 1 Ziff. 2 GWB
[582] Wohlgemuth, S. 243, 254; Zahrnt, CR 2000, 205, 206; a.A. Moritz, CR 1999, 541, 542 f.
[583] *Dirksen* in Langen/Bunte, Bd. I Art. 82 Rz. 41; Heinemann, S. 441 f. mit weiteren Nachweisen; *Ullrich* in Immenga/Mestmäcker, EG-Wettbewerbsrecht Bd. I, GRUR B Rz. 38
[584] *Ullrich* in Immenga/Mestmäcker, EG-Wettbewerbsrecht Bd. I, GRUR B Rz. 39; *Ullrich/Konrad* in Ullrich/Körner, Teil I Rz. 574

warebranche auf den source-code des Herstellers angewiesen sind. Allerdings hat der EuGH in den einschlägigen Entscheidungen *Volvo/Veng*[585] und *CICRA/Renault*[586] die Frage der marktbeherrschenden Stellung aufgrund eines gewerblichen Schutzrechtes, konkret dem Geschmacksmusterrecht an Autoersatzteilen, im Gegensatz noch zu der früheren Entscheidung *Deutsche Grammophon/Metro*, in der er eine marktbeherrschende Stellung allein aufgrund eines gewerblichen Schutzrechtes ohne nähere Begründung abgelehnt hat[587], offengelassen, weil er den Missbrauch einer (eventuellen) marktbeherrschenden Stellung ohnehin verneinen konnte.

Eine weitere Entscheidung des EuGH betrifft tatsächlich das für die Softwarebranche relevante Urheberrecht, wenn auch in anderem Zusammenhang: in seinem als Magill-Entscheidung bekannten Urteil *RTE und ITP/Magill*[588] hat der EuGH eine marktbeherrschende Stellung allein aufgrund der Rechtsinhaberschaft an einem Urheberrecht abgelehnt. Dies entspricht dem oben dargestellten Grundsatz, dass die Innehabung eines Immaterialgüterrechts nicht automatisch eine beherrschende Stellung bedeutet. Weiter führt der EuGH in seiner Entscheidung aber aus, dass sich eine marktbeherrschende Stellung aus besonderen Umständen ergeben könne. Solche besonderen Umstände sieht er im entschiedenen Fall darin, dass der Rechtsinhaber ein faktisches Monopol an den Grundinformationen für ein Produkt auf einem abgeleiteten Markt hatte und ihm dadurch die Möglichkeit eröffnet war, einen wirksamen Wettbewerb auf diesem abgeleiteten Markt zu verhindern. Im Gegensatz noch zum EuG, welches eine marktbeherrschende Stellung aufgrund des Urheberrechts angenommen hatte[589], begründet der EuGH die marktbeherrschende Stellung also nicht mit dem Urheberrecht an sich, sondern mit dem faktischen Monopol an Grundinformationen und der damit verbundenen Möglichkeit des Ausschlusses jeglichen Wettbewerbs. Letztgenanntes Kriterium entspricht wiederum der allgemeinen Marktbeherrschungsprüfung, ob ein Unternehmen sein Verhalten gegenüber Abnehmern und Wettbewerbern im Wesentlichen unabhängig, sprich autonom, gestalten kann.

Die jüngste Entscheidung des EuGH zum Missbrauch einer marktbeherrschenden Stellung in Zusammenhang mit einem Urheberrecht ist in der Rechtssache *IMS Health/NDC Health*[590] ergangen. Das Landgericht Frankfurt am Main hatte dem EuGH drei Fragen nach der Auslegung von Art. 82 EGV zur Vorabent-

---

[585] EuGH v. 5.X.1988, RS 238/87, „Volvo/Veng", Slg. 1988, 6211
[586] EuGH v. 5.X.1988, RS 53/87, „CICRA/Renault", Slg. 1988, 6039
[587] EuGH v. 8.VI.1971, RS 78/70, „Deutsche Grammophon/Metro", Erwägungsgrund 16, Slg. 1971, 487
[588] EuGH v. 6.IV.1995, Verbundene RS C-241/91 P und C-242/91 P, „Magill", Slg. 1995, 743
[589] EuZW 1995, 339, 340 Tz. 24
[590] EuGH v. 29.IV.2004, C-418/01 „IMS Health/NDC Health" unter http://europa.eu.int/jurisp/cgi-bin/form.pl?lang=de

scheidung vorgelegt. In seinem Urteil geht der EuGH nicht weiter auf die Problematik der Marktbeherrschung ein, sondern stellt fest, dass zu untersuchen ist, ob es sich bei der urheberrechtlich geschützten vorgelagerten 1860er Struktur um ein für die nachgelagerte Lieferung von Daten über den regionalen Absatz von Arzneimitteln in Deutschland unerlässliches Element handelt[591]. Dies entspricht der Feststellung der Europäischen Kommission in ihrer Entscheidung 2002/165/EG[592], in der sie im Wege der einstweiligen Anordnung IMS auferlegte, allen Unternehmen, die am deutschen Markt für regionale Absatzdatendienste tätig sind, eine Lizenz zur Verwendung der 1860er Struktur zu erteilen. Die Kommission stellte in ihrer Entscheidung fest, dass die auf Lizenzerteilung klagenden Unternehmen für die Erbringung ihrer Dienstleistung keine anderweitige konkrete und praktische Möglichkeit hatten als auf die durch das Urheberrecht geschützte Struktur des beklagten Unternehmens zurückzugreifen[593]. Allerdings setzte der Präsident des Gerichts erster Instanz den Vollzug der Kommissionsentscheidung aus[594], was vom Präsidenten des EuGH später bestätigt wurde[595]. Im Zuge eines Urteils des OLG Frankfurt am Main schließlich zog die Kommission den Antrag auf Erlass einer einstweiligen Anordnung zurück[596].

Im Endeffekt stellt der EuGH entsprechend seiner Magill-Entscheidung auch in seinem Urteil *IMS Health/NDC Health* auf das Vorliegen eines Monopols an einer Grundinformation für den nachgelagerten Dienstleistungsmarkt ab. Hierbei sieht er es als unschädlich an, dass die Information nicht selbständig auf einem eigenen Markt verwertet wird. Es genügt ihm, dass zwei verschiedene Produktionsstufen unterschieden werden können, die dadurch miteinander verbunden sind, dass das vorgelagerte Erzeugnis für die Lieferung des nachgelagerten Erzeugnisses unerlässliches Element ist[597].

Würde man die Rechtsprechung des EuGH auf die gegenwärtige Problematik der Softwarepflege übertragen, so wäre der Softwarehersteller auf dem Markt der Softwarepflege marktbeherrschend, weil er durch den urheberrechtlich abgesicherten und legitimierten Geheimnisschutz des source-code und der Herstellerdokumentation über ein faktisches Monopol an den Informationen verfügt, die für den Markt der Softwarepflege unerlässliches Element sind. Durch die Vorenthaltung dieser Information ist es ihm auch möglich, jeglichen Wettbewerb auf dem Wartungsmarkt auszuschließen.

---

[591] EuGH v. 29.IV.2004, C-418/01 Tz. 45 f.
[592] Entscheidung 2002/165/EG v. 03.VII.2001, ABl. 2002 L 59, 18
[593] siehe Pressemitteilung IP 01/941 v. 3.VII.2001
[594] Beschluss des Präsidenten des Gerichts erster Instanz v. 26.X.2001, T-184/01 R
[595] Beschluss des Präsidenten des EuGH v. 11.IV.2002, C-481/01 P(R)
[596] Pressemitteilung IP/03/1159 v. 7.VII.2003
[597] EuGH v. 29.IV.2004, C-418/01, Tz. 44 f.

3) Kritik an der Rechsprechung des EuGH

Die Definition der Marktbeherrschung des EuGH insbesondere in der Magill-Entscheidung ist allerdings nicht unproblematisch: damit würde jedes Unternehmen unabhängig von seiner tatsächlichen Marktstellung allein deshalb zum reinen Monopolisten, weil der Information Suchende faktisch von ihm abhängt[598]. Diese faktische Kontrolle über Grundinformationen ist aber lediglich eine Folge daraus, dass eine Information als Wirtschaftsgut konstituiert wird[599]. Damit nicht von vornherein der Wettbewerb um die Information selbst verkürzt oder gar erstickt wird, sollte gemäß den allgemeinen Kartellrechtsgrundsätzen der konkrete Marktwert der Information entscheidend sein[600]. Im *Magill-Fall* hätte demnach die Marktstellung der die Informationsherausgabe verweigernden Fernsehanstalten im Verhältnis zu anderen Fernsehprogrammen ausschlaggebend sein müssen. Nehmen erstere eine solche Marktstellung ein, dass eine Fernsehzeitschrift, die sie nicht berücksichtigt, nicht den Bedürfnissen der Käufer gerecht wird, so ist die Information nicht substituierbar und es liegt eine Marktbeherrschung des informationsinnehabenden Unternehmens vor.

Ebenso ist in dem Verfahren *IMS Health/NDC Health* nach dem konkreten Marktanteil von IMS Health auf dem Markt der Berichte über den Absatz von Arzneimitteln und Gesundheitserzeugnissen zu fragen sowie danach, ob Marktberichte, die nicht auf der urheberrechtlich geschützten 1860 Bausteinstruktur der IMS Health aufbauen, den Bedürfnissen der Käufer gerecht werden. Ist letzteres nicht der Fall, so ist die Information, d.h. die 1860 Bausteinstruktur nicht substituierbar und es liegt eine Marktbeherrschung von IMS Health vor.

Maßgeblich ist also gemäß den allgemeinen Kartellrechtsregeln ein möglicher Substitutionswettbewerb.

4) Konsequenzen für den Markt der Softwarepflege

Fraglich ist, ob diese Kritik an der Marktbeherrschungsdefinition des EuGH auf die hier vorliegende Problematik der Softwarepflege übertragbar ist. Wie bereits ausgeführt, hängt die Feststellung der Marktbeherrschung wesentlich von einem möglichen Substitutionswettbewerb ab. Scheidet aber eine solche Substitutionskonkurrenz von vornherein aus, weil Schutzrechtsgegenstand und sachlich relevanter Markt notwendig identisch sind, so beruht die Marktbeherrschung zwingend auf dem Ausschließlichkeitsrecht selbst, weil ein allgemeines Pro-

---

[598] vgl. Ullrich in Bartsch/Lutterbeck, S. 196
[599] Ullrich in Immenga/Mestmäcker, EG-Wettbewerbsrecht Bd. I, GRUR B Rz. 39, der insoweit heftige Kritik am Magill-Urteil des EuGH übt
[600] Ullrich in Bartsch/Lutterbeck, S. 196; Ullrich in Immenga/Mestmäcker, EG-Wettbewerbsrecht Bd. I, GRUR B Rz. 39

duktions- oder Vermarktungsverbot nicht besteht[601]. Dies ist beispielsweise der Fall, wenn auf vor- oder nachgelagerten Märkten für Zubehör und Ersatzteile keine anderen als die schutzgegenständlichen Produkte zur Verfügung stehen[602]. Dann nämlich kommt allein das Ausschließlichkeitsrecht aus technischen Gesichtspunkten heraus für die jeweiligen Produkte auf den Submärkten in Frage und ist nicht substituierbar, wodurch die beherrschende Marktstellung des Unternehmens wegen dieser technischen Notwendigkeit abgesichert wird. Diese Fallgruppe beansprucht für den Bereich der Softwarepflege Geltung: die Softwarepflege hängt zwingend von der Kenntnis des source-code der jeweiligen Software ab, so dass ein Substitutionswettbewerb im Bereich der Softwarepflege wegen dieses technisch unausweichlichen Zusammenhangs von vornherein nicht möglich ist.

Festzuhalten ist, dass sich die marktbeherrschende Stellung des Softwareherstellers auf dem Markt der Softwarepflege aus dem Fehlen eines möglichen Substitutionswettbewerbs auf dem Markt der Softwarepflege ergibt. Allein die Tatsache, dass der Softwarehersteller durch den urheberrechtlich abgesicherten und legitimierten Geheimnisschutz des source-code über ein faktisches Monopol an den für die Pflege notwendigen Informationen verfügt, ist für die Bejahung einer marktbeherrschenden Stellung nicht ausreichend.

III) Missbrauch

Die Feststellung eines Missbrauchs ist ebenso problematisch wie die Bestimmung der Marktbeherrschung. Nachdem die alleinige Kenntnis sowie die ausschließlichen Verwertungsrechte des Softwareherstellers am source-code urheberrechtlich abgesichert sind, entsprechen die Koppelung von Überlassung und Pflege oder das Verbot der Pflege durch Dritte an sich der Gesetzeslage, auch wenn sie ausdrückliche vertragliche Vereinbarungen sein mögen. Daraus ergibt sich die Frage, ob der Softwarehersteller allein durch die Ausübung seiner urheberrechtlichen Befugnisse seine marktbeherrschende Stellung missbraucht.
Unter Zugrundelegung der allgemeinen Missbrauchsdefinition[603] sowie der ständigen Rechtsprechung des EuGH folgt, dass der Erwerb oder die Ausübung eines Ausschließlichkeitsrechts durch ein Unternehmen in marktbeherrschender Stellung für sich genommen keinen Missbrauch darstellen[604]. Vielmehr müssen für einen Missbrauch außergewöhnliche Umstände vorliegen. Die Anerkennung

---

[601] *Ullrich in* Immenga/Mestmäcker, EG-Wettbewerbsrecht Bd. I, GRUR B Rz. 40
[602] *Ullrich in* Immenga/Mestmäcker, EG-Wettbewerbsrecht Bd. I, GRUR B Rz. 40
[603] zur allgemeinen Definition des Missbrauchs siehe oben Teil 1 § 3 D) I) 3) c) aa) (2) (a)
[604] EuGH v. 5.X.1988, RS 53/87, „CICRA/Renault", Slg. 1988, 6039 Tz. 15; EuGH v. 5.X.1988, RS 238/87. „Volvo/Veng", Slg. 1988, 6211 Tz. 8; eingehend Heinemann, S. 471 ff.; *Ullrich in* Immenga/Mestmäcker, EG-Wettbewerbsrecht Bd. I, GRUR B Rz. 41

der Möglichkeit des Missbrauchs einer marktbeherrschenden Stellung allein durch die Ausübung eines gewerblichen Schutzrechts bzw. Urheberrechts, sei es auch unter außergewöhnlichen Umständen, ist allerdings zu begrüßen, weil auf vermachteten Märkten die ursprüngliche Funktion des Ausschließlichkeitsrechts als Mittel zum und im Wettbewerb entfällt[605]. Demnach ist auch der in der Literatur vertretenen Auffassung, welche die Möglichkeit eines Missbrauchs in Form der Behinderung von Wettbewerbern deshalb verneint, weil dritte Unternehmen die Softwarepflege wegen fehlender Kenntnis und Rechte am source-code ohnehin nicht vornehmen könnten[606], abzulehnen. Wäre dritten Unternehmen der source-code nämlich zugänglich, so wären sie technisch durchaus in der Lage, die Pflege vorzunehmen.

In die Interessenabwägung zur Bestimmung des Missbrauchs sind auf der einen Seite das Interesse am Schutz des freien Wettbewerbs, mithin das Interesse dritter Unternehmen an einer Übernahme der Pflege sowie das Interesse der Softwareanwender an einer eigenen Vornahme der Pflege bzw. der freien Entscheidung über die Person des Pflegenden, auf der anderen Seite das Interesse am Schutz des Rechts des geistigen Eigentums und der wirtschaftlichen Handlungsfreiheit seines Inhabers, also das Interesse der Softwarehersteller, durch eigene Forschungs- und Entwicklungsarbeiten erlangte Kenntnisse Konkurrenzunternehmen nicht preisgeben zu müssen, gegeneinander abzuwägen und in einen gerechten Ausgleich zu bringen. Da dritte Unternehmen für eine effektive Softwarepflege neben der Kenntnis des source-code der jeweiligen Software insbesondere eine Lizenz zur Bearbeitung und Vervielfältigung desselben benötigen, ist Kernfrage der Problematik, wann einem Missbrauch mit einer Offenlegung und Zwangslizenzierung begegnet werden kann.

Im Folgenden soll eine eingehende Untersuchung stattfinden, ob und unter welchen Umständen der Softwarehersteller hinsichtlich der Softwarepflege seine urheberrechtlichen Befugnisse missbraucht und mit welchen konkreten Mitteln ein Missbrauch geahndet werden kann. Hierbei wird ein Vergleich zur Rechtssprechung des EuGH gezogen, die insbesondere die Behinderung dritter Unternehmen betrifft.

1) Analyse der Rechtsprechung des EuGH

Den Musterfall zur Offenlegung und Nutzung urheberrechtlich geschützter Informationen im Wege der Lizenzerteilung bildet das *Magill-Urteil* des EuGH[607]. Der EuGH hat dort seine Missbrauchsfeststellung im Wesentlichen auf drei As-

---

[605] vgl. *Ullrich in* Bartsch/Lutterbeck, S. 197
[606] so Moritz, CR 1993, 341, 347
[607] EuGH v. 6.IV.1995, Verbundene RS C-241/91 P und C-242/91 P, „Magill", Slg. 1995, 743

pekte gestützt, die er als *außergewöhnliche* Umstände beschrieben hat: zum einen verhinderte die Informationsvorenthaltung die Herstellung eines neuen, auf der vorenthaltenen Information zwingend aufbauenden Produkts, das die Informationsinhaber nicht selbst anboten und für das eine potentielle Nachfrage bestand, zum anderen war die Lizenzverweigerung nicht gerechtfertigt und letztendlich behielten sich die Rechtsinhaber einen abgeleiteten Markt vor, indem sie jeglichen Wettbewerb auf diesem Markt ausschlossen[608].

Auch in seiner jüngsten Entscheidung in der Rechtssache *IMS Health/NDC Health* geht der EuGH von den vorgenannten Kriterien zur Feststellung eines Marktmachtmissbrauchs aus[609].

Fraglich ist, ob die Entscheidungen Anhaltspunkte für einen Offenlegungszwang und eine Zwangslizenzierung des source-code liefern können. In jedem Fall hat die Magill-Entscheidung in der Literatur großes Aufsehen erregt[610], weil erstmalig die Zwangslizenzierung an einem Immaterialgüterrecht, im speziellen Fall einem Urheberrecht, angeordnet wurde.

Prinzipiell begründet eine Lizenzverweigerung an sich nicht den Missbrauch einer marktbeherrschenden Stellung[611]: so führt der EuGH in seiner Entscheidung *Volvo/Veng* aus, dass die Befugnis des Inhabers eines geschützten Musters, Dritte an der Herstellung und dem Verkauf oder der Einfuhr der das Muster verkörpernden Erzeugnisse ohne seine Zustimmung zu hindern, gerade die Substanz seines ausschließlichen Rechts darstellt[612]. Daraus folgt, dass die Weigerung des Inhabers eines Schutzrechts, Dritten selbst gegen angemessene Vergütung eine Lizenz zu erteilen, als solche nicht als missbräuchliche Ausnutzung einer marktbeherrschenden Stellung anzusehen ist[613]. Ebenso gehört es grundsätzlich zur Substanz eines Ausschließlichkeitsrechts, sich verschiedene Vermarktungsstufen vorzubehalten und das Ausschließlichkeitsrecht auf benachbarten Märkten selbst auszuüben[614]. Dies gilt insbesondere, wenn der Folgemarkt von demselben Schutzrecht erfasst wird wie der Primärmarkt, wie dies bei urheberrechtlich geschützten Werken häufig und auch bei der Wartung von Computerprogrammen (= Folgemarkt) und deren Erstellung (= Primärmarkt)

---

[608] vgl. auch Mennicke, ZHR 160 (1996), 626, 634 f.
[609] EuGH v. 29.IV.2004, C-418/01 LS 2
[610] siehe nur die Vielzahl der Abhandlungen: die Magill-Entscheidung befürwortend: Heinemann, S. 479 ff., 497; Mennicke, ZHR 160 (1996), 626 ff.; Pilny, GRUR Int. 1995, 954 ff.; kritische Stimmen: Montag, EuZW 1997, 71 ff.; Bechtold, EuZW 1995, 339, 345 ff.; Cohen Jehoram/Mortelmans, GRUR Int. 1997, 11 ff.; Jestaedt, WuW 1995, 483 ff.; *Ullrich in* Bartsch/Lutterbeck, S. 197 ff.
[611] vgl. die Urteile „CICRA/Renault" und „Volvo/Veng" FN 604
[612] EuGH v. 5.X.1988, RS 238/87, „Volvo/Veng", Slg. 1988, 6211 LS 2
[613] EuGH v. 5.X.1988, RS 238/87, „Volvo/Veng", Slg. 1988, 6211 LS 2
[614] Montag, EuZW 1997, 71, 75

der Fall ist[615]. Somit kann nur bei Hinzutreten weiterer Umstände ein Marktmachtmissbrauch vorliegen[616].

Ebenso spielt die Wechselbeziehung zwischen Primär- und Folgeleistung eine wesentliche Rolle: je geringer die Identität oder Ähnlichkeit zwischen Folge- und Primärleistung ist, desto weniger erscheint eine Zuordnung des Folgemarktes an den Erbringer der Primärleistung gerechtfertigt[617]. So lag die Sache auch im Fall Magill: die Ausstrahlung von Fernsehsendungen auf dem Primärmarkt ist von der Herausgabe eines sämtliche Programme umfassenden wöchentlichen Programmführers klar zu unterscheiden. In dem Fall *Volvo/Veng*[618] hingegen wollte der Nachfrager die Erzeugnisse des Rechtsinhabers nachahmen, es lag also eine Identität zwischen Primär- und Folgemarkt vor. Konsequenterweise verneinte der EuGH in diesem Fall den Missbrauch einer marktbeherrschenden Stellung.

Hinsichtlich der Softwarepflege ist zu fragen, ob der Primärproduktmarkt Software von dem Sekundärdienstleistungsmarkt Softwarepflege zu unterscheiden ist. An sich ist dies zwar der Fall[619], doch ist zu berücksichtigen, dass die Softwarepflege das ursprüngliche Softwareprodukt vervollkommnet, verbessert und funktionsfähig erhält[620]. Unter diesem Gesichtspunkt erscheint die Zuordnung des Pflegemarktes an Dritte bedenklich.

Daneben ist das Wettbewerbsverhältnis zwischen Erbringer der Primärleistung und Dritten, die den Folgemarkt bedienen, zu berücksichtigen: besteht ein nur potentielles Wettbewerbsverhältnis zwischen Rechtsinhaber und Drittem, d.h. bedient der Rechtsinhaber den Folgemarkt weder selbst noch im Wege der Lizenzierung, so erscheint die Erstreckung der Zuordnung des Folgemarktes an den Rechtsinhaber des Primärmarktes fraglich[621]. Hier kommt es dann wesentlich auf die Substituierbarkeit der Folgeleistungen an. So hat der EuGH seine Missbrauchsfeststellung in seiner *Magill-Entscheidung* darauf gestützt, dass die Informationsvorenthaltung die Herstellung eines neuen, auf der vorenthaltenen Information zwingend aufbauenden Produkts verhinderte, das die Informations-

---

[615] vgl. *Dreier in* Schricker/Dreier/Kur, S. 55
[616] etwa der willkürlichen Weigerung, unabhängige Reparaturwerkstätten mit Ersatzteilen zu beliefern, der Festsetzung unangemessener Ersatzteilpreise oder der Entscheidung, für ein bestimmtes Modell keine Ersatzteile mehr herzustellen, obwohl noch viele Fahrzeuge dieses Modells verkehren, vgl. EuGH v. 5.X.1988, RS 238/87, „Volvo/Veng", Slg. 1988, 6211 ff. LS 2
[617] *Dreier in* Schricker/Dreier/Kur, S. 76
[618] EuGH v. 5.X.1988, RS 238/87, „Volvo/Veng", Slg. 1988, 6211 ff.
[619] vgl. Dreier in Schricker/Dreier/Kur, S. 77
[620] siehe oben § 1
[621] *Dreier in* Schricker/Dreier/Kur, S. 77

inhaber nicht selbst anboten und für das eine potentielle Nachfrage bestand[622]. Auch in dem Vorabentscheidungsverfahren *IMS Health/NDC Health* stellt der EuGH auf diese Kriterien ab. Auf die Softwarepflege übertragen bedeutet dies, dass ein Missbrauch durch den Softwarehersteller dann vorliegt, wenn er die für den Anwender notwendige Softwarepflege nicht selbst anbietet. Gerade bei technisch-funktionalen Produkten wie der Software kommt eine Substituierbarkeit der Pflegeleistung nicht in Betracht.

2) Zwangslizenzierung und Nichtausübung gewerblicher Schutzrechte

Auch ein Blick auf die Grundsätze im gewerblichen Rechtsschutz und insbesondere im Patentrecht vermag in dieser Problematik weiterzuhelfen. Dort ist eine Zwangslizenzierung wegen Nichtausübung des Schutzrechts[623] oder wegen der Blockierung der Nutzung von abhängigen Verbesserungserfindungen gesetzlich anerkannt[624]. Diese gesetzlichen Wertungen entsprechen der Beurteilung eines Verhaltens als Marktmachtmissbrauch und können, obwohl im gewerblichen Rechtsschutz und nicht Urheberrechtsschutz angesiedelt, auf die Softwarebranche übertragen werden: Software stellt kein traditionelles urheberrechtlich geschütztes Werk dar, sondern wie die Schutzgegenstände des gewerblichen Rechtsschutzes einen technologischen Gegenstand und entgegen seinem ursprünglichen Wesen dient das Urheberrecht bei Software der Absicherung des Informationszugangs[625].

Eine Parallele zur Zwangslizenzierung wegen Nichtausübung des gewerblichen Schutzrechts ist für den Fall anzunehmen, dass ein Softwarehersteller die Pflege seiner Software nicht selbst anbietet oder vornimmt[626]. Dieser Aspekt wurde bereits im Rahmen der Rechtsprechungsübersicht angeführt[627]. Insbesondere sind die Softwareanwender betroffen, wenn sich der Hersteller weigert, Wartungsleistungen fortzuführen oder aufzunehmen und dritte Unternehmen wegen fehlender Kenntnis des source-code und fehlender Berechtigung zur Pflege nicht in der Lage sind.

---

[622] so auch der Generalanwalt Tizzano in der Rechtssache „IMS Health/NDC Health" in seinem Schlussantrag vom 02.X.2003, RS C-418/01, „IMS Health/NDC Health", WuW 2003, 1214, 1219
[623] vgl. § 24 Abs.4 PatG
[624] vgl. § 24 Abs. 2 PatG; *Ullrich in* Bartsch/Lutterbeck, S. 197 f.
[625] *Ullrich in* Bartsch/Lutterbeck, S. 198
[626] diese Konstellation würde sogar der Argumentation des EuGH im Magill-Fall entsprechen, dass der beherrschende Anbieter das neue Produkt nicht selbst anbot – wobei es im Magill-Sachverhalt freilich um ein traditionelles urheberrechtlich geschütztes Werk ging; dies auch, obwohl die fraglichen Programminformationen nur in Großbritannien und Irland Urheberrechtsschutz genossen
[627] siehe oben 1)

Die Anordnung einer Zwangslizenzierung bei abhängigen Verbesserungserfindungen beruht darauf, dass das Schutzrecht hier nicht zur Sicherung der eigenen Wettbewerbsleistung eingesetzt wird, sondern zur Unterdrückung fremder, verbesserter Leistung. Eine Übertragung dieses Grundsatzes auf den Bereich der Softwarepflege erscheint problematisch, da die Softwarepflege für den Softwarehersteller unter den Gesichtspunkten der Weiterentwicklung und Verbesserung seines Produkts sowie der Amortisation seiner Entwicklungskosten von Bedeutung ist. Vergleichbare Sachverhalte zur Zwangslizenzierung bei abhängigen Verbesserungserfindungen aus der Softwarebranche wären beispielsweise die Märkte für Peripheriegeräte oder kompatible Software, auf die in Teil 3 im Rahmen der Offenlegung von Schnittstelleninformationen zu sprechen zu kommen ist.

Die Analogie zu den Grundsätzen im gewerblichen Rechtsschutz zeigt, dass sich die Frage nach einem Marktmachtmissbrauch mit anschließender Offenlegungsverpflichtung und Zwanglizenzierung als Rechtsfolge nicht pauschal beantworten lässt, sondern einer genauen Einzelfallanalyse bedarf und an bestimmten Sachverhaltsgruppen festzumachen ist.

3) essential facilities-Doktrin

Nachdem in den genannten Verfahren Magill und IMS Health sowie im Softwarebereich die urheberrechtlich geschützten Informationen selbst für die Erbringung einer Dienstleistung (Softwarepflege) oder die Schaffung eines Produkts (Herstellung von Peripheriegeräten wie Drucker, Scanner etc., Herstellung kompatibler Hard- und Software) auf einem nachgelagerten Markt notwendig sind und deshalb vom Rechtsinhaber zur Verfügung gestellt werden müssen, nimmt die Information als selbständiger Gegenstand am Wettbewerbsgeschehen teil. Dies ist wohl der Grund, warum von einem Großteil der Literatur die Magill-Entscheidung des EuGH als ein Anwendungsfall der essential facilities-Doktrin im US-amerikanischen Recht angesehen wird[628]. Nach dieser Lehre hat ein Unternehmen, das die Kontrolle über eine bestimmte Einrichtung besitzt, die für den Zugang zu einem vor- oder nachgelagerten Marktes wesentlich ist und von Wettbewerbern nicht ohne zumutbare Anstrengung nochmals erstellt werden kann, den Wettbewerbern die Einrichtung dann zur Nutzung zur Verfügung zu stellen, wenn dies technisch und wirtschaftlich möglich (zumutbar) ist[629].

---

[628] Heinemann, S. 510 ff., 513 f.; Mennicke, ZHR (160) 1996, 626, 649 ff.; Montag, EuZW 1997, 71, 75 f.; ablehnend zur Anwendung der Doktrin auf das Magill-Urteil: *Ullrich in Bartsch/Lutterbeck*, S. 200 ff.
[629] *Dirksen in Langen/Bunte*, Bd. I Art. 82 Rz. 177 a; Heinemann, S. 508 f.; *Ullrich in Bartsch/Lutterbeck*, S. 201

Zu untersuchen ist, ob eine Anwendung dieser Lehre auf urheberrechtlich geschützte Informationen wie den source-code möglich ist, mit anderen Worten: ob urheberrechtlich oder sonstige durch Immaterialgüterrechte geschützte Informationen als wesentliche Einrichtung angesehen werden können. Entwickelt wurde die Lehre im Hinblick auf den (Zwangs-) Zugang zu physischen Infrastruktureinrichtungen[630] und von der Europäischen Kommission ausdrücklich in ihren Hafenentscheidungen übernommen[631]. Im deutschen Recht hat die Doktrin durch die 6. GWB-Novelle in § 19 Abs. 4 Ziff. 4 GWB als Regelbeispiel des Marktmachtmissbrauchs Eingang gefunden. Sie ist insbesondere auf Netze aller Art wie z.B. im Bereich des Verkehrs, der Energie oder der Telekommunikation anwendbar[632].

Allen Rechtsordnungen ist der Bezug der essential facilities-Lehre auf physische Einrichtungen, und nicht immaterielle Rechte, gemeinsam. Auch in seiner Magill-Entscheidung hat der EuGH weder Bezug auf die Hafen-Entscheidungen der Kommission genommen noch mit dem Begriff der wesentlichen Einrichtung im Hinblick auf die urheberrechtlich geschützten Informationen argumentiert, sondern die allgemein zu Art. 82 EGV entwickelten Missbrauchsgrundsätze herangezogen. Der Begriff der Infrastruktureinrichtung im deutschen Recht lässt zwar einigen Interpretationsspielraum zu, doch die vom ursprünglichen Gesetzesentwurf *„Netze oder andere für die Aufnahme von Wettbewerb wesentlichen Einrichtungen"* abweichende nunmehr gültige Gesetzesfassung *„Netze oder andere Infrastruktureinrichtungen"* sowie die Gesetzesbegründung belegen, dass die Nutzung fremder Immaterialgüterrechte von dem auf der essential facilities-Lehre beruhenden § 19 Abs. 4 Ziff. 4 GWB gerade nicht erfasst sein soll[633]. Eine Zwanglizenzierung an Urheberrechten kann daher, zumindest im deutschen Recht, nicht auf die essential facilities-Lehre gestützt werden, wohl aber auf die allgemeinen Prinzipien des Marktmachtmissbrauchs.

Heinemann hingegen sieht gerade durch die im Gesetzestext erfolgte Begriffsänderung mit dem Verzicht auf den Begriff der wesentlichen Einrichtung den Beweis dafür, dass § 19 Abs. 4 Ziff. 4 GWB nicht eine Übernahme der essential facilities-Doktrin ist, sondern nur einen Ausschnitt aus ihr bildet[634]. Seiner Auffassung ist jedoch die Gesetzesbegründung entgegenzuhalten, in der der Begriff der wesentlichen Einrichtung als Oberbegriff für Netze und Infrastrukturein-

---

[630] Pionierfall ist der Zugang zu einem Bahnhof zugunsten konkurrierender Einsenbahngesellschaften, United States v. Terminal Railroad Association, 224 U.S. 383 (1912)

[631] Entscheidung v. 11.VI.1992 „Sealink I" in Bulletin 6/1992 Tz. 1.3.30; Entscheidung v. 21.XII.1993 „Sealink II" in ABl. 1994 L 15, 8 ff.; Entscheidung v. 21.12.1993 „Hafen von Rodby" in ABl. 1994 L 55, 52 ff.

[632] siehe *Dirksen* in Langen/Bunte, Bd. I Art. 82 Rz. 177 a

[633] BT-Drucksache 13/10633 S. 14; Begründung 1997, BT-Drucksache 13/9720, S. 80; siehe auch *Schultz* in Langen/Bunte, Bd. I § 19 Rz. 157; so auch *Ullrich/Konrad* in Dauses, C.III Rz. 110

[634] Heinemann, S. 170 f.

richtungen verwendet wird[635]. Bereits der Begriff *wesentliche Einrichtung* wirft also besondere Schwierigkeiten auf, weshalb von einer Übertragung der Lehre auf das Gebiet des geistigen Eigentums abgesehen werden sollte. Betrachtet man die oben genannten Voraussetzungen für die Anwendung der essential facilities-Doktrin näher, so zeigt sich, dass es zur Vorbeugung eines Marktmachtmissbrauchs dieser (Mode-) Erscheinung ohnehin nicht bedarf: die Vorbehaltung eines vor- oder nachgelagerten Marktes durch ein marktbeherrschendes Unternehmen ist als Marktstrukturmissbrauch einzuordnen, die Behinderung konkurrierender Unternehmen auf diesem abgeleiteten Markt als Behinderungsmissbrauch[636]. Besteht aber schon keine Notwendigkeit hinsichtlich der Anwendung der essential facilities-Lehre, so sollte diese angesichts der von ihr ausgehenden Gefahren auch unterbleiben. Gerade das Magill-Urteil macht einen entscheidenden Unterschied zwischen essential facilities-Lehre und Marktmachtmissbrauch nach den allgemeinen Regeln deutlich: während ein Missbrauch in Zusammenhang mit einer essential facility damit abgestellt werden kann, dass den konkurrierenden Wettbewerbern die wesentliche Einrichtung zur Verfügung gestellt wird, damit diese ihre eigenen, selbständig entwickelten Dienstleistungen erbringen können, kann einem Missbrauch aufgrund urheberrechtlich geschützter Informationen oftmals nur durch einen Lizenzierungszwang begegnet werden. Ein Lizenzierungszwang als Rechtsfolge des Missbrauchs beinhaltet jedoch nicht lediglich ein reines Durchleiten von von Wettbewerbern selbst hergestellten Produkten oder Dienstleistungen durch eine bestehende Einrichtung, sondern die Übernahme einer fremden Leistung[637]. Hiermit ist wieder die bereits unter 1) dargestellte Identität der Primär- und Folgeleistung angesprochen.

So liegt die Problematik auch bei dem hier diskutierten Problemkreis der Softwarepflege: die Softwarepflege kann zum einen nur bei Kenntnis der Information als solcher, nämlich des source-code, durchgeführt werden, zum anderen ist zusätzlich eine Bearbeitung und Vervielfältigung des source-code erforderlich. Dieser Konflikt zwischen durch Urheberrecht geschützter Leistung einerseits und Zugangsgewährung und Lizenzierung für (tatsächliche oder potentielle) Wettbewerber andererseits bedarf einer eingehenden Analyse des Einzelfalls[638]. Eine pauschale Anwendung der essential facilities-Lehre hat zu unterbleiben.

Abschließend ist festzuhalten, dass sich eine Anwendung der essential facilities-Lehre auf Urheberrechte bzw. Immaterialgüterrechte im Allgemeinen we-

---

[635] BT-Drucksache 13/10633, S. 65
[636] dies sehen auch die Stimmen in der Literatur, die die Magill-Entscheidung als einen Fall der essential facilities-Doktrin betrachten: Heinemann, S. 505 ff.; Mennicke, ZHR 160 (1996), 626, 649 ff.
[637] so auch *Ullrich in* Bartsch/Lutterbeck, S. 202
[638] hier spielt auch die Marktbeherrschung auf verschiedenen Märkten oder eben nur dem Markt für die Information eine wichtige Rolle

gen der grundsätzlich unterschiedlichen Schwere der Rechtsfolge *Zugangsgewährung* einerseits und *Zwangslizenzierung* andererseits verbietet. Im Übrigen fehlt es schon an der Notwendigkeit für ihre Anwendung, da einem Marktmachtmissbrauch durch Urheberrechte mit den allgemeinen Missbrauchskriterien begegnet werden kann.

4) Problematik der Rechtsfolge Offenlegungs- und Lizenzierungszwang für den Softwarehersteller

Nachdem unabhängigen Wartungsunternehmen nicht allein mit der Offenlegung des source-code gedient ist, sie vielmehr einer Lizenz zur Bearbeitung und Vervielfältigung des urheberrechtlich geschützten source-code bedürfen, kann einem Missbrauch nur durch einen Lizenzierungszwang Rechnung getragen werden.
Genau dieser Punkt aber stellt das wesentliche und eigentliche Problem dar. Wie die Autoersatzteilfälle *Volvo/Veng* und *CICRA/Renault*[639] zeigen, kann nämlich in manchen Fällen des Marktmachtmissbrauchs aufgrund eines Immaterialgüterrechts dem Missbrauch mit einer bloßen *Liefer*verpflichtung – im Gegensatz zur *Lizenzierungs*verpflichtung – begegnet werden. In den genannten Fällen hätte nämlich die Lieferung von physischen Gegenständen, nämlich der Ersatzteile selbst, den Missbrauch abgestellt, eine Lizenzierung des Immaterialgüterrechts selbst wäre nicht notwendig gewesen[640]. Dass eine Lizenzierungsverpflichtung aber stärker in die Rechte des Rechtsinhabers eingreift als eine (bloße) Lieferverpflichtung, ist offensichtlich. Die Abstellung eines eventuellen Missbrauchs im Bereich der Softwarepflege würde für den Softwarehersteller demzufolge einen erheblichen Eingriff in sein Recht bedeuten, über die Verwertung seiner Leistung selbst entscheiden zu können.
Weiterhin ist bei der Interessenabwägung die grundlegende Funktion des Ausschließlichkeitsrechts im Hinblick auf eine Information zu berücksichtigen: erst das Ausschließlichkeitsrecht macht die Information marktfähig und zu einem handelbaren Wirtschaftsgut. Die Anordnung eines Zwangszugangs zu der immaterialgüterrechtlich geschützten Information verändert dann aber die ursprüngliche Knappheitsrelation und damit die Wettbewerbssituation für die jeweilige Information, wodurch gleichzeitig die Information für den Ursprungsinhaber entwertet wird[641]. Diese Feststellung beansprucht auch in der Softwarebranche Geltung, ja wird hier gerade besonders deutlich, da der Softwarehersteller mit den unabhängigen Wartungsunternehmen auf dem Markt der Soft-

---

[639] siehe oben FN 604
[640] vgl. insoweit auch Heinemann, S. 495 f.; *Ullrich/Konrad in* Ullrich/Körner, Teil I Rz. 584
[641] *Ullrich in* Bartsch/Lutterbeck, S. 199 f.

warepflege in Wettbewerb steht. Hier geht dann mit einer Lizenzierungsverpflichtung die Gefahr einer Hemmung der Innovationstätigkeit einher, da kein Unternehmen finanzielle und geistige Anstrengungen ergreifen wird, wenn es bereits bei Vorliegen der sich aus einem gewerblichen Ausschlussrecht ergebenden typischen Wettbewerbssituation, nämlich Wettbewerber von seinen eigenen Leistungen ausschließen zu können, zur Offenlegung seiner Entwicklungstätigkeiten verpflichtet werden kann.

Abschließend ist festzuhalten, dass ein Zwangszugang zu Information durch die Anordnung einer Lizenzierung besonderer außergewöhnlicher Umstände bedarf, um vor dem Kartellrecht Bestand haben zu können. Die unreflektierte Anordnung einer Lizenzierungsverpflichtung verbietet sich in jedem Fall.

5) Ergebnis

a) Missbrauch gegenüber unabhängigen Wartungsunternehmen

Die dargestellten Gerichtsverfahren und Fallgruppen befassen sich im Wesentlichen mit einem horizontalen Marktmachtmissbrauch gegenüber Wettbewerbern. Hierbei stellt die *bloße* Ausübung der dem Softwarehersteller zustehenden Urheberrechtsbefugnisse durch *einfache* Nichtvornahme einer Lizenzerteilung – sei es mittelbar über eine Koppelung von Überlassung und Pflege bzw. die Vereinbarung von Pflegeverboten oder durch (ausdrückliche) Verweigerung der Lizenzerteilung gegenüber dritten Wartungsunternehmen – in der Regel keinen Missbrauch einer marktbeherrschenden Stellung dar. Dies hat die vorherige Untersuchung ergeben. Das Wesen eines jeden Ausschließlichkeitsrechts besteht ja gerade in dem Ausschluss von Wettbewerbern von der eigenen Leistung. Hinzu kommen die Besonderheiten in der Softwarebranche, namentlich die dem Softwarehersteller zustehende Mischkalkulation zwischen Softwareentwicklung und -pflege[642] sowie der mit einer Lizenzierung des source-code einhergehende schwerwiegende Eingriff in die Rechte des Softwareherstellers.

In Analogie zur willkürlichen Lizenzverweigerung der Ersatzteilrechtsprechung des EuGH in den Fällen *Volvo/Veng* und *CICRA/Renault*[643] ist ein Missbrauch allerdings dann denkbar, wenn der Softwarehersteller bestimmten Unternehmen für die Pflege eine Lizenz am source-code erteilt, anderen gleichartigen Unternehmen ohne sachlich gerechtfertigten Grund[644] hingegen nicht. Im deutschen Recht wäre dies ein Fall von § 20 Abs. 1 Alt. 2 GWB. Allerdings gibt es im Ge-

---

[642] siehe oben § 1: die Softwarepflege bildet die Basis für neue und verbesserte Softwareversionen
[643] vgl. die Urteile „Volvo/Veng" und „CICRA/Renault" FN 604
[644] Rechtfertigungsgründe könnten z.B. fehlende Vertrauenswürdigkeit des Vertragspartners oder fehlende Wartungsressourcen sein, vgl. hierzu Wohlgemuth, S. 251 f.

gensatz zur Automobilbranche keinen derartigen etablierten Drittmarkt für die Softwarepflege.

b) Missbrauch gegenüber Softwareanwendern

Im Verhältnis zu den Softwareanwendern hingegen kommt ein Missbrauch insbesondere nach Ablauf der Gewährleistungsfrist aus dem Überlassungsvertrag in Betracht. Die erforderliche Interessenabwägung hat auf Seiten der Softwareanwender deren wirtschaftliche Betätigungsfreiheit zu berücksichtigen: in Arbeitsprozessen ist der reibungslose Funktionsablauf der Software für die wirtschaftliche Existenz der Softwareanwender essentiell und ein Ausfall der Software würde zwangsläufig zu einem Ausfall der Produktion führen. Aber auch Software für rein organisatorische Aufgaben wie beispielsweise die Buchhaltung berührt mittelbar die Wettbewerbsmöglichkeiten des Unternehmens[645].
Die Erhaltung der Funktions- und Einsatzfähigkeit der Software ist für die Anwender also wesentlich und wird durch die Pflege der Software gewährleistet. Geht es demzufolge um die Frage der Vornahme der Pflege, also des „ob's" der Pflege, so ist eine missbräuchliche Berufung des Softwareherstellers auf sein Urheberrecht denkbar, wenn er die Pflege ohne sachlichen Grund verweigert und gleichzeitig wegen fehlender Kenntnis und Lizenzberechtigung am sourcecode weder der Softwareanwender noch Dritte zur Softwarepflege fähig sind. Dies ergibt eine Analogie zur Zwangslizenzierung wegen Nichtausübung gewerblicher Schutzrechte[646] sowie zur Rechtsprechung des EuGH in den Ersatzteilfällen *Volvo/Veng* und *CICRA/Renault*[647]. Auch sind diese Fälle der Nichtaufnahme oder des Abbruchs geschäftlicher Beziehungen allgemein als Missbrauch im Rahmen des Art. 82 EGV anerkannt[648].
Eine sachliche Rechtfertigung für die Weigerung des Softwareherstellers wird nur in Ausnahmefällen in Betracht kommen, beispielsweise bei fehlender Vertrauens- oder Kreditwürdigkeit des Anwenders, einer schwerwiegenden Vertragsverletzung seitens des Anwenders oder fehlenden eigenen Wartungsressourcen des Herstellers[649]. Ferner könnte im Umkehrschluss zur Ersatzteilrechtsprechung des EuGH[650] als Rechtfertigungsgrund die übermäßige Veraltung der

---

[645] Wohlgemuth, S. 233 f.
[646] vgl. § 24 Abs. 4 PatG
[647] siehe FN 604
[648] *Dirksen in* Langen/Bunte, Bd. I Art. 82 Rz. 168 ff.
[649] Wohlgemuth, S. 251 f.
[650] FN 604

Software eine Rolle spielen[651].

Ist der Softwarehersteller aus dem Überlassungsvertrag zur Herausgabe des source-code verpflichtet[652], so stellt sich die Sachlage anders dar: nachdem eine Bearbeitungsbefugnis am source-code in der Regel parallel zu einer Herausgabeverpflichtung läuft[653], kommt ein Missbrauch durch die Weigerung des Softwareherstellers grundsätzlich nicht in Betracht, da der Softwareanwender schließlich in Besitz der für die Pflege erforderlichen technischen Kenntnisse und Befugnisse ist. Er kann die Softwarepflege entweder selbst vornehmen oder bei fehlender eigener Sachkunde durch einen Dritten vornehmen lassen[654]. Ausnahmsweise ist ein Missbrauch allerdings vorstellbar, wenn dem Softwareanwender oder dritten Unternehmen die Pflege nicht zu wirtschaftlich vernünftigen Bedingungen möglich ist. Grundsätzlich also ist die vertragliche Herausgabepflicht vorrangig, so dass ein Missbrauch ausscheidet, es sei denn, die Pflege ist dem Anwender zu wirtschaftlich vernünftigen Bedingungen nicht möglich. Weitere Fälle eines Missbrauchs im Verhältnis zum Softwareanwender wären die Forderung unangemessener Preise für die Softwarepflege oder die willkürliche Lizenzverweigerung, wenn der Softwarehersteller bestimmten Unternehmen eine Lizenz erteilt, anderen gleichartigen Unternehmen ohne sachlich gerechtfertigten Grund hingegen nicht.

D) Kartellrechtlicher Kontrahierungszwang

Im Folgenden soll untersucht werden, mit welchen Mitteln ein Missbrauch im Verhältnis zu den Softwareanwendern abgestellt werden kann. In Frage kommen eine Herausgabe- und Lizenzierungsverpflichtung hinsichtlich des sourcecode, aber auch ein Kontrahierungszwang für den Softwarehersteller. Nachdem Herausgabe- und Lizenzierungsverpflichtung einen schwerwiegenden Eingriff

---

[651] für die Dauer der Pflegeverpflichtung könnte das Urteil des Landgerichts Köln v. 16. Oktober 1997, in CR 1999, 218 ff., herangezogen werden: danach ist für die Dauer der Pflegeverpflichtung der Lebenszyklus der jeweiligen Software zuzüglich einer angemessen Frist maßgeblich, der Beginn der Gesamtfrist knüpft an die Installation der wesentlichen Teile der vom letzten Kunden erworbenen Software an

[652] zu vertraglichen Herausgabeansprüchen siehe: BGH v. 30.I.1986, NJW 1987, 1259 f.; OLG München v. 16.VII.1991, CR 1992, 208 ff.; LG Köln v. 3. V. 2000, CR 2000, 505 f.; LG Aschaffenburg v. 16.XII.1997, CR 1998, 203 ff.; LG München I v. 18.XI.1988, NJW 1989, 2625 f.; aus der Literatur: Schneider, CR 2003, 1 ff.; Wohlgemuth, S. 224 ff.

[653] vgl. eingehend Marly, Rz. 58 f.

[654] sowohl die Dekompilierungsbefugnis als auch die Rechte der bestimmungsgemäßen Nutzung im Rahmen von § 69 d Abs. 1 UrhG dürfen einem Dritten übertragen bzw. durch einen Dritten ausgeübt werden, vgl. *Loewenheim in Schricker*, § 69 d Rz. 5, § 69 e Rz. 14; vgl. auch oben Teil 1 § 2 C) V) 2) b) bb)N (1); eine andere Beurteilung wäre in diesem Zusammenhang hier sinnwidrig

in die Rechte des Softwareherstellers darstellen, sollte dem Kontrahierungszwang der Vorrang gegeben werden. Als Rechtsgrundlage bieten sich hierbei im europäischen Recht Art. 82 EGV, im deutschen Recht §§ 20 Abs. 1 und 2, 19 Abs. 1 GWB an.
Die Rechtsprechung hat sich bis jetzt zu einem kartellrechtlichen Kontrahierungszwang noch nicht geäußert, sondern einen solchen allenfalls angesprochen[655]. Diesbezügliche Entscheidungen betreffen dem Grunde nach stets eine vertragliche Verpflichtung zur Herausgabe des source-code[656] und lassen eine Tendenz dahingehend erkennen, dass eine (vertragliche) Herausgabepflicht in den Fällen angenommen wird, in denen sich der Hersteller nicht zum Abschluss eines langfristigen Wartungsvertrages verpflichtet hat[657]. Die Rechtsprechung scheint also Herausgabepflicht und Kontrahierungszwang in einem wechselbezüglichen Verhältnis zu sehen.

I) Art. 82 EGV

Die missbräuchliche Ausnutzung einer marktbeherrschenden Stellung als Tatbestandsvoraussetzung ist in den oben genannten Situationen der willkürlichen Weigerung des Softwareherstellers zum Abschluss oder zur Fortsetzung eines Wartungsvertrages gegeben.

1) Umfang des Kontrahierungszwangs

Zur Abstellung des Missbrauchs ist die Europäische Kommission neben der Verhängung von Geldbußen zur Anordnung von Maßnahmen berechtigt[658]. Somit kommt die Anordnung eines Kontrahierungszwangs, sprich die Anordnung zum Abschluss oder zur Fortsetzung eines Pflegevertrages, grundsätzlich in Betracht.
Fraglich kann allenfalls der Umfang des Kontrahierungszwangs sein. In der Literatur wird nämlich teilweise die Auffassung vertreten, dass der Softwarehersteller nicht zum Abschluss eines umfassenden Pflegevertrages, sondern nur zur Beseitigung einer aktuellen Störung verpflichtet werden könne[659]. Diese Ansicht ist allerdings nicht haltbar: die Pflege der Software lässt sich, auch wenn die Fehlerbeseitigung den zentralen Bestandteil eines Wartungsvertrages bilden mag, nicht auf diese reduzieren, sondern umfasst ein weitaus größeres Spektrum

---
[655] insbesondere OLG München v. 16.VII.1991, CR 1992, 208, 210
[656] siehe FN 652
[657] so auch Wohlgemuth, S. 224 ff., 232
[658] *Dirksen in* Langen/Bunte, Bd. I Art. 82 Rz. 206
[659] Moritz, CR 1999, 541, 545

an Leistungen[660]. Zudem ist es dem Anwender nicht zumutbar, jeweils auf den Abschluss einzelner Verträge verwiesen zu werden: er wäre der Macht und dem Druck des Herstellers verhältnismäßig oft ausgesetzt, ein ständiger Abschluss neuer Verträge wäre zudem völlig unpraktikabel[661]. Somit kann allein die Verpflichtung zum Abschluss eines umfassenden Pflegevertrages der Weigerung des Softwareherstellers gerecht werden.

2) Wahlrecht zwischen Herausgabe von source-code und Herstellerdokumentation und Abschluss eines Pflegevertrages?

Abschließend soll der Frage nachgegangen werden, ob unter kartellrechtlichen Gesichtspunkten dem Hersteller oder dem Anwender ein Wahlrecht zwischen Herausgabe von source-code und Herstellerdokumentation oder Abschluss eines Wartungsvertrages zuzugestehen ist. Beide Maßnahmen sind letztendlich gleichermaßen geeignet, der Weigerung des Softwareherstellers zum Abschluss bzw. zur Weiterführung eines Wartungsvertrages beizukommen.
Was ein Wahlrecht des Anwenders betrifft, so ist hier primär die Schwere des Eingriffs in die Rechte des Herstellers durch eine Herausgabe- und Lizenzierungsverpflichtung zu berücksichtigen. Demnach kann der Anwender unter kartellrechtlichen Gesichtspunkten nicht die Herausgabe und Lizenzierung des source-code verlangen, wenn der Hersteller ihm den Abschluss eines Wartungsvertrages zu nicht diskriminierenden und angemessenen Geschäftsbedingungen anbietet.
Dem Hersteller hingegen wird man ein Wahlrecht für den Fall einzuräumen haben, dass beide möglichen Maßnahmen tatsächlich gleichermaßen zur Abstellung des Missbrauchs geeignet sind.

II) § 20 Abs. 1 Alt. 2 GWB

1) Tatbestand

Systematisch stellt die Weigerung des Softwareherstellers zum Abschluss oder zur Fortführung eines Wartungsvertrages eine Liefersperre dar, die schwerste Form der Diskriminierung nach § 20 Abs. 1 Alt. 2 GWB.
Voraussetzung für eine Anwendung des § 20 Abs. 1 Alt. 2 GWB ist die Marktbeherrschung des Softwareherstellers auf dem Markt für Pflegeleistungen. Wegen der technischen Abhängigkeit der Softwarepflege von source-code und Herstellerdokumentation und dem daraus folgenden Fehlen eines möglichen

---

[660] vgl. oben § 1
[661] so auch Wohlgemuth, S. 233 f.

Substitutionswettbewerbs liegt eine Marktbeherrschung seitens des Softwareherstellers vor[662].

Bei dem Tatbestandsmerkmal des gleichartigen Unternehmen üblicherweise zugänglichen Geschäftsverkehrs ist auf die Pflege in der Softwarebranche insgesamt abzustellen, d.h. der maßgebliche Geschäftsverkehr beschränkt sich nicht auf die jeweiligen Normadressaten, sondern ist marktbezogen zu bestimmen. Daher ist es unschädlich, d.h. der Tatbestand des § 20 Abs. 1 GWB kann nicht verneint werden, wenn der betreffende Softwarehersteller keinem Unternehmen eine Lizenz an seinem source-code erteilt[663]. Es ist vielmehr auf die Branchengegebenheiten von nach ihren Grundfunktionen vergleichbarer Software abzustellen. Hier wird dann eine Unterscheidung in Individual- und Standardsoftware nötig. Bei Standardsoftware erfolgt die Pflege grundsätzlich standardisiert durch die Auslieferung neuer Versionen, den sog. updates oder upgrades[664]. Von einem üblicherweise zugänglichen Geschäftsverkehr hinsichtlich des Abschusses von Wartungsverträgen ist somit nicht auszugehen, weshalb die Weigerung des Softwareherstellers zum Abschluss eines Wartungsvertrages bei Standardsoftware schon nicht den Tatbestand des § 20 Abs. 1 GWB erfüllt.

Anders sieht es hingegen im Bereich der Individualsoftware aus: hier wird sich der Softwarehersteller regelmäßig entweder zum Abschluss eines langfristigen Wartungsvertrages verpflichten oder dem Anwender source-code und Herstellerdokumentation zur eigenen- oder Drittwartung überlassen. Die Weigerung des Softwareherstellers zum Abschluss bzw. zur Fortführung eines langfristigen Wartungsvertrages ohne die gleichzeitige Lizenzerteilung an source-code und Herstellerdokumentation stellt demnach eine Diskriminierung des jeweiligen Anwenders im Vergleich zu sonstigen Anwendern dar. Bei der für die Rechtfertigung der Diskriminierung erforderlichen Interessenabwägung kann auf die obige Abwägung zum Missbrauch einer marktbeherrschenden Stellung verwiesen werden[665]. Die Sachverhalte, die dort als Missbrauch eingestuft wurden, stellen eine ungerechtfertigte Ungleichbehandlung dar. Ebenso ist eine Rechtfertigung der genannten Fallgruppen nur in den oben genannten Ausnahmefällen denkbar[666].

2) Rechtsfolge

Grundsätzlich kann die Kartellbehörde das missbilligte Verhalten nach § 32 GWB lediglich untersagen, das marktbeherrschende Unternehmen aber nicht zu

---

[662] vgl. oben C) II)
[663] vgl. hierzu insbesondere BGH v. 26. X. 1972, „Registrierkassen", NJW 1973, 280, 281
[664] vgl. oben § 3
[665] vgl. oben C) III)
[666] siehe FN 644

einem bestimmten Verhalten zwingen. Somit würde die Anordnung eines Kontrahierungszwangs an sich ausscheiden. Allerdings ist anerkannt, dass in Fällen, in denen das betreffende Unternehmen das missbilligte Verhalten nur durch eine bestimmte Handlung abstellen kann, die Kartellbehörde befugt ist, eine Gebotsverfügung zu erlassen[667].
Wenn sich der Softwarehersteller weigert, einen bereits bestehenden Wartungsvertrag fortzusetzen, ergibt sich auch unter zivilrechtlichen Aspekten ein Kontrahierungszwang: nachdem § 20 Abs. 1 GWB ein gesetzliches Verbot i.S.d. § 134 BGB darstellt[668], ist die Weigerung nichtig, so dass der Wartungsvertrag fortzusetzen ist. Geht es hingegen um den erstmaligen Abschluss eines Wartungsvertrages, so gestaltet sich die Rechtsfolge unter zivilrechtlichen Gesichtspunkten komplizierter: ein Kontrahierungszwang kann sich nur aus dem Schadensersatzanspruch des § 33 GWB ergeben, bei dem die Möglichkeit der Anordnung eines positiven Verhaltens anerkannt ist[669]. Allerdings erfährt dieser Anspruch durch das Erfordernis eines schuldhaften Handelns eine Einschränkung.
Der Umfang des Kontrahierungszwangs verläuft entsprechend der Beurteilung im europäischen Recht.

III) § 20 Abs. 2 GWB

Ein Kontrahierungszwang kann ebenso auf § 20 Abs. 2 GWB gestützt werden. Als tatbestandliches minus zu § 20 Abs. 1 GWB fordert Abs. 2 ein lediglich marktstarkes Unternehmen. Im Gegenzug werden aber nur kleine und mittlere Unternehmen geschützt.
Da der Softwarehersteller auf dem Markt für Pflegeleistungen in der Regel marktbeherrschend sein wird, ist ein Ausweichen auf Abs. 2 an sich nicht erforderlich. In jedem Fall aber ist der Tatbestand des Abs. 2 erfüllt, da die Softwareanwender für die Softwarepflege als gewerblicher Leistung wegen der erforderlichen technischen Kenntnisse und der notwendigen Lizenzierung vom Hersteller abhängig sind und keine ausreichende und zumutbare Ausweichmöglichkeit auf dritte Wartungsunternehmen haben.

IV) § 19 Abs. 1 GWB

Ein Kontrahierungszwang kann auch im deutschen Recht unmittelbar auf den Missbrauch einer marktbeherrschenden Stellung nach § 19 Abs. 1 GWB ge-

---

[667] *Schultz* in Langen/Bunte, Bd. I § 20 Rz. 199
[668] *Schultz* in Langen/Bunte, Bd. I § 20 Rz. 207
[669] *Schultz* in Langen/Bunte, Bd. I § 20 Rz. 203

stützt werden. Hinsichtlich der Missbrauchsfeststellung und der Anordnung eines Kontrahierungszwangs gilt das bereits Gesagte.

Teil 3.

Herausgabe von Schnittstelleninformationen

Schnittstellen (*interfaces*) bilden die Übergänge zwischen verschiedenen Softwareprodukten, zwischen verschiedenen Hardwareteilen, zwischen Software und Hardware sowie zwischen dem gesamten Computersystem und Menschen. Sie sollen ein reibungsloses Funktionieren der Produkte untereinander gewährleisten[670]. Um auf vor- oder nachgelagerten Märkten tätig zu werden, z.B. zur Herstellung von Peripheriegeräten, zur Entwicklung kompatibler Software oder sonstiger kompatibler Produkte[671], sind dritte Unternehmen auf die Schnittstelleninformationen der jeweiligen Software angewiesen, von denen nur der Hersteller der ursprünglichen Software Kenntnis hat. Gerade die Herstellung kompatibler Produkte aber ist für den Fortschritt in der Softwarebranche unabdingbar.

Im Allgemeinen werden Schnittstelleninformationen Drittunternehmen im Wege einer offiziellen Standardisierung oder internationalen Normung zugänglich gemacht. In der Softwarebranche indes ist eine derartige Standardisierung nicht anzutreffen, vielmehr haben sich hier sog. de-facto-Standards gebildet, die durch ein marktbeherrschendes Unternehmen gesetzt werden[672]. Dabei ist insbesondere an die Betriebssysteme der Windows-Serie von Microsoft im Bereich der Personal Computers zu denken.

Hinzu kommt, dass ein Großteil der nötigen Schnittstelleninformationen Urheberrechtsschutz genießen wird und somit die alleinige Kenntnis des Softwareherstellers an den Schnittstellen gesetzlich abgesichert ist. Es stellt sich also erneut das Problem der Grenzziehung zwischen einerseits Urheberrechtsschutz und andererseits Freiheit des Wettbewerbs. Bereits das Urheberrecht selbst hat dem Konflikt durch die Regelung des § 69 e UrhG Rechnung zu tragen versucht[673]: danach wird Dritten bzw. Konkurrenten der Zugang zu solchen Informationen, die für die Herstellung kompatibler Software notwendig sind, mit Hilfe einer Dekompilierung ermöglicht. Häufig allerdings wird eine Dekompilierung nicht alle nötigen Informationen zu Tage bringen, so dass weiterhin nur der Softwarehersteller Kenntnis sämtlicher erforderlichen Schnittstellen besitzen wird.

Im Folgenden soll der Frage nachgegangen werden, ob, und wenn ja unter welchen Voraussetzungen, Drittunternehmen Zugang zu den für die Herstellung

---
[670] vgl. Erwägungsgründe 10-12 der Richtlinie 91/250/EWG
[671] z.B. Anwendersoftware zu Betriebssystemsoftware, Antivirensoftware, Drucker, Scanner etc.
[672] Heinemann, S. 515; Pilny, GRUR Int. 1995, 954, 960
[673] vgl. ausführlich zur Regelung des § 69 e UrhG oben Teil 1 § 3 D) V) 2) b)

kompatibler Produkte erforderlichen Schnittstelleninformationen erhalten, mit anderen Worten: ob der Softwarehersteller zu einer Offenlegung der Schnittstellen verpflichtet werden kann. Eine solche Offenlegungsverpflichtung kann sich nur unter dem Gesichtspunkt des Missbrauchs einer marktbeherrschenden Stellung ergeben[674]. Auch die § 69 e UrhG zugrundeliegende Richtlinie 91/250/EWG bestätigt in ihrem Erwägungsgrund 26 trotz des vorgesehenen Dekompilierungsrechts ausdrücklich die Möglichkeit des Missbrauchs einer marktbeherrschenden Stellung.

Der Untersuchung werden die Kartellrechtsverfahren gegen Microsoft in den USA und in der Europäischen Union zugrundegelegt. Beide Verfahren endeten mit einer Verpflichtung Microsofts zur Offenlegung bestimmter Schnittstelleninformationen.

§ 1 Microsoft-Verfahren in den USA

Im Mittelpunkt des im Jahre 1996 eingeleiteten und im Oktober 1998 durch den District Court eröffneten Kartellverfahrens gegen Microsoft stand der Vorwurf, dass Microsoft seine marktbeherrschende Stellung bei den Betriebssystemen mit Windows durch wettbewerbswidrige und „räuberische" (= predatory) Geschäftspraktiken verteidigt und dadurch versucht habe, seinen eigenen Browser Internet Explorer gegen den Konkurrenten Netscape durchzusetzen[675]. Der District Court schließlich befand in seinem Urteil vom 3. April 2000[676] Microsoft für schuldig, seine beherrschende Stellung auf dem Markt für Betriebssysteme dadurch zu verteidigen, dass Microsoft die Entstehung von Substitutionsprodukten (konkurrierende Browser) im Keim erstickte, den Markt für Browser zu monopolisieren versuchte und wettbewerbswidrig den Browser an sein Betriebssystem koppelte. Insbesondere wurde Microsoft sein Verhalten gegenüber der von Sun entwickelten Programmiersprache Java und gegenüber dem Netscape Navigator, sog. Middleware-Software[677], vorgeworfen: Microsoft verhinderte gezielt unternehmerische Anstrengungen Dritter, die zu einer Belebung des Wettbewerbs und der Hervorbringung von Substitutionsprodukten hätten

---

[674] vgl. insofern oben zur Softwarepflege Teil 2 § 5 C) III) 4)
[675] einen guten Überblick über das Verfahren geben Fleischer/Doege, WuW 2000, 705, 706 f.; Heinemann, S. 110 ff.
[676] US District Court for the district of Columbia, Conclusions of Law: http://www.usdoj.gov/atr/cases/f4400/4469.htm
[677] Middleware-Software sind Programme, mit deren Hilfe die Einführung alternativer Betriebssysteme erleichtert wird, Carstensen, Antitrust Bulletin 1999, 577, 582

führen können[678]. Mit Urteil vom 7. Juni 2000[679] ordnete der District Court die Aufspaltung von Microsoft in zwei Unternehmen an. Am 14. Juni 2000 legte Microsoft gegen dieses Urteil Berufung ein. Das Bundesberufungsgericht, der US Court of Appeals for the District of Columbia, schränkte in seinem Urteil vom 28. Juni 2001[680] die kartellrechtliche Verantwortlichkeit von Microsoft ein[681] und hob die Zerschlagung des Unternehmens auf. Der Rechtsstreit wurde an eine andere Richterin des District Court zurückverwiesen. Am 1. November 2002 akzeptierte der District Court eine vom November des Vorjahres stammende außergerichtliche Einigung des US Justizministeriums mit Microsoft[682]. Gemäß dieser außergerichtlichen Einigung muss Microsoft sicherstellen, dass die Software von Mitbewerbern reibungslos mit der Software aus eigenem Hause zusammenarbeitet. Zu diesem Zweck ist Microsoft verpflichtet, technische Informationen für die Kommunikation zwischen Windows-Clients und -Servern zu angemessenen Preisen und nichtdiskriminierenden Bedingungen zu lizenzieren. Ebenso muss Microsoft PC-Herstellern bei der Installation konkurrierender Software größere Freiheiten einräumen.

---

[678] siehe FN 676

[679] Urteil des US District Court for the district of Columbia unter http://usvms.gpo.gov/ms-final2.html

[680] United States v. Microsoft Corporation, 253 F. 3d 34 (D.C. Cir. 2001)

[681] so wurde insbesondere betont, dass nicht allein die Absicht Microsofts, den Netscape Browser zu verdrängen, kartellrechtswidrig sei, sondern ebenso die tatsächliche Möglichkeit des Erreichens eine Monopolstellung von Microsoft im Browsermarkt berücksichtigt werden müsse; ebenso befand das Berufungsgericht, dass die Beurteilung der Koppelung des Internet Explorers an das Betriebssystem Windows einer umfassenden rule of reason Analyse mit Gegenüberstellung der Effizienzvorteile zu den wettbewerbsschädigenden Nachteilen unterzogen werden müsse; vgl. Gey, WuW 2001. 933, 937

[682] Text der Einigung: Third Revised Proposed Final Judgement unter http://www.usdoj.gov/atr/cases/f200400/200451.htm; siehe auch Financial Times Deutschland v. 2. u. 4.XI.2002 und heise online v. 2.XI.2002 unter http://www.heise-online.de/newsticker/data/wst-02.11.02-000/r; sieben von neun Bundesstaaten, die neben dem Justizministerium gegen Microsoft weitergeführt hatten, stimmten der Einigung ebenso zu; die Bundesstaaten West Virginia und Massachusetts legten allerdings Berufung ein, vgl. heise online v. 04.I.2003 unter http://www.heise-online.de/newsticker/data/cp-04.01.03-002/; West Virginia erklärte im Folgenden überraschend, dass es sich an der Berufung nicht mehr beteiligen wolle, die Berufung wurde nur noch von Massachusetts weitergeführt, vgl. heise online v. 17.VI.2003 unter http://www.heise.de/newsticker/meldung/37665 und v. 17.VII.2003 unter http://www.heise.de/newsticker/data/anw-17.07.03-001/; am 1.VII. 2004 erklärte das Berufungsgericht des U.S. Court Circuit for the District of Columbia die außergerichtliche Einigung des US-Justizministeriums mit Microsoft vom November 2001 für rechtmäßig, so dass das Verfahren gegen Microsoft in den USA nun endgültig abgeschlossen ist, vgl. heise online v. 01.VII.2004 unter http://www.heise.de/newsticker/meldung/48760

Die Umsetzung der Auflagen durch Microsoft, insbesondere die Lizenzierung der Kommunikationsprotokolle, steht allerdings immer noch in der Kritik und es werden Nachbesserungen gefordert[683].

§ 2 Microsoft-Verfahren in der Europäischen Union

Am 3. August 2000 wurde von der Europäischen Kommission auf Beschwerde des Konkurrenten Sun Microsystems ein Kartellrechtsverfahren gegen Microsoft mit der Begründung eingeleitet, dass Microsoft seine marktbeherrschende Stellung bei PC-Betriebssystemen mit wettbewerbsfeindlichen Mitteln auf den Markt für Server-Software ausweite. Insbesondere wurde Microsoft vorgeworfen, ausreichende Interface-Informationen über das PC-Betriebssystem an Wettbewerber entweder überhaupt nicht bzw. nur nach Gutdünken und auf diskriminierende Weise zur Verfügung gestellt zu haben[684]. Im August 2001 wurde das Verfahren erweitert und die Koppelung des Windows Media Player an das Windows Betriebssystem beanstandet[685].

Am 24. März 2004[686] schließlich gab die Europäische Kommission ihre Entscheidung[687] bekannt: sie kommt zu dem Ergebnis, dass Microsoft durch Ausdehnung seines Quasi-Monopols bei Betriebssystemen für PCs auf den Markt für Betriebssysteme für Arbeitsgruppenserver und den Markt für Medienabspielprogramme gegen europäisches Wettbewerbsrecht verstoßen habe. Diese Ausdehnung des Quasi-Monopols konnte Microsoft durch Verweigerung der Herausgabe von relevanten Schnittstelleninformationen erreichen, was in der Folge zu einer erheblichen Einschränkung der Kommunikationsfähigkeit zwischen dem Microsoft Windows Betriebssystem für PCs und nicht von Microsoft stammenden Arbeitsgruppenservern führte.

---

[683] heise online v. 15.IV.2004 unter http://www.heise.de/newsticker/meldung/46527
[684] vgl. Pressemitteilung der Kommission v. 31.XII.2000 IP/00/906
[685] vgl. Pressemitteilung der Kommission v. 30.XIII. 2001 IP/01/1232
[686] ursprünglich war für Mitte 2003 eine Entscheidung der EU-Kommission erwartet worden, doch verzögerte sich das Verfahren, nachdem die EU-Kommission an verschiedene Film- und Musikkonzerne Fragebögen verschickt hatte, in denen die Firmen über die Verbreitung ihrer Multimedia-Inhalte im Internet Auskunft geben sollten, vgl. heise online v. 06.XI.2003 unter http://www.heise.de/newsticker/data/wst-06.06.03-003/; ebenso wollte Microsoft plötzlich doch eine Anhörung vor der europäischen Kartellbehörde haben, vgl. heise online v. 30.IX.2003 unter http://www.heise.de/newsticker/data/jk-30.09.03-003/
[687] Text der Entscheidung: http://europa.eu.int/comm/competition/antitrust/cases/decisions/37792/en.pdf; Pressemitteilung der Kommission v. 24.III.2004 IP/04/382; heise online v. 24.III.2004 unter http://www.heise.de/newsticker/meldung/45958;

Da das rechtswidrige Verhalten von Microsoft andauerte, wurde Microsoft verpflichtet, innerhalb von 120 Tagen die Schnittstellen offen zu legen, die Wettbewerber für die Kommunikationsfähigkeit ihrer Produkte mit dem allgegenwärtigen Betriebssystem Windows benötigten. Ebenso wurde Microsoft verpflichtet, innerhalb von 90 Tagen PC-Herstellern bzw. Endnutzern die Möglichkeit zu geben, das Windows-Betriebssystem auch ohne den Windows Media Player zu erwerben. Ferner verfügte die Europäische Kommission eine Geldbuße in Höhe von EUR 497 Millionen.

Am 08. Juni 2004 legte Microsoft beim Europäischen Gericht Erster Instanz Klage gegen die Entscheidung der Europäischen Kommission ein[688], am 25. Juni 2004 beantragte Microsoft die Aussetzung des sofortigen Vollzugs der Entscheidung[689]. Daraufhin erklärte die Europäische Kommission am 27. Juni 2004, dass sie bis zur Entscheidung des Gerichts Erster Instanz auf die Erfüllung der Auflagen in ihrer Entscheidung vom 24. März 2004 verzichten werde, das Bußgeld von Microsoft jedoch bezahlt werden müsse[690]. Am 22. Dezember 2004 schließlich gab der Präsident des Europäischen Gerichts Erster Instanz seine Entscheidung hinsichtlich des Antrags Microsofts auf Aussetzung der Auflagen bekannt: der Präsident bestätigte die Sanktionen gegen Microsoft und lehnte den Aussetzungsantrag Microsofts ab, weil Microsoft nicht nachweisen habe können, dass die Erfüllung der Öffnungs-Auflagen einen schweren und irreparablen Schaden für Microsoft bedeuten würde[691]. Aus Gründen des Verbraucherschutzes hingegen sei ein Abwarten mit der Erfüllung der Auflagen bis zur endgültigen Entscheidung über die Klage Microsofts nicht möglich.

§ 3 Missbrauch einer marktbeherrschenden Stellung

A) Vergleich der beiden Kartellrechtsverfahren

Sowohl das Kartellrechtsverfahren in den USA als auch das in der Europäischen Union endeten (vorerst) mit der Verpflichtung für Microsoft, bestimmte Schnittstelleninformationen herauszugeben. In beiden Verfahren wurde Microsoft für schuldig befunden, seine beherrschende Stellung auf dem Markt für Betriebssysteme missbräuchlich ausgenutzt und damit gegen Kartellrecht verstoßen zu haben.

---

[688] heise online v. 08.VI.2004 unter http://www.heise.de/newsticker/meldung/48032
[689] heise online v. 25.VI.2004 unter http://www.heise.de/newsticker/meldung/48621
[690] heise online v. 27.VI.2004 unter http://www.heise.de/newsticker/meldung/48643
[691] heise online v. 22.XII.2004 unter http://www.heise.de/newsticker/meldung/54537

Der Ansatz beider Kartellverfahren ist jedoch unterschiedlich: während sich das Verfahren vor der Europäischen Kommission im Wesentlichen auf die Schnittstellenproblematik beschränkt, lag den Untersuchungen in den USA ein breiterer Ansatz zugrunde: dort stand die Verteidigung der Monopolstellung bei den Windows-Betriebssystemen im Vordergrund und hieraus folgend der Versuch von Microsoft, den Browser-Markt zu monopolisieren.
In beiden Verfahren ging es zudem um die kartellrechtliche Zulässigkeit einer Koppelung, vor der Europäischen Kommission um die Koppelung des Windows Media Player an das Betriebssystem Windows, in den USA um die Koppelung des Internet Explorer an das Betriebssystem Windows.
Hier beschränkt sich die Untersuchung ausdrücklich auf die Schnittstellenproblematik. Die in beiden Verfahren beanstandeten Koppelungen sind nicht Gegenstand der folgenden Untersuchung.

B) Marktbeherrschung

I) Allgemeine Grundsätze

Gemäß den allgemeinen Regeln kommt bei der Bestimmung der Marktbeherrschung der Möglichkeit von Substitutionswettbewerb eine entscheidende Bedeutung zu[692]. Dies bedeutet, dass nach dem konkreten Marktwert der jeweiligen Schnittstelleninformationen zu fragen ist, d.h. der Marktanteil der ursprünglichen Software, zu der kompatible Produkte entwickelt werden sollen, ist entscheidend. Nicht ausreichend ist es hingegen, die Marktbeherrschung des Softwareherstellers allein mit seinem faktischen Monopol an den Schnittstelleninformationen zu begründen.
Die Feststellung der Marktbeherrschung hier weicht von der Untersuchung im Rahmen der Softwarepflege ab. Bei dieser ergibt sich wegen des technisch unausweichlichen Zusammenhangs von Pflege und source-code und dem daraus folgenden Fehlen eines möglichen Substitutionswettbewerbs die Marktbeherrschung aus dem Ausschließlichkeitsrecht selbst: unabhängig von der Anzahl möglicher Substitutionsprodukte auf dem Softwaremarkt kommt für die Pflege der jeweiligen Software wegen des technischen Zusammenhangs doch immer nur der source-code derselben Software in Frage.
Bei der Schnittstellenproblematik hingegen ist der Marktanteil der jeweiligen Software entscheidend: der Bedarf an kompatiblen Produkten und somit der notwendigen Kenntnis der Schnittstellen steigt, je größer der Marktanteil der Software ist, zu der kompatible Produkte entwickelt werden sollen. Diese Feststellung führt sogleich zum nächsten Punkt der marktstrukturellen Besonderheiten in der Softwarebranche.

---

[692] siehe oben Teil 2 § 5 C) II)

II) Marktstrukturelle Besonderheiten in der Softwarebranche

Wie eingangs erwähnt, haben sich in der Softwarebranche hinsichtlich notwendiger Schnittstelleninformationen sog. de-facto-Standards gebildet, die durch ein marktbeherrschendes Unternehmen gesetzt werden. So hält Microsoft auf dem Markt für Intel-kompatible PC-Betriebssysteme einen Marktanteil von ca. 95 %[693]. Insofern haben sich die Schnittstelleninformationen der PC-Betriebssysteme von Microsoft zu einem de-facto-Standard entwickelt, auf den dritte Hersteller für die Entwicklung kompatibler Anwendungsprogramme, kompatibler Serversoftware sowie sonstiger Produkte angewiesen sind. Dass Microsoft einen so hohen Marktanteil bei PC-Betriebssystemen erreichen konnte, ist Folge von natürlichen Marktprozessen, die im Folgenden näher dargestellt werden.

1) Netzwerkeffekte

Der Beginn Microsofts dominierender Marktstellung bei PC-Betriebssystemen geht auf das Jahr 1980 zurück: damals suchte IBM für seine neuen Computer nach einem leistungsfähigen Betriebssystem, das Microsoft mit seinem Betriebssystem MS-DOS zur Verfügung stellte[694]. Die Beliebtheit von IBM-Computern führte zur ersten Verbreitung des Microsoft-Betriebssystems. Microsoft hatte auf dem Markt der PC-Betriebssysteme Fuß gefasst. In der Folge trugen die in der Softwarebranche vorherrschenden Netzwerkeffekte entscheidend zur dominierenden Stellung von Microsoft bei[695]: je mehr Nutzer sich für ein bestimmtes PC-Betriebssystem entscheiden, desto nützlicher ist das jeweilige Betriebssystem für jeden einzelnen Nutzer, weil beispielsweise Dateien mit anderen Computernutzern reibungslos ausgetauscht werden können, sog. direkter Netzwerkeffekt[696]. Hinzu kommt das Problem der notwendigen Kompatibilität zwischen Betriebssystem und insbesondere Anwendungsprogrammen: Betriebssystem und Anwendungsprogramm sind zwar selbständige und einzeln marktgängige Produkte, sie gewährleisten jedoch nur in ihrer Einheit die sinnvolle Nutzung eines Computersystems. Softwarenutzer werden sich für diejenige Anwendungssoftware entscheiden, die am besten mit dem jeweiligen Betriebssystem zusammenarbeitet. Die Auswahl an Anwendungspro-

---

[693] Fleischer/Doege, WuW 2000, 705, 711; Pressemitteilung der Kommission v. 31.XII.2000 IP/00/906, S. 4
[694] Fleischer/Doege, WuW 2000, 705 f.
[695] Carstensen, Antitrust Bulletin 1999, 577, 580 ff.
[696] Fleischer/Doege, WuW 2000, 705, 709; Gey, WuW 2001, 933, 934

grammen wird außerdem für das Betriebssystem am größten sein, das die meisten Anwender nutzen, sog. indirekter Netzwerkeffekt[697].
Diese Ausführungen zeigen, dass Netzwerkmärkte wie der Softwaremarkt eine Eigendynamik entwickeln und wegen dieser strukturellen Besonderheiten zur dominierenden Stellung eines einzelnen Anbieters tendieren.

2) *Charakteristika des Wettbewerbs in dynamischen Netzwerkmärkten*

Der Wettbewerb in dynamischen Märkten ist durch den Kampf zwischen neuen und alten Technologien gekennzeichnet und findet eher „um" den Markt als „im" Markt selbst statt[698]. Aus diesem Grund ist das Hervorbringen von Substitutionstechnologien nur sprunghaft zu erwarten. Hinzu kommt, dass die Nutzer den Wechsel zu einer neuen Technologie scheuen werden, weil sie nicht nur einzelne Komponenten, sondern das gesamte System austauschen müssten, sog. lock in-Effekt. Selbst nachfolgende Innovationen von Wettbewerbern vermögen also die durch Netzwerkeffekte bedingte dominierende Stellung eines bestimmten Anbieters nicht aufzubrechen.
Dies zeigt auch die Beständigkeit des hohen Markanteils von Microsoft bei PC-Betriebssystemen: der fehlende Innovationswettbewerb auf dem Markt der PC-Betriebssysteme ist insbesondere darauf zurückzuführen, dass die durch Netzwerkeffekte verbundene Standardisierung für die Verbraucher Kostenvorteile[699] und sonstige Vorteile wie z.B. einen reibungslosen Datenaustausch, keine Erforderlichkeit von Anpassungen an verschiedene Betriebssysteme etc.[700] mit sich bringt. Gerade deshalb werden die Verbraucher auch den Wechsel zu einer neuen, möglicherweise hochwertigeren Technologie vermeiden[701]: in die Gesamterneuerung ihres Computersystems müssten sie mehr Geld investieren als wenn sie nur einzelne Komponenten ersetzen und ihren bisherigen Standard im Übrigen beibehalten.
An dem hohen Marktanteil von Microsoft hat auch die Open-Source-Software Linux nichts geändert[702], obwohl sie als ernstzunehmende Alternative zu den Betriebssystemen von Microsoft betrachtet werden muss[703].

---

[697] Fleischer/Doege, WuW, 705, 709
[698] Gey, WuW 2001, 933, 934 f.
[699] Gey, WuW 2001, 933, 934
[700] Gey, WuW 2001. 933, 941
[701] Gey, WuW 2001, 933, 934
[702] Carstensen, Antitrust Bulletin 1999, 577, 581
[703] vgl. heise online v. 13.IX.2004 unter http://www.heise.de/newsticker/meldung/51006 und zu Open-Source-Software allgemein unten Teil 6

3) Gesetzliche Absicherung der marktbeherrschenden Stellung

Ein weiterer Grund für die Markmacht von Microsoft auf dem Markt für PC-Betriebssysteme ist der (zu) weitreichende Urheberrechtsschutz für Software. Microsoft hat es im Rahmen seiner Geschäftspolitik geschickt verstanden, seine marktbeherrschende Stellung unter Zuhilfenahme des Rechtsschutzes abzusichern[704]. So bewirkt der Urheberrechtsschutz bei Software im Gegensatz zu traditionell urheberrechtlich geschützten Werken dem Grunde nach einen Geheimnisschutz. Lediglich die Dekompilierungsvorschrift des § 69 e UrhG bzw. Art. 6 Richtlinie 91/250/EWG schränkt die Befugnisse des Softwareherstellers unter kartellrechtlichen Gesichtspunkten ein.

C) Marktmachtmissbrauch

Die marktstrukturellen Besonderheiten des Softwaremarkts zeigen zugleich das Kernproblem auf, das sich im Rahmen der Missbrauchsuntersuchung stellt: nachdem Microsoft anfangs auf dem Markt der PC-Betriebssysteme Fuß gefasst hatte, weil es ein Produkt anbot, das die Bedürfnisse der Verbraucher am besten befriedigte, hat sich die marktbeherrschende Stellung von Microsoft selbst aus natürlichen Marktprozessen heraus entwickelt. Die Monopolstellung von Microsoft als solche ist also nicht das Problem. Gerade unter diesem Gesichtspunkt der natürlichen Marktentwicklung aber darf ein kartellrechtliches Eingreifen nicht ohne weiteres erfolgen und es ist genau zu fragen, ab wann überhaupt ein Missbrauch der marktbeherrschenden Stellung vorliegt. Es ist nach der Grenzlinie zu suchen, ab der natürlich gewachsene Marktverhältnisse künstlich aufrecht erhalten werden.

I) Verhinderung der Entwicklung kompatibler Produkte

Um die Entwicklung kompatibler Software ging es vor allem im Kartellrechtsverfahren vor der Europäischen Kommission. Im Laufe ihrer Ermittlungen stellte die Kommission fest, dass Microsoft Konkurrenzunternehmen auf dem Server-Markt die Offenlegung von Schnittstelleninformationen verweigerte, die diese Unternehmen für die Entwicklung von Betriebssystemen für Arbeitsgruppenserver benötigten, damit ihre Betriebssysteme mit dem allgegenwärtigen Be-

---

[704] so insbesondere Carstensen, der den Rechtsschutz für geistiges Eigentum als zu weitreichend ansieht und in ihm eine Quelle für die Marktmacht von Microsoft, Carstensen, Antitrust Bulletin 1999, 577 ff.

triebssystem Windows für PCs kommunizieren konnten[705]. Die Kommission kam zu dem Ergebnis, dass Microsoft seine Markmacht auf dem Markt für PC-Betriebssysteme missbrauchte, indem es bewusst die Dialogfähigkeit zwischen dem Windows Betriebssystem für PCs und nicht von Microsoft stammenden Arbeitsgruppenservern einschränkte. Durch dieses widerrechtliche Verhalten konnte sich Microsoft eine beherrschende Stellung bei Betriebssystemen für Arbeitsgruppenserver sichern, wobei die Gefahr besteht, dass der Wettbewerb auf diesem Markt ganz ausgeschaltet wird[706].

Diese Verhaltensweisen Microsofts bewirken für Wettbewerber künstliche Marktzutrittsschranken hinsichtlich nachgelagerter Märkte: Dritte müssen eine reelle Chance haben, auf einem dem beherrschten Markt nachfolgenden Markt einzutreten. Ein Marktzutritt wird ihnen aber nur gelingen, wenn sie solche Software herstellen, die mit der herrschenden Betriebssystemsoftware für Personal Computers kompatibel ist, weil anderenfalls ein Absatz ihrer Produkte nicht zu erwarten ist. Microsofts Betriebssystem für Arbeitgruppenserver hat sich also nicht aufgrund seiner Funktionsfähigkeit im Wettbewerb gegenüber sonstigen Betriebssystemen durchgesetzt, sondern allein deshalb, weil ein Wettbewerb nicht vorhanden war.

II) Verhinderung der Entwicklung alternativer Betriebssysteme

Im Gegensatz zu dem Verfahren vor der Europäischen Kommission ging es im US-amerikanischen Kartellrechtsverfahren insbesondere um die Aufrechterhaltung der Monopolstellung Microsofts bei PC-Betriebssystemen durch wettbewerbswidrige Geschäftspraktiken, indem Microsoft aktuelle oder potentielle Mitbewerber vom Markt zu verdrängen bzw. fernzuhalten versucht hatte[707]. Im Wesentlichen stand das Verhalten von Microsoft gegenüber sog. Middleware-Software[708] im Vordergrund, insbesondere gegenüber der von Sun entwickelten Programmiersprache Java sowie gegenüber dem Netscape Navigator: mit dem Netscape Navigator wie auch mit Java sind Anwendungsprogramme auf einem anderen Betriebssystem lauffähig[709].

---

[705] Entscheidung der Europäischen Kommission vom 24.III.2004: http://europa.eu.int/comm/competition/antitrust/cases/decisions/37792/en.pdf; vgl. auch Pressemitteilung der Kommission v. 24.III.2004 IP/04/382, S. 3
[706] Entscheidung der Europäischen Kommission vom 24.III.2004: http://europa.eu.int/comm/competition/antitrust/cases/decisions/37792/en.pdf; vgl. auch Pressemitteilung der Kommission v. 24.III.2004 IP/04/382, S. 1 f.
[707] United States v. Microsoft Corporation, 253 F. 3d 34 (D.C. Cir. 2001); vgl. auch Fleischer/Doege, WuW 2000, 705, 712; Gey, WuW 2001, 933, 936
[708] siehe FN 677
[709] Carstensen, Antitrust Bulletin 1999, 577, 582

Es wurde als erwiesen angesehen, dass Microsoft allein deshalb eine Lizenz an der Programmiersprache Java erworben hatte, um Inkompatibilitäten zwischen der Java-Komponente für Windows und anderen Betriebssystemen zu schaffen[710]. Ebenso wurde die untrennbare Verbindung des Internet Explorer, als direkter Konkurrenz zum Netscape Navigator, an das Betriebssystem Windows als bedenklich eingestuft[711].
Auch wenn es hier nicht vorrangig um die Verweigerung der Herausgabe bestimmter Schnittstelleninformationen ging, hat Microsoft mit diesen Verhaltensweisen offensichtlich künstliche Markzutrittsschranken geschaffen, die nicht mehr auf den natürlichen Gegebenheiten und Besonderheiten des Softwaremarkts beruhten.

III) Analyse

1) Microsoft Kartellrechtsverfahren

Obwohl die Kartellrechtsverfahren in den USA und in der Europäischen Union einen unterschiedlichen Ansatz haben, liegt beiden Verfahren doch dieselbe Erkenntnis zugrunde: die überragende Bedeutung der Kenntnis von Schnittstellen für Mitbewerber wird anerkannt und der Missbrauch der marktbeherrschenden Stellung Microsofts mit der Ausdehnung der Marktmacht auf einen abhängigen, getrennten Markt begründet. Die Geheimhaltung von Schnittstelleninformationen des marktbeherrschenden Produkts ermöglicht es dem Softwarehersteller, Wettbewerber auf Drittmärkten zu behindern oder gänzlich auszuschließen, da diese für die Herstellung von mit der beherrschenden Software kompatiblen Produkten auf bestimmte Schnittstellen angewiesen sind. Ohne die Kenntnis der jeweiligen Schnittstelleninformationen haben die Hersteller kompatibler Produkte keine reelle Chance, ihre Wettbewerbsfähigkeit durch ihre *eigene* Leistung herzustellen bzw. zu erhalten. Die Zurückhaltung von Schnittstelleninformationen für die Herstellung kompatibler Produkte dient folglich nicht der Sicherung der *eigenen* Wettbewerbsleistung, sondern wird zur Unterdrückung *fremder* Leistung eingesetzt, weshalb es richtig ist, hier einen Missbrauch anzunehmen[712]. Begegnet werden kann einem derartigen Missbrauch nur mit der

---

[710] Fleischer/Doege, WuW 2000, 705, 712
[711] Fleischer/Doege, WuW 2000, 705, 712; beachte hierzu aber die Beurteilung des Berufungsgerichts FN 681
[712] dies ist auch die h.M. in der Literatur: Heinemann, S. 514 ff.; Marly, Rz. 1097; Schneider Jochen, C Rz. 419 ff.

Verpflichtung zur Offenlegung der Schnittstelleninformationen[713]. Bei bestehendem Urheberrechtsschutz für die Schnittstellen hat das marktbeherrschende Unternehmen selbstverständlich einen Anspruch auf eine angemessene Vergütung[714].

2) Vergleich zu Magill und IMS Health

Die Europäische Kommission sieht ihre Microsoft-Entscheidung durch das Urteil des EuGH in der Rechtssache *IMS Health/NDC Health*[715] bestätigt[716]. In dieser Sache hat der EuGH im Wege der Vorabentscheidung entschieden, dass die Weigerung eines Unternehmens, das eine beherrschende Stellung innehat und Inhaber eines geistigen Eigentumsrechts ist, dessen Nutzung für ein Tätigwerden auf einem nachgeordneten Markt unerlässlich ist, einem anderen Unternehmen eine Lizenz zur Verwendung des geistigen Eigentumsrechts zu erteilen, den Missbrauch einer marktbeherrschenden Stellung darstellt, wenn folgende Bedingungen erfüllt sind: (1) der Lizenznehmer will neue Produkte oder Dienstleistungen anbieten, die der Lizenzinhaber selbst nicht anbietet und für die eine potentielle Nachfrage besteht (2) die Weigerung der Lizenzvergabe ist nicht aus sachlichen Gründen gerechtfertigt (3) die Weigerung der Lizenzvergabe verhindert jegliche Konkurrenz auf diesem Markt[717]. Mit dieser Entscheidung setzt der EuGH seine Magill-Rechtsprechung[718] fort. Fraglich ist, ob diese Entscheidungen unmittelbar auf das Microsoft-Kartellrechtsverfahren übertragen werden können.

a) Marktbeherrschende Stellung

Sowohl in der Rechtssache *Magill* wie auch in dem Verfahren *IMS Health/NDC Health* wurde die Marktbeherrschung letztendlich auf das faktische Monopol an Grundinformationen bzw. an einer Infrastruktur gestützt, die für ein Tätigwerden auf einem abgeleiteten Markt unerlässlich waren[719]. Hierbei sah es der

---

[713] bei einem Offenlegungszwang ist allerdings auch zu beachten, dass eine verfrühte Ankündigung ebenso den Missbrauch einer marktbeherrschenden Stellung begründen kann, vgl. hierzu Fleischer, S. 94 ff.
[714] vgl. Pressemitteilung der Kommission v. 24.III.2004 IP/04/382, S. 2
[715] EuGH v. 29.IV.2004, RS 418/01 „IMS Health/NDC Health" unter http://europa.eu.int/jurisp/cgi-bin/form.pl?lang=de
[716] vgl. heise online v. 29.IV.2004 unter http://www.heise.de/newsticker/meldung/46994
[717] EuGH v. 29.IV.2004, RS 418/01 „IMS Health/NDC Health" LS 2 a.a.O.
[718] EuGH v. 6.IV.1995, Verbundene RS C-241/91 P und C-242/91 P, „Magill", Slg. 1995, 743, siehe oben Teil 2 § 5 C) II) 2) u. III) 1)
[719] siehe oben zur Softwarepflege Teil 2 § 5 C) II) 2)

EuGH als unschädlich an, dass die Informationen nicht auf einem selbständigen Markt verwertet wurden. Es genügt, *„dass zwei verschiedene Produktionsstufen unterschieden werden können, die dadurch miteinander verbunden sind, dass das vorgelagerte Erzeugnis ein für die Lieferung des nachgelagerten Erzeugnisses unerlässliches Element ist"*[720].
In dem Microsoft-Kartellrechtsverfahren ist für die Feststellung der Marktbeherrschung der Umweg über die Bestimmung der vorgelagerten Produktionsstufe nicht erforderlich, weil hier tatsächlich ein vorgelagerter Markt besteht, nämlich der Markt für PC-Betriebssysteme, auf dem Microsoft eine marktbeherrschende Stellung inne hat.

b) Missbrauchsfeststellung

Die drei kumulativ erforderlichen Voraussetzungen der Missbrauchsfeststellung im *Magill-* und *IMS Health/NDC Health*-Verfahren werden bei der Missbrauchsfeststellung im Microsoft-Kartellrechtsverfahren von der Kommission so nicht genannt. Ebenso bietet Microsoft als Inhaber der Schnittstelleninformationen im Gegensatz zu den marktbeherrschenden Anbietern in den Verfahren *Magill* und *IMS Health/NDC Health* die Leistung auf dem nachfolgenden Markt, nämlich Betriebssysteme für Arbeitsgruppenserver, selbst an.

c) Zusammenfassung

Die Unterschiede hinsichtlich der Feststellung der Markbeherrschung sowie des Missbrauchs in den Verfahren *Magill* und *IMS Health/NDC Health* auf der einen und in dem Verfahren *Microsoft* auf der anderen Seite zeigen, dass die Problematik der Verfahren zwar verwandt, jedoch nicht unmittelbar dieselbe ist. Wegen der marktstrukturellen Besonderheiten in der Softwarebranche ist aber dennoch an der Missbrauchsfeststellung der Europäischen Kommission im Microsoft-Verfahren festzuhalten, auch wenn Microsoft entgegen den vom EuGH zum Missbrauch aufgestellten Kriterien die Software auf dem nachgelagerten Markt selbst anbietet.

3) Urheberrechtsschutz für Software

Die Missbrauchsfeststellung bei der Verweigerung der Herausgabe von Schnittstelleninformationen durch einen marktbeherrschenden Softwareanbieter muss trotz des bestehenden Urheberrechtsschutzes für Software – oder vielleicht bes-

---

[720] EuGH v. 29.IV.2004, RS 418/01 „IMS Health/NDC Health" Tz. 44 f. a.a.O.

ser: gerade wegen des untypischen und weitreichenden Urheberrechtsschutzes[721] - gelten. Insofern ist auf die Untersuchung zur Softwarepflege zu verweisen[722]. In den USA hat der District Court ausdrücklich die Urheberrechtseinwände von Microsoft zurückgewiesen[723] und auch der zuständige europäische Wettbewerbskommissar Mario Monti unterstrich, dass ein Urheberrecht wettbewerbsfeindlich eingesetzt werden könne[724].

Generell ist noch einmal festzuhalten, dass nach ständiger Rechtsprechung des EuGH allein die Innehabung oder Ausübung eines Urheberrechts nicht den Missbrauch einer marktbeherrschenden Stellung begründen, unter außergewöhnlichen Umständen aber sehr wohl ein Missbrauch vorliegen kann. Solche außergewöhnlichen Umstände sind hier darin zu sehen, dass natürlich gewachsene Marktverhältnisse, nämlich die marktbeherrschende Stellung Microsofts bei PC-Betriebssystemen, künstlich aufrechterhalten oder ausgedehnt werden.

4) Vergleich zur Softwarepflege

Bei der Softwarepflege ging es ebenso darum, dass sich der Softwarehersteller durch das Zurückhalten bestimmter Informationen, nämlich des source-code, einen abgeleiteten Markt vorbehält. Dort allerdings wurde ein Missbrauch allein durch die Verweigerung einer Lizenzerteilung verneint, vielmehr wurde für eine Missbrauchsfeststellung das Vorliegen weiterer Umstände gefordert[725].

Diese unterschiedliche Behandlung von Softwarepflege und Verweigerung der Offenlegung von Schnittstelleninformationen für kompatible Produkte ist gerechtfertigt, weil die jeweilige Problematik eigene Besonderheiten aufweist: die Softwarepflege betrifft das vom ursprünglichen Softwarehersteller entwickelte Softwareprodukt, während es bei der Herausgabe von Schnittstelleninformationen um die Herstellung von zusätzlichen, funktionseigenen (Software)Produkten geht. Somit kann sich der Softwarehersteller hier nicht auf die ihm zustehende Mischkalkulation zwischen Softwareentwicklung und -pflege berufen und besitzt dementsprechend kein legitimes Interesse an einer Einflussnahme auf einen Drittmarkt. Durch die Zurückhaltung von Schnittstelleninformationen besteht vielmehr die erhöhte Gefahr einer weitgehenden Kontrolle vor- oder nachgelagerter Märkte, womit, wie oben gezeigt, eine erhebliche Beeinträchtigung des Wettbewerbs einhergeht.

---

[721] insbesondere Carstensen sieht den Grund für die Marktmacht Microsofts und somit den Missbrauch in dem zu weitgehenden Urheberrechtsschutz und plädiert dafür, Schnittstellen gesetzlich zum Allgemeingut zu erklären, Antitrust Bulletin 1999, 577, 610, 614 ff.
[722] Teil 2 § 5 C) III)
[723] Conclusions of Law FN 676
[724] siehe Pressemitteilung v. 31.VII.2000 IP 00/906
[725] siehe zur Softwarepflege oben Teil 2 § 5 C) III) 5)

Ein weiterer, wesentlicher Unterschied zur Softwarepflege besteht auch hinsichtlich der Rechtsfolge: während für die Hersteller kompatibler Produkte die Kenntnis lediglich von Schnittstelleninformationen ausreichend ist und in der Regel deren Lizenzierung wohl nicht notwendig wird, ist für die Softwarepflege neben der Kenntnis des source-code zusätzlich dessen Lizenzierung notwendig. Dem Missbrauch durch die Zurückhaltung von Schnittstelleninformationen kann also bereits durch die weniger einschneidende Maßnahme der bloßen Offenlegung im Gegensatz zu Offenlegung und Lizenzierung begegnet werden.

5) Vergleich zur Zwangslizenzierung im Patentrecht

Auch eine Parallele zur Anordnung der Zwangslizenzierung bei abhängigen Verbesserungserfindungen im Patentrecht gem. § 24 Abs. 2 PatG bestätigt die Missbrauchsfeststellung im Falle der Zurückhaltung von Schnittstelleninformationen: damit innovative und technisch verbesserte Erfindungen praktisch verwertet werden können, hat der Inhaber eines Patents mit jüngerem Zeitrang gegen den Inhaber eines Patents mit älterem Zeitrang einen Anspruch auf Lizenzerteilung am älteren Patent, soweit das jüngere Patent nicht ohne Verletzung des älteren Patents verwertet werden kann. Diese gesetzliche Zwangslizenz verfolgt offensichtlich das Ziel, den Wettbewerb durch innovative Leistungen zu fördern.

D) Ergebnis

Die Untersuchung hat gezeigt, dass sich in der Softwarebranche aufgrund marktstruktureller Besonderheiten sog. de-facto-Standards bilden, die durch ein marktbeherrschendes Unternehmen gesetzt werden und von denen Unternehmen auf nachgelagerten Märkten abhängig sind. Der de-facto-Standard an sich ist nicht zu beanstanden, da er natürlich gewachsen ist und für die Verbraucher Vorteile mit sich bringt. Sobald er jedoch künstlich aufrechterhalten oder auf nachfolgende Märkte ausgedehnt wird, muss die Kartellrechtskontrolle zur Erhaltung des freien Wettbewerbs eingreifen. Dies kann nur durch eine Verpflichtung zur Offenlegung der Schnittstelleninformationen des de-facto-Standards geschehen.

§ 4 shared-source-Initiative

Die im Mai 2001 gestartete sog. shared-source-Initiative von Microsoft geht über eine Offenlegung von Schnittstelleninformationen hinaus. Unter diesem Schlagwort erhalten bestimmte Personengruppen wie beispielsweise bedeutende Großunternehmen, Systemintegratoren, OEMs (Original Equipment Manufacturers), akademische Forscher und andere Personen Einblick in den source-code der laufenden Versionen, Beta-Versionen und Service Packs von Windows 2000, Windows XP, Windows CE und Server 2003[726]. Damit soll insbesondere das reibungslose Zusammenarbeiten des Gesamtsystems von Hard- und (verschiedener) Software inklusive einer Fehlerbehebung erleichtert und die Einhaltung einer bestimmten Sicherheitsumgebung gewährleistet werden. Teil der shared-source-Initiative ist das sog. Government Security Program (GSP), das Regierungen Einblick in den source-code gewährt, um deren Sicherheitsbedenken zu zerstreuen und das Vertrauen in die Produkte von Microsoft zu stärken[727].
Die Einsicht in den source-code erfolgt durch den Abschluss einer auf ein Jahr befristeten Lizenzvereinbarung, die für bestimmte Personengruppen kostenpflichtig, für andere kostenlos ist (z.B. für Großunternehmen oder Systemintegratoren). Allerdings ist in allen Lizenzvereinbarungen ein ausdrückliches Verbot der Abänderung des source-code vorgesehen. Notwendige Anpassungen und Abänderungen dürfen lediglich an den jeweils eigenen Produkten des Lizenznehmers mittels sog. debugging-tools erfolgen[728].

§ 5 Ergebnis

Die Untersuchung zum Missbrauch einer marktbeherrschenden Stellung anhand der Kartellrechtsverfahren gegen Microsoft hat gezeigt, dass die Zurückhaltung von Schnittstelleninformationen und die Weigerung durch marktbeherrschende Softwarehersteller, diese herauszugeben, einen Missbrauch ihrer beherrschenden Stellung auf dem vorgelagerten Markt darstellt: der Wettbewerb auf einem nachgelagerten Markt wird erheblich eingeschränkt oder sogar gänzlich ausgeschaltet. Der Einblick in die Schnittstellencodes ist für einen lebhaften Wettbe-

---

[726] siehe unter http://www.microsoft.com/licensing/sharedsource.asp
[727] siehe heise online v. 03.II.2003 unter http://www.heise.de/newsticker/data/anw-03.02.03-001/
[728] diese debugging-tools werden aber auch nicht allen möglichen Lizenznehmern der shared-source-Initiative zur Verfügung gestellt, sondern nur einigen, so z.B. Regierungen oder Großunternehmen

werb in der Softwarebranche unerlässlich und muss durch die Missbrauchsaufsicht der Kartellbehörden gewährleistet werden.

Teil 4.

Softwareerstellung

Zur Gruppe der Softwareerstellung werden in dieser Arbeit solche Verträge gezählt, bei denen ein Unternehmen einen Softwarehersteller zur Erstellung von Software für einen bestimmten Zweck beauftragt. Hierbei kann es sich um die Erstellung von Standard- oder Individualsoftware handeln. Im Bereich der Standardsoftware wird der Auftraggeber in der Regel ein Hardware- oder sonstiger Softwarehersteller sein, der die entwickelte Software in seine Produktpalette aufnehmen und weitervertreiben will. Hier ist der Auftraggeber also nicht an einer eigenen Nutzung der Software interessiert, sondern an deren Weitervermarktung.

Bei der Erstellung von Individualsoftware hingegen wird der Auftraggeber ein Endanwender sein, der eine auf seine Bedürfnisse zugeschnittene Software benötigt. Endziel ist hier wie bei den Überlassungsverträgen die Nutzung der Software durch den Kunden.

§ 1 Urheberrechtliche Gesichtspunkte

A) Rechtsinhaberschaft und Verwertungsbefugnis

I) Gesetzeslage

Zu regelnder Hauptpunkt im Rahmen der Softwareerstellung ist die Frage nach der Rechtsinhaberschaft und Verwertungsbefugnis an der entwickelten Software. Urheber der jeweiligen Softwareentwicklung ist stets der tatsächliche Schöpfer, eine diesbezügliche Übertragung der Rechtsinhaberschaft ist wegen § 29 Abs. 1 UrhG rechtlich nicht möglich. Allerdings könnte eine Übertragung der vermögensrechtlichen Befugnisse an den Auftraggeber möglich sein. Insbesondere Endkunden, die die Software in ihrem Unternehmen nutzen wollen, werden ein Interesse an einer ausschließlichen Rechtseinräumung haben, um mit ihnen konkurrierenden Unternehmen keinen Wettbewerbsvorteil durch ihre in Auftrag gegebene und finanzierte Entwicklung zukommen zu lassen bzw. ihnen keinen Einblick in ihr Know-how, das in die Softwareentwicklung möglicherweise Eingang gefunden hat, zu gewähren. Aber auch Hardware- oder dritte Softwarehersteller werden an einem (ausschließlichen) Vermarktungsrecht der von ihnen in Auftrag gegebenen Software interessiert sein.

§ 69 b UrhG sieht ex lege die (vertraglich abdingbare) Übertragung aller wirtschaftlichen Rechte an einem Computerprogramm vor, das ein Arbeitnehmer in Wahrnehmung seiner Aufgaben oder nach den Anweisungen seines Arbeitgebers geschaffen hat. Gem. Abs. 2 gilt die Regelung für Dienstverhältnisse entsprechend.
Fraglich ist, ob § 69 b UrhG auch auf den hiesigen Fall der Softwareerstellung durch einen freiberuflichen Softwarehersteller anwendbar ist. Schuldrechtlich gesehen wird grundsätzlich ein Werkvertrag und nur ausnahmsweise ein Arbeits- oder Dienstverhältnis vorliegen[729]. Ursprünglich sollte denn die Regelung des § 69 b UrhG auf Auftragsverhältnisse entsprechend anwendbar sein, doch wurde dieser Vorschlag zum Schutz der freien Programmierer gestrichen[730]. Eine gesetzliche Lizenz zu Gunsten des Auftraggebers kann bei Auftragswerken demzufolge nicht angenommen werden[731].

II) Parallele zum Forschungsvertrag

Eine offensichtliche Parallele zur Softwareerstellung ist der Forschungsvertrag. Mit dem Forschungsvertrag wird die unternehmenseigene Forschung und Entwicklung zur vertraglichen Wahrnehmung auf Dritte ausgelagert. Wie bei der Softwareerstellung ist der Auftraggeber auch in diesem Fall daran interessiert, sich die Ergebnisse der Forschung zur alleinigen Verfügung zu sichern, ja es entspricht dem wirtschaftlichen Sinn und Zweck externer Vertragsforschung.
Beim Forschungsvertrag stellt sich zunächst die Frage nach der Einordnung in das Werk- oder Dienstvertragsrecht. Nach Rechtsprechung des BGH[732] ist hierfür primär die Vereinbarung der Parteien maßgeblich. Entscheidend ist, *„ob auf dieser Grundlage eine Dienstleistung als solche oder als Arbeitsergebnis deren Erfolg geschuldet wird"*[733]. Bei Fehlen einer ausdrücklichen Vereinbarung hinsichtlich des Vertragsgegenstands hat eine einzelfallbezogene Entscheidung *„unter Berücksichtigung und Abwägung aller insoweit bedeutsamen Gesichtspunkte"* zu erfolgen[734]. Entscheidend für eine Einordnung als Werkvertrag ist die Übernahme des Erfolgsrisikos durch den Auftragnehmer.
Da die Softwareerstellung dem Werkvertragsrecht zuzuordnen ist[735], ist hier auf den Forschungsvertrag in Form des Werkvertrages abzustellen. Die Entscheidung des BGH erging zwar nicht in Zusammenhang mit der hier interessieren-

---
[729] vgl. hierzu Marly, Rz. 46 ff. mit weiteren Nachweisen; Redeker, Rz. 199 f.
[730] *Loewenheim* in Schricker, § 69 b Rz. 2; Marly, Rz. 59
[731] so aber Moritz, CR 1993, 341, 345
[732] BGH v. 16.VII.2002, JZ 2003, 369 ff.
[733] BGH v. 16.VII.2002, JZ 2003, 369 ff. Leitsatz 2
[734] BGH v. 16.VII.2002, JZ 2003, 369, 370
[735] siehe FN 729

den Frage nach der Berechtigung an während der Forschung entwickelten Schutzrechten (Patente, Geschmacksmuster, Urheberrechte), sondern in Zusammenhang mit dem Vergütungsrisiko. Dennoch kann sie einen Anhaltspunkt für die Rechtsinhaberschaft an Schutzrechten geben: maßgeblich sollte auch hier die Risikoverteilung zwischen Auftragnehmer und -geber in dem Sinne sein, dass bei Vorliegen eines Werkvertrages ein automatischer Anfall der während der Forschung entwickelten Schutzrechte an den Besteller ausscheidet. Ansonsten nämlich wäre kein Auftragnehmer bereit, das enorme Erfolgsrisiko einzugehen[736]. Geschuldet ist nämlich das neue Wissen, die Technologie selbst. Hinzu kommt, dass die geschuldete Technologie nicht notwendigerweise die im Rahmen der Forschung entwickelten Schutzrechte selbst und erst recht nicht in Form einer Ausschließlichkeitsstellung umfassen muss[737]. Der Auftragnehmer muss lediglich die Möglichkeit haben, die Technologie zu nutzen. Hierfür aber reicht eine Lizenzierungspflicht für den Auftragnehmer aus. Bestätigt wird diese Überlegung durch den für die Übertragung von geistigen Eigentumsrechten bestehenden Grundsatz der restriktiven Vertragsauslegung, der die Nutzungsbefugnisse auf das für die unmittelbare Erreichung des Vertragszwecks notwendige Maß beschränkt[738]. So gilt im für die Softwareerstellung relevanten Urheberrecht die Zweckübertragungslehre gem. § 31 Abs. 5 UrhG.

Ebenso spricht gegen einen automatischen Anfall der Schutzrechte an den Besteller die Tatsache, dass der Vertragsgegenstand regelmäßig in dem Erwerb der Technologie und nicht dem Schutz gegenüber Dritten besteht[739].

III) Ergebnis

Die Entscheidung des Gesetzgebers, dem Auftraggeber im Unterschied zum Dienstvertrag keine gesetzliche Lizenz hinsichtlich der Rechte an der von ihm in Auftrag gegebenen Software zuzugestehen, ist in Parallele zum Forschungsvertrag richtig und durch den Unterschied von Dienst- und Werkvertrag gerechtfertigt: im Gegensatz zum Auftragnehmer trägt der Dienstverpflichtete nicht das wirtschaftliche Risiko der Softwareentwicklung sowie deren Verwertung, da letzterer in den Betrieb seines Dienstherrn eingegliedert ist und nicht selbständig als Unternehmen am Markt auftritt. Der Auftragnehmer hingegen ist selbständig im Markt- und Wettbewerbsgeschehen tätig und trägt das Entwicklungsrisiko, weshalb die Annahme der Rechtsinhaberschaft zu seinen Gunsten konsequent erscheint.

---

[736] zum Erfolgsrisiko beim Forschungsvertrag in Form des Werkvertrages: Ullrich, FS Fikentscher, 298, 312 ff.
[737] Möffert, S. 63; Ullrich, Privatrechtsfragen der Forschungsförderung, S. 110
[738] Link, GRUR 1986, 141, 143
[739] Ullrich, Privatrechtsfragen der Forschungsförderung, S. 113

Aus diesem Grund scheidet eine Überlagerung des Urheberrechts durch das Wesen des Werkvertragsrechts in dem Sinne, dass der Auftraggeber, sprich der Softwarenutzer, über das von ihm in Auftrag gegebene Werk grundsätzlich frei verfügen kann und somit automatisch sämtliche Rechte an der Software erwirbt, aus[740]. Ohne besondere vertragliche Vereinbarung ist also nicht von einer ausschließlichen Rechtsbefugnis für den Auftraggeber auszugehen. Den Parteien verbleibt schließlich die Möglichkeit, diesbezügliche vertragliche Vereinbarungen zu treffen.

Im Falle des Fehlens einer vertraglichen Vereinbarung kommt hinsichtlich des Umfangs der Rechtseinräumung an den Auftraggeber die urheberrechtliche Zweckübertragungslehre gem. § 31 Abs. 5 UrhG zur Anwendung[741]. Hierbei kann als Indiz für eine ausschließliche Rechtseinräumung an den Auftraggeber wegen der Notwendigkeit der Kenntnis des source-code für wesentliche Handlungen an der Software die Überlassung des source-code gewertet werden[742].

B) Konkrete Rechtseinräumung

Für die Weitervermarktung von in Auftrag gegebener Standardsoftware wird die Einräumung des Verbreitungsrechts seitens des Softwareentwicklers an den Auftraggeber erforderlich. Nimmt letzterer noch einzelne Anpassungshandlungen vor, so ist zusätzlich die Einräumung des Vervielfältigungs- und/ oder Bearbeitungsrechts notwendig.

Die Erstellung von Individualsoftware hingegen erfolgt regelmäßig für einen Endkunden, der an einer Nutzung der Software in seinem Unternehmen interessiert ist. Hinsichtlich der für die Nutzung erforderlichen Rechtseinräumung gilt § 69 d Abs. 1 UrhG[743].

§ 2 Kartellrechtliche Gesichtspunkte

A) Keine besonderen vertraglichen Vereinbarungen

Sind im Vertrag über die Softwareerstellung keine besonderen vertraglichen Vereinbarungen hinsichtlich der Rechtsinhaberschaft oder -einräumung getroffen, so erwirbt der Auftraggeber gemäß obiger Untersuchung keine ausschließ-

---

[740] so aber Sucker, CR 1989, 468, 477;
[741] Redeker, Rz. 32 f.; Schneider Jochen, H Rz. 291
[742] so auch Marly, Rz. 61
[743] ausführlich zu § 69 d Abs. 1 UrhG oben Teil 1 § 3 D) III) 1) b) cc) (3) (c) (bb)

lichen Nutzungsrechte an der Software. In diesem Fall und insbesondere bei der Erstellung von Individualsoftware wird der Softwarehersteller versuchen, dem Auftraggeber be-stimmte Nutzungsbeschränkungen aufzuerlegen. Hinsichtlich deren Beurteilung ist auf die Ausführungen zu den Überlassungsverträgen zu verweisen[744], bei denen für Individualsoftware bestehende Besonderheiten herausgestellt und mitbehandelt wurden.
Die Beurteilung wettbewerbsrelevanter Vertriebsvereinbarungen, die vor allem bei der Erstellung von Standardsoftware relevant werden, erfolgt gemäß der Untersuchung zu den anfangs behandelten Vertriebsverträgen und -lizenzen[745].

B) Besondere vertragliche Vereinbarungen

Wie bereits anfangs dargestellt, besteht zwischen Auftraggeber und Auftragnehmer hinsichtlich der Rechte an der erstellten Software ein Interessenkonflikt: der Auftraggeber ist an einer ausschließlichen Rechtseinräumung durch den Auftragnehmer interessiert, um insbesondere konkurrierenden Unternehmen keine Wettbewerbsvorteile durch seine in Auftrag gegebene Softwareentwicklung zukommen zu lassen. Aber auch der Auftragnehmer ist daran interessiert, bei der Auftragsentwicklung erzielte Kenntnisse in Zukunft nutzen zu können. Vor diesem Hintergrund sind verschiedene Vertragsregelungen denkbar, die im Folgenden untersucht werden sollen.

I) Verbot der identischen Leistungsübernahme

Kartellrechtlich unproblematisch stellt sich das Verbot für den Auftragnehmer dar, die Ergebnisse der Softwareentwicklung Dritten zu offenbaren, soweit sie die identische Leistungswiedergabe betreffen, sprich die konkrete Zusammenstellung und Anordnung der programmiertechnischen Kenntnisse. Dies gilt unabhängig davon, dass der Auftragnehmer Inhaber des Urheberrechts an der von ihm entwickelten Software ist.
Ein solches Verbot muss schon nicht ausdrücklich vereinbart werden, sondern ergibt sich ohne weiteres aus der Bedeutung der Softwareentwicklung für den Auftraggeber: der Auftraggeber wäre in seiner Wettbewerbsfreiheit erheblich beeinträchtigt, wenn ein Dritter von seiner Softwareentwicklung profitieren könnte, ohne dass dieser finanzielle Mittel aufwenden noch geistige Vorarbeit erbringen müsste. Der materielle wie immaterielle Wert der Softwareentwicklung für den ursprünglichen Auftraggeber wird durch die Entwertung deutlich,

---

[744] siehe oben Teil 1 § 3 D)
[745] siehe oben Teil 1 § 2 A), B), C)

die die entwickelte Software erfährt, wenn mehrere die Entwicklung nutzen und von ihr Gebrauch machen[746].

II) Geheimhaltungsgebote hinsichtlich vom Auftraggeber an den -nehmer mitgeteilter Kenntnisse

In der Regel wird der Auftraggeber dem Auftragnehmer das Verbot auferlegen, ihm zum Zwecke der Softwareherstellung mitgeteilte betriebsinterne Daten, Geschäftsabläufe, Know-how, technische oder sonstige Kenntnisse Dritten mitzuteilen. Ebenso wird er die Nutzung der mitgeteilten Kenntnisse auf die Erfüllung seines Vertrages beschränken, d.h. der Auftragnehmer darf die Kenntnisse nicht bei der Softwareherstellung für Dritte verwenden.

Derartige Klauseln begegnen kartellrechtlich keinen Bedenken[747]. Sie stellen schon keine Wettbewerbsbeschränkung des Auftragnehmers dar, weil dieser nicht Rechtsinhaber der Kenntnisse ist und aus diesem Grund diesbezüglich auch nicht als selbständiger Anbieter am Markt auftreten könnte. Im Gegenteil, der Auftraggeber wäre in seiner Wettbewerbsfreiheit beeinträchtigt, weil der wirtschaftliche Wert seiner Betriebsmittel und Kenntnisse entwertet würde.

Ein Vergleich zur Bekanntmachung der Europäischen Kommission über die Beurteilung von Zulieferverträgen nach Art. 85 Abs. 1 a.F. EGV[748] bestätigt diese Auffassung. Zulieferverträge sind *Verträge, durch die ein Unternehmen, der Auftraggeber, ein anderes Unternehmen, den Zulieferer, beauftragt, nach seinen Weisungen Erzeugnisse herzustellen, Dienstleistungen zu erbringen oder Arbeiten zu verrichten, die für den Auftraggeber bestimmt sind oder für seine Rechnung ausgeführt werden*, Ziff. 1 der Bekanntmachung. Diese Definition zeigt die nahe Verwandtschaft zwischen Softwareerstellungs- und Zulieferverträgen.

In ihrer Bekanntmachung stellt die Kommission fest, dass Vertragsklauseln, die die alleinige Verfügungs- und Verwertungsbefugnis über vom Auftraggeber stammende Kenntnisse oder Betriebsmittel in jeglicher Beziehung eben diesem zuordnen, keine Wettbewerbsbeschränkung nach Art. 85 Abs. 1 a.F. EGV bzw. Art. 81 Abs. 1 n.F. EGV darstellen, Ziff. 2 und 3 der Bekanntmachung. Etwas anderes muss allerdings dann gelten, wenn der Auftragnehmer bereits über die zur Softwareherstellung erforderlichen Kenntnisse und Betriebsmittel verfügt bzw. sich diese unter angemessenen Bedingungen aneignen könnte, vgl. Ziff. 2 a.E. und 3 der Bekanntmachung. Dann nämlich kann eine Entwertung der

---

[746] vgl. insoweit für den Forschungsvertrag Ullrich, Privatrechtsfragen der Forschungsförderung, S. 115

[747] vgl. insoweit zum Forschungsvertrag: Möffert, S. 76

[748] Bekanntmachung der Europäischen Kommission über die Beurteilung von Zulieferverträgen nach Art. 85 Abs. 1 a.F. EGV, ABl. C 1979 C 001, 2 f.

Kenntnisse des Auftraggebers nicht stattfinden, eine Beeinträchtigung seiner Wettbewerbsfreiheit scheidet aus. Vielmehr wäre der Auftragnehmer in seiner Wettbewerbsfreiheit beeinträchtigt, weil ihm die Möglichkeit einer selbständigen wirtschaftlichen Tätigkeit in einem Bereich, der an sich zum Allgemeingut geworden ist, genommen wäre[749].

III) Verwendung der bei der Softwareerstellung erworbenen Kenntnisse durch den Auftragnehmer

Weiterhin stellt sich in Zusammenhang mit der Softwareerstellung die Frage, ob der Auftraggeber dem Auftragnehmer die Verwendung der im Rahmen der Ersterstellung gemachten Erfahrungen und Problemlösungen für Weiterentwicklungen für Dritte unter kartellrechtlichen Gesichtspunkten untersagen kann. Bedeutsam wird diese Fragestellung insbesondere, wenn eine Zweitentwicklung auf dem Erstergebnis aufbaut.

Hier müssen zwei gegensätzliche Interessenkreise in Einklang gebracht werden: auf der einen Seite steht die unternehmerische Wettbewerbsfreiheit des Auftragnehmers auf dem Spiel, wenn er Kenntnisse, die er im Rahmen der Erstentwicklung selbst erarbeitet hat, nicht weiterverwenden darf. Auf der anderen Seite aber kann auch der Auftraggeber zur Verwirklichung seiner Wettbewerbsabsichten auf diese Kenntnisse angewiesen sein. Ebenso hat er ein Interesse daran, dass Drittunternehmen nicht von seiner Entwicklung profitieren: der zeitliche Innovationsvorsprung ist entscheidend für die Wettbewerbsfähigkeit des Auftraggebers[750]. Es ist also nach der Reichweite des Zugriffsrechts des ursprünglichen Auftraggebers zu suchen.

1) Parallele zur Bekanntmachung der Europäischen Kommission über die Beurteilung von Zulieferverträgen nach Artikel 85 Abs. 1 a.F. EGV bzw. Art. 81 Abs. 1 n.F. EGV

Die Kommission geht in ihrer Bekanntmachung über die Beurteilung von Zulieferverträgen nach Artikel 85 Abs. 1 a.F. EGV bzw. Art. 81 Abs. 1 n.F. EGV davon aus, *dass jede Verpflichtung des Zulieferers, die dessen Verfügungsrecht über die künftigen, selbständig verwertbaren Ergebnisse seiner eigenen Forschungs- und Entwicklungsarbeiten betrifft, geeignet (ist), den Wettbewerb einzuschränken*, Ziff. 3 a.E. der Bekanntmachung. Hinsichtlich der Verfügungsberechtigung an während der Entwicklung erworbenen Kenntnissen stellt die

---

[749] vgl. insoweit auch Ullrich zum Forschungsvertrag, Ullrich, Privatrechtsfragen der Forschungsförderung, S. 117
[750] vgl. zum Forschungsvertrag: Möffert, S. 75

Kommission also offensichtlich auf die Wissensurheberschaft ab, was für eine Zuordnung des bei der Entwicklung erworbenen Wissens an den Auftragnehmer spricht.

2) Parallele zum Forschungsvertrag

In keinem Fall kann dem Auftragnehmer die Weiterverwendung solcher Kenntnisse untersagt werden, die zum Allgemeingut geworden sind[751].
Im Übrigen wird beim Forschungsvertrag die Wissenszuordnung im Wesentlichen an zwei Kriterien ausgerichtet: zum einen an dem Schutz unternehmerischer Investitionen gegenüber bestimmten Mitteln der Mitnahme durch Dritte im Wettbewerb – dies betrifft die unlautere Kenntniserlangung von Wissen durch Dritte, mit der diese eigene Aufwendungen ersparen – zum anderen an dem Ursprung des Wissens selbst. Die Schutzgewährung wird also auch beim Forschungsvertrag an die individuelle Wissenserstellung angeknüpft[752]. Unter diesem Gesichtspunkt der besonderen Beziehung zum Wissen muss eine Zuordnung der während der Softwareerstellung durch den Auftragnehmer erworbenen Kenntnisse an den Auftraggeber unterbleiben – vielmehr gebührt das Wissen seinem Ursprung nach dem Auftragnehmer. Eine Einschränkung ist allerdings insoweit erforderlich, als der Auftraggeber zur Wahrung seiner Wettbewerbsinteressen, die er auf dem Warenmarkt gegenüber Konkurrenten hat, auf bestimmte Kenntnisse angewiesen ist: nachdem ihm das Ergebnis der Entwicklung zusteht[753], müssen ihm solche Kenntnisse, die er für die Sicherung der von ihm in Auftrag gegebenen Technologie benötigt, vom Auftragnehmer übertragen werden[754].
Ebenso aber muss aus kartellrechtlichen Gesichtspunkten heraus gewährleistet sein, dass der Softwareentwickler nicht aus dem gerade erzielten Stand der Technik wieder verdrängt wird. Dies nämlich würde Innovationen sowie den Fortschritt der Technik behindern, was dem Wettbewerb abträglich wäre. Ebenso wären die Wettbewerbsmöglichkeiten des Softwareentwicklers selbst erheblich beeinträchtigt, weil er im Rahmen seiner unternehmerischen Tätigkeit auf neues Wissen angewiesen ist, das ihm gewissermaßen als Vorhaltewissen für neue Aufträge dient[755]. Hierbei stehen der Wert des neu erworbenen Wissens und die Auswirkungen auf die Wettbewerbsmöglichkeiten des Entwicklers so-

---

[751] vgl. Ullrich zum Forschungsvertrag, Ullrich, Privatrechtsfragen der Forschungsförderung, S. 117
[752] Ullrich, Privatrechtsfragen der Forschungsförderung, S. 117 ff.
[753] vgl. I)
[754] diese Verpflichtung des Auftragnehmers kann sich aus Treu und Glauben ergeben, vgl. Möffert, S. 63; vgl. auch Ullrich, Privatrechtsfragen der Forschungsförderung, S. 125
[755] Ullrich, Privatrechtsfragen der Forschungsförderung, S. 123

wie den Wettbewerb als Institution in einem wechselbezüglichen Verhältnis: je wertvoller das Wissen und je breiter sein Anwendungsbereich ist, desto stärker ist der Entwickler durch ein Verwendungsverbot in seinen Wettbewerbsmöglichkeiten behindert, was letztendlich in demselben Maße auf den Innovationsmarkt durchschlägt.
Gleichzeitig sind die Interessen dritter Auftraggeber in die Überlegungen einzubeziehen: auch ihnen muss die Möglichkeit der Inanspruchnahme der Softwareerstellung offen stehen, selbst wenn ihre Entwicklung auf der Erstentwicklung aufbauen mag. Dies gilt umso mehr, wenn ihre Entwicklung mit der Erstentwicklung nicht konkurriert[756].

3) Ergebnis

Festzuhalten ist, dass sich die Wissenszuordnung beim Forschungsvertrag nach den Kriterien der Wissensurheberschaft, des Wettbewerbsinteresses des Auftraggebers auf dem Warenmarkt gegenüber Wettbewerbern und der Wettbewerbsfähigkeit des Auftragnehmers hinsichtlich seiner Forschungs- und Entwicklungstätigkeit richtet. Ebenso stellt die Kommission in ihrer Bekanntmachung über die Beurteilung von Zulieferverträgen nach Artikel 85 Abs. 1 a.F. EGV bzw. Art. 81 Abs. 1 n.F. EGV auf das Kriterium der Wissensurheberschaft ab.
Überträgt man diese Grundsätze auf die Softwareerstellung, so ergibt sich Folgendes: grundsätzlich stehen dem Auftragnehmer die Rechte an den von ihm bei der Softwareerstellung gemachten Erfahrungen und erlangten Kenntnissen zu. Das Recht an der Softwareentwicklung selbst, also der konkreten Anordnung und Zusammenstellung der programmiertechnischen Kenntnisse hingegen steht dem Auftraggeber zu. Jedoch kann zur Absicherung des Interesses des Auftraggebers an der Technologie selbst eine Übertragung solcher im Laufe der Entwicklung erworbenen Kenntnisse durch den Auftragnehmer an den Auftraggeber erforderlich werden, die letzterer zur Verwirklichung seiner Wettbewerbsabsichten benötigt.
Dieser Lösungsansatz entspricht der Zweckübertragungslehre des Urheberrechts, § 31 Abs. 5 UrhG: der Umfang der vertraglichen Einräumung von Nutzungsrechten durch den Urheber beschränkt sich im Zweifel auf die für die Erreichung des Vertragszwecks erforderlichen Nutzungsrechte[757].

---

[756] vgl. Ullrich zum Forschungsvertrag, Ullrich, Privatrechtsfragen der Forschungsförderung, S. 124
[757] *Schricker in* Schricker, § 31/32 Rz. 31

IV) Ausschließlichkeit der Rechtseinräumung an den Auftraggeber

Nun kann letztendlich auch die Frage nach der kartellrechtlichen Zulässigkeit einer ausschließlichen Rechtseinräumung an den Auftraggeber beantwortet werden. Hierbei ist zwischen der Ausschließlichkeit hinsichtlich der Softwarenutzung und hinsichtlich des Vertriebs zu unterscheiden.

1) Ausschließlichkeit hinsichtlich der Softwarenutzung

Prinzipiell begegnet die ausschließliche Rechtseinräumung hinsichtlich der Nutzung der Software durch den Auftraggeber keinen kartellrechtlichen Bedenken: nachdem bereits das Verbot der identischen Leistungswiederverwendung für kartellrechtlich zulässig erachtet wurde[758], kann hinsichtlich der Nutzung der Software nichts anderes gelten. Der Auftraggeber hat bei der Softwareerstellung erhebliche materielle und immaterielle Eigenleistungen erbracht[759]. Das Verbot einer ausschließlichen Rechtseinräumung würde ihn daher in seiner unternehmerischen Freiheit behindern. Auch der Charakter des Werkvertragsrechts, nach dem der Auftraggeber über das fertiggestellte Werk frei verfügen kann und der Auftragnehmer im Gegenzug eine angemessene Vergütung erhält[760], spricht für die Zulässigkeit einer ausschließlichen Rechtseinräumung.

Die ausschließliche Rechtseinräumung an den Auftraggeber muss allerdings dort ihre Grenzen finden, wo die Weiterverwendung sonstiger im Rahmen der Entwicklung gemachter Erfahrungen und Kenntnisse betroffen ist. Dem Auftraggeber kann nur ein ausschließliches Recht an dem „Ergebnis" der Entwicklung zustehen, d.h. der konkreten Gestaltung und Ausdrucksform der programmiertechnischen Kenntnisse, nicht aber an sonstigen Kenntnissen[761].

2) Ausschließlichkeit hinsichtlich der Weitervermarktung der Software durch den Auftraggeber

Bei der Vereinbarung einer Ausschließlichkeit hinsichtlich der Weitervermarktung der Software ist für die kartellrechtliche Beurteilung danach zu unterscheiden, ob der Auftraggeber ein Hardwarehersteller oder ebenfalls ein Softwarehersteller ist.

---

[758] siehe oben I)
[759] unter anderem hat er bei der Erstellung des Pflichtenheftes zur Definition der erforderlichen Funktionen der Software mitgewirkt, vgl. Redeker, Rz. 201; Schneider Jochen, H Rz. 276
[760] so auch *Ullrich/Konrad* in Ullrich/Körner, Teil I Rz. 566
[761] vgl. oben III)

a) Hardwarehersteller als Auftraggeber

Ist der Auftraggeber ein Hardwarehersteller, so stehen sich Auftraggeber (= Hardwarehersteller) und Auftragnehmer (= Softwarehersteller) in einem vertikalen Wettbewerbsverhältnis gegenüber. Ebenso wie bei den Vertriebsverträgen übernimmt der Hardwarehersteller hier für den Softwarehersteller die Verwertung der Software an den Endkunden. Insofern kann hinsichtlich einer ausschließlichen Vertriebs- und Vermarktungsvereinbarung auf die kartellrechtliche Beurteilung der am Anfang der Arbeit behandelten Vertriebsverträge verwiesen werden[762].

b) Softwarehersteller als Auftraggeber

Hat hingegen ein dritter Softwarehersteller einen weiteren Softwarehersteller mit der Entwicklung von Software beauftragt, so ist ein zumindest potentielles Wettbewerbsverhältnis zwischen den Parteien denkbar. Die Vereinbarung einer Ausschließlichkeit kann demnach nicht wie bei den Vertriebsverträgen nach den für vertikale Vereinbarungen geltenden Vorschriften erfolgen. Vielmehr stehen sich hier zwei selbständige Softwareentwickler gegenüber, von denen einer, aus welchen Gründen auch immer, auf die Eigenentwicklung von Software verzichtet und diese stattdessen aus dritter Quelle bezieht. Derartige Ausschließlichkeitsvereinbarungen zwischen Softwareentwicklern werden sogleich im Rahmen der Softwareentwicklungsverträge abgehandelt.

---

[762] vgl. oben Teil 1 § 2

Teil 5.

Lizenzverträge zwischen Softwareentwicklern

Unter Softwareentwicklungsverträgen sollen in dieser Arbeit nicht die zuvor behandelte Auftragserstellung, sondern die Weiterentwicklung bzw. Bearbeitung der Software, beispielsweise ihre Übersetzung in eine andere Computersprache, ihre Anpassung an Hardware etc., sowie die Neuentwicklung von Software unter Einbeziehung der Ursprungssoftware zu einem fertigen Endprodukt verstanden werden. Hierbei kann zwischen Ursprungsentwickler und Zweitentwickler ein Abhängigkeitsverhältnis bestehen, wenn die Software erst durch die Weiterentwicklung zum handelsfähigen Produkt wird. Charakteristikum und zugleich Hauptproblem dieser Vielzahl von Gestaltungsmöglichkeiten in der Softwareentwicklung ist die Notwendigkeit der Kenntnis von source-code (und Herstellerdokumentation) durch den Folgeentwickler: eine Bearbeitung der Software kann in sinnvoller Weise nur im source-code vorgenommen werden. Insofern unterscheidet sich die Softwareentwicklung von der Verwertung der Software im Endkundenbereich. Zudem wird auf beiden Seiten des Vertragsverhältnisses ein Softwareentwickler stehen.

§ 1 Lizenzvertragliche Regelungen

Da für die Softwareentwicklung die Lizenzierung von source-code und Herstellerkommentierung notwendig ist, kommt neben der Lizenzierung des Urheberrechts eine Know-how-Lizenzierung in Betracht.

A) Urheberrecht

Für sämtliche Gestaltungsformen in der Softwareentwicklung benötigt der Zweitentwickler vom Ursprungsentwickler in urheberrechtlicher Hinsicht die Befugnis zur Vervielfältigung und Bearbeitung des source-code der Software, unter Umständen auch der Herstellerdokumentation, § 69 c Nr. 1, 2 UrhG. Übernimmt der Zweitentwickler zusätzlich den Vertrieb und die Vermarktung des weiterentwickelten Endprodukts, so bedarf er darüber hinaus der Einräumung des Verbreitungsrechts gem. § 69 c Nr. 3 UrhG bzw. unter dem Aspekt der online-Zugänglichmachung des Rechts der öffentlichen Zugänglichmachung, § 69 c Nr. 4 UrhG.

B) Know-how

Wie zu Beginn der Arbeit ausgeführt[763], liegt in der Überlassung des sourcecode eine Know-how-Überlassung, da der source-code das programmiertechnische Wissen über den Aufbau der jeweiligen Software enthält. Somit findet bei den Verträgen zwischen Softwareentwicklern neben der urheberrechtlichen Nutzungsrechtseinräumung eine Know-how-Überlassung statt.

§ 2 Kartellrechtliche Gesichtspunkte

A) Europäisches Recht

I) Verordnung Nr. 2659/2000 über die Anwendung von Artikel 81 Abs. 3 des Vertrages auf Gruppen von Vereinbarungen über Forschung und Entwicklung[764]

Fraglich ist, ob die Softwareentwicklungsverträge die Zusammenarbeit bei Forschungs- und Entwicklungsarbeiten im Sinne einer Kooperation auf horizontaler Ebene betreffen. Derartige Vereinbarungen fallen unter die Verordnung Nr. 2659/2000 über die Anwendung von Artikel 81 Absatz 3 des Vertrages auf Gruppen von Vereinbarungen über Forschung und Entwicklung. Forschungs- und Entwicklungsvereinbarungen haben die gemeinsame Forschung und Entwicklung von Produkten oder Verfahren mit oder ohne gemeinsame Verwertung der dabei erzielten Ergebnisse zum Ziel, Art. 1 VO 2659/2000.
Bei der Softwareentwicklung im hier verstandenen Sinne ist dies nicht der Fall: die Softwareentwicklung beinhaltet nicht die gemeinsame Forschung oder Entwicklung für ein bestimmtes Softwareprodukt, vielmehr entwickelt der ursprüngliche Softwarehersteller ein Softwareprodukt, auf das der Zweitentwickler aufbaut. Ebenso wenig erfolgt eine *gemeinsame* Forschung und Entwicklung. Für den Begriff „gemeinsam" wäre gem. Art. 2 Ziff. 11 VO 2659/2000 erforderlich, dass Forschung und Entwicklung durch ein Gemeinschaftsunternehmen oder durch die Vertragsparteien selbst erfolgen, wenn jede der Vertragsparteien eine bestimmte Aufgabe aus dem Gebiet von Forschung, Entwicklung, Herstellung oder Vertrieb übernimmt. Eine solche Arbeitsteilung liegt hier nicht vor.

---

[763] ausführlich zum Begriff des Know-how und zur Einordnung der Softwareverträge als Know-how-Überlassung vgl. oben Teil 1 § 1 A) IV)

[764] Verordnung Nr. 2659/2000 über die Anwendung von Artikel 81 Abs. 3 des Vertrages auf Gruppen von Vereinbarungen über Forschung und Entwicklung, ABl. 2000 L 304, 7 ff.

Im Rahmen der Softwareentwicklung sind jedoch auch Fälle denkbar, in denen zwei Unternehmen tatsächlich auf horizontaler Ebene kooperieren und zusammenarbeiten. Hier findet die Verordnung Nr. 2659/2000 dann Anwendung.

II) Verordnung Nr. 772/2004 über die Anwendung von Artikel 81 Absatz 3 EG-Vertrag auf Gruppen von Technologietransfer-Vereinbarungen[765]

1) Allgemeines zur Anwendbarkeit der Verordnung Nr. 772/2004

Im Gegensatz zur alten Verordnung Nr. 240/96 werden von der neuen Verordnung Nr. 772/2004 Softwarelizenzen in Art. 1 Abs. 1 lit. b ausdrücklich erfasst. Insofern muss für die Frage der Anwendbarkeit der Verordnung Nr. 772/2004 auf Softwarelizenzen nicht mehr der Umweg über die Feststellung einer Knowhow-Überlassung gewählt werden. Softwarelizenzen sind nunmehr auch als reine Urheberrechtslizenzen unter die Verordnung Nr. 772/2004 zu subsumieren. Gleichwohl wird bei Softwareentwicklungsverträgen zugleich eine Know-how-Überlassung vorliegen, weil stets der source-code mitlizenziert wird[766].
Allgemein ist die Anwendbarkeit der Verordnung Nr. 772/2004 davon abhängig, dass der Lizenzgeber dem -nehmer die lizenzierte Technologie zur Produktion von Vertragsprodukten gewährt, d.h. von Produkten, die mit der lizenzierten Technologie produziert werden, Art. 1 Abs. 1 lit. b, f, Erwägungsgrund 7 VO 772/2004. Diese Voraussetzung erfüllen Verträge zwischen Softwareentwicklern: der Lizenzgeber (= ursprünglicher Softwareentwickler) erteilt dem Lizenznehmer (= Zweitentwickler) zum Zwecke der Weiterentwicklung die Lizenz am source-code einschließlich der Herstellerdokumentation. Ohne die Überlassung des programmiertechnischen Wissens ist eine Weiterentwicklung nicht möglich.
Durch die Lizenzierung des programmiertechnischen Know-how erhält der lizenznehmende Softwareentwickler einen (zeitlichen) Wissensvorsprung gegenüber Nicht-Lizenznehmern, wodurch seine Leistungsfähigkeit gefördert wird – einem Wesensmerkmal des Technologietransfers. Dieser Wissensvorsprung wiederum dient der Herstellung neuer, erweiterter oder verbesserter Softwareerzeugnisse und führt schließlich zu positiven Auswirkungen auf den Fortschritt und den Wettbewerb in der Softwarebranche.

---

[765] Verordnung (EG) Nr. 772/2004 der Kommission vom 27.IV.2004 über die Anwendung von Artikel 81 Abs. 3 EG-Vertrag auf Gruppen von Technologietransfer-Vereinbarungen, ABl. 2004 L 123, 11 ff.
[766] vgl. oben Teil 1 § 1 A) IV)

2) Neuer wettbewerbspolitischer Ansatz der Europäischen Kommission – Unterschiede zur alten Verordnung Nr. 240/96

Die neue Verordnung Nr. 772/2004 beinhaltet wie die Verordnung Nr. 2790/1999 eine Abkehr vom formalistischen, legalistischen Ansatz und eine Hinwendung zu einem stärker wirtschaftspolitisch orientierten Ansatz[767]. Sie wird ergänzt durch die Leitlinien zur Anwendung von Artikel 81 EG-Vertrag auf Technologietransfer-Vereinbarungen[768], die die Vorschriften der Verordnung erläutern sowie darlegen, nach welchen Grundsätzen Technologietransfer-Vereinbarungen, die nicht unter die Gruppenfreistellung fallen, zu prüfen sind. Im Unterschied zur alten Verordnung Nr. 240/96 gilt die neue Verordnung Nr. 772/2004 gem. Art. 2 grundsätzlich für sämtliche Technologietransfer-Vereinbarungen, soweit sie nicht ausdrücklich von der Gruppenfreistellung ausgeschlossen sind. Ausdrücklich ausgeschlossen sind sog. Kernbeschränkungen in Art. 4, weil von ihnen ernsthafte negative Auswirkungen auf den Wettbewerb zu befürchten sind. Weiterhin ist die Anwendbarkeit der Verordnung von den Marktanteilen von Lizenznehmer und -geber abhängig, Art. 3 VO 772/2004: zwischen Wettbewerbern darf der gemeinsame Marktanteil 20 % nicht überschreiten, zwischen Nichtwettbewerbern darf der individuelle Markanteil 30 % nicht überschreiten. In Art. 5 werden weitere Vereinbarungen aufgezählt, für die die Freistellung nach Art. 2 nicht gilt. Im Unterschied zu den Kernbeschränkungen des Art. 4, bei deren Vorliegen die Vereinbarung insgesamt von der Gruppenfreistellung ausgeschlossen ist[769], gilt bei den Vereinbarungen in Art. 5 nur die jeweilige Klausel als vom Verbot des Art. 81 Abs. 1 EGV nicht freigestellt[770]. Art. 6 schließlich erlaubt im Einzelfall den Entzug der Freistellung, wenn eine an sich nach der Verordnung freigestellte Vereinbarung gleichwohl Wirkungen entfaltet, die nicht die Voraussetzungen von Art. 81 Abs. 3 erfüllt.

3) Stellungnahme zu den Neuerungen in der Verordnung Nr. 772/2004

a) Unterscheidung in Vereinbarungen zwischen Wettbewerbern und Nicht-Wettbewerbern

Grundsätzlich gehen Wettbewerbsbeschränkungen zwischen Nicht-Wettbewerbern mit einer Stärkung des interbrand-Wettbewerbs einher und wie-

---

[767] Pressemitteilung der Europäischen Kommission IP/04/470 v. 7.IV.2004
[768] Leitlinien zur Anwendung von Artikel 81 EG-Vertrag auf Technologietransfer-Vereinbarungen, ABl. 2004 C 101, 2 ff.
[769] Leitlinien Tz. 75
[770] Leitlinien Tz. 107

gen die Beeinträchtigung des intrabrand-Wettbewerbs zwischen den Lizenznehmern auf, ja wirken bei funktionierendem interbrand-Wettbewerb effizienzsteigernd, so dass ihnen gegenüber im Vergleich zu Beschränkungen zwischen Wettbewerbern eine weniger strikte Kartellaufsicht angebracht ist. Insofern scheint eine Unterscheidung zwischen Wettbewerbern und Nicht-Wettbewerbern Sinn zu machen.

Fraglich jedoch ist, ob eine solche Unterscheidung im Bereich des Technologietransfers praktikabel ist. Hier nämlich wird oft ein wenn nicht aktuelles, so doch zumindest potentielles Wettbewerbsverhältnis[771] zwischen den Lizenzparteien bestehen, da durch die Lizenzvergabe beide Parteien dieselbe Technologie besitzen und somit verwerten können bzw. könnten. Ein potentielles Wettbewerbsverhältnis liegt insbesondere vor, wenn der Lizenznehmer eine *make or buy technology-Entscheidung* trifft, sich also aus Rationalisierungs-, Kosten- und/ oder Zeitgründen für die Lizenznahme statt die eigene Entwicklung der Technologie entscheidet[772].

Eine Vereinbarung zwischen Nicht-Wettbewerbern im Rahmen des Technologietransfers liegt demgegenüber vor, wenn der Lizenznehmer tatsächlich nicht in der Lage ist, die lizenzierte Technologie selbst herzustellen bzw. weiterzuentwickeln, entweder aus Mangel an Ressourcen oder wegen der einzigartigen Neuigkeit der Technologie. Solche Umstände werden in der Softwarebranche vor allem bei der (Weiter-) Entwicklung von Individualsoftware zu finden sein.

Um für die Unternehmen Rechtssicherheit bei Technologietransfer-Vereinbarungen zu schaffen, sollte der Begriff des potentiellen Wettbewerbsverhältnisses allerdings nicht überspannt werden: als potentielle Wettbewerber sollten die Vertragsparteien nur gelten, wenn sie ohne die Vereinbarung voraussichtlich die notwendigen zusätzlichen Investitionen getätigt hätten, um in den relevanten Markt einzutreten[773]. Besteht jedoch nur die theoretische und entfernte Möglichkeit, dass der Lizenzgeber mit dem Lizenznehmer tatsächlich in Wettbewerb treten wird, so sollte die Annahme eines potentiellen Wettbewerbsverhältnisses ausscheiden. In einem solchen Fall sind nämlich die von Vereinbarungen zwischen Wettbewerbern ausgehenden besonderen Gefahren für den Wettbewerb nicht erkennbar.

b) Marktanteil des Lizenznehmers

Gerade in einem dynamischen Gebiet wie dem der Technolgoie-Lizenzen ist die Berechnung des jeweiligen Marktanteils überaus schwierig und für die betroffenen Lizenzparteien kaum durchzuführen. Schon die Bestimmung des gegen-

---

[771] zur Bestimmung des Wettbewerbsverhältnisses vgl. Leitlinien Tz. 26 ff.
[772] *Ullrich in* Immenga/Mestmäcker, EG-Wettbewerbsrecht, Bd. I GRUR B Rz. 21
[773] Leitlinien Tz. 29

ständlichen relevanten Marktes bereitet Probleme: zum einen ist zwischen dem Produkt- und dem Technologiemarkt zu unterscheiden[774], zum anderen sind die Marktanteile nicht ohne weiteres feststellbar[775]. Noch bedeutsamer aber erscheint in diesem Zusammenhang, dass Innovationen anfangs stets einen hohen Marktanteil verbuchen werden und somit die Gruppenfreistellung im Großteil der Fälle wegen Überschreitung bestimmter Marktanteilsgrenzen nicht anwendbar sein dürfte. Dies widerspricht ihrem eigentlichen Ziel der Schaffung von Rechtssicherheit. Gerade im Softwarebereich und hier vor allem bei Individualsoftware dürfte schnell ein hoher Marktanteil erzielt sein.

B) Deutsches Recht, §§ 18 Nr. 3, 1 i.V.m. 17 GWB

Im deutschen Recht könnte über § 18 Ziff. 3 GWB die Lizenzvereinbarungen privilegierende Vorschrift des § 17 GWB anwendbar sein. Gem. § 18 Ziff. 3 GWB ist § 17 GWB auf Urheberrechtslizenzen anwendbar, wenn die Verträge *„mit Verträgen über geschützte Leistungen im Sinne des § 17, über nicht geschützte Leistungen im Sinne von Nummer 1 oder mit gemischten Verträgen im Sinne von Nummer 2 in Verbindung stehen und zur Verwirklichung des mit der Veräußerung oder der Nutzungsüberlassung von gewerblichen Schutzrechten oder nicht geschützten Leistungen verfolgten Hauptzwecks beitragen"*. Hauptgegenstand der Lizenzvereinbarung muss also eine Regelung über gewerbliche Schutzrechte (Patente, Gebrauchsmuster, Topographien oder Sortenschutzrechte) oder Betriebsgeheimnisse gem. Ziff. 1 des § 18 GWB sein, die Urheberrechtslizenz darf im Vergleich hierzu lediglich eine untergeordnete Nebenbestimmung des Lizenzvertrages darstellen[776].
Da der ursprüngliche Softwareentwickler dem Lizenznehmer den source-code überlässt, könnte die Lizenzvereinbarung eine sonstige die Technik bereichernde Leistung, die ein wesentliches Betriebsgeheimnis darstellt, betreffen. Wie zum europäischen Recht ausgeführt, ist in der Überlassung des source-code eine Know-how-Überlassung zu sehen. Allerdings setzt der Begriff des Know-how in der Verordnung Nr. 772/2004 im Gegensatz noch zur alten Verordnung Nr. 240/1996 nicht mehr die Technizität der Kenntnisse voraus, Art. 1 Abs. 1 lit. i

---

[774] Leitlinien Tz. 21 f.
[775] vgl. ausführlich Stellungnahme der Deutschen Vereinigung für gewerblichen Rechtsschutz und Urheberrecht zu dem Entwurf einer Verordnung (EG) der Kommission zur Anwendung von Art. 85 Abs. 3 auf Gruppen von Technologie-Transfervereinbarungen in GRUR 1994, 711 ff.; auch in ihrer Stellungnahme zum Evaluierungsbericht der Kommission über die GFTT steht die Vereinigung der Einführung von Marktanteilsschwellen eher kritisch gegenüber, Ziffer 20: http://www.grur.de/Seiten/Aufbau/Navigation.html; ebenso auch *Ullrich* in Immenga/Mestmäcker, EG-Wettbewerbsrecht, Bd. I GRUR C Rz. 10; Hilfe zur Berechnung der Marktanteile geben wiederum die Leitlinien, Tz. 21
[776] *Bräutigam* in Langen/Bunte, Bd. I § 18 Rz. 35 a, § 17 Rz. 17

VO 772/2004[777]. Fraglich ist somit im deutschen Recht das Merkmal der „*die Technik bereichernden Leistung*".
Bei der kartellrechtlichen Beurteilung der Softwareentwicklungsverträge erscheint es angebracht, nicht auf die technische Qualität der überlassenen Kenntnisse abzustellen, sondern vielmehr auf den unmittelbaren Bezug der Vereinbarungen zur Herstellung von Vertragsprodukten. Im Falle der Softwareentwicklung ändert sich nämlich der Charakter von Software: im Unterschied zu den Vertriebs- und Überlassungsverträgen wird die Software nicht mehr als Produkt selbst am Markt angeboten, sondern das lizenzierte programmiertechnische Know-how stellt ein Zwischenprodukt auf dem Weg zum vollständig verwertungsfähigen Softwareendprodukt dar und kann erst als solches seinen vollen Marktwert erreichen. Dies entspricht dem Wesen von Patent und Know-how, die ihre Verwertung und ihren Marktwert über die mit ihrer Hilfe hergestellten körperlichen Belegstücke erfahren[778].
Aufgrund der wirtschaftlichen Zielsetzung der Softwareentwicklung erscheint die Anwendung der §§ 17 i.V.m. 18 Ziff. 3 GWB also gerechtfertigt.

C) Lizenzvertragliche Regelungen

Im Gegensatz zu den Endanwenderverträgen, bei denen Beschränkungen des Nutzungsumfangs im Vordergrund stehen, beinhalten die Softwareentwicklungsverträge die „klassischen" Wettbewerbsbeschränkungen wie Exklusivität, territoriale Beschränkungen, Beschränkungen auf einen bestimmten technischen Bereich, Verbot der Übertragung oder Erteilung von Unterlizenzen, Geheimhaltungsverpflichtungen etc.[779].

I) Ausschließlichkeits- und Alleinlizenz

In Anbetracht der mit der (Weiter-) Entwicklung von Software einhergehenden Produktions- und Investitionsrisiken sowie des Forschungsaufwands und hoher Entwicklungskosten wird der lizenznehmende Softwareentwickler ein Interesse daran haben, für ein bestimmtes Gebiet eine Alleinlizenz hinsichtlich der Herstellung, möglicherweise auch des Vertriebs, von auf dem lizenzierten programmiertechnischen Know-how aufbauenden Softwareerzeugnissen zu erwerben. Umgekehrt wird auch der Lizenzgeber nicht jedem beliebigen Software-

---

[777] vgl. insoweit zur Technizität von Software FN 37
[778] vgl. Stellungnahme der Deutschen Gesellschaft für Recht und Informatik (DGRI) zur Überarbeitung der Gruppenfreistellungsverordnung (EG) Nr. 240/96 für Technologietransfer-Vereinbarungen (GFTT), CR 2003/5 Beilage S. 4
[779] so auch *Geissler/Pagenberg in Lehmann*, XIV Rz. 40

entwickler sein geheimes programmiertechnisches Know-how offenbaren. Diese Interessenlage macht bereits deutlich, dass von Ausschließlichkeitsvereinbarungen positive Wettbewerbswirkungen ausgehen können, weil die Möglichkeit besteht, dass ohne sie eine Lizenzvergabe vollkommen unterbleibt. Somit tragen die Ausschließlichkeitsvereinbarungen im Allgemeinen zu einer Verbesserung der Produktion oder des Vertriebs bei und führen zu einer angemessenen Beteiligung der Verbraucher am Gewinn.

Allerdings wird durch Ausschließlichkeitsvereinbarungen innerhalb des jeweiligen Vertragsgebiets Wettbewerbern des Lizenznehmers (reine Ausschließlichkeitslizenz) der Zugang zum lizenzierten Software-Know-how versperrt, wodurch sie, sowie bei einer Alleinlizenz auch der Lizenzgeber selbst, von der Herstellung der lizenzierten Softwareerzeugnisse im Vertragsgebiet ausgeschlossen sind. Diese Beschränkung des Marktzutritts für sonstige Lizenznehmer stellt die größte Gefahr für den Wettbewerb aus Ausschließlichkeitsvereinbarungen dar. Daran kann auch die grundsätzliche Entscheidungsbefugnis des Rechtsinhabers über die Art und Weise der Verwertung seines Schutzgegenstandes sowie die im gewerblichen Rechtsschutz und Urheberrecht anerkannte Möglichkeit einer beschränkten Rechtseinräumung nichts ändern. Diese Gesichtspunkte müssen im Rahmen der Legalitätsprüfung nach Art. 81 Abs. 3 EGV, nicht jedoch beim Tatbestand der Wettbewerbsbeschränkung Berücksichtigung finden[780].

1) Rechtsprechung des EuGH

Der EuGH hat bereits früh zu Ausschließlichkeitslizenzen Stellung bezogen und sie dem Tatbestand einer Wettbewerbsbeschränkung nach Art. 81 Abs. 1 EGV grundsätzlich unterworfen. In seiner bekannten *Maissaatgut-Entscheidung*[781] hat er die Unterscheidung in sog. offene Ausschließlichkeitslizenzen und solche mit absolutem Gebietsschutz eingeführt: ein absoluter Gebietsschutz, der über das Vertragsverhältnis zwischen Lizenzgeber und -nehmer hinausgeht und somit jeglichen Wettbewerb Dritter im fraglichen Gebiet ausschaltet, etwa von Parallelimporteuren oder Lizenznehmern anderer Gebiete, ist unter keinen Umständen freistellungsfähig[782]. Eine sog. offene Lizenz hingegen, die lediglich

---

[780] vgl. allgemein zur Einordnung der Ausschließlichkeit als Wettbewerbsbeschränkung *Ullrich* in Immenga/Mestmäcker, EG-Wettbewerbsrecht, Bd. I GRUR C Rz. 10; Ullrich, GRUR Int. 1984, 89, 95; dies ist u.a. Ergebnis des formal verstandenen Wettbewerbsbeschränkungsbegriffs

[781] EuGH v. 8.VI.1982, RS 258/78, „Nungesser/Kommission", Slg. 1982, 2015 ff. (= NJW 1982, 1929 ff.)

[782] EuGH RS 258/78, „Nungesser/ Kommission", Slg. 1982, 2015 LS 4 (= NJW 1982, 1929 ff.)

das Vertragsverhältnis zwischen Lizenzgeber und -nehmer betrifft, ist zumindest freistellungsfähig oder schon gar nicht freistellungsbedürftig. Die Ausschließlichkeit in der Maissaatgut-Entscheidung betraf die Herstellung und den Vertrieb von nach Sortenschutzrecht geschütztem Hybridmaissaatgut. Der EuGH bejahte die Freistellungsfähigkeit, weil die Ausschließlichkeit zur Verbreitung einer neuen Technologie beitrug und den Wettbewerb zwischen den neuen Erzeugnissen und ähnlichen vorhandenen Erzeugnissen in der Gemeinschaft förderte[783].

Auch die Softwareentwicklungsverträge haben eine solche Herstellungslizenz mit ihren Produktions- und Entwicklungsrisiken zum Gegenstand: sie betreffen die Weiterentwicklung der Softwaretechnologie und in der Folge die Herstellung neuer Erzeugnisse. Aus diesem Grund kommt eine Übertragung der Grundsätze der Maissaatgut-Entscheidung auf die Softwareentwicklungsverträge in Betracht.

Weiteren zu Ausschließlichkeitslizenzen ergangenen Entscheidungen von EuGH und Kommission[784] lässt sich die Tendenz entnehmen, dass sich die Zulässigkeit der Ausschließlichkeit je nach Art der überlassenen Technologie und nach der Funktion des fraglichen Schutzrechts im Markt- und Wettbewerbsgeschehen richten soll. Die flexible Behandlung nach wettbewerbspolitischen Gesichtspunkten wird der Behandlung nach klaren Richtlinien vorgezogen[785]. Dieser Grundansatz der wettbewerbspolitischen Behandlung von Ausschließlichkeitslizenzen spiegelt sich in der neuen Verordnung Nr. 772/2004 wider.

2) Verordnung Nr. 772/2004

Die Ausschließlichkeits- bzw. Alleinlizenz fällt als Technologietransfer-Vereinbarung unter den Tatbestand des Art. 2 VO 772/2004. Angesichts der Produktions- und Entwicklungsrisiken in der Softwareentwicklung wird die Vereinbarung einer offenen Ausschließlichkeitslizenz Voraussetzung für die Lizenzvergabe und -nahme und somit für die Softwareentwicklung überhaupt sein. Ohne Lizenzerteilung kann schließlich eine (Weiter-) Entwicklung der Software gar nicht stattfinden. Die ausschließliche Lizenzerteilung wirkt also effizienz- und innovationssteigernd, was letztendlich den Verbrauchern zum Vorteil gelangt.

---

[783] EuGH RS 258/78, „Nungesser/Kommission", Slg. 1982, 2015 LS 3 (= NJW 1982, 1929 ff.)

[784] Ausschließlichkeit bei Urheberrechten betreffend den Filmvertrieb: EuGH v. 6.X.1982, RS 262/81, „Coditel II", Slg. 1982, 3381 ff.; Entscheidung Kommission „Degeto Filmeinkauf" betreffen den ausschließlichen Erwerb von Fernsehübertragungsrechten in GRUR Int. 1991, 216 ff.

[785] vgl. insoweit auch Everling, WuW 1990, 995, 1000 ff.

a) Unterscheidung zwischen Wettbewerbern und Nicht-Wettbewerbern

Abgesehen von den allgemeinen Schwierigkeiten bei der Feststellung des Wettbewerbsverhältnisses der Parteien bei Technologietransfer-Vereinbarungen[786] ist hinsichtlich der kartellrechtlichen Beurteilung der Ausschließlichkeitslizenz eine Unterscheidung zwischen Wettbewerbern und Nicht-Wettbewerbern grundsätzlich sinnvoll.
Besteht zwischen den Parteien nämlich ein (potentielles) Wettbewerbsverhältnis, so birgt eine Allein- bzw. Ausschließlichkeitslizenz besondere Gefahren für den Wettbewerb[787]: zum einen steht der Beschränkung des intrabrand-Wettbewerbs zwischen den Lizenznehmern keine Stärkung des interbrand-Wettbewerbs gegenüber, ja eine Ausschließlichkeitsvereinbarung zwischen Wettbewerbern kann sogar zu einem Verlust von interbrand-Wettbewerb führen, da der Lizenznehmer weniger in eigene Forschung und Entwicklung zu investieren bereit sein wird, wenn er die Technologie schneller und kostengünstiger durch Lizenznahme erhalten kann. Dies kann zu einer Abnahme des Technologienwettbewerbs führen. Zum anderen besteht die Gefahr einer Marktaufteilung zwischen Lizenzgeber und -nehmer, insbesondere bei einer wechsel- und gegenseitigen Lizenz, welche sich offensichtlich zum Nachteil der Verbraucher auswirkt[788]. Eine solche Marktaufteilung würde schon den Tatbestand einer Kernbeschränkung im Sinne des Art. 4 Abs. 1 lit. c VO 772/2004 erfüllen.
Handelt es sich bei den Vertragsparteien hingegen nicht um Wettbewerber, so sind die beschriebenen negativen Ausschlusswirkungen in der Regel nicht zu befürchten. Hier trägt die Ausschließlichkeitsvereinbarung grundsätzlich zu einer Verbesserung der Produktion und des Vertriebs bei[789].

b) Marktanteile

Verstärkt werden können die negativen Wettbewerbseffekte von ausschließlichen Technologietransfer-Vereinbarungen, wenn der Lizenznehmer auf dem Markt der lizenzierten Erzeugnisse bereits eine gewisse Marktstärke innehat. Hier kann eine Ausschließlichkeitslizenz zu einer zusätzlichen Stärkung seiner Marktstellung und zu einer weiteren Marktaufteilung beitragen. Zur Erhaltung seiner Marktstellung wird er für eine ausschließliche Lizenz möglicherweise bereit sein, mehr zu zahlen als sonstige Dritte, die dem Wettbewerb weiterer Lizenznehmer ausgesetzt wären.

---

[786] siehe oben A) II) 3) a)
[787] siehe auch Leitlinien Tz. 163 f.
[788] Leitlinien Tz. 163
[789] Leitlinien Tz. 165

c) Zeitliche Befristung der Freistellung

Angesichts der für eine Freistellung notwendigen Beteiligung der Verbraucher an der Verbesserung der Warenerzeugung bzw. Förderung des technischen Fortschritts kann die Freistellung einer Ausschließlichkeitslizenz nicht unbegrenzt Bestand haben. Um die mit der Ausschließlichkeit verbundene Wettbewerbsbeschränkung nicht ins Negative umschlagen zu lassen, erscheint eine zeitliche Befristung der Ausschließlichkeit sinnvoll. Ansätze für eine solche Befristung finden sich in Art. 2 Abs. 2 VO 772/2004: danach gilt die Freistellung, *„solange die Rechte an der lizenzierten Technologie nicht abgelaufen, erloschen oder für ungültig erklärt worden sind oder – im Falle lizenzierten Know-hows – solange das Know-how geheim bleibt, es sei denn, das Know-how wird infolge des Verhaltens des Lizenznehmers offenkundig"*.
Stellt man auf den Urheberrechtsschutz für Software ab, so würde die Ausschließlichkeit 70 Jahre bis nach dem Tod des Urhebers Bestand haben, § 64 UrhG. Dies widerspricht dem soeben dargestellten Sinn und Zweck einer zeitlichen Befristung. Aber auch die Zugrundelegung des Know-how-Schutzes würde wohl nicht zu einer sinngerechten Begrenzung der Schutzdauer führen, da mit einem Offenkundigwerden des source-code, in dem das Know-how verkörpert ist, nicht zu rechnen ist, weil die Mehrzahl der Softwarehersteller ihren source-code geheim hält[790].
Zu suchen ist also nach einer softwarespezifischen Begrenzung des Schutzes von Ausschließlichkeitsvereinbarungen. Eine solche Begrenzung sollte sich an den für den (weiter-) entwickelnden Lizenznehmer bestehenden Risiken sowie der voraussichtlichen Lebensdauer der jeweiligen Software orientieren.
Hieraus ergibt sich die Notwendigkeit einer Differenzierung nach Individual- und Standardsoftware: die Entwicklung von Standardsoftware geht wegen einem breiteren Feld an Anwendern mit geringeren Risiken einher, so dass hier im Vergleich zur Entwicklung von Individualsoftware eine kürzere Dauer der Ausschließlichkeit gerechtfertigt erscheint. Die konkret zulässige Dauer der Ausschließlichkeitsvereinbarung muss nach dem jeweiligen Einsatzzweck und der Funktion der Software bemessen werden. Pauschalisiert könnte man für Standardsoftware einen Zeitraum von drei Jahren, für Individualsoftware einen Zeitraum von fünf Jahren oder länger in Ansatz bringen.

---

[790] aus dieser Geheimhaltung ergeben sich ja die Probleme bei der Softwarepflege und der notwendigen Kenntnis von Schnittstelleninformationen, vgl. oben Teil 2 und 3

3) Ergebnis

Angesichts der für den Lizenznehmer bestehenden Risiken bei der Softwareentwicklung ist eine Lizenzvergabe ohne Ausschließlichkeitsvereinbarung für ein bestimmtes Vertragsgebiet nicht denkbar.
In Anlehnung an die Rechtsprechung des EuGH und Entscheidungen der Kommission ist eine Ausschließlichkeitslizenz, die dem Lizenznehmer einen absoluten Gebietsschutz gewährt, kartellrechtlich in keinem Fall zulässig. Eine offene Lizenz hingegen ist zulässig.
Die Verordnung Nr. 772/2004 stellt Ausschließlichkeitsvereinbarungen vom Verbot des Art. 81 Abs. 1 EGV bei einem Marktanteil zwischen Wettbewerbern bis 20 % und bei einem Marktanteil zwischen Nicht-Wettbewerbern bis 30 % frei. Gerade im Bereich der Einführung neuer Technologien und somit bei der Softwareentwicklung, und hier insbesondere bei der Entwicklung von Individualsoftware, werden diese Marktanteile häufig überschritten sein, so dass eine Einzelfallprüfung zu erfolgen hat. Hierbei ist zu berücksichtigen, dass sich bei der Weiterentwicklung von Individualsoftware oder Entwicklung von Zusatzprogrammen für Individualsoftware wegen ihrer Einzigartigkeit häufig Nicht-Wettbewerber gegenüberstehen werden. In diesem Fall werden die von Ausschließlichkeitsvereinbarungen ausgehenden effizienz- und innovationssteigernden Effekte die negativen Wettbewerbswirkungen überwiegen. Im Bereich von Standardsoftware hingegen ist verstärkt auf die negativen Ausschlusswirkungen, die mit Ausschließlichkeitsvereinbarungen einhergehen, zu achten.

II) Beschränkung auf ein bestimmtes Anwendungsgebiet, sog. field-of-use-Beschränkung

Lizenzvereinbarungen zwischen Softwareentwicklern werden in einer Vielzahl der Fälle mit der Beschränkung des Lizenznehmers, die Software nur für ein bestimmtes oder mehrere bestimmte Anwendungsgebiete zu nutzen, einhergehen[791]. Angesichts verschiedenster Einsatzmöglichkeiten und -zwecke von Software – technikbezogen, bezogen auf unterschiedliche wirtschaftliche und kaufmännische Zusammenhänge etc. – kommt hier insbesondere eine Differenzierung nach den jeweiligen Produktmärkten in Frage: eine Beschränkung der Weiterentwicklung auf bestimmte technische Steuerungsabläufe, beispielsweise in Kraftfahrzeugen, in Handys etc. oder, bei nicht technischer Software, eine Beschränkung beispielsweise auf Unterrichtszwecke.
Durch derartige Beschränkungen auf ein bestimmtes Anwendungsgebiet behält sich der Lizenzgeber einerseits die Möglichkeit vor, in einem weiteren Anwen-

---

[791] allgemein zu field-of-use-Beschränkungen *Ullrich in* Immenga/Mestmäcker, EG-Wettbewerbsrecht, Bd. I GRUR C Rz. 66 ff.

dungsfeld die Software selbst weiterzuentwickeln bzw. anderen Softwareentwicklern eine diesbezügliche Lizenz einzuräumen, andererseits hat der Lizenznehmer nicht den Wettbewerb weiterer Entwickler auf dem ihm lizenzierten Gebiet zu befürchten. Insofern ergeben sich Parallelen zu den vorher behandelten Ausschließlichkeitslizenzen: innerhalb des jeweiligen Geltungsbereichs der Lizenz dürfen weitere Lizenznehmer sowie der Lizenzgeber selbst die überlassene Technologie nicht nutzen, der Lizenznehmer hingegen darf die ihm überlassene Technologie nur in dem Geltungsbereich seiner Lizenz nutzen. In dem Falle der ausschließlichen Gebietslizenzen bezieht sich die Ausschließlichkeit auf ein bestimmtes geographisches Gebiet, im Falle der field-of-use-Beschränkung auf ein bestimmtes Anwendungsgebiet. Hinsichtlich der möglichen positiven und negativen Folgen einer field-of-use-Beschränkung kann also auf die vorherigen Ausführungen verwiesen werden[792]. Daneben kann sich wegen der Spezialisierung auf bestimmte Anwendungsgebiete die Qualität der Weiterentwicklung erhöhen, was sich ebenso positiv auf den Wettbewerb auswirkt. Wegen dieser grundsätzlich positiven Auswirkungen fallen field-of-use-Beschränkungen unter Art. 2 der Verordnung Nr. 772/2004.

Zu beachten ist jedoch, dass die beschriebenen Vorteile nur eintreten, wenn sich die field-of-use-Beschränkung auf schon bestehende unterschiedliche Produktmärkte bezieht und nicht zu einer Unterteilung der jeweiligen Produktmärkte selbst führt[793]. Eine solche weitere Unterteilung von Produktmärkten hätte nämlich eine Markt- bzw. Kundenaufteilung zur Folge und würde als Kernbeschränkung gem. Art. 4 Abs. 1 lit. c VO 772/2004 der gesamten Vereinbarung ihre Freistellungsfähigkeit nehmen. Der Substitutionswettbewerb zwischen den Lizenznehmern wäre eingeschränkt, was negative Auswirkungen für die Verbraucher zur Folge hätte.

III) Rechtsinhaberschaft und Lizenzierung von Verbesserungen – Rücklizenzierung

Da die Softwareentwicklung häufig mit Verbesserungen des überlassenen programmiertechnischen Know-how einhergehen wird, werden sich in Technologietransfer-Vereinbarungen Regelungen bezüglich der (Rück-) Lizenzierung dieser Verbesserungen finden. Der Lizenzgeber selbst hat ein Interesse daran, als Initiator der Entwicklung sich vom Lizenznehmer dessen vorgenommene Verbesserungen mitteilen und lizenzieren zu lassen, um insbesondere weiteren

---

[792] siehe oben I)
[793] diese möglichen negativen Auswirkungen werden von Moritz, CR 1993, 341, 344 und Sucker, CR 1989, 468, 476 übersehen; sie sehen field-of-use-Beschränkungen mit der Begründung der möglichen inhaltlichen Aufspaltung der gewerblichen Schutzrechte und des Urheberrechts pauschal als kartellrechtlich zulässig an

Lizenznehmern die Verbesserungen zur Verfügung stellen zu können. Ebenso besteht für den Lizenznehmer ein Interesse, an Verbesserungen des Lizenzgebers teilzuhaben, um seine abhängigen Entwicklungen zu optimieren.
Vorab ist festzuhalten, dass, unabhängig von dem konkreten Rechtsschutz der Softwareentwicklung, Rechtsinhaber der Verbesserungen der tatsächliche Entwickler ist[794]. Für den Urheberrechtsschutz ergibt sich dies aus § 7 UrhG. Eine Übertragung dieser Rechtsinhaberschaft ist nicht möglich, § 29 Abs. 1 UrhG. Dasselbe gilt für den Fall des Know-how-Schutzes: der Know-how-Schutz vermittelt eine tatsächliche Vorzugsstellung, deren Rechtsinhaber die Person sein muss, die das Know-how erbracht hat. Auch im Fall eines möglichen Patentschutzes steht das Recht an dem Patent gem. § 6 PatG dem Erfinder zu.
Fraglich ist nun, inwieweit Regelungen über die Lizenzierung der Verbesserungen vor dem Kartellrecht Bestand haben. Kartellrechtlich unzulässig sind Regelungen, die für den Lizenznehmer die einseitige Verpflichtung vorsehen, seine eigenen abtrennbaren Verbesserungen ausschließlich an den Lizenzgeber oder einen von diesem genannten Dritten zu lizenzieren bzw. zu übertragen, Art. 5 Abs. 1 lit. a und b Verordnung Nr. 772/2004. Eine derartige Verpflichtung würde den Lizenznehmer in seiner Wettbewerbsfreiheit unangemessen benachteiligen und ihm keinen Anreiz liefern, verstärkt in Innovationen und Verbesserungen zu investieren, weil er daran gehindert wäre, seine Verbesserungen selbst oder im Wege der Lizenzvergabe an Dritte zu verwerten[795].
Soweit Verpflichtungen zur Rücklizenzierung von Verbesserungen nicht ausschließlich sind, ergeben sich hingegen keine kartellrechtlichen Bedenken[796]. Hierbei muss es sich nicht um wechselseitige Verpflichtungen in dem Sinne handeln, dass Lizenzgeber und -nehmer gleichermaßen gebunden sind. Es kann durchaus der Lizenznehmer einseitig verpflichtet werden, soweit der Lizenzgeber nach der Vereinbarung berechtigt ist, die Verbesserungen an andere Lizenznehmer weiterzugeben[797].
Diese gegenseitige bzw. nicht ausschließliche Mitteilung und Lizenzierung von Verbesserungen wird in der Regel zum Vorteil der Verbraucher eine verbesserte Qualität der Software nach sich ziehen und Lizenzgeber wie -nehmer zu Innovationen antreiben, weil die Risiken einer Weiterentwicklung beide treffen.
In einem Großteil der Fälle wird bereits aus praktischen Gründen eine Gegenseitigkeit der Lizenzierung unerlässlich sein, wenn beide Softwareentwickler für die Schaffung eines marktfähigen Produkts voneinander abhängig sind. Diese gegenseitige Mitteilung von (verbessertem) Wissen liegt auch dem Konzept der Open-Source-Software zugrunde, welches im Anschluss behandelt wird[798].

---

[794] vgl. auch oben zur Softwareerstellung Teil 4
[795] vgl. auch Leitlinien, Tz. 109
[796] Leitlinien Tz. 109
[797] Leitlinien Tz. 109
[798] siehe Teil 6

IV) Verbot der Weiterübertragung bzw. Unterlizenzierung

In der Regel werden Vereinbarungen zwischen Softwareentwicklern das Verbot enthalten, das lizenzierte Know-how weiter- bzw. unterzulizenzieren. Ein solches Weiterübertragungs- bzw. Unterlizenzierungsverbot ist kartellrechtlich unbedenklich und unter den Freistellungstatbestand des Art. 2 Verordnung Nr. 772/2004 zu subsumieren.
Im Technologietransfer dient ein Unterlizenzierungs- bzw. Weiterübertragungsverbot generell der rechtlichen Sicherung und Kontrolle der überlassenen Technologie[799]. Durch die Lizenzierung bzw. Übertragung wird die Technologie überhaupt erst zum handelsfähigen Wirtschaftsgut erhoben und als Gegenstand eines Vertrages festgelegt[800]. Die Entscheidungsbefugnis hierüber aber ist notwendigerweise dem Schutzrechtsinhaber als Verfügungsbefugtem vorzubehalten. Unterschiede hinsichtlich Individual- und Standardsoftware bestehen nicht.

V) Geheimhaltungsverpflichtungen

Das zur Unterlizenzierung Gesagte gilt gleichfalls für eine Geheimhaltungsverpflichtung des Lizenznehmers. Eine solche entspricht dem Wesen von Knowhow und ist für eine Know-how-Übertragung unverzichtbar, um der rechtlichen Sicherung und Kontrolle des Vertragsgegenstandes gerecht zu werden[801]. Hierbei kann sich die Geheimhaltungsverpflichtung auch auf die Zeit nach Ende der Vereinbarung beziehen, da eine Mitteilung des Know-how durch den Lizenznehmer einer Unterlizenzierung gleichkommen würde. Jedoch kann eine Geheimhaltungsverpflichtung dann keinen Bestand mehr haben, wenn das Knowhow anderweitig offenkundig geworden und somit nicht mehr geheim ist, vgl. auch Art. 2 Abs. 2 VO 772/2004.

---

[799] *Ullrich* in Immenga/Mestmäcker, EG-Wettbewerbsrecht, Bd. I GRUR C Rz. 53, 56
[800] vgl. *Ullrich* in Immenga/Mestmäcker, EG-Wettbewerbsrecht, Bd. I GRUR C Rz. 56; Moritz, CR 1993, 341, 345; Sucker, CR 1989, 468, 477
[801] *Ullrich* in Immenga/Mestmäcker, EG-Wettbewerbsrecht, Bd. I GRUR C Rz. 55; Moritz, CR 1993, 341, 345; Sucker, CR 1989, 468, 477

Teil 6.

Open-Source-Software

§ 1 Begriff

Open-Source-Software grenzt sich gegenüber kommerzieller oder proprietärer Software durch die sog. Open-Source-Definition (OSD)[802] ab, nach welcher Open-Source-Software drei wesentliche Merkmale besitzt: die Software darf von jedem genutzt und beliebig weiterverbreitet werden, die Verbreitung der Software muss im source-code erfolgen oder angeben, an welcher Stelle dieser zu erhalten ist, und letztlich ist jedermann dazu befugt, Änderungen am source-code der Software vorzunehmen und die Software in dieser veränderten Form weiterzugeben. All diese Befugnisse sind kostenlos.

Wie proprietäre Software wird auch Open-Source-Software in der Regel individuell gestaltet und somit urheberrechtlich geschützt sein[803] – auf die Art und Weise der Verwertung kommt es insofern nicht an. Aus diesem Grund ist auch für die Nutzung von Open-Source-Software eine Lizenzierung erforderlich.

Abzugrenzen ist die Open-Source-Software von der sog. Free- und Shareware[804]. Diese beiden Softwareformen sehen (zumindest anfangs) ebenfalls die Unentgeltlichkeit der Weitergabe der Software vor, allerdings ohne source-code und das Recht zur Änderung. Bei Shareware wird nach einer bestimmten Anwendungszeit auch eine Vergütung fällig.

Gerade die Freiheit in der Bearbeitung der Software stellt den Ursprung und Anreiz für die Entwicklung von Open-Source-Software dar, um der durch die (faktische) Geheimhaltung des source-code durch die Softwarehersteller bewirkten Abhängigkeit der Anwender bei jedweder Vornahme von notwendigen Änderungen oder individuellen Anpassungen zu entgehen[805]. Freie Verfügbarkeit von source-code sowie die damit verbundene Möglichkeit und Erlaubnis zur Bearbeitung bedeuten die Unabhängigkeit der Anwender vom Softwarehersteller. Open-Source-Software ist demzufolge primär als alternativer Ansatz bei

---

[802] http://www.opensource.org/docs/definition.php
[803] Koch, CR 2000, 273, 275; *Spindler in* Spindler, C Rz. 2 ff.
[804] siehe hierzu Marly, Rz. 279 ff.; Deike, CR 2003, 9, 10
[805] einen guten Überblick über die Ursprünge und Entwicklung der Open-Source-Software gibt: Broschüre des Bundesministeriums für Wirtschaft und Technologie: Open-Source-Software, Ein Leitfaden für kleine und mittlere Unternehmen, S. 9 ff.; Grzesick, MMR 2000, 412 ff.; Metzger/Jaeger, GRUR Int. 1999, 839 ff.; Siepmann, JurPC, Web-Dok. 163/1999 unter http://www.jurpc.de/

der Softwareentwicklung und nicht als Vermarktungsstrategie anzusehen[806], weshalb das Konzept der Open-Source-Software bewusst nicht am Anfang der Arbeit im Rahmen der Verwertungsmöglichkeiten von Software als fertigem Produkt behandelt wurde, sondern nunmehr im Anschluss an die Softwareentwicklungsverträge.

Eingeleitet wurde die Open-Source-Bewegung im Jahre 1984 durch Richard Stallman vom Massachusetts Institute of Technology, der mit der Entwicklung eines Ersatzes für das UNIX Betriebssystem begann und diesem den Namen GNU („GNU's not UNIX") gab. 1985 gründete er die Free Software Foundation (FSF) und stellte seine Software unter die GNU General Public License (GPL)[807]. Diese Lizenz ist die wohl Bekannteste, unter der Open-Source-Software verwertet wird und regelt die Bedingungen für die Vervielfältigung, Verbreitung und Bearbeitung der Software. Aufgrund der Kostenfreiheit der Weitergabe hatte sich zunächst der Name „Free Software" eingebürgert. Nachdem aber aus Wirtschaftskreisen der Free Software wegen ihres Namens Bedenken entgegen gebracht wurden, schlug der Softwareexperte Eric S. Raymond im Jahre 1998 anstelle des Namens Free Software den Namen Open-Source-Software vor, der nunmehr auch von der Großzahl der Autoren bevorzugt und im Folgenden beibehalten wird.

Paradigma für Open-Source-Software ist das Betriebssystem Linux. An sich stellt Linux[808] nur den Kern (Kernel) des Betriebssystems dar, doch wird der Begriff Linux im Sprachgebrauch mit dem gesamten Betriebssystem gleichgesetzt. Tatsächlich setzt sich dieses aus dem Linux-Kernel und großen Teilen der GNU-Projekte zusammen, d.h. weiterer Teile des Betriebssystems, einer graphischen Benutzeroberfläche und Teile der Netzwerkssoftware und Entwicklertools[809]. Linux wird nach der GNU GPL lizenziert.

Neben der GNU GPL haben sich unter der Open-Source-Definition weitere Lizenzmodelle entwickelt[810]. Eine Aufzählung sämtlicher Lizenzmodelle ist hier nicht notwendig. Die Bekannteren unter ihnen dürften die GNU Lesser General Public License (LGPL)[811] sein, die nahe Verwandtschaft zur „reinen" GPL aufweist, jedoch speziell auf Bibliotheken zugeschnitten ist und im Gegensatz zur GPL erlaubt, dass alle unter ihr stehenden Bibliotheken und Programme in

---

[806] Koch, CR 2000, 273, 280
[807] http://www.gnu.org./copyleft/gpl.html oder http://www.fsf.org/copyleft/gpl.html
[808] der Name Linux kommt von seinem Entwickler, dem finnischen Informatikstudenten Linus Torvalds
[809] Broschüre des Bundesministeriums für Wirtschaft und Technologie: Open-Source-Software, Ein Leitfaden für kleine und mittlere Unternehmen, S. 12
[810] vgl. hierzu Jaeger/Metzger, S. 177 ff.; Koch, CR 2000, 273, 274; Broschüre des Bundesministeriums für Wirtschaft und Technologie: Open-Source-Software, Ein Leitfaden für kleine und mittlere Unternehmen, S. 40 f.
[811] http://www.fsf.org/copyleft/lesser.html

proprietäre Software eingebunden werden[812]. Weiter zu nennen sind die Mozilla Public License (MPL)[813] für den frei verfügbaren Browser Mozilla sowie die Berkeley Software Distribution (BSD-Lizenz)[814].

§ 2 Bandbreite von Open-Source-Software

Open-Source-Software stellt eine immer ernstzunehmendere Alternative zu proprietärer Software dar. Große Hardwarehersteller wie IBM, Hewlett Packard, Compaq oder Siemens Fujitsu Computers gehen dazu über, ihre Rechner neben proprietärer Software mit Open-Source-Software vorzuinstallieren. Der anfänglichen Benutzerunfreundlichkeit insbesondere für Endanwender ist durch die Schaffung einer graphischen Benutzeroberfläche, insbesondere K Desktop Environment (KDE) oder GNU's Network Object Model Environment (GNOME)[815], beigekommen worden. Open-Source-Software ist heutzutage also nicht mehr nur Softwareentwicklern vorbehalten, sondern beeinflusst zunehmend den Softwaremarkt für Endanwender.

Ebenso wenig ist Open-Source-Software auf das Betriebssystem Linux beschränkt. Auch im Bereich der Anwendungssoftware sind Open-Source-Varianten[816] vorhanden, im Office-Bereich beispielsweise das Paket KOffice oder das Paket StarOffice, welche beide Textverarbeitungsprogramme, Tabellenkalkulation, Präsentationsprogramme usw. enthalten. Ebenso gibt es mit der Software Apache eine Open-Source-Software für Webserver und als Web-Browser ist die Software Mozilla[817] anzuführen.

Verbreitung kann die Open-Source-Software wie bereits erwähnt durch Vorinstallation auf der Hardware finden. Dieses Geschäftsmodell wird man insbesondere bei der Betriebssystemsoftware Linux vorfinden. Ein weiterer wichtiger Verbreitungsweg sind die sog. Distributoren: diese stellen Softwarepakete zusammen, welche Open-Source-Software für die unterschiedlichsten Einsatzmöglichkeiten enthalten, und bieten ferner Installationshilfen und Dokumentationen wie Handbücher an. Zu den in Deutschland bekanntesten Distributoren

---

[812] Wuermeling/Deike, CR 2003, 87, 89
[813] http://www.opensource.org/licenses/MPL/MPL-1.0.html
[814] http://www.opensource.org/licenses/bsd-license.html
[815] siehe Broschüre des Bundesministeriums für Wirtschaft und Technologie: Open-Source-Software, Ein Leitfaden für kleine und mittlere Unternehmen, S. 13
[816] siehe Broschüre des Bundesministeriums für Wirtschaft und Technologie: Open-Source-Software, Ein Leitfaden für kleine und mittlere Unternehmen, S. 15 f.
[817] Mozilla wird unter zwei verschiedenen Lizenzmodellen lizenziert: der Netscape Public License (NPL) für Entwickler und er Mozilla Public License (MPL)

zählen Red Hat und SuSE Linux. Für ein derartiges Softwarepaket hat der Nutzer zwar einen Preis zu zahlen, doch ist dieser im Verhältnis zu dem Preis proprietärer Software verschwindend gering (von ca. EUR 50,- bis 100,-) und wird eben nicht für die Nutzung der Software erhoben, sondern für die Kopierkosten, das Zusammenstellen der verschiedenen Software und die sonstigen Hilfen, die dem Paket beigegeben sind. Dies ist mit der GNU GPL vereinbar, vgl. § 1 GNU GPL.

Diese Punkte machen deutlich, dass Open-Source-Software eine wettbewerbsrelevante Alternative zu herkömmlicher, proprietärer Software darstellt und den Wettbewerb auf dem Softwaremarkt in spürbarer Weise zu beeinflussen vermag.

§ 3 Urheberrechtliche Gesichtspunkte

In Anlehnung an die bisherige Untersuchung und das wechselbezügliche Verhältnis von Urheber- und Kartellrecht sollen auch hier vor der kartellrechtlichen Problematik zunächst die urheberrechtlichen Aspekte in Zusammenhang mit Open-Source-Software erörtert werden. Hierbei orientiert sich diese Arbeit im Wesentlichen an der wohl bekanntesten und am weitesten Verbreitung gefundenen GNU General Public License. Mit Blick auf die kartellrechtliche Problematik beschränkt sich die urheberrechtliche Untersuchung auf die Nutzungsrechtseinräumung, sonstige urheberrechtliche Fragen werden ausgeklammert[818]. Wie proprietäre Software genießt Open-Source-Software gem. §§ 69 a Abs. 3, 2 Abs. 1 Ziff. 1 UrhG Urheberrechtsschutz. Die GNU GPL regelt die Vervielfältigung, Verbreitung und Bearbeitung der Software, ausdrücklich vom Urheberrechtsschutz ausgenommen ist gemäß der GNU GPL die zugehörige Dokumentation.

---

[818] nachdem Open-Source-Software im Gegensatz zu proprietärer Software in der Regel durch die Beiträge zahlreicher Programmierer entsteht, ergibt sich insbesondere die Frage danach, wie die Entwickler miteinander urheberrechtlich verbunden sind, vgl. hierzu Koch, CR 2000, 273, 277 ff. und *Spindler in* Spindler, C Rz. 8 ff.; eine weitere Frage betrifft die Stellung der Urheberpersönlichkeitsrechte, ebenso Koch, CR 2000, 273, 279; Metzger/Jaeger, GRUR Int. 1999, 839, 844 ff.; *Spindler in* Spindler, C Rz. 86 ff.

A) Nutzungsrechtseinräumung

I) Vervielfältigung, Verbreitung und Bearbeitung

Ohne Zweifel regelt die GNU GPL in ihren §§ 0, 1, 2 und 3 das Vervielfältigungs-, Verbreitungs- und Bearbeitungsrecht der Software, womit die Rechte der §§ 69 c Ziff. 1, 16, §§ 69 c Ziff. 3, 17 und § 69 c Ziff. 2 UrhG umfasst sind. Ein Recht zur reinen Nutzung der Software, d.h. ohne Bearbeitung oder Weitergabe an Dritte, wird zwar nicht ausdrücklich erwähnt, jedoch durch § 0 Abs. 2 S. 2 GNU GPL impliziert, indem der Vorgang der Ausführung des Programms nicht beschränkt wird[819]. Demnach entspricht § 0 Abs. 2 S. 2 GNU GPL nach deutschem Rechtsverständnis der Position eines zur Verwendung des Programms Berechtigten gem. § 69 d Abs. 1 UrhG.
Ein wesentlicher Unterschied der Open-Source-Software zu proprietärer Software liegt darin, dass die Software in ihrem source-code und nicht lediglich maschinenlesbarem object-code zur Verfügung gestellt werden muss. Im Hinblick auf das umfassende Bearbeitungsrecht ist dies nur konsequent, da eine relevante Bearbeitung grundsätzlich nur am source-code der Software möglich ist. Die Einräumung eines ausdrücklichen Dekompilierungsrechts, wie es § 69 e UrhG kennt, ist daher überflüssig. Im Endeffekt entspricht die Façon der Open-Source-Software somit dem ursprünglichen, freilich im Bereich der Computersoftware durch die §§ 69 a ff. UrhG relaviertem Grundgedanken des Urheberrechts, die zugrundeliegenden Ideen und Grundsätze vom Urheberrechtsschutz auszunehmen und für diese eine weitest mögliche Zugänglichkeit sicherzustellen.

II) Online-Übertragung

Fraglich ist, ob die online-Übertragung von der GNU GPL erfasst wird. Ausdrücklich erwähnt wird sie nicht.
Im deutschen Recht fällt die online-Übertragung nunmehr unter das neu geschaffene Recht der öffentlichen Zugänglichmachung in §§ 69 c Ziff. 4, 19 a UrhG[820], welche auf Art. 3 Abs. 1 Richtlinie 2001/29/EG zur Harmonisierung bestimmter Aspekte des Urheberrechts und der verwandten Schutzrechte in der Informationsgesellschaft vom 22. Mai 2001[821] beruhen.
Seit der Diskussion über das Recht der öffentlichen Zugänglichmachung im Vorfeld des Erlasses der Richtlinie 2001/29/EG war diese neue Nutzungsart der

---

[819] Koch, CR 2000, 333, 337; Deike, CR 2003, 9, 16
[820] zur urheberrechtlichen Einordnung der online-Übertragung siehe oben Teil 1 § 3 D) III) 1) b) cc)
[821] ABl. 2001 L 167, 10 ff.

online-Übertragung also bekannt. Wegen § 31 Abs. 4 UrhG, der die Einräumung von Nutzungsrechten auf die zum Zeitpunkt der Lizenzerteilung bekannten und bestehenden Verwertungsrechte beschränkt, war vor diesem Zeitpunkt, also vor Kenntnis der Nutzungsart, eine Subsumtion der online-Übertragung unter die GNU GPL nicht möglich. Aber auch zum jetzigen Zeitpunkt ist davon auszugehen, dass die GNU GPL die online-Übertragung nicht erfasst, weil trotz zwischenzeitlicher Kenntnis der Nutzungsart eine dementsprechende Abänderung der GNU GPL unterblieben ist[822].

In Bezug auf die Endanwender wirft dies grundsätzlich keine Probleme auf, da diese die Software hauptsächlich auf materiellen Vervielfältigungsstücken über Distributoren oder vorinstalliert auf der Hardware erwerben und für sich nutzen wollen. Bei Beendigung der Nutzung werden sie, wenn sie die Software weitergeben wollen, in der Regel den erworbenen Datenträger weitergeben und nicht eine online-Weitergabe vornehmen.

Im Hinblick auf die Softwareentwickler hingegen ist die fehlende Rechtseinräumung der online-Übertragung durchaus problematisch, da gerade das Zusammenwirken in der Entwicklung der Open-Source-Software über den online-Zugriff erfolgt[823]. Nachdem aber die Entwicklung von Open-Source-Software von Anfang an im Wesentlichen mit Hilfe des Internet stattgefunden hat, sollte die nicht-explizite Rechtseinräumung der online-Übertragung gegenüber den Lizenznehmern, die Softwareentwickler sind, unschädlich sein mit der Folge, dass diesen ein diesbezügliches Nutzungsrecht zusteht[824].

III) Application Service Providing

Fraglich ist, ob die GNU GPL die Verwertung von Open-Source-Software in Form des Application Service Providing umfasst. Da das ASP als technisch und wirtschaftlich eigenständige Nutzungsart anzusehen und dem Recht der öffentlichen Zugänglichmachung gem. §§ 69 c Ziff. 4, 19 a UrhG zuzuordnen ist[825], muss diese Frage verneint werden: im Rahmen der online-Übertragung bei der GNU GPL wurde soeben klargestellt, dass das Recht der öffentlichen Zugänglichmachung nicht von der GNU GPL erfasst wird. Wird das Recht der öffentlichen Zugänglichmachung aber schon nicht von der GNU GPL erfasst, so kann für eine damit verbundene Nutzungsart wie das ASP nichts anderes gelten[826].

---

[822] siehe im einzelnen *Spindler in* Spindler, C Rz. 76 ff.
[823] vgl. Broschüre des Bundesministeriums für Wirtschaft und Technologie: Open-Source-Software, Ein Leitfaden für kleine und mittlere Unternehmen, S. 10
[824] vgl. auch *Grützmacher in* Wandtke/Bullinger, § 69 c Rz. 61
[825] vgl. oben Teil 1 § 4 B) II) 2) und 3)
[826] so auch *Spindler in* Spindler, C Rz. 83 ff.

IV) Art und Weise der Nutzungsrechtseinräumung

Die Handlungen der Vervielfältigung, Verbreitung und Bearbeitung gem. § 69 c Ziff. 1, 2, und 3 UrhG sind an sich dem Urheber vorbehalten, werden durch die GNU GPL jedoch jedermann gestattet. Nach § 6 GNU GPL wird jedem Erwerber das Nutzungsrecht vom ursprünglichen Urheber direkt eingeräumt. Eine Weiterübertragung der Nutzungsrechte im Sinne des § 34 Abs. 1 UrhG findet also nicht statt. Fraglich ist, wie diese Nutzungsrechtseinräumung nach der Open-Source-Definition urheberrechtlich einzuordnen ist.

Es ist davon auszugehen, dass in der Erlaubnis der vorgenannten Handlungen eine (einfache) Nutzungsrechtseinräumung an jedermann gem. § 31 Abs. 1, 2 UrhG zu sehen ist. Die Theorie des Verzichts des Urhebers auf seine Verwertungsrechte[827] ist abzulehnen: gem. § 29 Abs. 1 UrhG ist das Urheberrecht nicht übertragbar, woraus auf die Unzulässigkeit eines Verzichts auf einzelne Verwertungsrechte geschlossen werden sollte[828]. Auch bei Betrachtung der Formulierungen der GNU GPL bestätigt sich diese Ansicht: die Verwendung des Begriffes „Lizenz" in der GNU GPL deutet auf eine Nutzungsrechtseinräumung hin, und § 4 der GNU GPL ordnet für den Fall der Missachtung der Lizenz den Heimfall der Rechte an den bzw. die Urheber an. Die Möglichkeit der unentgeltlichen Einräumung von Nutzungsrechten ist nunmehr auch ausdrücklich im Urheberrecht geregelt: gem. § 32 Abs. 3 S. 3 UrhG kann der Urheber unentgeltlich ein einfaches Nutzungsrecht für jedermann einräumen. Diese Regelung sollte auch gerade dem Open-Source-Modell Rechnung tragen[829]. Von einem Verzicht des Urhebers auf seine Rechte kann demzufolge nicht mehr ausgegangen werden.

B) Beschränkung der Nutzungsrechtseinräumung

Als problematisch erweist sich die Einräumung der Rechte zur Vervielfältigung, Bearbeitung und Verbreitung dahingehend, dass diese Rechte nach der GNU GPL „beschränkt" sind. So wird das Recht zur Verbreitung insofern eingeschränkt, als die Verbreitung der Software kostenlos (§ 1 Abs. 2 GNU GPL) und unter Beifügung des source-code bzw. des Angebots seiner Zugänglichmachung (§§ 1, 3 GNU GPL) zu erfolgen hat. Ebenso wird das Nutzungsrecht zur Bearbeitung beschränkt eingeräumt, indem Bearbeitungen der Software bei deren Weitergabe ebenfalls unentgeltlich und unter Beifügung des source-code weiterzugeben sind, § 2 GNU GPL.

---

[827] vgl. *Schricker* in Schricker, § 29 Rz. 18
[828] Koch, CR 2000, 333; Metzger/Jaeger, GRUR Int. 1999, 839, 842
[829] vgl. Entwurfsbegründung BT-Drucksache 14/6433, 15

Fraglich ist, ob diese Beschränkungen dingliche oder nur schuldrechtliche Wirkung haben.

I) Dingliche Wirkung der Nutzungsrechtseinräumung gem. § 31 Abs. 1 S. 2 a.E. UrhG: eigenständige Nutzungsart

Eine dinglich wirkende Beschränkung der Nutzungsrechte nach § 31 Abs. 1 S. 2 a.E. UrhG ist nur bei Vorliegen einer nach der Verkehrsauffassung als solcher hinreichend klar abgrenzbaren, wirtschaftlich-technisch als einheitlich und selbständig sich abzeichnenden Art und Weise der Nutzung möglich[830]. Die Verwertung von Open-Source-Software hat sich hinsichtlich Vertrieb und Support als eigenes Geschäftsmodell entwickelt und ist im Gegensatz zu proprietärer Software kostenlos erhältlich. Insofern ist von einer wirtschaftlichen Eigenständigkeit der Verwertung von Open-Source-Software auszugehen[831].

Die technische Selbständigkeit hingegen ist zweifelhaft: zwar geht die GNU GPL mit Verbesserungen der Nutzungsmöglichkeiten für den Anwender einher, wie dem umfangreichen Recht zur Bearbeitung[832], jedoch sind die technischen Voraussetzungen für Nutzung und Vertrieb bei Open-Source-Software und proprietärer Software dieselben: für die Nutzung der Software ist jeweils die Einräumung des Vervielfältigungsrechts notwendig, bezogen werden kann die Software in beiden Fällen isoliert über einen Händler oder vorinstalliert auf der Hardware. Auch eine Rückbesinnung auf den Ursprung der Open-Source-Software als eines in der Softwareentwicklung, und eben nicht der Nutzung alternativen Geschäftsmodells, spricht gegen eine technische Selbständigkeit.

Die Frage der technischen Selbständigkeit muss jedoch nicht abschließend beantwortet werden, weil das eigentliche Problem in dem Erfordernis der gegenseitigen Ausschließlichkeit der Nutzungsarten proprietäre Software – Open-Source-Software liegt. Mit anderen Worten: für das Vorliegen einer selbständigen Nutzungsart muss ein paralleler Vertrieb der Software in kommerzieller, sprich proprietärer Form und über die GNU GPL möglich sein[833]. Da ein Vertrieb derselben Software unter einer proprietären Lizenz sowie unter Geltung der GNU GPL im Sinne einer Schenkung wirtschaftlich nicht sinnvoll erscheint

---

[830] vgl. hierzu auch oben Teil 1 § 2 D) IV) 3) b); *Schricker* in Schricker, § 31/32 Rz. 7
[831] Spindler, CR 2003, 873, 875; *Spindler in* Spindler, C Rz. 32
[832] Spindler geht deshalb von der technischen Selbständigkeit der Nutzungsart aus: Spindler, CR 2003, 873, 875; *Spindler in* Spindler, C Rz. 32
[833] vgl. hierzu die Rechtsprechung des BGH, der in seiner Entscheidung „Taschenbuchlizenz" einen Vertrieb von Büchern in Form des Taschenbuches sowie in Form einer gebundenen Ausgabe für das Vorliegen selbständiger Nutzungsarten forderte, BGH v. 12.XII.1991 „Taschenbuchlizenz" BGH GRUR 1992, 310 ff.

und durch die GNU GPL in § 2 b) gerade ausgeschlossen ist, bestehen an der Ausschließlichkeit der Nutzungsarten erhebliche Zweifel[834]. Dies gilt grundsätzlich für das gesamte Feld der Open-Source-Software[835]. Gerade die von der GNU GPL abweichenden Lizenzen wie Mozilla oder BSD zeigen, dass ein paralleler Vertrieb derselben Software in proprietärer Form wie unter Geltung der GNU GPL nur bei Abänderung der Lizenz möglich ist[836].
Eine Ausnahme hiervon bildet das sog. *Dual Licensing*[837]: mit diesem wird dieselbe Software sowohl unter einer Open-Source-Lizenz als auch unter einer proprietären Lizenz verwertet. Hierdurch erhält der Urheber die Möglichkeit, seine Software auch an solche Interessenten zu vertreiben, die auf der Basis der erworbenen Software eigene Software entwickeln und diese unter einer proprietären Lizenz vertreiben wollen[838]. Dieses Modell wird jedoch durch die GNU GPL gerade ausgeschlossen.
Letztendlich spricht gegen die Annahme einer eigenständigen Nutzungsart auch die Dogmatik der GNU GPL selbst: gem. § 4 GNU GPL führt ein Verstoß gegen die GNU GPL zum Wegfall aller Rechte an der Software. In der Regel aber führen Verletzungen inhaltlich beschränkter Nutzungsrechte nicht zu einem Wegfall der Rechte an der Software, sondern zu einem Anspruch auf Unterlassung und Schadensersatz, vgl. § 97 UrhG[839].
Festzuhalten ist, dass bei der Verwertung von Open-Source-Software nicht von einer eigenständigen Nutzungsart auszugehen ist, weshalb eine urheberrechtlich dinglich wirkende Beschränkung der Nutzungsrechte ausscheidet.

II) Verknüpfung der Nutzungsrechtseinräumung mit einer auflösenden Bedingung gem. § 158 Abs. 2 BGB

Nachdem eine inhaltlich beschränkte Rechtseinräumung ausscheidet, ist fraglich, wie die beschränkte Nutzungsrechtseinräumung rechtlich einzuordnen ist. Hierbei ist der eigene Sanktionsmechanismus der §§ 6 und 4 GNU GPL zu berücksichtigen, welcher mehr als eine nur schuldrechtliche Wirkung der jeweiligen Beschränkungen impliziert: nach § 6 erfolgt die Rechtseinräumung stets

---

[834] Deike, CR 2003, 9, 16; Metzger/Jaeger, GRUR Int. 1999, 839, 843; Spindler, CR 2003, 873, 875; *Spindler in* Spindler, C Rz. 33
[835] Koch beispielsweise möchte für Linux und Linux-basierte Anwendungsprogramme eine eigenständige Nutzungsart anerkennen, CR 2000, 333, 336, doch ist dies aus den genannten Gründen abzulehnen; hingegen wäre die Anerkennung selbständiger Nutzungsarten innerhalb der Open-Source-Software möglich, nicht aber im Verhältnis zu proprietärer Software
[836] *Spindler in* Spindler, C Rz. 33
[837] vgl. hierzu im Einzelnen Jaeger/Metzger, S. 79 ff.
[838] *Spindler in* Spindler, B Rz. 12
[839] Grützmacher in Wandtke/Bullinger, § 69 c Rz. 66

vom ursprünglichen Urheber direkt und nicht vom jeweiligen Vorerwerber, was zur Folge hat, dass keine fortlaufenden Lizenzketten entstehen. Diese Auffassung liegt auch § 4 zugrunde, nach dem im Falle des Verstoßes gegen die Lizenz der Wegfall der Nutzungsrechte keine Auswirkungen auf die Nutzungsrechte Dritter hat, welche die Lizenz von dem widerrechtlich handelnden Nutzer erhalten haben.

Um diesem eigenen Sanktionsmechanismus der GNU GPL gerecht zu werden, kommt als Lösung nur die Auslegung der jeweiligen Beschränkungen als dinglich wirkender Vorbehalt im Sinne einer auflösenden Bedingung nach § 158 Abs. 2 BGB in Betracht[840].

III) Erschöpfung

Zunächst ist festzuhalten, dass der Erschöpfungsgrundsatz auch bei der kostenlosen Überlassung von Software Anwendung findet, soweit der Urheber bzw. der von ihm Berechtigte zu erkennen geben, dass sie die Kontrolle über den Verbleib des konkreten Werkstücks nicht mehr ausüben möchten[841].

Nachdem der beschränkten Nutzungsrechtseinräumung in der GNU GPL eine dingliche Wirkung, wenn auch nicht als wirtschaftlich und technisch eigenständiger Nutzungsart gem. § 31 Abs. 1 S. 2 a.E. UrhG, so doch im Sinne einer auflösenden Bedingung gem. § 158 Abs. 2 BGB, zukommt, ist im Zusammenhang mit Open-Source-Software zu fragen, ob nicht die Beschränkungen des Verbreitungsrechts in der GNU GPL, insbesondere die Verpflichtung zur Unentgeltlichkeit der Weitergabe, dem Erschöpfungsgrundsatz widersprechen[842]. Die Erschöpfung des Verbreitungsrechts zieht für den Nutzer nämlich an sich die freie Verfügungsbefugnis über die Software in dem Sinne nach sich, dass der Urheber ihm die weitere Verbreitung der Software nicht mehr untersagen kann bzw. von bestimmten Bedingungen abhängig machen kann[843] – genau dies aber tut die GNU GPL. Ebenso könnte der in § 6 GNU GPL fingierte Ersterwerb vom

---

[840] so Deike, CR 2003, 9, 16; Metzger/Jaeger, GRUR Int. 1999, 839, 843; Spindler, CR 2003, 873, 876; *Spindler in* Spindler, C Rz. 35 ff.
[841] zu den konkreten Voraussetzungen des Eintritts der Erschöpfung vgl. oben Teil 1 § 3 D) III) 1) b) bb); schuldrechtlichen Einordnung der Überlassung von Open-Source-Software vgl. Deike, CR 2003, 9, 13 ff; Metzger/Jaeger, GRUR Int. 1999, 839, 844 ff.; Koch, CR 2000, 333, 335; Siepmann, JurPC, Web-Dok. 163/1999 Abs. 80 ff. unter http://www.jurpc.de/; diese ist u.a. davon abhängig, ob der Überlassende zusätzliche Leistungen schuldet oder nicht
[842] so wird in der Literatur die Problematik der dinglich wirkenden Beschränkung der Nutzungsrechtseinräumung in der GNU GPL insbesondere im Hinblick auf den Erschöpfungsgrundsatz problematisiert: *Büchner in* Büllesbach/Heymann, S. 131; Deike, CR 2003, 9, 16 f.; Koch, CR 2000, 333, 335 f.; *Spindler in* Spindler, C Rz. 93 ff.
[843] so der BGH in seinem Urteil „OEM-Version" v. 6.XII.2000, CR 2000, 651, 653

Urheber, indem bei Weitergabe der Software durch den Nutzer der Lizenzvertrag stets mit dem ursprünglichen Urheber zustande kommt, als Umgehung des Erschöpfungsgrundsatzes zu werten sein[844]: eine Erschöpfung kann nie eintreten, wenn stets ein Ersterwerb vom Urheber stattfindet. Kernfrage ist also, wie weit die dingliche Wirkung der Beschränkungen reicht.

Ein Konflikt zwischen den Bedingungen der GNU GPL und dem Erschöpfungsgrundsatz kann sich von vornherein nur bei der Weitergabe der ursprünglich nach der GNU GPL erworbenen Software und nicht bei der Weitergabe von Bearbeitungen ergeben, weil hier schon nicht die ursprünglich erworbene Software weitergegeben wird. Dem Urheber steht gem. § 69 c Ziff. 2 UrhG ein umfassendes Bearbeitungsrecht zu, so dass er bereits die Verbreitung des bearbeiteten Werks untersagen könnte und somit als „minus" dessen Verbreitung erst recht mit bestimmten Beschränkungen versehen kann[845].

Bei der Untersuchung des Verhältnisses der Bedingungen der GNU GPL und dem Erschöpfungsgrundsatz ist zunächst zu berücksichtigen, dass bei einem dinglich beschränkt eingeräumten Verbreitungsrecht die Erschöpfung lediglich bezüglich des beschränkt eingeräumten Teils des Verbreitungsrechts eintritt, nicht aber bezüglich der Teile, die durch die Beschränkung von der Rechtseinräumung ausgenommen wurden[846]. Dies würde in der Tat einen Widerspruch der GNU GPL zum Erschöpfungsgrundsatz bedeuten, weil der Nutzer in diesem Fall in seiner Entscheidung über eine Weitergabe nicht vollkommen frei wäre, sondern sich weiterhin an die Beschränkungen halten müsste. Allerdings ist zu beachten, dass sich die nur beschränkte Erschöpfungswirkung lediglich auf die erste Stufe des Inverkehrbringens bezieht[847]: auch bei einer inhaltlich beschränkten Einräumung des Verbreitungsrechts wären also Zweit-, Dritterwerber usw. nicht mehr an die Beschränkungen des Verbreitungsrechts gebunden, sofern nur der Ersterwerber die Software mit Zustimmung des Rechtsinhabers, d.h. gemäß den Lizenzbedingungen in Verkehr gebracht hat. Wegen der Beschränkung der Erschöpfungswirkung auf die erste Stufe des Inverkehrbringens führt also auch die dinglich wirkende beschränkte Nutzungsrechtseinräumung in der GNU GPL nicht zur gewünschten, alle Vertriebsstufen umfassenden dinglichen Wirkung in Bezug auf die Weitergabe der Software. Ein Konflikt zwischen der Beschränkung des Verbreitungsrechts in der GNU GPL und dem Erschöpfungsgrundsatz besteht also nicht. Dies hat insbesondere zur Folge, dass Zweiterwerber die Software gewinnbringend weitergeben können. Von der nicht urheberrechtlich durchsetzbaren Beschränkung des Verbreitungsrechts

---

[844] *Spindler in* Spindler, C Rz. 94
[845] *Spindler in* Spindler, C Rz. 91
[846] vgl. oben Teil 1 § 2 D) IV) 3) a) bb); *Schricker in* Schricker, § 17 Rz. 49
[847] vgl. oben Teil 1 § 2 D) IV) 3) a) bb); dies sieht auch *Grützmacher in* Wandtke/Bullinger, § 69 c Rz. 65

unberührt bleibt jedoch die schuldrechtliche Wirksamkeit von Vereinbarungen bezüglich der Anforderungen an eine Weitergabe der Software[848]. Dieses Ergebnis entspricht der Rechtsprechung des BGH: in seinem Urteil *OEM-Version*[849] hat er festgestellt, dass eine Beschränkung der Erschöpfungswirkung darauf hinauslaufen würde, dass die vertraglich eingegangenen Verpflichtungen nicht nur inter partes, sondern gegenüber jedermann Wirkung entfalten könnten. Eine derartige Verdinglichung schuldrechtlicher Verpflichtungen ist dem deutschen Recht jedoch fremd und im Interesse der Verkehrsfähigkeit der urheberrechtlichen Werke nicht erwünscht. Dem Urheber bleibt es jedoch im Rahmen des kartell- und AGB-rechtlich Zulässigen unbenommen, seine Vertragspartner vertraglich zu binden und diese zu verpflichten, bestimmte Verwendungsbeschränkungen an ihre jeweiligen Vertragspartner weiterzugeben[850]. Als eine solch (schuldrechtliche) Vereinbarung könnte man die GNU GPL ansehen. Aber auch in diesem Fall wird spätestens beim Dritterwerber die schuldrechtliche Wirkung der GNU GPL aufgehoben. Der Zweiterwerber hingegen kann sich noch schuldrechtlichen Ansprüchen der Urheber auf Unterlassung und Schadensersatz ausgesetzt sehen, weil er die Software unter Geltung der Bedingungen der GNU GPL durch den Ersterwerber als Boten der Urheber erworben hat[851].

Ebenso scheidet ein Konflikt zwischen Ersterwerb vom Urheber gem. § 6 GNU GPL und Erschöpfung aus. In seinem Urteil *OEM-Version* hat der BGH die Möglichkeit eines Direktvertriebs zur beschränkten Einräumung des Verbreitungsrechts im Rahmen der Erstverbreitung zugestanden[852]. Gibt jedoch der Ersterwerber die rechtmäßig nach der GNU GPL erworbenen Software weiter, so nimmt er zweifelsohne das Verbreitungsrecht in Anspruch, welches sich nach den oben dargestellten Grundsätzen erschöpft. Der Zweiterwerber ist nun urheberrechtlich frei und hat ein Wahlrecht, die Bedingungen der GNU GPL zu akzeptieren, sprich die Software gemäß den Bedingungen der GNU GPL, also insbesondere unentgeltlich, weiterzugeben, oder aber die jedem rechtmäßigen Softwareerwerber zustehenden Rechte der §§ 69 a ff. UrhG, insbesondere des § 69 d UrhG, auszuüben. Letztere sind zwar frei von Beschränkungen des Verbreitungsrechts, im Gegenzug aber auf bestimmte Befugnisse begrenzt und lassen beispielsweise keine Bearbeitung der Software, wie sie die GNU GPL erlaubt, zu[853].

---

[848] zur schuldrechtlichen Wirksamkeit der Bedingungen der GNU GPL vgl. *Spindler in* Spindler, C Rz. 98
[849] BGH v. 6.VII.2000, „OEM-Version", CR 2000, 651 ff.
[850] vgl. BGH v. 6.VII.2000, „OEM-Version", CR 2000, 651, 653
[851] *Spindler in* Spindler, C Rz. 98
[852] so Witte, CR 2000, 654, 655
[853] *Spinlder in* Spindler, C Rz. 95

Zusammenfassend ist festzuhalten, dass die Beschränkungen der Nutzungsrechtseinräumung in der GNU GPL keine urheberrechtlich dingliche Wirkung entfalten. Dies ergibt sich aus den allgemeinen Grundsätzen zum Eintritt der Erschöpfung, nach denen sich die Erschöpfung immer nur auf die erste Stufe des Inverkehrbringens bezieht. Aus diesem Grund widersprechen sich die Bedingungen der GNU GPL und der Erschöpfungsgrundsatz nicht.

C) Ergebnis

Die Nutzungsrechtseinräumung und deren Beschränkungen in der GNU GPL sind mit den Grundsätzen des deutschen Urheberrechts vereinbar. Allerdings stellt das Open-Source-Software-Modell keine wirtschaftlich und technisch eigenständige Nutzungsart im Sinne des § 31 Abs. 1 S. 2 a.E. UrhG dar, sondern ist als auflösende Bedingung nach § 158 Abs. 2 BGB zu begreifen.
Die einzelnen Beschränkungen seien noch einmal kurz in Erinnerung gerufen: jeder Erwerber der Software darf den source-code der Software beliebig vervielfältigen und verbreiten, muss dies jedoch unentgeltlich tun (§ 1). Ebenso ist er zur Vervielfältigung und Verbreitung des object-codes befugt, muss dann aber entweder den source-code selbst oder ein mindestens drei Jahre gültiges Angebot der Zurverfügungstellung des source-code beilegen (§ 3). Zugleich ist dem Nutzer die Bearbeitung des source-code sowie die Verbreitung des geänderten source-code gestattet, dessen Verbreitung und Vervielfältigung aber wiederum den vorigen Bedingungen unterliegen (§ 2).

§ 4 Kartellrechtliche Gesichtspunkte

Die zunehmende Verbreitung von Open-Source-Software beeinflusst spürbar die Wettbewerbsverhältnisse auf dem Softwaremarkt. Auch wenn die Lizenzbedingungen mit dem Urheberrecht vereinbar sind, sind sie kartellrechtlicher Kontrolle nicht enthoben. Dies umso mehr, als die Einschränkungen keine inhaltlichen Beschränkungen der Nutzungsrechte nach § 31 Abs. 1 S. 2 a.E. UrhG darstellen, sondern im Sinne einer auflösenden Bedingung nach § 158 Abs. 2 BGB mit der Nutzungsrechtseinräumung verknüpft sind.
Unter dem Aspekt einer unzulässigen Preis- oder Konditionenbindung können insbesondere die Verpflichtungen zur Vergütungsfreiheit der Weitergabe des ursprünglichen wie bearbeiteten source-code sowie zur Zurverfügungstellung des source-code kartellrechtlich bedenklich sein. Darüber hinaus ist das Vorliegen eines echten Konditionenkartells zu untersuchen.

A) Open-Source-Definition

Die Open-Source-Definition als solche legt die Kriterien für Open-Source-Software fest, unter ihr selbst aber wird die Software weder vertrieben noch zur Nutzung überlassen. Ebenso ist jeder Entwickler in seiner Entscheidung, seine Software als proprietäre- oder als Open-Source-Software zu vertreiben, frei, weshalb von einer faktischen Bindungswirkung der OSD nicht ausgegangen werden kann. Dies bedeutet nicht, dass sich dies in der Zukunft nicht ändern kann, wenn beispielsweise bestimmte marktmächtige Nachfrager die Auswahl der Software für ihr System von der Eigenschaft „Open-Source" abhängig machten[854]. Derzeit ist ein solcher Fall jedoch nicht ersichtlich. Die OSD als solche ist somit kartellrechtlich nicht zu beanstanden[855].

B) Einzelne Lizenzregelungen am Beispiel der GNU General Public License

I) „Klassische" Nutzungsbeschränkungen gegenüber den Endanwendern im Vergleich zu proprietärer Software

Die im Rahmen der Nutzung proprietärer Software vorkommenden Nutzungsbeschränkungen für Endanwender gelten bei Open-Source-Software nicht: die Software darf sowohl in ihrem object- als auch source-code in beliebigem Umfang vervielfältigt und weitergegeben werden, so dass sich diesbezügliche kartellrechtliche Probleme nicht ergeben können. Durch die Offenhaltung des source-code und die Zulässigkeit seiner Bearbeitung entfällt die sich aus der (faktischen) Geheimhaltung des source-code ergebende gesamte kartellrechtliche Problematik, beispielsweise hinsichtlich der Bearbeitungsverbote, der Softwarepflege und der Geheimhaltung von Schnittstelleninformationen.

II) Konditionenbindungen im Sinne von Art. 81 Abs. 1 lit. a EGV und § 14 GWB

Kartellrechtliche Probleme können aber vor allem das Gebot der Beifügung des source-code, und hier insbesondere hinsichtlich der vom jeweiligen Erwerber

---

[854] *Heath in* Spindler, G Rz. 7
[855] so auch Koch, CR 2000, 333, 342; Koch macht die kartellrechtliche Zulässigkeit jedoch vom Marktanteil der Open-Source-Software abhängig und sieht bei einem möglicherweise in der Zukunft erheblichem Marktanteil von Open-Source-Software eventuelle Nachteile für die Softwareentwickler, die ihre Software bei Nichteinhalten der OSD-Kriterien nicht als Open-Source-Software vertreiben dürfen; hierbei übersieht er jedoch, dass eben gerade die OSD die Kriterien für Open-Source-Software festlegt; zu prüfen wäre dann aber das Vorliegen eines Konditionenkartells, vgl. insoweit unten B) III)

selbst vorgenommenen Bearbeitungen, sowie das Gebot der Unentgeltlichkeit aufwerfen. Diese Verpflichtungen haben in vertikaler und horizontaler Hinsicht Auswirkungen auf das Wettbewerbsgeschehen.

1) Unterscheidung in Erst- und Zweitvertrag bei vertikaler Bindungswirkung

Eine unzulässige Preis- oder Konditionenbindung kann in vertikaler Hinsicht nur vorliegen, wenn der Erwerber von Open-Source-Software überhaupt die Möglichkeit zum Abschluss von Zweitverträgen besitzt. Ansonsten käme eine Einschränkung seiner möglichen Gestaltungsfreiheit logischerweise schon nicht in Betracht.
Die Möglichkeit zum Abschluss von Zweitverträgen könnte insofern zweifelhaft sein, als § 6 der GNU GPL eine direkte Lizenzeinräumung anordnet, indem jeder Erwerber die Lizenz vom ursprünglichen Urheber erhält. Allerdings betrifft diese Regelung die dingliche Seite der Verfügung über das Urheberrecht und nicht die schuldrechtliche Seite des Rechtsgeschäfts. *Deike* sieht dennoch stets im Urheber den (schuldrechtlichen) Vertragspartner des Erwerbers, indem er ohne nähere Begründung eine Parallelität zwischen dinglichen und schuldrechtlichen Beziehungen annimmt[856].
Diese Auffassung ist nicht haltbar. Eine Pauschalisierung der Vertragsbeziehungen ist zu vermeiden, stattdessen hat eine Differenzierung danach zu erfolgen, auf welchem Weg die Software zur Nutzung überlassen wird. Gerade von Endanwendern wird Open-Source-Software häufig über Distributoren bezogen, so dass schuldrechtlicher Vertragspartner des Erwerbers in diesem Fall der Distributor ist. Hier käme wohl niemand ernsthaft auf die Idee, Vertragsbeziehungen zwischen Erwerber und Distributor zu verneinen[857]. Die Sichtweise, die stets den Urheber als Vertragspartner des Erwerbers ansieht, wirkt gekünstelt und geht an der Realität vorbei. Schuldrechtlicher Vertragspartner des Erwerbers ist also derjenige, von dem der Erwerber die Software tatsächlich bezieht.
Für die kartellrechtliche Untersuchung bedeutet dies, dass die Bedingungen der GNU GPL unter dem Gesichtspunkt der Konditionenbindungen zu prüfen sind.

---

[856] Deike, CR 2003, 9, 11
[857] Siepmann, JurPC, Web-Dok. 163/1999 Abs. 80 ff. unter http://www.jurpc.de/ stellt die einzelnen Vertragsbeziehungen dar

2) Anwendbarkeit der Verordnungen Nr. 2790/1999 und Nr. 772/2004

a) Verordnung Nr. 2790/1999

Werden die Bedingungen der GNU GPL zwischen dem bzw. den Urheber(n) und einem Distributor oder einem Endnutzer vereinbart, also in einem Vertikalverhältnis, könnte die Verordnung Nr. 2790/1999 anwendbar sein. Voraussetzung gem. Art. 2 Abs. 1 VO 2790/1999 ist, dass die Bedingungen den Bezug bzw. (Weiter-) Verkauf der Open-Source-Software betreffen. Dies ist insofern fraglich, als dem jeweiligen Vertragspartner urheberrechtliche Befugnisse an der Software übertragen werden. Steht aber die Übertragung des Urheberrechts im Vordergrund, so ist die Anwendbarkeit der Verordnung Nr. 2790/1999 gem. Art. 2 Abs. 3 ausgeschlossen[858].
Im Unterschied zu proprietärer Software sind die Nutzungsbefugnisse des Softwarenutzers nicht nach den §§ 69 a ff. UrhG begrenzt, sondern gehen über diesen gesetzlichen Mindestrahmen hinaus[859]. Dies aber ist nur möglich, wenn die Nutzungsrechte positiv, d.h. durch eine Lizenz eingeräumt werden. Aus diesem Grund ist davon auszugehen, dass beim Modell der Open-Source-Software die Lizenzierung der Software den Hauptgegenstand der Vereinbarung bildet, es sich also nicht um den bloßen Bezug bzw. (Weiter-) Verkauf von Software handelt[860]. Die Verordnung Nr. 2790/1999 ist bei Vereinbarungen der Lizenzbedingungen der GNU GPL im Vertikalverhältnis folglich nicht anwendbar.

b) Verordnung Nr. 772/2004

Fraglich ist die Anwendbarkeit der Verordnung Nr. 772/2004. Die Verordnung Nr. 772/2004 ist sowohl auf Vereinbarungen im Vertikal- wie im Horizontalverhältnis anwendbar, Art. 3 Abs. 1, 2. Allerdings muss sich die Vereinbarung auf die Produktion von Waren oder Dienstleistungen im Sinne von Vertragsprodukten beziehen, d.h. Produkten, die mit der lizenzierten Technologie hergestellt werden[861]. Das ist bei Vereinbarungen zwischen Urheber und Distributor oder Nutzer fraglich.
Beim Open-Source-Software-Modell wird zwar stets der source-code mit überlassen, so dass Distributor und Softwarenutzer einen tatsächlichen Einblick in die überlassene Technologie erhalten. Allerdings sind weder Distributor noch Softwarenutzer an einer Herstellung von Vertragsprodukten interessiert, sondern „lediglich" an dem Weitervertrieb der Software bzw. der reinen Nutzung

---

[858] vgl. Teil 1 § 2 B) I) 1) b)
[859] siehe oben § 3 B) III)
[860] a.A. *Heath in* Spindler, G Rz. 9
[861] vgl. Teil 5 § 2 A) II)

eines „fertigen" Softwareprodukts. So liegt denn auch der Verordnung Nr. 772/2004 durch ihren unmittelbaren Bezug zum Herstellungsprozess von Vertragsprodukten die Zielsetzung zugrunde, durch die kartellrechtliche Privilegierung bestimmter Technologielizenz-Vereinbarungen die Verbreitung einer neuen Technologie zu fördern. Diesem Sinn und Zweck werden Vereinbarungen zwischen Urheber und Distributor oder Nutzer jedoch nicht gerecht.

Der Verbreitung einer neuen Technologie dienen hingegen Vereinbarungen zwischen Softwareentwicklern. Dies ergibt sich bereits aus dem Ursprung des Open-Source-Software-Modells als eines alternativen Modells in der Softwareentwicklung. Die Softwareentwicklung lebt von Lizenzerteilungen und mit ihr wird die Softwaretechnologie gefördert, verbessert, erweitert etc.. Auf Vereinbarungen der Softwareentwickler untereinander findet die Verordnung Nr. 772/2004 also Anwendung[862].

c) Ergebnis

Zusammenfassend ergibt sich, dass die Verordnung Nr. 2790/1999 auf die Bedingungen der GNU GPL nicht anwendbar ist, weil die Lizenzerteilung an der Software im Vordergrund der GNU GPL steht. Die Verordnung Nr. 772/ 2004 hingegen ist anwendbar, jedoch nur, soweit die GNU GPL zwischen Softwareentwicklern vereinbart wird. Vereinbarungen zwischen Urheber und Distributor bzw. Softwarenutzer entsprechen nicht der Zielsetzung der Verordnung Nr. 772/2004, durch Einblick in das der Technologie zugrundeliegende Wissen die Verbreitung der Technologie selbst zu fördern. Aus diesem Grund kann die Verordnung Nr. 772/2004 hier keine Anwendung finden.

3) Gebot der Unentgeltlichkeit

Die Verpflichtung zur kostenlosen Weitergabe der Software könnte eine gem. Art. 81 Abs. 1 lit. a EGV, § 14 GWB unzulässige Preisbindung der zweiten Hand in negativer Hinsicht darstellen.
Vertikal gesehen wird mit dem Preisbindungsverbot in erster Linie der Schutz der wirtschaftlichen Handlungsfreiheit der gebundenen Vertragspartner bezweckt, in der Folge aber auch der Schutz sonstiger Dritter, die von der fehlenden Wettbewerbsfreiheit der gebundenen Vertragspartner betroffen sind[863]. So soll insbesondere den von einer Preisbindung ausgehenden preistreibenden Effekten entgegengewirkt werden[864]: wettbewerbsaktive Händler sind durch eine

---
[862] vgl. oben Teil 5 § 2 A) II)
[863] *Klosterfelde/Metzlaff* in Langen/Bunte, Bd. I § 14 Rz. 6 ff.
[864] *Klosterfelde/Metzlaff* in Langen/Bunte, Bd. I § 14 Rz. 45

Preisbindung nämlich daran gehindert, eigene Kosteneinsparungen, beispielsweise durch Rationalisierungsmaßnahmen, in Form von Kostenvorteilen an die Verbraucher weiterzugeben. Auf der Stufe der Händler wirkt die Preisbindung im Endeffekt wie ein Preiskartell, was mit negativen Auswirkungen auf den Preiswettbewerb insgesamt als einer der wichtigsten und schutzwürdigsten Formen des Wettbewerbs überhaupt verbunden ist. Diese Wechselbezüglichkeit zwischen Preisbindungsverbot und negativer Auswirkungen auf den Wettbewerb macht zugleich den weiteren Zweck des Preisbindungsverbots deutlich: neben der wirtschaftlichen Handlungsfreiheit der gebundenen Vertragspartner soll ebenso der Wettbewerb als Institution geschützt werden[865]. Hierbei soll allerdings nicht auf ein bestimmtes, niedriges Preisniveau hingewirkt werden[866].

a) Hinsichtlich der ursprünglichen Software

Fraglich ist, ob das Gebot, für die Vervielfältigung bzw. Weitergabe der Software kein Entgelt zu verlangen, eine solche unzulässige Preisbindung darstellt. Eine Einschränkung der wettbewerblichen Handlungsfreiheit des Erwerbers der Software scheint auf den ersten Blick gegeben. Allerdings ist hier ebenso die Entscheidungsfreiheit des Urhebers über die Verwertung seines Werkes zu berücksichtigen: die Entscheidung zur kostenlosen Verbreitung gründet auf seiner Inhaberstellung an der urheberrechtlich geschützten Software und ist folglich vom Kartellrecht prinzipiell zu akzeptieren. Die Vergütung soll dem Urheber für sein Schaffen zugute kommen, nicht sonstigen Dritten. Ist das Werk vom Urheber einmal kostenlos in den Verkehr entlassen, so würde die Erhebung eines Entgelts durch Dritte Sinn und Zweck des Urheberrechts verkehren. Bestätigt wird dies durch die Neufassung des Urheberrechts in § 32 Abs. 3 S. 3 UrhG, welcher die unentgeltliche Einräumung eines einfachen Nutzungsrechts an jedermann zulässt. Diese Regelung wurde gerade mit Blick auf das Open-Source-Software-Modell eingeführt[867].
Die Pflicht zur Unentgeltlichkeit trifft zudem jeden Erwerber und ist unabhängig von Vertriebsstufen, Softwarearten (Betriebssystem- oder Anwendungssoftware) und territorialen Märkten[868]. Preistreibende Effekte können somit nicht entstehen und eine Aufteilung und Differenzierung in verschiedene Preissegmente oder -märkte scheidet aus. Ebenso wenig ist eine Preisdiskriminierung zwischen verschiedenen Erwerbern gegeben. Folglich treten die mit einer Preisbindung in der Regel einhergehenden negativen Wettbewerbswirkungen bei der

---

[865] Emmerich, S. 107
[866] *Klosterfelde/Metzlaff* in Langen/Bunte, Bd. I § 14 Rz. 8
[867] vgl. Entwurfsbegründung BT-Drucksache 14/6433, 15
[868] Koch, CR 2000, 333, 343

Verpflichtung zur Unentgeltlichkeit der Weitergabe der Open-Source-Software nicht ein.

b) Hinsichtlich Bearbeitungen

Die Verpflichtung zur Unentgeltlichkeit der Weitergabe von durch den Erwerber selbst vorgenommenen Bearbeitungen der Software (§ 2 GNU GPL) hingegen könnte dem Wettbewerb zwischen Softwareentwicklern abträglich sein, weil der Weiterentwickler mangels Entscheidungsfreiheit über die Verwertung der Software von einer Weiterentwicklung absehen könnte.
Dennoch ist auch hier eine Wettbewerbsbeschränkung zu verneinen: die GNU GPL erstreckt sich nicht auf solche Bearbeitungen, die vernünftigerweise selbst als unabhängige und eigenständige Werke betrachtet und als solche selbständig verbreitet werden können, § 2 Abs. 2 S. 2, Abs. 3 GNU GPL. Auch die zuvor unter a) genannten Argumente beanspruchen Geltung, so dass von einer Wettbewerbsbeschränkung nicht auszugehen ist.

c) Ergebnis

Die Verpflichtung zur kostenlosen Weitergabe sowohl der ursprünglich erworbenen Software als auch der durch den Erwerber vorgenommenen Bearbeitungen verstößt nicht gegen das Preisbindungsverbot der zweiten Hand[869]: hier handelt es sich um die Verpflichtung zur Unentgeltlichkeit der Weitergabe, womit die Festlegung eines bestimmten Preisniveaus nicht verbunden ist. Die mit Preisbindungen üblicherweise einhergehenden negativen Auswirkungen auf den Wettbewerb können sich nicht ergeben.

4) Gebot der Beifügung des source-code

Auch die Verpflichtung, die Software in Form des source-code (§ 1 GNU GPL) bzw. unter Beifügung eines Angebots der Zurverfügungstellung des source-code (§ 3 GNU GPL) zu verbreiten, ist unter dem Aspekt einer unzulässigen Konditionenbindung im Sinne von Art. 81 Abs. 1 lit. a EGV, § 14 GWB zu betrachten. Geschäftsbedingungen im Sinne der genannten Vorschriften sind solche, die unter Ausschluss der Preisgestaltung den gesamten übrigen Inhalt des

---

[869] im Ergebnis auch *Heath in* Spindler, G Rz. 9, 13 f., jedoch mit einer anderen Begründung: er sieht in dem Modell der Open-Source-Software eine technisch und wirtschaftlich eigenständige Nutzungsart, für die die Erschöpfungsregelung nicht eingreift; diese Ansicht ist jedoch abzulehnen, vgl. oben § 3 B) I)

Zweitvertrages betreffen[870]. Das Verbot von Konditionenbindungen verfolgt hierbei denselben Zweck wie das Preisbindungsverbot: die wettbewerbliche Handlungsfreiheit der gebundenen Vertragspartner soll geschützt werden und in der Folge zu einer Vermeidung der sich aus dieser Wettbewerbsbeschränkung ergebenden negativen Auswirkungen auf betroffene Dritte sowie des Wettbewerbs als Institution führen[871].

a) Hinsichtlich der ursprünglichen Software

Die Verpflichtung zur Weitergabe des source-code betrifft insbesondere die Softwareanwender in vertikaler Hinsicht, weil Softwareentwickler schon aus praktischen Gründen den source-code untereinander austauschen werden. Ausgangspunkt der kartellrechtlichen Beurteilung muss hier sein, dass der jeweilige Erwerber selbst den source-code der Software (und nicht lediglich den maschinenausführbaren object-code) bzw. ein Angebot für seine Zurverfügungstellung erhält. Somit kann die Verpflichtung zur Zugänglichmachung des source-code keine Einschränkung der wirtschaftlichen Handlungsfreiheit des Erwerbers bedeuten, weil er die Software lediglich in der Art und Weise, nämlich in Form des source-code, weitergeben muss, in der er die Software selbst erhalten hat.
Auch unter horizontalen Gesichtspunkten ist eine Wettbewerbsbeschränkung nicht ersichtlich. Im Gegenteil: die Offenhaltung und Kenntnis des source-code fördert den Wettbewerb, und zwar bezüglich der Softwareentwicklung wie auch bezüglich der von der Kenntnis des source-code abhängigen Drittleistungen wie Anpassungen, Softwarepflege etc.. Eine Benachteiligung dritter unabhängiger Unternehmen im Wettbewerb um diese Leistungen scheidet aus. Dies strahlt wiederum auf die (vertikale) Abhängigkeit der Softwareanwender vom Hersteller aus und beendet diese, weil die Anwender in ihrer Auswahl eines Vertragspartners für die jeweilige Leistung frei bleiben.

b) Hinsichtlich Bearbeitungen

Die Bestimmung, auch sämtliche Änderungen der Software im source-code verfügbar zu machen (§ 2 GNU GPL), betrifft in erster Linie die Softwareentwicklung, weil Endnutzer Bearbeitungen der Software in der Regel aus anwenderspezifischen Notwendigkeiten und nicht zum Zwecke der Weitergabe vornehmen werden.

---

[870] *Klosterfelde/Metzlaff* in Langen/Bunte, Bd. I § 14 Rz. 53
[871] Emmerich, S. 107 f.

Softwareentwickler könnten wegen dieser Vorbestimmung der Art und Weise der Verwertung ihrer Entwicklung davon absehen, ihre Änderungen der Öffentlichkeit zugänglich zu machen, womit eine Einschränkung des Wettbewerbs verbunden wäre. Allerdings gilt es auch hier § 2 Abs. 2 S. 2, Abs. 3 GNU GPL zu beachten, der solche Bearbeitungen von den Lizenzbedingungen ausnimmt, die vernünftigerweise selbst als unabhängige und eigenständige Werke betrachtet und in dieser Form auch verbreitet werden können. Dadurch wird die Beeinträchtigung der Entscheidungsfreiheit der Softwareentwickler relativiert. Hinzu kommt, dass die Offenlegungsverpflichtung sämtliche Softwareentwickler betrifft und somit den Wettbewerb in der Softwareentwicklung sogar fördert.
Dasselbe gilt für Softwareanwender: zur Offenlegung des source-code der Bearbeitung sind sie nur bei Weitergabe der Software verpflichtet, über die sie jedoch selbst entscheiden können und an der sie in der Regel nicht interessiert sein werden. Auch hier gilt, dass selbständige Bearbeitungen von den Lizenzbedingungen ausgenommen bleiben.
Ein Blick auf die Verordnung Nr. 772/2004 und ihre Leitlinien hinsichtlich Vereinbarungen über Rücklizenzen bestätigt diese Auffassung: gem. Art. 5 Abs. 1 lit. a) und b) gilt die Freistellung nicht für ausschließliche Lizenzverpflichtungen des Lizenznehmers hinsichtlich eigener abtrennbarer Verbesserungen und Rechte an sonstigen Verbesserungen. In den Anwendungsbereich der Verordnung Nr. 772/2004 hingegen fallen nicht ausschließliche Rücklizenzverpflichtungen. Nachdem die Verpflichtung zur Offenlegung des source-code von Bearbeitungen bei Weitergabe sämtliche Vertriebs- und Verwertungsstufen betrifft, umfasst sie „Lizenzgeber" und „-nehmer" gleichermaßen, so dass mit ihr, in entsprechender Anwendung der Verordnung Nr. 772/2004, keine Wettbewerbsbeschränkung verbunden ist.

c) Ergebnis

Die Verpflichtung zur Überlassung des source-code bei Weitergabe sowohl der ursprünglich erworbenen Software als auch von Änderungen der Software stellt keine unzulässige Konditionenbindung dar: der Erwerber erhält die Software ebenfalls in Form des source-code bzw. ein Angebot für seine Zurverfügungstellung. Mit der Weitergabe des source-code auch bei Änderungen ist eine Intensivierung des Wettbewerbs verbunden. Im Übrigen bleibt die Entscheidung über die Weitergabe von Änderungen dem Erwerber überlassen.

III) GNU GPL als Konditionenkartell, Art. 81 Abs. 1 lit. a EGV, § 2 Abs. 2 GWB

Die Verwertung von Software nach dem Open-Source-Modell der GNU GPL muss kartellrechtlich auch unter dem Gesichtspunkt eines Konditionenkartells betrachtet werden. Innerhalb einzelner Open-Source-Software-Projekte bildet sich zumeist ein Kernteam, das zum einen unter technischen Gesichtspunkten darüber entscheidet, welche konkreten Änderungen in die Software aufgenommen werden, zum anderen unter rechtlichen Gesichtspunkten über die Bedingungen, die die Zugänglichmachung der Software an Dritte sowie die direkte Nutzungsrechtseinräumung regeln[872]. Insoweit bilden die Softwareentwickler ein Konditionenkartell, weil sie die einheitliche Anwendung bestimmter Geschäftsbedingungen (Weitergabe der ursprünglichen und bearbeiteten Software im source-code) und Preise (Verpflichtung zur Unentgeltlichkeit der Weitergabe) festlegen.

Im deutschen Recht bedarf ein Konditionenkartell zu seiner Wirksamkeit der Anmeldung gem. § 9 GWB, im europäischen Recht ist die Legalität nach Art. 81 Abs. 3 EGV zu prüfen. Der Erfolg der Anmeldung gem. § 9 GWB und der Legalitätsprüfung nach Art. 81 Abs. 3 EGV hängen davon ab, ob mit der unter den Softwareentwicklern bestehenden Konditionenvereinbarung eine Wettbewerbsbeschränkung oder -verfälschung verbunden ist. Die Festlegung von Preisen oder Preisbestandteilen ist wegen der absoluten Wettbewerbsschädlichkeit derartiger Vereinbarungen in keinem Fall möglich. Dies gilt allerdings nicht für die Verpflichtung zur Unentgeltlichkeit der Weitergabe. Insofern ist auf die obige Untersuchung zu verweisen[873].

Der Vorwurf gegenüber einem Kartell liegt in dem koordinierten Marktverhalten der einzelnen Mitglieder begründet, wodurch sie den Wettbewerb unter sich zum Nachteil der Marktgegenseite ausschließen, da dieser Alternativen verloren gehen[874]. Mit der Vereinbarung der Softwareentwickler, ihre Open-Source-Software gemeinsam unter der GNU GPL zu lizenzieren, sind derartige Nachteile aber gerade nicht verbunden. Die einem Kartell anhaftende Eigentümlichkeit des Ausschlusses des Wettbewerbs unter den Kartellmitgliedern fehlt bei den Lizenzbedingungen der GNU GPL, ja im Gegenteil, der Wettbewerb wird sogar gefördert. Dies geschieht in erster Linie durch die Verpflichtung zur Offenlegung des source-code. Die zuvor im Rahmen der Untersuchung der

---

[872] Broschüre des Bundesministeriums für Wirtschaft und Technologie: Open-Source-Software, Ein Leitfaden für kleine und mittlere Unternehmen, S. 10; Koch, CR 2000, 333, 343
[873] vgl. oben II) 3)
[874] Emmerich, S. 27 f.

Konditionenbindungen angeführten Argumente beanspruchen hier gleichermaßen Geltung[875].

IV) Missbrauch einer marktbeherrschenden Stellung

1) Gegenüber Softwarenutzern

Vorab ist festzuhalten, dass derzeit noch kein Anbieter von Open-Source-Software über eine marktbeherrschende Stellung verfügt[876]. Dies ergibt sich hinsichtlich der für den Softwarenutzer relevanten Programme bereits aus der leichten Substituierbarkeit der Produkte: der Softwarenutzer kann ohne weiteres zwischen proprietärer- und Open-Source-Software wählen, ja wird die Auswahl für ihn durch die Open-Source-Software noch erhöht, indem diese kostenlos angeboten und mit source-code überlassen wird. Insofern kommt der Missbrauch einer marktbeherrschenden Stellung schon gar nicht in Betracht.
Denkbar wäre ein Marktmachtmissbrauch ohnehin nur durch die oben untersuchten Konditionenbindungen, soweit diese als unangemessen anzusehen wären sowie dann, wenn die Bedingungen der GNU GPL gegenüber den Nutzern in unterschiedlicher Weise angewandt würden, Art. 82 Abs. 2 lit. a, c bzw. §§ 19 Abs. 4 Ziff. 2, 3, 20 Abs. 1, 2. Da die Bedingungen der GNU GPL jedoch gegenüber jedem Softwarenutzer gleichermaßen Geltung beanspruchen und gemäß der obigen Untersuchung als mit dem Kartellrecht vereinbar angesehen wurden, würde auch der Tatbestand des Missbrauchs einer marktbeherrschenden Stellung gegenüber den Softwareanwendern ausscheiden.

2) Gegenüber Softwareentwicklern

Auch gegenüber Softwareentwicklern wird derzeit der Missbrauch einer marktbeherrschenden Stellung mangels marktbeherrschender Stellung eines bestimmten Anbieters von Open-Source-Software und mangels marktbeherrschender Stellung von Open-Source-Software insgesamt ausscheiden.
Wäre eine marktbeherrschende Stellung erreicht, so könnte ein Missbrauch vorliegen, wenn sich Softwareentwickler gezwungen sähen, ihre Software kostenlos als Open-Source-Software anstelle von proprietärer Software zu verwerten. Sie könnten in ihren Wettbewerbsmöglichkeiten beeinträchtigt sein, indem ihnen die freie Entscheidung über die Art und Weise der Verwertung der von ihnen entwickelten Software genommen würde. Allerdings wird auch hier ein Marktmachtmissbrauch zu verneinen sein, weil die Bedingungen der GNU GPL

---

[875] vgl. oben II)
[876] *Heath* in Spindler, G Rz. 10; Koch, CR 2000, 333, 344

für jeden Softwareentwickler gleichermaßen gelten und sich nicht gegen einen bestimmten Entwickler richten. Ebenso beziehen sie sich nicht auf solche Entwicklungen, die vernünftigerweise selbst als unabhängige und eigenständige Werke betrachtet und als solche selbständig verbreitet werden können, § 2 Abs. 2 S. 2, Abs. 3 GNU GPL, so dass die Softwareentwickler hinsichtlich ihrer Entscheidung über die Verwertung eigenständiger, von ihnen entwickelter Software frei bleiben[877].

3) Ergebnis

Festzuhalten bleibt, dass derzeit ein Marktmachtmissbrauch in Zusammenhang mit Open-Source-Software mangels Vorliegens einer marktbeherrschenden Stellung einzelner Anbieter von Open-Source-Software sowie von Open-Source-Software insgesamt ausscheidet. Aber selbst bei Unterstellung einer marktbeherrschenden Stellung wird ein Missbrauch nicht vorliegen, weil die Bedingungen der GNU GPL jeden Softwarenutzer und -entwickler gleichermaßen treffen und eigenständige Bearbeitungen von ihrer Geltung ausschließen.

---

[877] *Heath in* Spindler, G Rz. 10 und 15 macht den Marktmachtmissbrauch davon abhängig, ob die Softwareentwickler einen Anspruch auf Lizenzvergabe ohne die beschränkenden Bedingungen haben

Schlussbetrachtung

Die vorliegende Untersuchung hat gezeigt, dass Softwareverträge derzeit sowohl im europäischen als auch deutschen Recht nur unvollständig geregelt und die Regelungen ferner teilweise verfehlt sind. Darüber hinaus sind die bestehenden Regelungen über verschiedene Gruppenfreistellungsverordnungen bzw. deren Leitlinien verstreut, weshalb eine Konzentration auf nur eine Gesamtregelung nicht möglich ist und für die Praxis zusätzliche Probleme aufwirft. Diese Konfusion ist auf die spezifische Eigenart des Rechtsguts Software zurückzuführen.

Nach der derzeitigen gesetzlichen Regelung kommt eine direkte Anwendbarkeit der Verordnung Nr. 2790/1999 nur auf Vertriebsvereinbarungen in Betracht, und hier in der Praxis wegen der 30 %-Marktanteilsschwelle wohl nur im Bereich der Standardsoftware. Hinsichtlich der Einflussnahme des Herstellers auf den Inhalt der Zweitverträge des Händlers mit dem Endkunden im Rahmen von Vertriebsverträgen hingegen kann eine Anwendung der Verordnung Nr. 2790/1999 wegen der spezifischen Softwareproblematik nicht stattfinden.

Bei Verträgen zwischen Softwareentwicklern ist eine direkte Anwendbarkeit der Verordnung Nr. 772/2004 gegeben.

Vertriebslizenzen, Application Service Providing, der gesamte Bereich der Softwareüberlassung mit ihren Nutzungsbeschränkungen, die speziellen Probleme bei der Erstellung von Individualsoftware, bei Open-Source-Software sowie das Problem der Abhängigkeit der Anwender und Dritter vom Softwarehersteller, vor allem im Rahmen der Softwarepflege und der Problematik der Herausgabe von Schnittstelleninformationen, erfahren hingegen keine gesetzliche Regelung.

Aus diesen Gründen wird eine eigene Gruppenfreistellungsverordnung für Softwareverträge befürwortet. Beim Aufbau einer derartigen Gruppenfreistellungsverordnung ist eine Unterscheidung nach der jeweiligen Art der konkreten Softwareverwertung unerlässlich. Dies bedeutet, dass, wie in dieser Arbeit vorgenommen, eine Differenzierung danach zu erfolgen hat, ob es sich um den Vertrieb von Software handelt – mit all seinen verschiedenen Möglichkeiten von reinen Vertriebsverträgen über Vertriebslizenzen und OEM-Versionen bis hin zum Application Service Providing – oder um eine Überlassung an den Endanwender, um einen tatsächlichen Technologietransfer zwischen Softwareentwicklern unter Einbeziehung der Open-Source-Software oder die Erstellung von Individualsoftware. Ebenso muss die Abhängigkeit der Softwareanwender oder sonstiger Dritter vom Hersteller mitbehandelt werden mit der Folge einer genauen Festlegung, wann der Softwarehersteller zur Offenlegung von Schnittstellen oder Teilen des source-code verpflichtet ist.

Hinsichtlich der Regelung der verschiedenen Vertriebsvereinbarungen kann bei Standardsoftware auf die Verordnung Nr. 2790/1999 Bezug genommen werden. Hierbei sollten wettbewerbsrelevante Vertriebsvereinbarungen in Vertriebsverträgen und -lizenzen sowie zwischen Softwarehersteller und Application Service Provider dieselbe Regelung erfahren. Die Einflussnahme des Softwareherstellers auf die Zweitverträge zwischen Händler und Endkunden sollte im Rahmen der Nutzungsbeschränkungen mitgeregelt werden, weil hier ohnehin deren kartellrechtliche Zulässigkeit im Mittelpunkt steht. Die Problematik der OEM-Versionen muss eigenständig und neu geregelt werden, Tz. 41 Leitlinien zur Verordnung Nr. 2790/1999 ist vollständig zu überarbeiten. Mit Blick auf Tz. 41 Leitlinien ist in dem Abschnitt Vertrieb nur die Verpflichtung des Hardwareherstellers, die Software auf seiner Hardware vorzuinstallieren, zu regeln. Das Verbot für die Anwender, die Software nicht auf einer anderen Hardware zu verwenden, ist hingegen dem Abschnitt der Nutzungsbeschränkungen zuzuordnen.

Für den Bereich der Softwareentwicklung können Parallelen zur Verordnung Nr. 772/2004 gezogen werden.

Die Beurteilung der sonstigen in dieser Arbeit behandelten möglichen Wettbewerbsbeschränkungen weisen weitgehend keine Parallelen zu gesetzlich bereits geregelten Sachverhalten auf, weshalb hier eine völlige Neuordnung zu erfolgen hat.

Literaturverzeichnis

Ackermann, Thomas	Die neuen Wettbewerbsregeln für vertikale Beschränkungen, EuZW 1999, 741 ff.
Axster, Oliver	Abgrenzung anti-kompetitiver von den zulässigen Wettbewerbsbeschränkungen im deutschen, im US-amerikanischen und im EG-Kartellrecht, in Niederleithinger, Ernst/ Werner, Rosemarie/ Wiedemann, Gerhard (Hrsg.), Festschrift für Otfried Lieberknecht zum 70. Geburtstag, München 1997
Bachofer, Thomas	Der OEM-Vertrag, CR 1988, 1 ff.
Baumbach, Adolf/ Hopt, Klaus	Handelsgesetzbuch, 30. Aufl., München 2000
Bechtold, Rainer	Missbrauch einer marktbeherrschenden Stellung durch Ausübung des Urheberrechts, EuZW 1995, 339 ff.
Becker, Jürgen	Neue Übertragungstechniken und Urheberrechtsschutz, ZUM 1995, 231 ff.
Bettinger, Torsten/ Scheffelt, Michael	Application Service Providing: Vertragsgestaltung und Konfliktmanagement, CR 2001, 729 ff.
Büchner, Wolfgang	Bericht über den Arbeitskreis „Urheberrechtliche Beurteilung neuer Softwarekonzepte", in Büllesbach, Alfred/ Heymann, Thomas (Hrsg.), Informationsrecht 2000 – Perspektiven für das nächste Jahrzehnt i.A.d. DGRI-Gesellschaft, Köln 2001
Bundesministerium für Wirtschaft und Technologie	Broschüre des Bundesministeriums für Wirtschaft und Technologie: Open-Source-Software, Ein Leitfaden für kleine und mittlere Unternehmen
Carstensen, Peter C.	Remedying the Microsoft monopoly: monopoly law, the rights of buyers, and the enclosure movement in intellectual property, Antitrust Bulletin 1999, 577 ff.

Christoph, Michael	Wettbewerbsbeschränkungen in Lizenzverträgen über gewerbliche Schutzrechte nach deutschem und europäischem Recht, Regensburg 1998
Chrocziel, Peter	Verwendungsbeschränkungen in Softwareverträge, CR 1989, 657 ff., 790 ff.
ders. mit Lehmann, Michael	BGH: OEM-Version, CR 2000, 738 ff.
Cohen Jehoram, Herman/ Mortelmans, Kamiel	Zur „Magill"-Entscheidung des Europäischen Gerichtshofs, GRUR Int. 1997, 11 ff.
Czychowski, Christian/ Bröcker, Klaus Tim	ASP – Ein Auslaufmodell für das Urheberrecht? MMR 2002, 81 ff.
Deike, Thies	Open Source Software: IPR-Fragen und Einordnung ins deutsche Rechtssystem, CR 2003, 9 ff.
Deutsche Gesellschaft für Recht und Informatik	Stellungnahme der DGRI zur Überarbeitung der Gruppenfreistellungsverordnung (EG) Nr. 240/96 für Technologietransfer-Vereinbarungen (GFTT), CR 2003/5 Beilage S. 3 ff.
Deutsche Vereinigung für gewerblichen Rechtsschutz und Urheberrecht	Stellungnahme der Deutschen Vereinigung für gewerblichen Rechtsschutz und Urheberrecht zu dem Entwurf einer Verordnung (EG) der Kommission zur Anwendung von Art. 85 Abs. 3 auf Gruppen von Technologie-Transfervereinbarungen, GRUR 1994, 711 ff.
dies.	Stellungnahme zum Evaluierungsbericht der Kommission über die Gruppenfreistellungs-Verordnung (EG) Nr. 240/96 für Technologietransfer-Vereinbarungen (GFTT) - Technologietransfer-Vereinbarungen nach Art. 81 EG-Vertrags, unter http://www.grur.de/Seiten/Aufbau/Navigation.html

dies.	Entwurf einer Kommissionsverordnung über die Anwendung des Art. 81 Abs. 3 des EG-Vertrages auf Gruppen von Technologietransfer-Vereinbarungen; ABl. C 235/11 v. 01.10.2003 unter http://www.grur.de/Seiten/Aufbau/Navigation.html
Dreier, Thomas	Urheberrecht auf dem Weg zur Informationsgesellschaft, GRUR 1997, 859 ff.
ders.	Verwertungsrechte der Urheber, in Schricker, Gerhard (Hrsg.), Urheberrecht auf dem Weg zur Informationsgesellschaft, 1. Aufl., Baden-Baden 1997 (zit. Informationsgesellschaft)
ders.	Primär- und Folgemärkte, in Schricker, Gerhard/ Dreier, Thomas/ Kur, Annette (Hrsg.), Geistiges Eigentum im Dienst der Innovation, Baden-Baden 2001
Eilmansberger, Thomas	Der Umgang marktbeherrschender Unternehmen mit Immaterialgüterrechten im Lichte des Art. 86 EWGV, EuZW 1992, 630 ff.
Emmerich, Volker	Kartellrecht, 8. Aufl., München 1999
Erben, Meinhard/ Zahrnt, Christoph	Anmerkung zum Urteil des KG Berlin v. 27.II.1996: Erschöpfungsgrundsatz und Softwarevertrieb, CR 1996, 531, 535 f.
dies.	Anmerkung zum Urteil des OLG München v. 12.II.1998, CR 1998, 265, 267 ff.
Everling, Ulrich	Zur Wettbewerbskonzeption in der neueren Fechtsprechung des EuGH, WuW 1990, 995 ff.
Fleischer, Holger	Behinderungsmissbrauch durch Produktinnovation, Baden-Baden 1997
ders. mit Doege, Nils	Der Fall United States v. Microsoft – Zwischenbilanz eines kartellrechtlichen Jahrhundertverfahrens, WuW 2000, 705 ff.

Fritzsche, Jörg	„Notwendige" Wettbewerbsbeschränkungen im Spannungsfeld von Verbot und Freistellung nach Art. 85 EGV, ZHR 160 (1996), 31 ff.
Geissler, Bernhard/ Pagenberg, Jochen	Der Software-Lizenzvertrag in der Praxis, in Lehmann, Michael (Hrsg.), Rechtsschutz und Verwertung von Computerprogrammen, 1993
Gey, Peter	Das Berufungsurteil in Sachen Microsoft – Kartellrecht in dynamischen Technologiemärkten, WuW 2001, 933 ff.
Gleiss, Alfred/ Hirsch, Martin	Kommentar zum EG-Kartellrecht, Bd. 1: Art. 85 und Gruppenfreistellungsverordnungen, 4. Aufl., Heidelberg 1993
Grützmacher, Malte	Application Service Providing, Urhebervertragsrechtliche Aspekte, ITRB 2001, 59 ff.
Grzesick, Bernd	Freie Software: Eine Widerlegung der Urheberrechtstheorie? MMR 2000, 412 ff.
Heinemann, Andreas	Immaterialgüterschutz in der Wettbewerbsordnung – Eine grundlagenorientierte Untersuchung zum Kartellrecht des geistigen Eigentums, Tübingen, 2002
Haberstumpf, Helmut	Das Software-Urhebervertragsrecht im Lichte der bevorstehenden Umsetzung der EG-Richtlinie über den Rechtsschutz von Computerprogrammen, GRUR Int. 1992, 715 ff.
ders.	Der urheberrechtliche Schutz von Computerprogrammen, in Lehmann, Michael (Hrsg.), Rechtsschutz und Verwertung von Computerprogrammen, 1993
Heath, Christopher	Kartellrecht, in Spindler, Gerald (Hrsg.), rechtsfragen bei open source, Köln 2004

Heussen, Benno	Vertragsrecht und Vertragsgestaltung, in Kilian, Wolfgang/ Heussen, Benno (Hrsg.), Computerrechtshandbuch, München 1999
Hilty, Reto M.	Der Softwarevertrag – ein Blick in die Zukunft, MMR 2003, 3 ff
Hoeren, Thomas	Überlegungen zur urheberrechtlichen Qualifizierung des elektronischen Abrufs, CR 1996, 517 ff.
ders.	Entwurf einer EU-Richtlinie zum Urheberrecht in der Informationsgesellschaft, MMR 2000, 515 ff.
ders. mit Schuhmacher, Dirk	Verwendungsbeschränkungen im Softwarevertrag, CR 2000, 137 ff.
Immenga, Ulrich/ Mestmäcker, Ernst-Joachim (Hrsg.)	EG-Wettbewerbsrecht Bd. I, München 1997 (zit. Wettbewerbsrecht Bd. I)
dies.	GWB – Kommentar zum Kartellgesetz, 2. Aufl., München 1992 und 3. Aufl., München 2001 (zit. GWB)
Jaeger, Till/ Metzger, Axel	Open Source Software – Rechtliche Rahmenbedingungen der Freien Software, München 2002
Jestaedt, Thomas	Anmerkungen zum Urteil in der Sache Magill, WuW 1995, 483 ff.
Joos, Ulrich	Die Erschöpfungslehre im Urheberrecht, München 1991
Kindermann, Manfred	Vertrieb und Nutzung von Computersoftware aus urheberrechtlicher Sicht, GRUR 1983, 150 ff.
Koch, Frank A.	Computervertragsrecht, 5. Aufl., Freiburg, Berlin 2000 und 6. Aufl., Freiburg, Berlin 2002
ders.	Grundlagen des Urheberrechtsschutzes im Internet und in Online- Diensten, GRUR 1997, 417 ff.

ders.	Urheber- und kartellrechtliche Aspekte der Nutzung von Open-Source-Software I und II, CR 2000, 273 ff., 333 ff.
Koehler, Philipp	Der Erschöpfungsgrundsatz des Urheberrechts im Online-Bereich, München 2000
Kreutzmann, Alix	Lizenzkartellrecht im Multimedia-Bereich, Berlin 2000
Kreuzer, Frank	Nutzungsbeschränkungen in Softwareverträgen – Kartellrechtliche Implikationen für den vertraglichen Schutz von Computerprogrammen, Frankfurt am Main 1996
Kröger, Detlef	Die Urheberrechtsrichtlinie für die Informationsgesellschaft – Bestandsaufnahme und kritische Bewertung, CR 2001, 316 ff.
Langen, Eugen/ Bunte, Hermann (Hrsg.)	Kommentar zum deutschen und europäischen Kartellrecht, Bd. 1, 9. Aufl., Neuwied, Kriftel, Berlin 2001
Lehmann, Michael	BGH: OEM-Version – Anmerkung, CR 2000, 740 f.
ders.	Das Urhebervertragsrecht der Softwareüberlassung, in Beier/Götting/Lehmann/Moufang (Hrsg.), Festgabe für Gerhard Schricker zum 60. Geburtstag, München 1995
ders.	Digitalisierung und Urheberrecht, in Lehmann, Michael (Hrsg.), Internet- und Multimediarecht (Cyberlaw), Stuttgart 1997 (zit. Cyberlaw)
ders.	Digitalisierung und Urhebervertragsrecht, in Lehmann, Michael (Hrsg.), Internet- und Multimediarecht (Cyberlaw), Stuttgart 1997 (zit. Cyberlaw)
ders.	Die kartellrechtlichen Grenzen der Lizenzierung von Computerprogrammen, in Lehmann, Michael (Hrsg.), Rechtsschutz und Verwertung von Computerprogrammen, 1993

Lehner, Franz/ Locher, Christian/ Graf, Tanja	Application Service Providing (ASP) und Service Level Agreements (SLA), Forschungsbericht des Lehrstuhls für Wirtschaftsinformatik III, Prof. Dr. F. Lehner, Universität Regensburg, 2001
v. Lewinski, Silke	Die Multimedia-Richtlinie, MMR 1998, 115 ff.
Link, Klaus-Ulrich	Die Auswirkungen des Urheberrechts auf die vertraglichen Beziehungen bei der Erstellung von Computerprogrammen, GRUR 1986, 141 ff.
Linnenborn, Oliver	EU-Richtlinienvorschlag zum Urheberrecht und den verwandten Schutzrechten im Lichte digitaler Technologien und des E-Commerce, K&R 1999, 201 ff.
Mäger, Stefan	Der urheberrechtliche Erschöpfungsgrundsatz bei der Veräußerung von Software, CR 1996, 522 ff.
Marly, Jochen	Softwareüberlassungsverträge, 3. Aufl., München 2000
ders.	Urheberrechtsschutz für Computersoftware in der Europäischen Union, München 1995 (zit. Marly, Urheberrechtsschutz)
Mennicke, Petra	„Magill" – Von der Unterscheidung zwischen Bestand und Ausübung von Immaterialgüterrechten zur „essential facilities"-Doktrin in der Rechtsprechung des Europäischen Gerichtshofes ? ZHR 160 (1996), 626 ff.
Metzger, Axel	Softwarepatente im künftigen europäischen Patentrecht, CR 2003, 313 ff.
ders. mit Jaeger, Till	Open Source Software und deutsches Urheberrecht, GRUR Int. 1999, 839 ff.
Meyer, Andreas	Die EG-Gruppenfreistellungsverordnung Technologietransfer, GRUR Int. 1997, 498 ff.
Möffert, Franz-Josef	Der Forschungs- und Entwicklungsvertrag, 2. Aufl., München 2001

Montag, Frank	Gewerbliche Schutzrechte, wesentliche Einrichtungen und Normung im Spannungsfeld zu Art. 86 EGV, EuZW 1997, 71 ff.
Moritz, Hans-Werner	Softwarelizenzverträge I, II, III, CR 1993, 257 ff., 341 ff., 414 ff.
Moritz, Hans-Werner/ Tybusseck, Barbara	Computersoftware: Rechtsschutz und Vertragsgestaltung, 2. Aufl., München 1992
Nordemann, Wilhelm	CPU-Klauseln in Softwareüberlassungsverträgen, CR 1996, 5 ff.
Pethig, Rüdiger	Information als Wirtschaftsgut in wirtschaftswissenschaftlicher Sicht, in Fiedler, Herbert/ Ullrich, Hanns (Hrsg.), Information als Wirtschaftsgut i.A.d. DGRI-Gesellschaft, Köln 1997
Pilny, Karl H.	Missbräuchliche Marktbeherrschung gem. Art. 86 EWGV durch Immaterialgüterrechte (Magill-Entscheidung), GRUR Int. 1995, 954 ff.
Pres, Andreas	Gestaltungsformen urheberrechtlicher Softwarelizenzverträge, Köln 1994
Polley, Romina/ Seeliger, Daniela	Anwendung der neuen Gruppenfreistellungsverordnung für Vertikalverträge Nr. 2790/1999 auf Softwareverträge, CR 2001, 1 ff.
Pukall, Kirstin	Neue EU-Gruppenfreistellungsverordnung für Vertriebsbindungen, NJW 2000, 1375 ff.
Raubenheimer, Andreas	Beseitigung/Umgehung eines technischen Programmschutzes nach UrhG und UWG, CR 1996, 69 ff.
Redeker, Helmut	Der EDV-Prozess, 2. Aufl., München 2000
Reinbothe, Jörg	Die EG-Richtlinie zum Urheberrecht in der Informationsgesellschaft, GRUR Int. 2001, 733 ff.

ders.	Die Umsetzung der EU-Urheberrechtsrichtlinie in deutsches Recht, ZUM 2002, 43 ff.
Röhrborn, Jens/ Sinhart, Michael	Application Service Providing – juristische Einordnung und Vertragsgestaltung, CR 2001, 69 ff.
Roniger, Rainer	Das neue Vertriebskartellrecht, Wien 2000
Samuelson, Pamela/ Davis, Randall/ Kapor, Mitchell D./ Reichman J.H.	A Manifesto concerning the legal protection of computer programs, Columbia Law Review 1994, 2310 ff.
Schneider, Jochen	Handbuch des EDV-Rechts, 3. Aufl., Köln 2003
ders.	Neues zu Vorlage und Herausgabe des Quellcodes? – Kritische Überlegungen zur Dissonanz zwischen vertraglicher und prozessualer Beurteilung des Quellcodes durch den BGH, CR 2003, 1 ff.
Schneider, Jörg	Softwarenutzungsverträge im Spannungsfeld von Urheber- und Kartellrecht, München 1989
Scholz, Matthias/ Haines, Alexander	Hardwarebezogene Verwendungsbeschränkungen in Standardverträgen zur Überlassung von Software – Eine Betrachtung von CPU- und Upgrade-Klauseln, CR 2003, 393 ff.
Schricker, Gerhard	Urheberrecht, Kommentar, 2. Aufl., München 1999
Schroeder, Dirk	Wettbewerbsbeschränkungen in Vertriebsverträgen über Computerkomponenten, in Kilian, Wolfgang/ Heussen, Benno (Hrsg.), Computerrechtshandbuch, München 1999
ders.	Softwareüberlassungsverträge, in Kilian, Wolfgang/ Heussen, Benno (Hrsg.), Computerrechtshandbuch, München 1999
ders.	Missbrauch einer marktbeherrschenden Stellung, in Kilian, Wolfgang/ Heussen, Benno (Hrsg.), Computerrechtshandbuch, München 1999

Schuhmacher, Dirk	Wirksamkeit von typischen Klauseln in Softwareüberlassungsverträgen, CR 2000, 641 ff.
Schulte, Dieter	Der Referentenentwurf eines Zweiten Gesetzes zur Änderung des Urheberrechtsgesetzes, CR 1992, 588 ff., 648 ff.
Siepmann, Jürgen	Lizenz- und haftungsrechtliche Fragen bei der kommerziellen Nutzung Freier Software, JurPC, Web-Dok. 163/1999 unter http://www.jurpc.de
Spindler, Gerald	Europäisches Urheberrecht in der Informationsgesellschaft, GRUR 2002, 105 ff.
ders.	Urheberrecht, in Spindler, Gerald (Hrsg.), rechtsfragen bei open source, Köln 2004
ders.	Open Source Software Lizenztypen und Abgrenzung, in Spindler, Gerald (Hrsg.), rechtsfragen bei open source, Köln 2004
ders. mit Wiebe, Andreas	Open Source-Vertrieb – Rechteeinräumung und Nutzungsberechtigung, CR 2003, 873 ff.
Stumpf, Herbert/ Groß, Michael	Der Lizenzvertrag, 7. Aufl., Heidelberg 1998
Sucker, Michael	Lizenzierung von Computersoftware – Kartellrechtliche Grenzen nach dem EWG-Vertrag I, II, CR 1989, 353 ff., 468 ff.
Ullrich, Hanns	Privatrechtsfragen der Forschungsförderung in der Bundesrepublik Deutschland, Weinheim 1984 (zit. Privatrechtsfragen der Forschungsförderung)
ders.	Die wettbewerbspolitische Behandlung gewerblicher Schutzrechte in der EWG, GRUR Int. 1984, 89 ff.
ders.	Lizenzkartellrecht auf dem Weg zur Mitte, GRUR Int. 1996, 555 ff.

ders.	Lizenzverträge im europäischen Wettbewerbsrecht: Einordnung und Einzelfragen, Mitteilungen der deutschen Patentanwälte 1998, 50 ff.
ders.	Kartellrechtliche Aspekte des Informationszugangs, in Bartsch, Michael/ Lutterbeck, Bernd (Hrsg.), Neues Recht für neue Medien i.A.d. DGRI-Gesellschaft, Köln 1998
ders.	Zum Werkerfolgsrisiko beim Forschungs- und Entwicklungsvertrag, Festschrift für Wolfgang Fikentscher, Tübingen 1998 (zit. FS Fikentscher)
ders. mit Konrad, Karlheinz	Warenverkehr – Gewerblicher Rechtsschutz, in Dauses, Manfred A. (Hrsg.), Handbuch des EU-Wirtschaftsrechts, Bd. I, München 2000 (Loseblatt)
ders.	Grenzen des Rechtsschutzes: Technologieschutz zwischen Wettbewerbs- und Industriepolitik, in Schricker, Gerhard/ Dreier, Thomas/ Kur, Annette (Hrsg.), Geistiges Eigentum im Dienst der Innovation, Baden-Baden 2001
Ullrich, Hanns/ Körner, Eberhard	Der internationale Softwarevertrag, Heidelberg 1995
Ulmer, Detlef	Der Bundesgerichtshof und der moderne Typ der „Softwareüberlassung", CR 2000, 493 ff.
Vinje, Thomas C.	Softwarelizenzen im Lichte des Art. 85 EWG-Vertrages, CR 1993, 401 ff.
Wand, Peter	Kryptologie – Verschlüsselungen und Urheber- und Wettbewerbsrecht, in Lehmann, Michael (Hrsg.), Internet- und Multimediarecht (Cyberlaw), Stuttgart 1997 (zit. Cyberlaw)
Wandtke, Artur-Axel/ Bullinger, Winfried	Praxiskommentar zum Urheberrecht, München 2002

Wedekind, Hasso	Die Anwendung der Kartellvorschriften des EWG-Vertrages auf Patentlizenzverträge in Anmerkung zum Urteil des BGH v. 24.X.2002, CR 2003, 323 ff.
Wiedemann, Gerhard	Kommentar zu den Gruppenfreistellungsverordnungen des EWG-Kartellrechts Bd. I, Köln 1989 (zit. Kommentar zu den GFVOs)
ders.	Handbuch des Kartellrechts, München 1999
Witte, Andreas	Urheberrechtliche Gestaltung des Vertriebs von Standardsoftware, CR 1999, 65 ff.
ders.	Rechtsprechung zum Computerrecht, BGH: OEM-Version, CR 2000, 651 ff.
Wohlgemuth, Michael	Computerwartung: Ausgewählte Rechtsprobleme der Wartung von EDV-Systemen, München 1999
Wuermeling, Ulrich/ Deike, Thies	Open Source Software: Eine juristische Risikoanalyse, CR 2003, 87 ff.
Zahrnt, Christoph	Abschlusszwang und Laufzeit beim Softwarepflegevertrag, CR 2000, 205 ff.

Wettbewerbsrechtliche Studien

Herausgegeben von Hanns Ullrich

Band 1 Xiaoguang Shan: Patentrechte und Know-how im Rechtsverkehr in der Volksrepublik China. Wirtschaftliche, technologiepolitische und rechtliche Ausgestaltung. 2001.

Band 2 Ariane Kubis: Vergabeverfahren und Rechtsschutz bei der Beschaffung von Informationstechnologie durch die Verwaltung. Frankreich und Deutschland im Vergleich. 2001.

Band 3 Markus Bahmann: Markenstrategien für den europäischen Binnenmarkt. 2002.

Band 4 Hans-Jürgen Breith: Patente und Gebrauchsmuster für Staatsgeheimnisse. 2002.

Band 5 Ernst-Peter Heilein: Die Bedeutung des Rechtsschutzes für integrierte Halbleiterschaltkreise in der Praxis. Prognose und Probleme eines sondergesetzlichen Schutzes. 2003.

Band 6 Daniela Timm: Kartellrecht der Softwareverträge. 2005.

www.peterlang.de

Markus Dinnes

Softwareentwicklung im Vertragsverhältnis

Die Zuordnung von Nutzungsrechten bei fehlender vertraglicher Vereinbarung

Frankfurt am Main, Berlin, Bern, Bruxelles, New York, Oxford, Wien, 2003.
247 S.
Studien zum europäischen Privat- und Prozeßrecht.
Herausgegeben von Manfred Wolf. Bd.7
ISBN 3-631-50423-3 · br. € 45.50*

Softwareentwicklung findet heute mehr denn je durch ein Team von Schöpfern statt, die gemeinschaftlich im Rahmen eines Vertragsverhältnisses das Wirtschaftsgut Software produzieren. Die Arbeit untersucht die Zuordnung der Nutzungsrechte an Software, die auf Veranlassung eines Unternehmens von vertraglich gebundenen Softwareurhebern entwickelt worden ist. Ausgangspunkt ist dabei die Regelung des § 69b UrhG, der aber nur die Zuordnung in Arbeits- und Dienstverhältnissen regelt. Damit stellt sich die Frage, welche Rechte dem Unternehmen zustehen, wenn an der Softwareentwicklung nicht nur angestellte Softwareurheber, sondern auch andere Personen wie freie Mitarbeiter, Geschäftsführer, Vorstandsmitglieder und Gesellschafter beteiligt sind. Entgegen der herrschenden Meinung, die außerhalb des Anwendungsbereichs des § 69b UrhG eine auf den Einzelfall bezogene Vertragsauslegung befürwortet, plädiert die Arbeit nach ausführlicher Analyse des Normzwecks für eine analoge Anwendung der Vorschrift des § 69b UrhG.

Aus dem Inhalt: Software als Gegenstand des Urheberrechts · Die originäre Rechtsinhaberschaft bei der Softwareentwicklung · Nutzungsrechte und Vergütungsansprüche bei der Entwicklung von Software im Vertragsverhältnis · Interessenlage bei der Erstellung von Software in Vertragsverhältnissen · Softwareerstellung durch Arbeitnehmer · Softwareentwicklung durch freie Mitarbeiter

Frankfurt am Main · Berlin · Bern · Bruxelles · New York · Oxford · Wien
Auslieferung: Verlag Peter Lang AG
Moosstr. 1, CH-2542 Pieterlen
Telefax 00 41 (0) 32 / 376 17 27

*inklusive der in Deutschland gültigen Mehrwertsteuer
Preisänderungen vorbehalten
Homepage http://www.peterlang.de